Desafios gerenciais em defesa

Desafios gerenciais em defesa

Paulo Roberto Motta
Valentina Gomes Haensel Schmitt
Carlos Antonio Raposo de Vasconcellos

(org.)

FGV EDITORA

Copyright © 2016 Paulo Roberto Motta, Valentina Gomes Haensel Schmitt, Carlos Antonio Raposo de Vasconcellos

Direitos desta edição reservados à
Editora FGV
Rua Jornalista Orlando Dantas, 37
22231-010 | Rio de Janeiro, RJ | Brasil
Tels.: 0800-021-7777 | 21-3799-4427
Fax: 21-3799-4430
editora@fgv.br | pedidoseditora@fgv.br
www.fgv.br/editora

Impresso no Brasil | *Printed in Brazil*

Todos os direitos reservados. A reprodução não autorizada desta publicação, no todo ou em parte, constitui violação do copyright (Lei nº 9.610/98).

Os conceitos emitidos neste livro são de inteira responsabilidade do(s) autor(es).

1ª edição — 2016
Preparação de originais: Sandra Frank
Revisão: Fatima Caroni
Capa, projeto de miolo e diagramação: Ilustrarte Design e Produção Editorial
Foto da capa: Anton Balazh / Shutterstock

Ficha catalográfica elaborada pela
Biblioteca Mario Henrique Simonsen/FGV

Desafios gerenciais em defesa / Organizadores Paulo Roberto Motta, Valentina Gomes Haensel Schmitt, Carlos Antonio Raposo de Vasconcellos. - Rio de Janeiro : FGV Editora, 2016.

368 p.
Inclui bibliografia.
ISBN: 978-85-225-1911-8

1. Administração militar. 2. Defesa. 3. Segurança nacional. 4. Planejamento estratégico. 5. Cultura organizacional. I. Motta, Paulo Roberto. II. Schmitt, Valentina Gomes Haensel. III. Vasconcellos, Carlos Antonio Raposo de. IV. Fundação Getulio Vargas.

CDD – 355.6

Sumário

Apresentação   7
Paulo Roberto Motta

1   A sociedade brasileira e a defesa nacional: uma aproximação após a criação do Ministério da Defesa   11
Carlos Antonio Raposo de Vasconcellos

2   As novas demandas de segurança e defesa nacional e seus impactos na transformação das Forças Armadas brasileiras   41
Jacintho Maia Neto

3   Considerações propedêuticas sobre a sociedade e sua defesa   63
Jorge Calvario dos Santos

4   Desvendando a administração em ambientes militares   83
Valentina Gomes Haensel Schmitt
Luís Moretto Neto
Rejane Pinto Costa

5   O planejamento estratégico como condicionante do processo de elaboração orçamentária no setor público: o caso das organizações da Marinha do Brasil   103
Flávio Sergio Rezende Nunes de Souza
Armando Santos Moreira da Cunha

6   Conexão entre estratégia e conhecimento na criação de valor adicional para *stakeholders* expressivos: uma nova forma de organizar os contextos capacitantes   127
Edson Gonçalves Lopes
Joaquim Rubens Fontes Filho
José Francisco de Carvalho Rezende

7   Confiança organizacional e compartilhamento e uso do conhecimento tácito em ambiente militar   153
    Reinaldo Costa de Almeida Rêgo
    Joaquim Rubens Fontes Filho
    Diego de Faveri Pereira Lima

8   Gestão de pessoas: a necessidade de valorização como principal fator de motivação nas organizações públicas fortemente hierarquizadas   175
    Elias Ely Gomes Vitório

9   Una discusión de transformación: perspectivas para la transformación militar desde la cultura organizacional   207
    José Joaquín Clavería Gusmán
    Luís Moretto Neto
    Valentina Gomes Haensel Schmitt

10 Trabalho emocional dos militares do Exército Brasileiro nas missões de paz das Nações Unidas   227
    William Trajano de Andrade Costa
    Angela Maria Monteiro Silva
    Fátima Bayma de Oliveira

11 Multiculturalismo e organizações militares   255
    Rejane Costa Pinto

12 Os impactos da formação multiétnica na liderança brasileira em missões de paz   273
    Ândrei Clauhs

13 As operações psicológicas desenvolvidas nos complexos do Alemão e da Penha   297
    Moacir Fabiano Schmitt

14 O luto na emergência: quando o suporte psicológico não pode esperar   319
    Neyde Lúcia de Freitas Souza

15 O processo de transformação da logística militar terrestre como objetivo estratégico do Exército Brasileiro   341
    Thales Mota de Alencar

Sobre os autores   361

Apresentação

Paulo Roberto Motta

No mundo contemporâneo, os desafios para inovar e praticar o diferente se expandem de forma acentuada: transformações sociais, econômicas, políticas e tecnológicas geram pressões para novas respostas em curto prazo. Atualmente, qualquer nova tecnologia, informação ou mudança é potencial causadora de impactos dramáticos na sociedade e nas organizações produtivas. No contexto atual das organizações, tão importante quanto a consciência das transformações é não se deixar vulnerável a surpresas. Decisões governamentais no ambiente da defesa impactam as possibilidades de ação das organizações da área. Portanto, nada mais desejável do que estimular profissionais e pesquisadores desse campo a dedicarem sua atenção à busca de novos caminhos para maior efetividade.

Para o desenvolvimento das próprias potencialidades, é imprescindível acionar não só os gestores de grandes instituições mas também a mente dos produtores do conhecimento. Expectativas e necessidades de mudança fazem repensar a administração como algo mais relevante e atraente: ampliam a consciência sobre as possibilidades e aguçam a mente dos estudiosos para produzir novas ideias.

O livro *Desafios gerenciais em defesa* é resultado de incentivos recentes para aumentar os conhecimentos de natureza interdisciplinar sobre políticas e gestão da defesa. Este compêndio revela não só esforço de profissionais e estudiosos do tema como também preenche as expectativas da sociedade sobre novas ideias e possibilidades de ação na área da administração militar. Os resultados são promissores: a qualidade dos trabalhos e os temas desenvolvidos demonstram haver um crescente número de pesquisadores dedicados à interdisciplinaridade na abordagem das políticas de defesa e da administração militar. Trata-se de uma nova inserção na contemporaneidade, pois o progresso da ciência administrativa nos últimos anos tem se manifestado de forma intensamente interdisciplinar, sobretudo na perspectiva da política pública.

Os incentivos à produção de artigos de natureza científica não objetivam o alcance de algum consenso na formulação de novas políticas, mas descobrir novos modos de pensar e de fazer para ajudar profissionais do campo a aprimorar suas análises e decisões cotidianas. Os autores responderam bem à proposta e avançaram na descoberta de alternativas. Oferecem apreciações críticas e, assim, colaboram para manter o debate sobre dimensões interdisciplinares na política e gestão da defesa. Muitos desses textos foram parte de pesquisas mais amplas em programas de mestrado e doutorado. Portanto, as escolhas dos temas surgiram de reflexões mais extensas e profundas sobre sua relevância.

No sentido de introduzir o leitor nos principais temas do livro, a seguir se singulariza, de forma sintética, uma conclusão sobre cada um dos textos.

Nos anos de existência do Ministério da Defesa, o trato com os assuntos da defesa nacional, entre civis e militares, mudou. Constata-se que sociedade embora, inicialmente distante, hoje se aproxima e se inclui nos diversos espaços onde se discute a temática da defesa. Entretanto, o país ainda situa a defesa nacional em patamar aquém do devido, mas cuja importância vem crescendo de forma lenta, mas gradual.

Baseado na premissa de que as quatro dimensões clássicas — terrestre, naval, aérea e espacial — não conseguem mais abranger todas as facetas do novo ambiente de batalha, propõe-se acrescentar a dimensão do ciberespaço, do ambiente em rede e de uma capacidade quase infinita de armazenamento de informações, permitindo a conexão do campo de batalha real com o virtual.

A análise da política e estratégia no contexto de defesa nacional envolve considerações básicas sobre política e estratégia de defesa, além da apreciação sobre o mundo atual. A cultura, o modo de ser da sociedade, e por isso ela mesma, é o que deve ter prioridade para ser defendido. Sem população nada há o que defender, ainda que esta necessite de território para viver e sobreviver.

A administração em ambientes militares é uma temática pouco estudada no Brasil, mesmo havendo a diversidade de pontos convergentes entre o desenvolvimento das ciências militares e sua influência nos estudos da área da administração — e vice-versa. A conjunção das temáticas é relevante para o melhor entendimento e desempenho das atividades das Forças Armadas, e mais especificamente da defesa nacional.

O processo de elaboração orçamentária no setor público revela o planejamento estratégico como condicionante imprescindível dos diferentes sistemas gerenciais nas organizações públicas.

Apresentação

A cultura organizacional em ambientes militares se nutre fundamentalmente da doutrina. A cultura organizacional, em consequência, deve ser o foco principal e essencial para iniciar e sustentar qualquer processo de transformação, especialmente no que diz respeito às Forças Armadas, dado que possuem uma formação, tradição e costumes de raízes profundas e históricas.

Estratégia nacional de defesa é um produto da aproximação do campo político com os assuntos militares. Para que isso seja possível, a logística aplicada a essas forças, além de integrada, deve também ser conjunta.

É necessário alavancar a criação do conhecimento organizacional para proporcionar maiores níveis de autonomia e de realização e induzir ações estratégicas que permitam às organizações gerar valor adicional e atuar com mais agilidade nas arenas em que estão imersas.

O desejo de usar e compartilhar o conhecimento tácito não é significativamente influenciado pela intensidade da confiança organizacional, definida com base na capacidade, benevolência e integridade dos indivíduos.

A necessidade de valorização é o principal fator de motivação nas organizações fortemente hierarquizadas. Os melhores resultados organizacionais são obtidos quando a gestão muda o foco das atenções, do líder ou do trabalho, para os colaboradores.

Para incrementar o nível de liderança do militar em missões de paz e rumo a uma liderança multicultural, devem-se promover reflexões que favoreçam a adoção de parcerias estratégicas entre o Centro Conjunto de Operações de Paz do Brasil (CCOPAB) e o meio acadêmico. Os atores envolvidos nas operações — os "soldados da paz" — devem receber treinamento para desenvolver uma liderança multicultural com mais efetividade e cientificidade.

A partir do entendimento dos mecanismos de construção das identidades e das diferenças, é possível desenvolver práticas de alteridades que promovam a capacitação de recursos humanos mais adequada às demandas da pós-modernidade, sem que essa atitude subverta a identidade cultural militar.

Sugere-se a relevância da especificação das tarefas do trabalho emocional e seus respectivos requisitos, assim como sua inclusão explícita na análise de cargo, o que gera implicações para a seleção, o treinamento, o pagamento e outras atividades da gestão de pessoas.

Campanhas psicológicas sobre as tropas procuraram estimular os comportamentos que aproximavam os soldados da população e reforçar a consciência coletiva sobre os atributos da área afetiva desses militares. Nesse sentido, as operações psicológicas flexibilizam a formação militar belicista do soldado, capacitando-o para o desafio de promover a pacificação de regiões carentes do território nacional.

O luto, processo natural e esperado diante do rompimento de um vínculo — e frequente no ambiente de defesa —, não está relacionado apenas à perda de alguém por motivo de morte, quando o vínculo se rompe de maneira irreversível. Ainda são poucas, no Brasil, as instituições cujo objetivo seja apoiar, psicologicamente, pessoas, organizações e comunidades atingidas por emergências e desastres, oferecendo suporte ao luto. Contribuir institucionalmente nesse processo é possibilitar devolver à pessoa sua plenitude.

Contribuíram para a realização desta obra os seguintes autores: Ândrei Clauhs, Angela Maria Monteiro Silva, Armando Santos Moreira da Cunha, Carlos Antonio Raposo de Vasconcellos, Diego de Faveri Pereira Lima, Edson Gonçalves Lopes, Elias Ely Gomes Vitório, Fátima Bayma de Oliveira, Flávio Sergio Rezende Nunes de Souza, Jacintho Maia Neto, Joaquim Rubens Fontes Filho, José Francisco de Carvalho Rezende, Jorge Calvario dos Santos, José Joaquín Clavería Gusmán, Luís Moretto Neto, Moacir Fabiano Schmitt, Neyde Lúcia de Freitas Souza, Reinaldo Costa de Almeida Rêgo, Rejane Pinto Costa, Thales Mota de Alencar, Valentina Gomes Haensel Schmitt, William Trajano de Andrade Costa. Todos os autores trazem uma visão transformadora das possibilidades de contínuo aperfeiçoamento da política de defesa e da administração militar: procuram contribuir para submeter a administração pública a novas e profícuas experiências. Não basta compreender; é preciso fornecer elementos para alimentar os que têm a obrigação de realizar. Formas de ação, mesmo que satisfatórias, merecem ceder lugar a novas perspectivas e práticas.

Recebemos um novo conhecimento e um juízo apurado para propor alternativas e renovar as esperanças para transformar as práticas de gestão na área da defesa. As ideias estão bem plantadas, o novo desafio é mantê-las relevantes e atualizadas para prosseguir no aperfeiçoamento da administração militar.

1
A sociedade brasileira e a defesa nacional:
uma aproximação após a criação do Ministério da Defesa

Carlos Antonio Raposo de Vasconcellos

Após a vitória dos aliados na II Guerra Mundial (II GM) os países se transformaram. Os derrotados precisaram rever suas tática e atitudes como se fora uma espécie de bálsamo para sua reconstrução. Os vencedores, se há numa guerra, passaram a alardear seu sucesso e a contar a história dos vitoriosos. Isso trouxe uma nova ordem mundial.

No contexto militar, doutrinas e novas táticas e estratégias eram estudadas, aprendidas e consequentes modificações foram operadas. Em relação aos países da América do Sul, nosso subcontinente, somente o Brasil esteve ao lado dos aliados. Tais mudanças transformaram nossas Forças Armadas e a defesa nacional.

Nas últimas décadas do século XX, os países da América do Sul sofreram novas transformações políticas, econômicas, sociais e constitucionais que os tornaram, de modo geral, o subcontinente mais democrático e liberal. No século XXI, já há exceções.

No Brasil, por 21 anos, os militares governaram o país. Após a renúncia do presidente Jânio Quadros, em agosto de 1961, os três ministros militares manifestaram-se contra a posse de João Goulart (Jango), seu vice, devido às suas posições políticas, consideradas de esquerda. Como lembra Celso Castro,[1] nes-

---

[1] Disponível em: <http://cpdoc.fgv.br/producao/dossies/Jango/artigos/NaPresidenciaRepublica/Os_militares_e_o_governo_JG>. Acesso em: 3 jan. 2012.

se período, aumentou a politização[2] de setores da baixa hierarquia das Forças Armadas (FA) — as "praças" (sargentos, cabos, soldados e marinheiros), o que não agradou aos ministros militares. A posição de neutralidade de Goulart levantou suspeita e temores entre os conservadores e parte da oficialidade militar. Crescia a preocupação com a possibilidade de um golpe de Estado de orientação esquerdista e houve quebra de hierarquia e disciplina, colunas basilares das Forças Armadas. Nesse quadro, os militares, impulsionados pela sociedade à época, assumiram o poder. Foram cinco presidentes, todos generais do Exército, e uma junta militar temporária, que governaram o país de 1964 até 1985, quando a presidência passou a ser exercida pelo poder político civil.

Passados quase 30 anos, a sociedade segue com reservas em relação aos militares. Alsina Júnior (2009:73) comenta: "É compreensível, portanto, que até o presente perdurem, de forma inercial, desconfianças de amplos setores da sociedade civil em relação ao estamento militar — mesmo depois de sua plena adesão aos preceitos da democracia implantada a partir de 1985".

Em 1992, *impecheament* de Collor, os militares não intervieram. Eram outros tempos. Como observou D'Araujo (2010a:133), a crise não sofreu interferência militar e foi solucionada, sem barulho das lides castrenses, o que foi entendido pelos analistas como uma demonstração de profissionalismo dos militares brasileiros.

Desde seu período em campanha, o futuro presidente Fernando Henrique Cardoso (FHC), alardeava sua intenção de criar o Ministério da Defesa, o que ocorreu em junho de 1999, em seu segundo mandato. Com efeito, assuntos relativos à defesa nacional vieram à tona, e nova documentação foi exigida. Nesse segmento, vieram a sociedade, a academia e o Parlamento participar, opinar, criticar e se inserir na defesa nacional.

É essa participação da sociedade e seus segmentos na academia, diplomacia e política nos assuntos relativos à defesa e segurança nacionais, seus feitos e suas consequentes mudanças no período pós-governos militares, que este capítulo se propõe a apresentar.

A criação das Forças Armadas

Cada força armada brasileira foi criada em épocas distintas e por motivos diferenciados.

---

[2] Jango visava legalizar o voto e o direito à candidatura para as praças e, por consequência, angariar o apoio político desse contingente significativo das Forças Armadas.

A Marinha do Brasil

As primeiras fileiras da Marinha foram compostas por homens do povo. Bem do povo. A versão com que se tem maior familiaridade é aquela segundo a qual sua criação coincide com momento de retorno da família real a Portugal, por necessidades decorrentes de problemas internos naquele país. A Revolução Liberal, iniciada no Porto, exigiu a presença da Coroa portuguesa. No Brasil, naquela oportunidade, criaram-se duas facções: os que apoiavam a Coroa e os que prestaram apoio ao príncipe d. Pedro, que permanecera no Brasil.

Em 1º de dezembro de 1822, Pedro foi coroado imperador do Brasil. Havia a necessidade de formar uma força para proteger o imperador Pedro e ficar em condições de rechaçar as forças navais portuguesas, que se preparavam para retomar a colônia brasileira, fato antecipado pela Coroa. Essa "força", também, deveria manter as linhas de comunicações marítimas. Foi esse o embrião da nossa Marinha.

O quadro não era animador. O inventário das belonaves da Marinha,[3] em fins de 1822, era desolador. Havia navios que tinham sua origem na Marinha de Portugal e que passaram a constituir o primeiro núcleo da esquadra brasileira.

Criar uma nova Marinha, organizada, liderada e com meios navais compatíveis tornou-se missão espinhosa. Bittencourt (2013) observa:[4]

> A tarefa de preparar com brevidade [...] a Armada brasileira para guerra foi designada ao novo Ministro da Marinha, Capitão de Mar e Guerra Luís da Cunha Moreira. Primeiro brasileiro nato a ocupar esse cargo. Era um patriota convicto e experimentado homem do mar [...].
>
> Em janeiro de 1823, foi lançada subscrição pública nacional visando angariar recursos que ajudassem a acelerar o aparelhamento da esquadra brasileira. Daí a necessidade de conseguir recursos financeiros. O imperador e a imperatriz tomaram a liderança com a compra de 350 ações, sendo seguidos por patriotas de toda a nação. O plano alcançou pleno êxito e atingiu, em junho de 1823, uma soma de 33 mil réis. Em abril de 1823, a esquadra era constituída por uma nau, quatro fragatas, duas corvetas, três brigues-escunas, 12 escunas e 20 navios-transportes e canhoneiras.[5]

---

[3] Disponível no site oficial da Marinha do Brasil: <www.mar.mil.br>. Acesso em: 15 jun. 2011.
[4] Artigo intitulado "A Marinha imperial e a independência do Brasil". Disponível em: <www.brasilimperial.org.br/layout/layout2.php?cdConteudo=236&codigo=34>. Acesso em: 29 out. 2014.
[5] Ibid.

O nome que viria a ter, "Marinha do Brasil", deve-se ao fato de tantos brasileiros terem colaborado voluntariamente para a construção dessa Força. A Marinha passou, então, a pertencer ao Brasil — era *do* Brasil. Nascia a Marinha do Brasil.

Sua tripulação inicial veio do povo. Povo que se voluntariou a navegar mesmo sem os conhecimentos necessários na área naval. Como não havia um brasileiro com traquejo para a marinharia, foi comandada por um estrangeiro: almirante britânico Alexander Thomas Cochrane. Foi por necessidade, mas com clamor e vontade do povo, que nasceu a Marinha do Brasil. O Brasil e a Marinha nasceram, praticamente, juntos. Sua denominação anterior foi Marinha de Guerra.

O Exército Brasileiro

Em relação à criação do Exército Brasileiro (EB), há versões distintas sobre as datas. Ambas reforçam a assertiva de que o homem do povo esteve no nascimento da Força Terrestre, fato inconteste.

A data primeira se referia ao dia do nascimento de seu maior símbolo: Luís Alves de Lima e Silva — Duque de Caxias —, 25 de agosto. Militar, político e professor, o patrono do Exército Brasileiro aliou ação militar com habilidade política. Contribuiu sobremaneira para a consolidação da unidade nacional brasileira. Na data de seu nascimento comemora-se o Dia do Soldado.[6] Castro (2002:76) comprova essa versão: "Até surgir a comemoração de Guararapes como o Dia do Exército, a principal comemoração do Exército era a de Caxias com o Dia do Soldado". Em 1994, por iniciativa do ministro do Exército, general Zenildo Lucena, foi criado o Dia do Exército, na data de realização da primeira Batalha dos Guararapes (19 de abril de 1648). A partir de então, o EB considera Guararapes como o berço da nacionalidade e da própria instituição, onde sua Força Terrestre foi concebida e estão fincadas suas raízes, sua *cellula mater*.[7] Ali se reuniram as três raças: brancos, negros e índios, que lutaram, de forma vitoriosa, contra os holandeses invasores em Guararapes, estado de Pernambuco.

O EB preenchia seu efetivo com voluntários, que eram, em geral, indivíduos sem profissão. Segundo Fonseca e Escobar (1943), esses pretensos soldados nem sempre usufruíam de reputação recomendada, mas o povo os tinha como corajosos. Eram homens do povo. A partir do advento da Lei do Sorteio Militar, mais tarde com o nome de Serviço Militar Obrigatório, a cidadania brasileira

---

[6] Disponível em: <www.eb.mil.br/datas-comemorativas>. Acesso em: 19 mar. 2014.

[7] Disponível em: <www.eb.mil.br/c/document_library/get_file?uuid=76722dda-0bc6-42a4-9f7e-72ca0d9a2126&groupId=52610>. Acesso em: 22 jun. 2016.

passou a ser representada no contingente do EB pelos seus militares de diversas raças, credos e de todos os pontos do país.

Força Aérea Brasileira

A Força Aérea Brasileira (FAB) é a mais nova das forças, e o Correio Aéreo Nacional (CAN) é 10 anos mais antigo que a FAB.

Entre 1911 e 1915 ocorreu, no Brasil, a Campanha do Contestado — uma conflagração entre as tropas do Exército, das forças públicas do Paraná e Santa Catarina e um grupo de fanáticos religiosos. Esse grupo utilizou técnicas de guerrilha e, para sua localização, o tenente Kirk e o civil Ernesto Dariolli, contratados pelo Ministério da Guerra — que precedeu o Ministério do Exército —, realizaram missões aéreas de reconhecimento. Essa foi a primeira vez que se utilizou a aviação em apoio a atividades militares na América do Sul. Nessa missão, o tenente Kirk faleceu.[8]

Em 1916, a Marinha criou a Escola de Aviação Naval, adquirindo o hidroavião Curtiss F — o primeiro avião militar do Brasil. Dois anos depois, em 1918, o Exército deu início à formação de seus pilotos, sob a direção de instrutores da Missão Francesa. Em 10 de julho de 1919, inaugura-se a Escola de Aviação Militar (Lopes Filho, 2012:2). Em 1927, pela Lei nº 5.168, foi criada a arma de aeronáutica do Exército.[9]

A FAB teve seu início com quadros advindos da Marinha e do Exército. Não eram os melhores pilotos, contudo havia um bom número de cidadãos militares dispostos a voar e a defender o Brasil. Não obstante os obstáculos enfrentados — particularmente da parte da Marinha e do Exército — para se tornar uma força independente, a FAB cresceu em terreno fértil, em pleno século XX, resultante de um Brasil vitorioso na na II GM. Infere-se, dessa forma, que a Força Aérea foi também composta pelos mesmos brasileiros que compuseram a MB e o EB — o povo. Hoje, a FAB tem respeito e admiração nacionais e internacionais.

O Decreto nº 2.961, de 20 de janeiro de 1941, cria o Ministério da Aeronáutica. Anteriormente, os assuntos de aeronáutica eram de competência do Ministério da Marinha e dos ex-ministérios da Guerra e da Viação e Obras Públicas.[10]

---

[8] Disponível em: <www.eb.mil.br/c/document_library/get_file?uuid=76722dda-0bc6-42a4-9f7e-72ca0d9a2126&groupId=52610>. Acesso em: 22 jun. 2016.

[9] Disponível em: História Aeronáutica <www.incaer.aer.mil.br/efemerides.htm>. Acesso em: 19 jul. 2011.

[10] Disponível em: <www.vocabularyserver.com/tejut/index.php?tema=7624&/ministerio-da-aeronautica>. Acesso em: 27 jul. 2011.

A criação do Estado-Maior Geral (EMG)

Terminada a II Grande Guerra (II GG), com o cessar-fogo em 2 de maio de 1945, o retorno de nosso contingente expedicionário foi iniciado. Com efeito, o Brasil, em 1946, criou o Estado-Maior Geral (EMG), no governo Dutra, com o intuito de melhor organizar e preparar suas Forças Armadas. Fruto dos ensinamentos da guerra, outros países seguiam nesse compasso.

> Órgão de assessoramento do presidente da República, comandante supremo das forças armadas. Criado em 1º de abril de 1946, pelo Decreto nº 9.107 com o nome de Estado-Maior Geral, foi estruturado em 25 de julho do mesmo ano, durante o governo do marechal Eurico Gaspar Dutra.[11]

As I e II grandes guerras deixaram um legado de orientações e procedimentos que passariam a ser praticados, particularmente pelos países vencedores. A utilização conjunta ou combinada das três forças — MB, EB e FAB — era um deles. A coordenação entre as forças foi outro exemplo. O EMG estava vocacionado a cumprir tal função. O Decreto-Lei nº 9.520, de 25 de julho de 1946, que dispõe sobre a organização do Estado-Maior Geral, em seu art. 1º, deixa claro: "O Estado-Maior Geral tem por objetivo preparar as decisões relativas à organização e emprego em conjunto das Fôrças Armadas e os planos correspondentes".[12] No art. 11, foi acentuada a coordenação interna entre as seções e outras secretarias e vislumbrou-se a troca de informações entre os militares e os civis. Essa troca de experiências profissionais com o setor civil não era prática comum até então. Civis trabalhando com militares em alto nível era novidade:

> Art. 11. As Seções devem manter a mais íntima ligação entre si. No interesse de uma melhor coordenação de trabalhos, podem as Seções ligar-se diretamente com as Seções da Secretaria Geral do Conselho de Segurança Nacional e com as de Segurança Nacional dos Ministérios Civis.[13]

O Estado-Maior Geral teve a duração de dois anos. Em 1948 foi criado o Estado Maior das Forças Armadas (Emfa), que substituiu o EMG e recebeu *status* de ministério, tal qual os da Marinha, do Exército e da Aeronáutica.

---

[11] Disponível em: <www.fgv.br/cpdoc/acervo/dicionarios/verbete-tematico/estado-maior-das--forcas-armadas-emfa>. Acesso em: maio 2016.
[12] Ibid.
[13] Ibid.

Criação do Estado-Maior das Forças Armadas (Emfa)

Em 24 de dezembro de 1948, o presidente Eurico Gaspar Dutra criou o Emfa pela Lei nº 600-A, de mesma data, e alterou a antiga organização do EMG dando nova redação ao Decreto-Lei nº 9.520, de 25 de julho de 1946. Tinha como objetivo preparar a organização e emprego em conjunto das Forças Armadas e os planos correspondentes. Além disso, colaborava no preparo da mobilização total da nação para a guerra.

Novamente foram utilizados civis na composição do Emfa. Os civis eram intitulados "membros consultivos e assessores especializados" e estariam no nível de assessoria e consultoria. Todavia, ainda era prematuro abrir os segredos militares para todos. Os civis, embora designados pelo presidente da República,[14] estariam contratados para períodos temporários para tratar de assuntos de caráter não militar. Defesa ainda soava como assunto para militares.

O Emfa encerrou suas atividades no Rio de Janeiro, então capital federal, em 7 de abril de 1969, e passou a ocupar o bloco "A" da Esplanada dos Ministérios, em Brasília[15] onde permaneceu até 1999, ano de criação do Ministério da Defesa.

Antecedentes da criação do Ministério da Defesa

As Forças Armadas, no Brasil, nem sempre agiram com pensamento único. Mas sempre com total entendimento e respeito mútuos. Cada força, como era de se esperar, estudava soluções dos seus problemas para o cumprimento de sua missão constitucional.[16]

Castro e D'Araujo (2001:11) explicam e amenizam essas divergências: "Essas divergências, longe de espelhar contradições negativas, têm a faculdade de ampliar o debate e de chamar a atenção dos civis para temas que, numa democracia, não podem ficar restritos às Forças Armadas".[17] Findava o século XX e não havia, no Brasil, uma secretaria, ministério, instituição ou órgão militar hie-

---

[14] Disponível em: <www.fgv.br/cpdoc/acervo/dicionarios/verbete-tematico/estado-maior-das-forcas-armadas-emfa>. Acesso em: maio 2016.

[15] Disponível em: <www.fgv.br/CPDOC/BUSCA/Busca/BuscaConsultar.aspx>. Acesso em: 29 ago. 2014.

[16] Conforme descrito no art. 142 da Constituição Federal e leis complementares.

[17] Não estamos aqui nos referindo ao Estado-Maior das Forças Armadas, fundado em 1948, pois não era um órgão superior às forças.

rarquicamente superior às Forças Armadas. Cada força possuía seu ministério militar e, portanto, defendia seus interesses. Nada de errado.

Por mais de 100 anos, as FA coexistiram sem maiores atropelos, contudo, sem grande integração para efeito de "guerra" — não a tínhamos. Discordava-se em pontos de vista, mas não se viam, fora dos muros castrenses, desavenças.

Fernando Henrique criou o Ministério da Defesa. Uma instituição superior às FA, de burocracia hierarquizada e verticalizada, como funcionam as instituições militares.

Os arquivos do Centro de Pesquisa e Documentação de História Contemporânea do Brasil, da Fundação Getulio Vargas (Cpdoc/FGV), do Rio de Janeiro, comprovam que a ideia de um ministério para as FA não era novidade. No governo do presidente Castello Branco (1964 a 1967) vislumbrava-se a necessidade de criação de tal instituição que, à época, recebeu a denominação de Ministério das Forças Armadas. Tais documentos foram manuscritos por seu chefe da Casa Militar — general Geisel. Não foi esta a única ocasião em que se pensou na criação de um ministério da defesa. Em 1994, em campanha política, Fernando Henrique Cardoso (FHC) prenunciava a criação de um MD. Em seu discurso de posse, atribuiu tarefas nesse sentido:[18]

> E determinarei [ao Estado-Maior das Forças Armadas] a apresentação de propostas, com base em estudos a serem realizados em conjunto com a Marinha, o Exército e a Aeronáutica, para conduzir a adaptação gradual das nossas Forças de defesa às demandas do futuro.

Segundo Oliveira (2005:119) "[...] a criação do Ministério da Defesa é a mais importante reforma no campo da defesa nacional na história republicana em condição de normalidade democrática". FHC extinguiu o Emfa e transformou os ministérios da Marinha, Exército e da Aeronáutica em comandos de força. Em consequência, esses comandos passaram a se subordinar duplamente ao poder civil: ao presidente da República e ao ministro da Defesa, mesmo na hipótese de este cargo ser ocupado por um militar.

Embora essa dupla subordinação tenha sido interpretada por segmentos da sociedade como uma espécie de revanchismo, vale lembrar que o segmento político entre os militares e o presidente da República já é realidade, há tempos, em países mais desenvolvidos e com estruturas militares de maior poder.

---

[18] Discurso de posse do presidente FHC em 1º de janeiro de 2005. Disponível em: <www.biblioteca.presidencia.gov.br/ex-presidentes/fernando-henrique-cardoso/discursos-de-posse/discurso-de-posse-1o-mandato/view>. Acesso em: 28 ago. 2014.

A supremacia do poder político sobre o militar era evidente. Silva (2011:120) adverte que a II Guerra Mundial trouxe novas técnicas de como lidar com o setor bélico, bem como uma forma de gerenciar seu pessoal, citando a criação dos ministérios da Defesa como uma das novidades, e radicaliza em opinião sobre subordinação dos militares ao poder político:

> As associações de ideologias militares e civis produziram uma carnificina que ainda não tinha sido experimentada pelas sociedades industriais. A submissão da guerra e de seus aparelhos à política deveria ser irrestrita, sem condicionamentos por parte das esferas militares.

Na figura, Hayes (2001) mostra os setores em que os militares devem ter a autonomia da decisão e aqueles em que o setor político prevalece. O entendimento e o cumprimento dessa lógica, por civis e militares, torna-se essencial.

Figura
Participação civil e militar

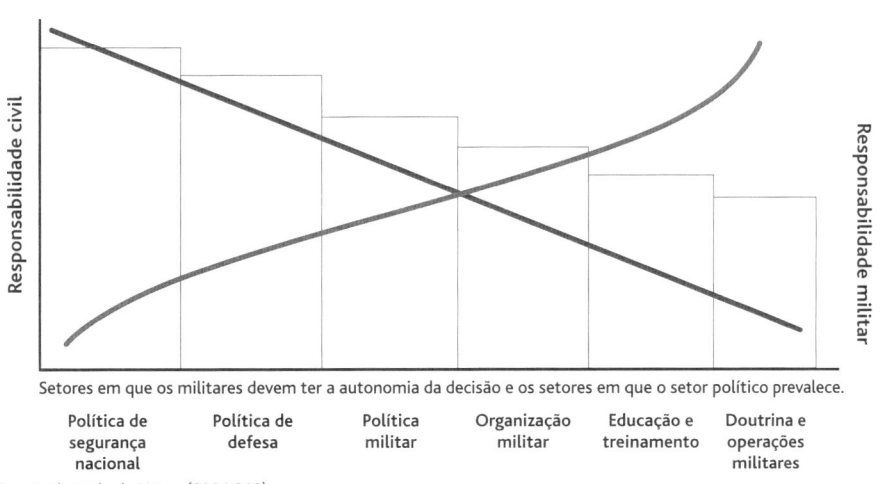

Setores em que os militares devem ter a autonomia da decisão e os setores em que o setor político prevalece.

| Política de segurança nacional | Política de defesa | Política militar | Organização militar | Educação e treinamento | Doutrina e operações militares |

Fonte: adaptado de Hayes (2001:218).

A responsabilidade civil, entendida como tratativas políticas e diplomáticas, se retrata, antes de uma crise ou conflito, pela linha reta descendente. A reta do gráfico representa também um período de negociações, antes de uma crise, que não estão evoluindo e, em paralelo, as FA — curva sinuosa ascendente — estão se prontificando. O encontro da reta descendente — responsabilidade civil —, com a linha sinuosa ascendente — responsabilidade militar —, no centro do gráfico, representa o ponto em que as "negociações" estão em declínio e o momento do início das "ações militares". É o aparente insucesso das ações diplomáticas e a tomada das ações militares.

A política se situa além do escopo da competência militar, e a participação de militares na política enfraquece-lhes o profissionalismo, reduz a competência profissional em razão de valores estranhos. Politicamente, o militar tem de permanecer neutro. O comandante militar jamais haverá de permitir que seu julgamento militar seja deformado por conveniência política[19] (Huntington, 1996:89).

A arte da guerra evoluiu. O desenvolvimento científico e tecnológico transformou os conflitos armados em instrumentos de alto poder de destruição. Seus custos financeiros e políticos elevados não mais permitiam erros de planejamento, coordenação e execução.

A criação da ONU em 1945, depois da experiência frustrada da Liga das Nações no entreguerras, introduziu um novo paradigma de resolução de conflitos entre os Estados mais poderosos. Contudo o verdadeiro garantidor da situação de paz foi muito mais o instrumento nuclear do que o respeito ao direito internacional. Promessas, nada realistas, de manutenção da paz e da segurança internacionais foram argumentos que em pouco ou nada resultavam.

A Carta da Organização das Nações Unidas[20] (ONU), assinada em 26 de junho de 1945, demonstra, em seu preâmbulo, a preocupação com os conflitos bélicos e suas consequências.

> Nós, os povos das Nações Unidas, determinados a libertar as gerações futuras do flagelo da guerra [...]. E para tais fins praticar a tolerância e viver juntos em paz uns com os outros [...]; unir as nossas forças para manter a paz e a segurança internacionais; [...] forças armadas que não devem ser utilizadas, salvo no interesse comum; e aos Colaboradores um mecanismo internacional para a promoção do progresso econômico e social de todos os povos.[21]

Conforme relata Magnoli (2006:9), banir as guerras sempre foi um sonho:

> Nenhuma nação adotou-a [a ideia de banir a guerra] com a persistência e a continuidade dos Estados Unidos. Desde Thomas Jefferson ("Eu abomino a guerra e a vejo como o maior flagelo da humanidade"), o terceiro presidente e o primeiro a enviar tropas ao exterior, para combater os corsários [...] os terroristas do seu

---

[19] Samuel Huntington adverte que essa formulação clássica é de Clausewitz em *On war*, p. 594-601.
[20] Disponível em: <www.un.org/es/documents/charter/>. Acesso em: 28 out. 2014.
[21] Disponível em: <www.corteidh.or.cr/tablas/24100.pdf>. Acesso em: 20 jul. 2014.

tempo, um após o outro os presidentes americanos comprometeram-se solenemente com a reforma do mundo, para acabar com todas as guerras.

O presidente George W. Bush, em seu discurso inicial, no segundo mandato, previu outra solução para a paz: "A melhor esperança para a paz no nosso mundo é a expansão da liberdade em todo o mundo" (Magnoli 2006:10).

Em outro diapasão, Sun Tzu em seu clássico *A arte da guerra* (apud Magnoli 2006:11). constata: "A arte da guerra é de importância vital para o Estado. É a província da vida ou da morte; o caminho à segurança ou à ruína. Portanto, é um objeto de investigação que não pode, sob nenhuma circunstância, ser negligenciado" A guerra não escolhe local nem hora, e sempre existirá.

A criação do Ministério da Defesa

O EMG e o Emfa foram instituições que coordenavam ações militares das três forças; no entanto não se firmaram como órgãos superiores às Forças Armadas, nem era essa sua função.

São raros os países que atualmente não reúnem suas Forças Armadas sob um único órgão de defesa, subordinado ao chefe do Poder Executivo. Estudos mostravam razões para a adoção dessa nova estrutura do Executivo, e o Brasil era um dos últimos países do continente americano que ainda não havia adotado o Ministério da Defesa.

FHC não logrou êxito na criação do MD em seu primeiro mandato como presidente. Contudo, em 1996, criou a Política de Defesa Nacional (PDN) que abriu nova visão da defesa no Brasil e, de alguma forma, fez com que a sociedade se sentisse convidada a tomar parte desse processo de defesa nacional. Mas a PDN não teve a repercussão que se pretendia. Flores (2002:95) criticou a apatia de políticos e da sociedade ante a formulação da PDN de 1996:

> A política de defesa [PDN] sancionada em dezembro de 1996 [...] foi formulada por militares e servidores civis compreensivelmente influenciados por concepções doutrinárias, corporativas e/ou funcionais consolidadas ao longo de muito tempo, no vácuo proporcionado pela apatia política e societária, pela apatia das instituições e dos instrumentos representativos da política e da sociedade: foro e partidos políticos, instituições de estudos políticos, sociais, econômicos e estratégicos, não participantes, nem como consultoria, em tópicos especiais. O resultado foi uma política imprecisa como orientação, um conjunto de objetivos, conceitos e valores praticamente óbvios, de consenso fácil, válidos para qualquer país médio [...].

Na realidade, os componentes da Comissão de Relações Exteriores e Defesa Nacional (CREDN), da Câmara e a Comissão de Relações Exteriores (CRE) do Senado, que elaboraram a PDN, eram representantes, civis e militares dos três poderes e políticos eleitos pelo povo. Amorim Neto (2010:438) atenua a responsabilidade desses mesmos políticos das comissões de defesa:

> Dentro dos Congressos, as comissões de defesa (onde elas existem) são pobremente equipadas para exercer sua autoridade e poder de supervisão. Os seus membros raramente nelas permanecem por longo tempo e não ganham, consequentemente, as necessárias experiência e *expertise*.

Três anos depois, em 1999, no segundo mandato de FHC, foi criado o MD, cuja abertura provocou, sem dúvida, sensível reestruturação na administração militar. Exemplo está na confecção dos documentos de defesa do país, que passaram a ter a chancela única do ministro da Defesa, direcionados às três forças, o que, de certa forma, provocou a atenção da sociedade para os assuntos ligados à defesa nacional. Segundo D'Araujo (2010a:122), além da PDN outros documentos importantes foram elaborados, o que teria servido de marco nas relações entre civis e militares:

> Entre os arranjos para uma nova institucionalidade militar foram criados três documentos importantes, ainda que incipientes: a Política de Defesa Nacional, de 1996, reformulada em 2006,[22] e a Estratégia nacional de Defesa, de 2008.

Aos poucos, num contexto de democracia, o país foi definindo o que considerava ameaças e necessidades de defesa, e pensando o assunto de maneira estratégica.

O senador Élcio Alvarez[23] foi o primeiro a ocupar a pasta da Defesa. Derrotado nas eleições para governador do Espírito Santo, assumiu o MD, indicado por FHC. Logo depois, foi acusado de advogar em causa de traficantes. FHC o exonerou.[24] Não parece ter sido uma boa indicação.

---

[22] A Política de Defesa Nacional foi reformulada em 2005, pelo Decreto nº 5.484, de 30 de junho de 2005 e não em 2006, como citado.

[23] Ao tentar a reeleição em 1998, perdeu a vaga [para governador do estado do Espírito Santo] para Paulo Hartung. Decidiu deixar a vida pública e mandou reformar seu escritório de advocacia no Espírito Santo. Antes de embarcar sua mudança, recebeu o convite para assumir o Ministério da Defesa. Aparentemente, sua indicação foi uma espécie de prêmio de consolação pela derrota nas eleições, o que só serviu para irritar os militares. Disponível em: <http://veja.abril.com.br/190100/p_038.html>. Acesso em: 2 maio 2014.

[24] Ibid.

Em entrevista a Oliveira (2005:451) sobre Alvarez, o presidente FHC completou:

> Foi [um ministro] *low profile*. O mais grave é que tinha uma secretária ou assessora que opinava muito. E isto é demais. Você colocar um ministro civil, mas quem manda — ou quer mandar — e se intromete é uma senhora que não faz parte da hierarquia!

Foi substituído por Geraldo Magela da Cruz Quintão, que, efetivamente, propiciou os primeiros passos à Defesa. Segundo FHC, "[Quintão] era um homem de respeito. [E] o que os militares esperam do ministro da Defesa? Que ele defenda os interesses deles" (Oliveira 2005:451).

Um passo importante foi a revisão da PDN. O ministro Quintão decidiu ouvir a sociedade. Dessa forma, o MD se valeu de numerosos profissionais. Foram selecionados 20, de diversas formações, chamados, à época, de "notáveis". Cada colaborador foi convidado, após consulta prévia, a participar desse trabalho. Em capítulo intitulado "Os militares e a política" Brigagão e Proença Jr. (2007:383) descrevem esse processo e corroboram a participação da sociedade na revisão da PDN:

> Nesse sentido, explicitava-se o desejo de um esforço conjunto de civis e militares, apontando a necessidade da participação de setores pertinentes da sociedade, como o Congresso Nacional, o universo acadêmico, a imprensa, a área científico-tecnológica e a indústria. Há algumas iniciativas cujo resultado pode vir a ser o indicador mais confiável do alcance destas metas: a atividade do Conselho de Notáveis [...], a criação do Centro de Estudos de Defesa e a publicação de uma nova Política de Defesa Nacional.

Estava em curso mais uma etapa do processo[25] de aproximação com a sociedade.

Após quase dois anos, Quintão passou a Defesa para o embaixador José Viegas, que assumiu em 1º de janeiro de 2003. Viegas prosseguiu os trabalhos. Entre setembro de 2003 e junho de 2004, foi realizado o Ciclo de Debates sobre a Atualização do Pensamento Brasileiro em Matéria de Defesa e Segurança, outro encontro entre civis e militares. O MD promoveu esse encontro em parceria com o Ministério da Ciência e Tecnologia (MCT) e o Banco Nacional de Desenvolvimento Econômico e Social (BNDES) — duas instituições civis. Foram convidados membros do poder público e da sociedade civil — inte-

---

[25] O autor deste capítulo estava na Divisão de Política de Defesa Nacional do Ministério da Defesa e participou desse processo, em 2000.

grantes do governo, políticos, militares, diplomatas, acadêmicos, jornalistas entre outros. O exercício de reflexão desenvolveu-se de forma livre e fluida. Esses encontros aconteceram em Itaipava/RJ e ficaram conhecidos como os "encontros de Itaipava".

O objetivo era estimular a discussão e o estudo, pela sociedade brasileira, de questões afetas às áreas de defesa e segurança. Das reuniões, num total de oito, resultaram quatro livretos:[26] *Reflexões sobre defesa e segurança: uma estratégia para o Brasil*; *O Brasil no cenário internacional de defesa e segurança*; *As Forças Armadas e o desenvolvimento científico e tecnológico do País*; e *Desafios na atuação das Forças Armadas*.

O ministro Viegas, em suas palavras de abertura[27] do ciclo de debates, ressaltou a necessidade do aprofundamento do diálogo com a sociedade. Só se atende às demandas da sociedade se elas forem conhecidas:

> No espírito de aproximação permanente com aqueles que são, afinal, os destinatários principais da ação política, o Governo brasileiro e, em particular, o Ministério da Defesa desejam conhecer os pontos de vista de segmentos sociais representativos do País, com vistas a aprimorar não apenas seu planejamento de longo prazo, mas também sua atuação cotidiana. É preciso que as políticas de Defesa Nacional reflitam, de forma crescente, os valores, os interesses e as ideias da sociedade brasileira em toda a sua complexidade.

Entre os convidados a explanar e debater os assuntos de defesa estavam Ozires Silva, os almirantes Mario Cesar Flores e Armando Vidigal, o deputado Paulo Delgado, os professores Helio Jaguaribe, Darc Costa e Rex Nazaré, o general José Carlos Albano do Amarante, o reitor da Unicamp Carlos Henrique de Brito Cruz, o cientista político e ex-ministro de Estado Roberto Amaral, os embaixadores Sebastião do Rego Barros e Ronaldo Sardemberg.

Essa reunião reforçou a sinergia entre militares e civis e aproximou diversos setores da sociedade no debate sobre segurança e defesa. Viegas teve sua saída do MD[28] antecipada para novembro de 2004, mas os trabalhos não foram em

---

[26] Disponíveis em <www.defesa.gov.br/arquivos/colecao/cientecnol.pdf>, <www.defesa.gov.br/arquivos/colecao/brasil.pdf>, <www.defesa.gov.br/arquivos/colecao/reflexao.pdf>. Acesso em: 26 set. 2014.

[27] Disponível em: <www.defesa.gov.br/arquivos/colecao/reflexao.pdf>. Acesso em: maio 2016.

[28] No dia 6 de novembro de 2004, o ministro da Defesa, José Viegas, apresentou sua demissão ao presidente Lula que, por sua vez, tentando contornar a crise entre o governo e as Forças Armadas, indicou para o cargo seu vice, José Alencar. Disponível em: <www.pstu.org.br/jornal_materia.asp?id=2728&ida=2>. Acesso em: 4 maio 2014.

vão. A PDN, em junho de 2005, pelo Decreto nº 5.484, tinha sua primeira atualização, passados quase 10 anos da versão original de 1996.

Assumiu a pasta da Defesa José Alencar, em 8 de novembro de 2004, e ficou 17 meses, acumulando-a com a vice-presidência da República. Foi uma solução caseira para uma situação inesperada.

Alencar foi sucedido por Valdir Pires, em 21 de março de 2006. Nesse período ocorreram problemas no controle aéreo nacional e um princípio de motim entre os controladores militares, motivos para nova troca na pasta da Defesa. Nesse episódio, o setor político foi inábil e de pouco tato com os fatos que ocorriam e que envolviam hierarquia e disciplina — bases para o bom relacionamento entre militares.

Assumiu Nelson Jobim, em julho de 2007. Foi o ministro que mais tempo permaneceu na pasta: quatro anos e dois meses. Lula deu carta branca e deixou claro que o ministro poderia e deveria contar com seu apoio para um futuro melhor:

> É esse o Ministério que você [Jobim] vai assumir [...] com todas as forças para fazer todas as mudanças que precisar fazer, onde precisar fazer. Por isso eu disse que a crise pode nos dar condições de fazer as coisas que precisam ser feitas... [...] Então, a partir de agora, é fazer o que nós precisamos fazer, com a força que precisamos fazer, gastando o que precisar gastar para que a gente possa dar tranquilidade à sociedade brasileira.[29]

Lula referia-se, ainda, aos problemas advindos do desastre aéreo envolvendo um jato Legacy e um *boeing* da Gol, com 154 mortes,[30] que deu início a uma crise aérea sem precedentes na história do país. Descobriu-se que o controle de tráfego aéreo tinha problemas graves — não atribuídos aos controladores, mas que redundaram em filas, atrasos e cancelamentos de voos.

Com o apoio anunciado, Jobim se viu estimulado para enfrentar os problemas da hora. Depois de apaziguados os ânimos do caos aéreo, priorizou a documentação da defesa; a PDN estava revisada. Urgia uma direção estratégica para a Defesa consonante com o desenvolvimento do país e direcionada para toda sociedade.

---

[29] No dia 6 de novembro de 2004, o ministro da Defesa, José Viegas, apresentou sua demissão ao presidente Lula que, por sua vez, tentando contornar a crise entre o governo e as Forças Armadas, indicou para o cargo seu vice, José Alencar. Disponível em: <www.pstu.org.br/jornal_materia.asp?id=2728&ida=2>. Acesso em: 4 maio 2014.

[30] Maiores detalhes em <http://g1.globo.com/Noticias/Brasil/0,,MUL110794-5598,00-ACIDENTE+DA+GOL+COMPLETA+UM+ANO+E+MARCA+CRISE+AEREA.html>. Acesso em: 25 mar. 2014.

No documento em que Jobim e Mangabeira Unger — respectivamente, ministros da Defesa e Chefe da Secretaria de Assuntos Estratégicos — encaminharam ao presidente Lula o projeto da Estratégia Nacional de Defesa[31] (END, p. 6), ficou clara a intenção de colocar as questões de defesa na agenda nacional e reavivar a aproximação entre civis e militares. Fato inédito:

[...] Nessas condições, Senhor Presidente, a atual iniciativa do governo de Vossa Excelência, de colocar as questões de defesa na agenda nacional e de formular um planejamento de longo prazo para a defesa do País é fato inédito no Estado brasileiro. Marca uma nova etapa no tratamento de tema tão relevante, intrinsecamente associado ao desenvolvimento nacional [...].

Atento à análise sobre a END, Flores (2011) indagou sobre o real interesse nacional acerca dos assuntos nela contidos, pois embora aberta ao público, nem por isso recebeu a atenção que mereceria:

A END [...] é aberta ao conhecimento público. Mas está interessando à opinião pública, ou mesmo ao mundo político? Aparentemente não. A despeito da importância do seu conteúdo, é raro encontrar qualquer manifestação [...] na mídia.

A ideia de que defesa nacional está relacionada com repressão e autoritarismo inibe intenções de aproximação saudável e sem preconceitos entre civis e militares — atitude que, de certa forma, reafirma o despreparo e a desatenção dos governantes, partidos políticos, parlamentares e da sociedade em geral em relação ao tema.

Coincidência ou não, cria-se, em 2008 — ano da criação da END —, a primeira Frente Parlamentar da Defesa Nacional. Jungmann (2009:12), em seu discurso de lançamento dessa frente parlamentar, sublinhou o distanciamento entre as Forças Armadas e o meio acadêmico:

Uma cultura de defesa não pode prescindir do concurso das nossas instituições de ensino superior, a exemplo do que já ocorre na Europa e Estados Unidos — e isso é de interesse [...] do Parlamento brasileiro. São ainda incipientes as relações entre nosso meio acadêmico, as Forças Armadas e a defesa, embora

---

[31] EM Interministerial nº 00437/MD/SAE-PR, de 17 de dezembro de 2008, referente à END 2008, item 9. Disponível em: <www.sae.gov.br/site/wp-content/uploads/Estrat%C3%A9gia-Nacional-de-Defesa.pdf>. Acesso em: 15 out. 2014.

se verifiquem avanços notáveis. [...] A formação e qualificação de quadros, o desenvolvimento de programas e projetos, além do imprescindível suporte de conhecimento, reflexão e informações requerem a atuação engajada das nossas universidades em consonância com os interesses e prioridades [...] da defesa.

Sobre a representatividade da sociedade, D'Araujo (2010b:66) assevera que o MD só teve militares em seus quadros nos primeiros 10 anos de existência:

O Ministério da Defesa, criado em 1999, teve sua primeira década marcada pelo monopólio dos militares em todas as funções ministeriais internas ao gabinete e pelo preconceito quanto à presença de civis na gestão dos assuntos de defesa. Para muitos militares depois de 10 anos continua inaceitável a presença de civis no MD.

Com a PDN e a END elaboradas, faltava o Livro Branco. Foi no governo Lula, com Jobim, que se vislumbraram os primeiros passos para sua elaboração. "A elaboração do Livro Branco de Defesa [...] denota uma preocupação em dar maior transparência aos temas militares e com isso atender a uma demanda da comunidade nacional e internacional" (D'Araujo 2010b:66). No mesmo viés, foram encaminhadas medidas ao Congresso e ao Executivo para a criação da carreira civil de defesa e dos cargos efetivos de analistas de defesa nacional. Assim, previu-se que num futuro próximo haverá um contingente qualificado para o exercício das funções no MD e nas instituições militares e civis que comportarem.[32]

Pelo exposto, constata-se a evolução no trato da sociedade com os temas da defesa, ainda longe do ideal.

Motivo de alheamento dos assuntos da defesa é a associação, que a sociedade ainda faz, do militar de hoje com fatos relacionados aos militares de ontem — a chamada "ditadura militar".

Em outro viés, ponto positivo do atual quadro da defesa nacional, é a identificação das Forças Armadas com a sociedade brasileira, com altos índices de confiabilidade. Segundo a END, há de se aumentar o envolvimento, ainda pouco significativo, da sociedade brasileira com os assuntos de defesa;[33] a mesma sociedade que eleva os índices das FA. Entender e considerar os documentos de

---

[32] Disponível em: <www.defesa.gov.br/arquivos/File/2010/mes10/palestra_fiesp>. Acesso em: 29 out. 2014.

[33] Estratégia Nacional de Defesa. Disponível em: <www.defesa.gov.br/arquivos/2012/mes07/end.pdf>. Acesso em: 24 fev. 2014.

defesa com a seriedade, rigidez e compreensão que a defesa requer, não é tarefa fácil; tampouco a condução de homens em armas.

Flores (2011:1), discorrendo sobre a END, observou que, passados mais de dois anos de sua aprovação, não tinha havido repercussão alguma no Congresso Nacional, tampouco na opinião pública, nas universidades e no meio político. Para o ex-ministro da Marinha, o próprio Executivo, que determinou ações na administração pública para o fortalecimento da defesa nacional, não comprova sua atenção ao tema.

A ofuscada transparência dos assuntos de defesa durante os governos militares ainda não recuperou a aproximação devida com a sociedade. Enquanto no passado a participação dos civis no assessoramento nos assuntos de defesa era desconsiderada, hoje é vital. Esse distanciamento acontecia pelo não conhecimento e envolvimento dos civis nesses assuntos, o que está mudando.

O presidente Lula instituiu um comitê ministerial para a formulação da Estratégia Nacional de Defesa.[34] O texto do decreto deixava clara a possibilidade de convidar especialistas civis, das áreas públicas ou privadas, conhecedores do assunto. Novo passo para a presença civil.

Por ocasião da submissão ao presidente Lula, em 15 de dezembro de 2008, os ministros Jobim e Mangabeira Unger realçaram, nos itens 4 e 9, da EM Interministerial nº 00437/MD/SAE-PR, de 17 de dezembro de 2008, que encaminhou a END 2008, o compromisso de civis e militares com a soberania do país. Foi mais uma clara intenção de debater os assuntos de defesa em âmbito nacional, confirmar que são de interesse de Estado e de toda a sociedade, incluir as questões de defesa na agenda nacional e realizar um planejamento de longo prazo:

> Marca uma nova etapa no tratamento de tema tão relevante [...]. Reafirma o compromisso de todos nós, cidadãos brasileiros, civis e militares, com os valores maiores da soberania, da integridade do patrimônio e do território e da unidade nacionais.[35]

Com efeito, o ministro Jobim observou a necessidade da continuidade das ações decorrentes da END e reforçou a ideia de que defesa é um objetivo da nação e que o poder é poder nacional. Sobre a END, segundo Jobim, foram mais

---

[34] Este pesquisador foi convidado a colaborar na elaboração da END.

[35] A íntegra da END (2ª edição) e o documento que a submete ao Presidente estão disponíveis em <http://www.defesa.gov.br/projetosweb/estrategia/arquivos/estrategia_defesa_nacional_portugues.pdf>. Acesso em: 12 set. 2014.

de 40 versões para se chegar à que foi apresentada ao presidente da República e, posteriormente, submetida à aprovação do Conselho de Defesa Nacional:

> [...] Não foi fácil trabalhar nisso, não foi simples, discutir item por item [...] porque eram itens que caracterizavam a consolidação do processo democrático na relação e na integração das Forças Armadas ao novo perfil de Estado brasileiro. Não há mais que se falar numa distinção entre poder civil e poder militar. Nós temos uma coisa só que se chama Poder Nacional.[36]

O Ministério das Relações Exteriores (MRE) não se fez presente na elaboração da END. Flores (2011), percebendo a ausência da diplomacia, comentou:

> É no mínimo curiosa a não participação (ao menos a não participação formal, explicitada no documento) de representante do Ministério do Exterior, cuja contribuição seria supostamente fundamental, numa estratégia de defesa; a formulação teria de fato ocorrido sem o aporte daquele Ministério? Improvável...

Vale lembrar que desde a criação do MD, em 1999, havia diplomatas em seus quadros, incluindo um embaixador. O MRE, somente em 2010, contemplou os assuntos de defesa e criou a Coordenação-Geral de Assuntos de Defesa (CG-DEF), junto à Secretaria-Geral do ministério.[37] Novo e esperado passo.

O diplomata Alsina Júnior (2009:147) posiciona a defesa como tema de relevância nacional: "Embora não se advogue aqui uma intervenção sistemática nas discussões sobre a matéria, parece certo que a simples abstenção não representa uma alternativa produtiva. Essa caixa preta nacional teria que ser estudada".

A presidente Dilma reforça essa ideia em sua mensagem de apresentação do Livro Branco de Defesa Nacional (LBDN):[38] "[...] a Defesa estará cada vez mais presente na agenda nacional".

Após 15 anos de existência do MD, os assuntos ligados à defesa já fazem parte das agendas públicas — embora não na proporção que merecem — e, por consequência, se tornaram alvos de maiores comentários por parte da

---

[36] Resumo da aula inaugural para oficiais dos cursos de altos estudos das três forças, realizada na Escola de Comando e Estado-Maior do Exército (Eceme), no Rio de Janeiro, proferida pelo ministro da Defesa, Nelson Jobim, em 16 de março de 2009. Disponível em: <www.defesa.gov.br/projetosweb/estrategia/noticias/2011/noticia-05.html>. Acesso em: 12 out. 2014.

[37] Disponível em: <www.itamaraty.gov.br/images/ed_acesso_info/auditorias_brasil/SG/2014/SG_RGESTAO_2014.pdf>. Acesso em: 21 jun. 2016.

[38] Disponível em: <www.defesa.gov.br/arquivos/2012/mes07/lbdn.pdf>. Acesso em: 14 out. 2014.

sociedade. Flores (2011) apresentou quatro razões para o pouco interesse da sociedade acerca dos assuntos da defesa nacional: o preconceito gerado pelas interveniências militares na vida nacional, a falta de oportunidades para o clientelismo, o fato de a defesa nacional não gerar votos, e a mais que centenária ausência de ameaça clássica em que o Brasil tivesse vivido papel protagônico.

O Decreto nº 6.703, de 18 de dezembro de 2008, que aprova a Estratégia Nacional de Defesa, assinala em seu art. 2º: "Os órgãos e utilidades da administração pública federal deverão considerar em seus planejamentos, ações que concorram para fortalecer a Defesa Nacional". A ideia suscita execução. Entretanto, não se percebe, na vida política do país, qualquer atitude nesse sentido ou cobrança, pelo Executivo, do cumprimento de suas próprias determinações que, no caso, concorreriam para a defesa nacional. Que outro(s) ministério(s) executa(m) tarefas inerentes à defesa nacional? Quem do governo central fiscaliza e/ou coordena essa tarefa de forma explícita?

Como os ministros são membros do Executivo, seriam eles os responsáveis pelo entendimento da PDN e da END e pela execução das tarefas que lhes coubessem.

O brasileiro, *grosso modo*, embora confie nas Forças Armadas, não se interessa pela defesa nacional.

O Ministério da Defesa (MD) e a sociedade

O presidente Fernando Henrique, antes da criação do Ministério da Defesa, percebia o distanciamento entre a sociedade e os assuntos da defesa. Em depoimentos a Oliveira (2005:432), FHC opinou: "Quando foi feita a reforma do regimento interno no Senado [...] criei a Comissão de Relações Exteriores e Defesa Nacional, [...] pois eu achava que a defesa nacional era um assunto a ser discutido não só nos quartéis".

A chegada do MD significou um momento novo para a defesa nacional e, por óbvio, para as Forças Armadas. Houve resistências iniciais, mas a hierarquia e a disciplina, pilares das Forças Armadas, sustentaram a ordem. Os três ministros militares perderam seus *status* de ministros e passaram a se subordinar à nova autoridade política, o ministro da Defesa.

Do sr. Élcio Álvares, primeiro ministro da Defesa, em 1999, ao ministro Raul Jungmann, em 2016, houve 10 ministros da Defesa. Em 18 anos de funcionamento, a pasta da Defesa apresentou uma rotatividade, até certo ponto, pouco adequada à posição de maior destaque na defesa nacional.

Conforme advoga Huntington (1996), para liderar forças militares há de se ter conhecimento suficiente das questões de defesa, e os assuntos sobre a defesa nacional nem sempre foram o forte dos políticos brasileiros.

O ex-ministro Jobim foi quem passou mais tempo na pasta da Defesa: 50 meses. Os outros 13 anos (156 meses) foram ocupados por nove ministros, o que representa uma média de 17 meses por ministro da Defesa — menos de dois anos.

Hayees (2001:228), em artigo intitulado "La educación de la defensa para civiles y militares: avances y perspectivas en el hemisfério" enfatizou a necessidade de se compreender que o tema é de preocupação nacional, de toda sociedade — de civis e militares: *"Para terminar, lo que hace falta es un diálogo público sobre defensa. Cito lo dicho por el capitán Raposo de Vasconcellos, la 'defensa no es tema exclusivo de los militares'"*.

O despreparo, na área de defesa, é fator prejudicial para o entendimento entre civil e militar, o que indica que deveria existir ao menos um núcleo de acadêmicos, empresários, profissionais da mídia com alguma familiaridade e algum interesse pela temática da defesa nacional — profissionais da defesa. Alsina Júnior (2009) reforça a ideia sugerindo que aspirantes e cadetes das escolas militares e futuros diplomatas do Instituto Rio Branco frequentassem por algum tempo as outras escolas. Os militares, o Rio Branco; e os diplomatas, as escolas militares. Ele entende que essa aproximação traria maior entendimento entre as partes, maior conhecimento nos assuntos de defesa, bem como das demandas da diplomacia brasileira por parte dos militares.

A Associação Brasileira de Estudos de Defesa (Abed), criada em 27 de outubro de 2005, foi uma iniciativa de cunho civil. Trata-se de uma sociedade civil sem fins lucrativos, de âmbito nacional, sem conotação político-partidária, de natureza educacional, científica e cultural. Segundo seu estatuto,[39] a Abed tem por finalidade congregar pesquisadores que desenvolvam estudos e pesquisas sobre defesa nacional, segurança nacional e internacional, guerra e paz, relações entre forças armadas e sociedade, ciência e tecnologia no âmbito da defesa nacional e questões militares em geral.

Os programas Pró-Defesa[40] e Pró-Estratégia vieram atender, em parte, a essas demandas. Trata-se de iniciativa inédita no Brasil e mais um caminho de aproximação entre civis e militares. São espaços para pesquisas e estudos vol-

---

[39] Disponível em: <www.abedef.org/conteudo/view?ID_CONTEUDO=47>. Acesso em: 24 maio 2016.

[40] Disponível em: <www.capes.gov.br/bolsas/programas-especiais/pro-defesa>. Acesso em: 24 fev. 2014.

tados para a defesa, onde universidades como a Federal Fluminense (UFF) e a Fundação Getulio Vargas (FGV) abriram estudos de pós graduação, mestrado, doutorado e pós-doutorado, e a Universidade Federal do Rio de janeiro (UFRJ) criou um curso de graduação em assuntos de defesa. Hoje existem outras IES nesse espaço.

Editais da Capes criaram, em 2006, o Pró-Defesa, que tem o objetivo de implantar redes de cooperação acadêmica no país na área de defesa nacional, possibilitando a produção de pesquisas científicas e tecnológicas e a formação de recursos humanos pós-graduados no tema. O Pró-Defesa dirige-se a instituições públicas e privadas brasileiras que possuam, em seus programas de pós-graduação *stricto sensu* reconhecidos pelo Ministério da Educação (MEC), área(s) de concentração ou linha(s) de pesquisa em defesa nacional.

Ainda na área da educação, em 2008, os ministros da Educação e da Defesa, Fernando Haddad e Nelson Jobim, assinaram portaria[41] normativa interministerial que dispunha sobre a equivalência de cursos nas instituições militares de ensino em nível de pós-graduação *lato sensu*, desde que cumpridos os requisitos nela inscritos. Isso passou a permitir aos comandantes das instituições militares apostilarem seus certificados de cursos.

O Pró-Estratégia, com início em 2011, tem como objetivo estimular no país a realização de projetos conjuntos de pesquisa utilizando-se de recursos humanos e de infraestrutura disponíveis em diferentes IES, Instituto de Ciência e Tecnologia (ICT) e demais instituições enquadráveis nos termos do edital. Assim, o Pró-Estratégia visa estimular a produção de ciência, tecnologia e inovação, bem como a formação de recursos humanos pós-graduados, em áreas relativas à defesa e a outros temas estratégicos de interesse nacional.

Com efeito, o edital da Capes em parceria com a Secretaria de Assuntos Estratégicos da Presidência da República (SAE/PR) considerou basicamente três conjuntos de áreas estratégicas:[42]
- as que dizem respeito à gestão estratégica de políticas públicas nas áreas relativas à defesa, [...] englobando [...] o aperfeiçoamento das relações entre o Estado e organizações do setor privado e da sociedade civil;
- as que guardam relação direta com os setores priorizados pela END, a saber, o espacial, o cibernético e o nuclear, os quais transcendem a divisão

---

[41] Disponível em: <http://portal.mec.gov.br/cne/arquivos/pdf/2008/port018_08.pdf>. Acesso em: 27 fev. 2014.

[42] Disponível em: <www.capes.gov.br/36-noticias/5159-edital-seleciona-projetos-em-areas--relativas-a-defesa-desenvolvimento-e-temas-estrategicos-de-interesse-nacional>. Acesso em: 8 abr. 2014.

entre desenvolvimento e defesa e ampliam as sinergias entre as esferas civil e militar;
- as abrangidas pelos eixos tecnológicos [...] capazes de, simultaneamente, ampliar as condições de segurança e aperfeiçoar o desenvolvimento nacional, produzindo externalidades positivas para a indústria civil e/ou para o crescimento socioeconômico.

A academia, desta feita, formou várias turmas que já estão aplicando seus conhecimentos em outras IES, no ITC e em escolas militares. Algumas IES já possuem graduação em assuntos de defesa e turmas de graduados que passaram a frequentar a Escola Superior de Guerra, por exemplo, para troca de informações. Fato impensável em tempos idos.

O curso de graduação Bacharelado em Defesa e Gestão Estratégica da Universidade Federal do Rio de Janeiro (UFRJ) é um bom exemplo. Estiveram na ESG, em 2012, com universitários de Relações Internacionais para conhecerem, entre outros temas, a Política Nacional de Defesa, Estratégia Nacional de Defesa e Livro Branco de Defesa Nacional. Em futuro próximo, esses jovens universitários estarão em posições-chave em empresas privadas, estatais, nas esferas governamentais e em outros setores e, de alguma forma, se lembrarão do que foi estudado, e a sociedade como um todo sairá lucrando com essa interação civil-militar.

O mais recente documento produzido pela Defesa foi o LBDN. Houve maior participação da sociedade. Em reuniões na FGV-RJ, em paralelo às que aconteciam em Brasília, no MD, os trabalhos se iniciaram em outubro de 2010 e o livro foi lançado em novembro de 2012.

A presidente Dilma, em seu prefácio, declarou: "O Livro Branco é um convite à reflexão e ao diálogo. [...] reflexão pública sobre o papel indispensável da Defesa no Brasil do presente e do futuro".

Em âmbito regional, foi criado o Conselho de Defesa Sul-Americano (CDS), que tem como objetivo prevenir crises, promover a transparência e criar confiança entre os Estados da América do Sul. Na esfera do CDS, foi realizado, pela Escola Superior de Guerra (ESG), no Rio de Janeiro, o Curso Avançado de Defesa Sul-Americano, ministrado para funcionários civis e militares de defesa da América do Sul, desde 2011.

Em conferência na abertura do seminário Estratégias de Defesa Nacional, em novembro de 2012, ressaltou Celso Amorim:

Juntamente com outras iniciativas, como o Centro de Estudos Estratégicos de Defesa, com sede em Buenos Aires, o Curso Avançado de Defesa aponta para a criação, em médio prazo, de forma pragmática, flexível e descentralizada, de um Colégio Sul-Americano de Defesa.[43]

Também em 2011, a ESG criou o primeiro Curso Superior de Política e Estratégia, com duração de dois meses, com o objetivo de incentivar o estudo de assuntos afetos ao MD nos escalões da administração pública, no meio militar e junto aos setores empresariais e acadêmicos.

A ESG selecionou 41 representantes da área civil e 13 da área militar, pertencentes a 28 diferentes órgãos de governo. Eles cumpriram uma carga horária de 57 horas de painéis e palestras, conduzidos por integrantes do próprio MD, além de conferencistas dos ministérios das Relações Exteriores, Orçamento e Gestão, Ciência, Tecnologia e Inovação, Meio Ambiente, Secretaria de Assuntos Estratégicos, Polícia Federal, Receita Federal, Federação das Indústrias do Estado de São Paulo (Fiesp) e pesquisadores e empresários da indústria de defesa.

O ministro Celso Amorim destacou, na aula inaugural, a importância do diálogo com a sociedade civil para o desenvolvimento de uma mentalidade de defesa no país.[44]

Faltava a participação maior do setor político. Em 2012, o Senado Federal, em momento primeiro, entendeu que deveria discutir a defesa nacional. Reuniu especialistas e publicou a revista *Em Discussão*[45] com o tema exclusivo: defesa nacional. Em seu texto de apresentação, destaca: "Dono de vasto território e com enormes potencialidades econômicas, Brasil se torna alvo de cobiça mundial. Necessidade de fortalecer a defesa para repelir qualquer ameaça se torna imperativa".

Seus articulistas analisam, em detalhes, essa nova realidade, que impõe um custo alto. E questiona sobre o quanto a nação brasileira está disposta a pagar.

São 86 páginas em que se faz o retrato atual, nem sempre animador, da defesa nacional. Diversos especialistas no assunto, tais como o ministro Celso Amorim, parlamentares do Congresso, ex-ministros militares, ex-presidentes, escritores, diplomatas discorreram sobre o reaparelhamento das Forças Arma-

---

[43] Disponível em: <www2.camara.leg.br/atividade-legislativa/comissoes/comissoes-permanentes/credn/noticias/conferencia-do-ministro-da-defesa-celso-amorim-na-abertura-do-seminario-estrategias-de-defesa-nacional>. Acesso em: 24 mar. 2014.

[44] Disponível em: <http://www.defesa.gov.br/index.php/ultimas-noticias/3926-21092011-defesa--para-amorim-canal-aberto-com-a-sociedade-beneficia-criacao-de-uma-mentalidade-de-defesa--no-pais>. Acesso em: 27 fev. 2014.

[45] *Em Discussão*: revista de audiência pública do Senado Federal, ano 3, n. 10, 2012. Disponível em: <www.senado.gov.br/noticias/jornal/emdiscussao/Upload/201201%20-%20marco/pdf/em%20discuss%C3%A3o!_marco_2012_internet.pdf>. Acesso em: 14 out. 2014.

das, o orçamento, suas dificuldades, visão de futuro e tanto mais. Nas páginas 29 e 30, apresentam os fatos marcantes na história das Forças Armadas, desde 1548 até 2006. Um exemplar sem precedentes, que insere o Parlamento nessa discussão pública.

Também em 2012, em ato primeiro na história da defesa, foi assinada a Lei Complementar nº 136, da Presidência da República,[46] incluindo o Congresso Nacional nas deliberações dos assuntos de defesa. Em seu art. 9º, diz o texto:

> § 3º. O Poder Executivo encaminhará à apreciação do Congresso Nacional, na primeira metade da sessão legislativa ordinária, de 4 (quatro) em 4 (quatro) anos, a partir do ano de 2012, com as devidas atualizações:
> I - a Política de Defesa Nacional;
> II - a Estratégia Nacional de Defesa;
> III - o Livro Branco de Defesa Nacional.

Estavam o Congresso Nacional e seus políticos, definitivamente, confirmando sua participação na defesa nacional.

Na solenidade, José Sarney ressaltou a importância dessa relação com o Poder Legislativo e recordou que temas como política externa e defesa tinham pouca demanda. "Hoje a gente percebe o interesse maior por esses assuntos", afirmou o presidente do Congresso.

A inclusão do Parlamento na discussão dos assuntos de defesa nacional de forma legal, e não sujeita aos humores dos congressistas, foi um avanço.

No ano seguinte, o ministro Celso Amorim, criou a Secretaria-Geral do Ministério da Defesa, em atendimento às demandas internas, e nomeou o dr. Ari Matos Cardoso. O ministro, na ocasião da posse, maio de 2013, ressaltou:

> Ao lado da necessidade permanente de operar e assegurar a interoperabilidade das Forças Armadas temos uma importantíssima vertente dentro do Ministério da Defesa, que é a vertente civil. [...] Essa parte carecia ainda de organicidade. E a criação da Secretaria-Geral permite isso.[47]

A antiga preocupação citada por D'Araujo (2010a:123) em não se ter nenhum civil em posição de destaque no MD começava a ser modificada.

---

[46] Disponível em: <www.defesa.gov.br/index.php/ultimas-noticias/3869-24072012-defesa-politica-estrategia-e-livro-branco-de-defesa-nacional-conheca-os-documentos-enviados-pela-presidenta-da-republica-a-apreciacao-do-congresso-nacional>. Acesso em: 8 abr. 2014.

[47] Disponível em: <www.defesa.gov.br/index.php/ultimas-noticias/8659-secretario-geral-do--ministerio-da-defesa-toma-posse>. Acesso em: 28 fev. 2014.

Corroborando essa modificação, Unger ressalta: "Disposição para mudar é o que a nação exige de seus soldados. E, dos civis, o que se espera é que saldem a maior dívida da nação para com as Forças Armadas: a dívida da desatenção".[48]

Alsina Júnior (2009) lembra a falta de conhecimento institucional e técnico por parte dos parlamentares, que pouco podem se movimentar em direção à formulação de políticas de defesa, dificultando o almejado diálogo entre civis e militares.

O novo Instituto Pandiá Calógeras é um instituto civil para pesquisa na área de defesa que pode atenuar essa demanda. Segundo declarou Celso Amorim no Senado Federal:

> [...] é muito importante existir um instituto civil para a área de defesa, até para trabalhar conjuntamente com nossa Secretaria de Ensino, conjuntamente com as Forças Armadas e com a Escola Superior de Guerra, no contato com o setor acadêmico, na futura preparação de currículos para a carreira de analista ou gestor de defesa, que ainda é discutida internamente no governo.[49]

O MD não encontra facilidades, *grosso modo*, em conduzir as questões atinentes à defesa nacional devido ao pouco conhecimento demonstrado pelos governantes, congressistas e pela sociedade sobre o assunto. Como atenuante, o Projeto Pró-Defesa, desde 2005, entre as IES e as escolas militares, incluiu, e cada vez mais, boa parte da academia. O setor político, a partir de 2012, de quatro em anos, será sujeito a deliberar e opinar nos principais documentos de defesa produzidos sobre assuntos da área, todos após a criação do MD. A sociedade, por consequência, será incluída nesse segmento, ajudada pelo empenho e pelos bons ofícios da Abed e outras iniciativas que vêm surgindo nessa área; no setor industrial, por exemplo, a criação da Associação Brasileira das Indústrias de Materiais de Defesa e Segurança (Abinde). Em seu *site*[50] a Abinde transmite a seguinte missão:

> Congregar, representar e defender os interesses das empresas associadas, contribuindo na formulação de políticas públicas para o setor de Defesa, e para a

---

[48] Disponível em: <www.militar.com.br/blog6624-PACDEFESADiscursos#.V2v_-Ras9iA. Acesso em: 23 jun. 2016.

[49] O ministro da Defesa, Celso Amorim, apresentou, em audiência pública no Senado Federal, em 9 de maio de 2013, os principais projetos em curso para as Forças Armadas. Disponível em: <www.defesa.gov.br/index.php/noticias/4298-09-05-2013-defesa-amorim-apresenta-projetos--das-forcas-armadas-em-audiencia-publica-no-senado>. Acesso em: 23 jun. 2016.

[50] Disponível em: <www.abimde.org.br/?on=abimde>. Acesso em: 24 mar. 2014.

criação e manutenção de uma Base Industrial, Logística, Científica, Tecnológica & Inovação forte e saudável, voltadas para a Defesa, em consonância com os objetivos de soberania nacional e da Constituição Brasileira.

A Abinde é uma associação civil sem fins lucrativos, com sede e foro na cidade de São Paulo e atua em todo território nacional. Faz o papel de elo entre as indústrias e o setor governamental para agilizar e comercializar, em melhores condições, o produto nacional[51] de defesa.

Dessa forma, conclui-se, em boa parte, um ciclo de aproximação entre a sociedade e o meio militar, aí incluído o MD, sobre o envolvimento e participação desses segmentos nos assunto relativos à defesa e à segurança nacionais.

Considerações finais

Nesses quase 20 anos de existência do MD, o trato com os assuntos da defesa nacional, entre civis e militares, mudou. Constata-se que a sociedade, embora ainda distante, hoje opina e se inclui nos espaços onde se discute defesa nacional. O que é pródigo.

O país ainda situa a defesa nacional em patamar aquém do devido. Toda a sociedade — aí incluídos os políticos com o Congresso Nacional, a academia, a diplomacia brasileira — deveria se mobilizar, com maior afinco, nesse sentido. Contudo, apenas a partir da criação do MD é que isso vem acontecendo, de forma lenta, mas gradual.

O atual patamar democrático alcançado pela sociedade brasileira induz uma crescente aproximação com os assuntos de defesa e entre civis e militares, com o objetivo de fornecer segurança como suporte adequado ao desenvolvimento do país. Experiências recentes na área acadêmica e na de pesquisa demonstram ser possível intensificar essa relação. Nesse sentido, os resultados acadêmicos tendem a construir novas ideias na área de estudo "defesa". Com o ingresso, em breve, de novos especialistas em áreas pouco estudadas pela academia, o assunto tomará novo rumo. Sem ressentimentos, sem revanchismos de ambas as partes. O desenvolvimento de estudos dessa natureza pode suscitar maior interesse, particularmente pelos civis, por assuntos ligados à segurança e à defesa nacionais. Como observou Alsina Júnior (2008) em seu artigo "Dez mitos sobre a Defesa Nacional no Brasil": "Enquanto a sociedade brasileira em geral e as suas elites dirigente em

---

[51] Para mais detalhes ver o Estatuto da Abinde. Disponível em: <www.abimde.org.br/upload/documentos/EstatutoABIMDE.pdf>. Acesso em: 24 mar. 2014.

particular não forem capazes de encarar [...] as questões relacionadas com a defesa nacional, o país continuará atolado em terreno pantanoso".

Embora reordenar institucionalmente a área de defesa nacional fosse reivindicação antiga, particularmente por parte dos militares, evitou-se o tema logo após o período dos governos militares (1985) e início dos trabalhos da Assembleia Constituinte de 1987-88. "As lideranças emergentes não queriam tocar em nada que pudesse vinculá-las ao regime anterior — nada que pudesse identificá-las com o entulho autoritário", opina Jobim.[52]

Um país com a sexta economia do mundo necessita ordenar, junto à sociedade, o necessário reaparelhamento das suas FA, para um apropriado e elevado protagonismo na cena internacional. E isto, só será possível com os assuntos de defesa na agenda nacional.

Vivemos em um tempo de paz e nos beneficiamos dele. Mas as ações que decidirmos tomar para manter a paz e evitar a guerra devem, da mesma forma, ser amadurecidas pelo debate democrático. A compreensão clara das questões ligadas à nossa política de defesa resultará de um intercâmbio transparente entre governo e Legislativo, entre Estado e sociedade.[53]

Com a consolidação da democracia no país, é necessária, devida e obrigatória a inserção da sociedade, como um todo, nos assuntos de defesa. Defesa não se delega. Na mesa das negociações internacionais, o respeito é obtido por diplomacia, com o poder que a sustenta. Política exterior e de defesa não podem mais se afastar. Não são mais caminhos paralelos. Dessa forma, estaremos cumprindo o previsto na CF/1988, especificamente em relação às decisões referentes à defesa do território, da população e de seus interesses. É patente que democracia e defesa se reforçam mutuamente.

A grandeza da democracia se reflete pela união dos segmentos da sociedade em torno de um ideal. A conquista e consecução desse ideal, entendido aqui como "Objetivos Fundamentais" — art. 8º da CF/1988 —, é inexorável. E isso será tanto mais fácil quanto mais a sociedade perceber as FA como o braço armado constitucional que se erguerá, sempre e exclusivamente, para cumprir esse preceito constitucional em prol da sociedade. O Parlamento, por sua vez,

---

[52] Maiores detalhes em <www.flc.org.br/revista/materias_viewd17a.html?id=>. Acesso em: 22 jun. 2016.

[53] Palavras do ministro Celso Amorim na abertura do seminário Estratégias de Defesa Nacional, na Comissão de Relações Exteriores e Defesa Nacional (Creden) da Câmara dos Deputados, em parceria com o Instituto de Pesquisa Econômica Aplicada (Ipea), em 27 e 28 de novembro de 2012, na Câmara dos Deputados — Brasília/DF. Disponível em: <www2.camara.leg.br/atividade-legislativa/comissoes/comissoes-permanentes/credn/noticias/conferencia-do-ministro-da-defesa-celso-amorim-na-abertura-do-seminario-estrategias-de-defesa-nacional>. Acesso em: 24 mar. 2014.

não pode se abster dessa problemática. Há de se debruçar, entender, discutir a defesa nacional, para tomar boas e necessárias decisões em prol do país.

Castro Alves, poeta baiano, ao reunir seus poemas em seu único livro editado em vida — *Espumas flutuantes*, lançado em 1870 —, escreveu "Quem dá aos pobres, empresta a Deus". Em determinada estrofe lembra, que desde então, havia afinidade entre a espada e o saber:

Duas grandezas neste instante cruzam-se!
Duas realezas hoje aqui se abraçam!...
Uma — é um livro laureado em luzes...
Outra — uma espada, onde os lauréis se enlaçam.
Nem cora o livro de ombrear co'o sabre...
Nem cora o sabre de chamá-lo irmão...

A sociedade está representada em todas as instituições. É essa sociedade que deve cobrar a soberania de seu país. Cobrar e fazer permitir que a caneta política libere a reconstituição do aparato da defesa e aprove essa demanda sem embates e revanchismos. Entender e participar da defesa nacional é discutir o Brasil, é defender o Brasil: obrigação de todos.

Referências

ALSINA JÚNIOR, João Paulo Soares. Dez mitos sobre a Defesa Nacional no Brasil. Rio de Janeiro, *Interesse Nacional*, ano 1, n. 3, out./dez. 2008. Disponível em: <http://interessenacional.com/index.php/edicoes-revista/dez-mitos-sobre-defesa-nacional-no-brasil/>. Acesso em: 10 jul. 2016.

_____. *Política externa e poder militar no Brasil*: universos paralelos. Rio de Janeiro: FGV, 2009. Série Entenda o Mundo.

AMORIM NETO, Octavio. O papel do Congresso nas questões de defesa: entre a abdicação e o comprometimento. In. JOBIM, Nelson A.; ETCHEGOYEN, Sergio W.; ALSINA JÚNIOR, João Paulo Soares (Org.). *Segurança internacional*: perspectivas brasileiras. Rio de Janeiro: FGV, 2010.

BITTENCOURT, Armando de Senna. A Marinha imperial e a independência do Brasil. 10 jul. 2013. Disponível em: <www.brasilimperial.org.br/layout/layout2.php?cdConteudo=236&codigo=34>. Acesso em: 29 out. 2014.

BRIGAGÃO, Clóvis; PROENÇA Jr., Domício. Os militares e a política. In: AVELAR, Lúcia; CINTRA, Antônio Octávio (Org.). *Sistema político brasileiro*: uma introdução. Rio de janeiro: Konrad-Adenauer-Striftung; São Paulo: Unesp, 2007.

CASTRO, Celso. *A inveção do Exército Brasileiro*: redescobrindo um povo. Rio de Janeiro: Jorge Zahar, 2002.

_____; D'ARAUJO, Maria Celina (Org.). *Militares e política na Nova República*. Rio de Janeiro: FGV, 2001.

D'ARAUJO, Maria Celina. *Militares, democracia e desenvolvimento*: Brasil e América do Sul. Rio de Janeiro: FGV, 2010a.

_____. Perspectiva brasileira para os novos aspectos da segurança regional. *Cadernos Adenauer XI*. Rio de Janeiro, 2010b. N. 4: Brasil no contexto político regional.

FLORES, Mario Cesar. *Reflexões estratégicas*: repensando a Defesa Nacional. São Paulo: É Realizações, 2002.

_____. A defesa no sentimento nacional. *Folha de S.Paulo*, São Paulo, 2 ago. 2011. Opinião. Disponível em <www.estadao.com.br/noticias/impresso,a-defesa-no-sentimento-nacional,752989,0.htm>. Acesso em: 14 abr. 2014.

FONSECA, Mario Hermes; ESCOBAR, Ildefonso. *Primórdios da organização da Defesa Nacional*. Rio de Janeiro: Tipografia Glória, 1943.

HAYES, Margaret Daly. La educación de la defensa para civiles y militares. Avances y perspectivas en el hemisferio. In: TABORGA, Juan R. Quintana (Coord.). *Libros Blancos de Defesa*: concertación política y diseño estratégico comparado. La Paz: Editorial Offset Boliviana, 2001.

HUNTINGTON, Samuel. *O soldado e o Estado*. Rio de Janeiro: Biblioteca do Exército, 1996.

JUNGMANN, Raul. *Discursos proferidos na ocasião do lançamento da Frente Parlamentar da Defesa Nacional*. Brasília, DF: Centro de Documentação e Informação da Câmara dos Deputados, 2009.

LOPES FILHO, Hermelindo. *Nas asas da Força Aérea Brasileira*. 2012. Disponível em: <http://faap.br/hotsites/asas-da-historia/livreto%20Nas%20Asas%20da%20Hist%C3%B3ria%20Da%20For%C3%A7a%20A%C3%A9rea%20Brasileira.pdf>. Acesso em: 14 out. 2014.

MAGNOLI, Demetrio (Org.). *História das guerras*. São Paulo: Contexto, 2006.

OLIVEIRA, Eliézer Rizzo. *Democracia e defesa nacional*: a criação do Ministério da Defesa na presidência de FHC. Barueri, SP: Manole, 2005.

SILVA, Rodinei Tarciano. Clausewitz no Ministério da Defesa do Brasil: a democracia como comandante da guerra. *Revista de Geopolítica*, Ponta Grossa, PR, v. 2, n. 1, p. 117-128, jan./jun. 2011. Disponível em: <www.revistageopolitica.com.br/ojs/ojs-2.2.3/index.php/rg/article/viewFile/32/31>. Acesso em: 22 nov. 2011.

2
As novas demandas de segurança e defesa nacional e seus impactos na transformação das Forças Armadas brasileiras

Jacintho Maia Neto

Antecedentes

Em 1999, as estruturas organizacionais das Forças Armadas foram modificadas (Brasil, 1999). Antes, as Forças Armadas possuíam, no topo de suas estruturas, os ministros de Estado da Marinha, do Exército, da Aeronáutica e do Estado-Maior das Forças Armadas. Em 10 de junho daquele ano, foi criado o Ministério da Defesa (MD), definindo um novo protagonista na área de segurança e defesa nacional.

Outro divisor de águas na área da defesa foi a elaboração da primeira Estratégia Nacional de Defesa (END) em 2008 (Brasil, 2008a). A END deu início a um processo de interação dos segmentos civil e militar de nossa sociedade. A partir daquele momento, o tema defesa faria parte da pauta nacional, fazendo com que políticos, empresários, os três níveis das esferas governamentais, em especial as federais e estaduais, participassem da discussão.

A comunidade acadêmica envolveu-se, também, nesse debate, incentivando os estudos na área da defesa nacional e buscando uma interação maior com institutos e escolas militares, como se verifica no objetivo geral do programa Pró-Defesa, convênio entre o MD e a Coordenação de Aperfeiçoamento de Pessoal de Nível Superior (Capes):

> [o] Pró-Defesa constitui ação do Governo Brasileiro destinada a fomentar a cooperação entre instituições civis e militares para implementar projetos voltados

ao ensino, à produção de pesquisas científicas e tecnológicas e à formação de recursos humanos qualificados na área de Defesa Nacional [Brasil, 2008b:5].

A END, editada em 2008, definiu ações estratégicas de médio e longo prazos, objetivando modernizar a estrutura nacional de defesa, e atuou em três eixos estruturantes: a reorganização das Forças Armadas, a reestruturação da indústria brasileira de material de defesa e uma política de composição dos efetivos das três forças (Brasil, 2008a:3). Como uma das ações decorrentes da Estratégia Nacional de Defesa, as Forças Singulares ficaram de, nos seis meses seguintes, elaborar seus planos de equipamento e articulação (Brasil, 2008a:58), redefinindo suas estruturas territoriais (articulação) e elaborando novos programas de aquisição de materiais, equipamentos e armamentos (equipamento).

O Exército Brasileiro materializou suas ações decorrentes dessa END, na Estratégia Braço Forte (EBF), composta de dois planos, quatro programas e 824 projetos, distribuídos em 129 ações estratégicas (Brasil, 2009:7). Essa estratégia foi elaborada com estudos feitos pelo Estado-Maior do Exército (EME), por todos os órgãos de direção setorial (ODS) e pelos comandos militares de área (C Mil A).

Em termos de embasamento teórico, a EBF foi alicerçada na END, nos livros integrantes do Sistema de Planejamento do Exército (SIPLEx), em estudos do EME e nas diretrizes do comando da força. A EBF compreende os planos de articulação e equipamento, que possuem dois programas cada um, conforme a seguir:
- Plano de Articulação: programas Amazônia Protegida e Sentinela da Pátria;
- Plano de Equipamento: programas Mobilidade Estratégica e Combatente Brasileiro.

Cada programa é composto de projetos que foram quantificados e distribuídos ao longo de um espaço temporal que vai de 2009 a 2030. Esses projetos foram somente citados em relação a duas varáveis — custo e tempo —, não se configurando em projetos efetivamente, além de seu custo não estar previsto no orçamento anual alocado ao Comando do Exército, devendo vir de outras fontes orçamentárias e extraorçamentárias, como as operações de crédito externo e possíveis parcerias ou convênios com empresas privadas.

O Estado-Maior do Exército, ao tentar viabilizar a EBF e demais ações decorrentes da END, verificou que não havia uma estrutura adequada para conduzir os projetos e que as ações estratégicas a serem implementadas não seriam viabilizadas sem uma transformação estrutural e a quebra de alguns paradigmas da instituição. A continuar o estado atual da articulação e do equipamento da força, chegar-se-ia ao final do ano de 2030 com um Exército articulado nacionalmente e equipado para combater com armamento, material, estrutura e doutrina da II Guerra Mundial.

Os conceitos de adaptação, modernização e transformação (Covarrubias, 2005:85) passaram a fazer parte integrante das discussões de como viabilizar a implementação da EBF. Naquele momento de questionamentos internos, foi elaborado — pelos integrantes da 7ª Subchefia do EME com a contribuição de diversas organizações militares, em especial da Escola de Comando e Estado-Maior do Exército (Eceme) — um documento intitulado "O processo de transformação do Exército" (PTEx).

O referido documento apresenta uma sinopse histórica das transformações pelas quais a instituição passou, especificamente, a partir de 1964, a definição de conceitos, as transformações ocorridas nos exércitos chileno e espanhol, levantando pontos comuns aos dois processos, as lições aprendidas com a ativação do 2º Batalhão Haiti, as dificuldades da questão orçamentária para a força, um extrato contextualizando a END e a EBF no atual ambiente político e econômico, mostrando que com a permanência desse *status quo* não haverá como o Exército cumprir com as demandas exigidas por esses dois documentos basilares da "nova Defesa".[1]

Outro assunto ao qual se referiu o PTEx foi no campo da formação e da capacitação de pessoal, no qual foi realizado um estudo sobre o perfil desejável do profissional militar no século XXI, focalizando os cenários de 2015, 2022 e 2030 (Brasil, 2010a). Entre outros, foram elencados os seguintes desafios a serem enfrentados pelo militar nesse novo ambiente:

a. atuar em operações de guerra convencional e assimétrica;
b. desenvolver pesquisas na área das Ciências Militares;
c. empregar ferramentas gerenciais com desenvoltura;
d. gerir recursos materiais e financeiros e bens públicos com eficiência;
e. integrar forças de paz e de estabilização pós-conflitos;
f. liderar, motivar e valorizar os talentos humanos sob seu comando;
g. negociar e gerenciar crises;
h. operar em ambiente incerto, que envolvem [sic] múltiplos cenários;
i. participar de operações conjuntas e combinadas;
j. ser proficiente em, no mínimo, dois idiomas;
k. transmitir as tradições e os valores da Instituição, preservando a cultura militar;

---

[1] Termo utilizado pelo ministro de Estado da Defesa em palestra proferida no dia 12 de agosto de 2010, na Escola de Comando e Estado-Maior do Exército, para caracterizar as mudanças estruturais e operacionais decorrentes da END.

l. trabalhar de forma integrada com outras organizações;
m. utilizar sistemas de armas com alto grau de complexidade e de tecnologia [Brasil, 2010c:2].

Basicamente, esses foram os principais documentos que antecederam o atual processo de transformação das Forças Armadas brasileiras, em especial no Exército.

As novas demandas de segurança e defesa

Atualmente, ao estudar o ambiente militar e suas relações com a sociedade, não se pode deixar de citar as perspectivas existentes sobre as relações civis-militares. Essa relação tem-se focado no debate sobre a necessidade vital do controle civil sobre o militar, conforme apregoam alguns autores (Mei e Mathias, 2000; Mathias, 2007; Saint-Pierre, 2007; Zaverucha e Rezende, 2009). Neste estudo, tal relação será denominada 1ª Agenda.

No entanto, a existência de novas demandas de segurança e defesa, tais como as novas ameaças (OEA, 2003), operações de manutenção e de imposição da paz,[2] aumento das operações de garantia da lei e da ordem e ações subsidiárias (Brasil, 1988), poderiam motivar um novo debate, que, infelizmente, ainda não transpôs a fronteira anglo-saxônica: o da eficácia militar.

O novo debate, ou 2ª Agenda, já parte da premissa do controle civil sobre o militar e busca conseguir a otimização dos recursos. Nessa perspectiva a preocupação da sociedade passa a ser sobre a eficácia da atual estrutura militar (Nielsen, 2005; Feaver, 1999) e não mais o debate anterior do controle do militar pelo civil, ficando esse tema superado.

As características dos novos conflitos passam por um ambiente de incertezas, difuso e assimétrico, exigindo Forças Armadas com novas concepções de preparo e emprego. Com esse intuito, a nova Estratégia Nacional de Defesa (Brasil, 2013) definiu, em seu escopo, diretrizes estratégicas para as Forças, entre as quais citamos:

1. Dissuadir a concentração de forças hostis nas fronteiras terrestres, nos limites das águas jurisdicionais brasileiras, e impedir-lhes o uso do espaço aéreo nacional. [...]

---

[2] Essas operações são descritas, respectivamente, nos capítulos VI e VII da Carta da Organização das Nações Unidas de 1945. Disponível em: <www.onu.org.br/docs/carta_da_onu.pdf>. Acesso em: 26 out. 2014.

4. Desenvolver, lastreado na capacidade de monitorar/controlar, a capacidade de responder prontamente a qualquer ameaça ou agressão: a mobilidade estratégica [Brasil, 2013:2-3].

Com esse foco, é importante abordar o significado da palavra "ameaça", no contexto das novas demandas de segurança e defesa nacional em sentido *lato*. Para tanto, foram utilizados os conceitos de segurança e defesa nacional definidos na nova Política Nacional de Defesa (PND): a segurança deve ser entendida como "a condição que permite ao País preservar sua soberania e integridade territorial, promover seus interesses nacionais, livre de pressões e ameaças, e garantir aos cidadãos o exercício de seus direitos e deveres constitucionais" (Brasil, 2013:2); a defesa nacional deve ser entendida como um "conjunto de medidas e ações do Estado, com ênfase no campo militar, para a defesa do território, da soberania e dos interesses nacionais contra ameaças preponderantemente externas, potenciais ou manifestas" (Brasil, 2013:2).

Basicamente, o termo segurança está relacionado com a sensação de garantia de uma nação contra ameaças de qualquer natureza, enquanto o conceito usual de defesa está ligado às ações que devem ser realizadas para obter essa sensação (de segurança) perante aquelas ameaças, ou seja, segurança é um sentimento e defesa é a ação necessária para a manutenção desse sentimento.

Como se verifica, o conceito de ameaça nos reporta a algo que é externo à pessoa ou à entidade. Tal ideia encontra amparo, também, no próprio entendimento de que a Política Nacional de Defesa é "voltada essencialmente para as ameaças externas" (Brasil, 2013:1), sendo que as "Forças Armadas poderão ser empregadas pela União contra ameaças ao exercício da soberania do Estado e à indissolubilidade da unidade federativa" (Brasil, 2013:10). Por essa ótica, confirma-se a premissa constitucional, explicitada no art. 142 da CF/1988, de que as defesas da pátria, da lei e da ordem, encontram-se no mesmo nível de importância (Brasil, 1988).

Saint-Pierre (2007) apresenta uma análise criteriosa sobre o conceito de ameaça, seus elementos constitutivos e suas relações com os termos segurança e defesa. O autor caracteriza em dois os tipos de ameaças que possam justificar o emprego das Forças Armadas: "Ameaças externas: [aquelas relativas] à integridade territorial e à soberania nacional. Ameaças internas: [aquelas relativas] à ordem constitucional e à paz interior" (Saint-Pierre, 2007:78-79). Basicamente, Saint Pierre reconstrói as ideias centrais da Constituição Federal de defesa externa (ameaças externas) e de garantia da lei e da ordem (ameaças internas).

A preocupação com o que sejam essas ameaças ou novas ameaças (Mathias, 2007) tem constado da pauta das reuniões da Organização dos Estados Americanos (OEA). Desde a Conferência Especial sobre Segurança, na Cidade do México, realizada em 2003, os Estados-membros têm realizado declarações com o intuito de alertar todos sobre as novas ameaças à segurança hemisférica: "muitas das novas ameaças, preocupações e outros desafios à segurança hemisférica são de natureza transnacional e podem requerer uma cooperação hemisférica adequada" (OEA, 2003). Como se verifica, as atuais "novas ameaças" já foram explicitadas há quase 10 anos; no entanto, as ações necessárias para atender às demandas decorrentes dessas ameaças ainda não se concretizaram, principalmente, em termos de mudanças estruturais.

A Declaração sobre Segurança nas Américas, documento final daquela conferência, cita essas novas ameaças, que de maneira quase contínua serão lembradas nas próximas conferências de ministros da Defesa das Américas:

4. *Afirmamos* que nossa cooperação para enfrentar as ameaças tradicionais e as novas ameaças, preocupações e outros desafios à segurança também se fundamenta em valores compartilhados e enfoques comuns reconhecidos no âmbito hemisférico [grifo no original].

Entre eles destacam-se os seguintes:

[…]
m) A segurança dos Estados do Hemisfério é afetada de forma diferente por ameaças tradicionais e pelas seguintes novas ameaças, preocupações e outros desafios de natureza diversa:
- o terrorismo, o crime organizado transnacional, o problema mundial das drogas, a corrupção, a lavagem de ativos, o tráfico ilícito de armas e as conexões entre eles;
- a pobreza extrema e a exclusão social de amplos setores da população que também afetam a estabilidade e a democracia. A pobreza extrema solapa a coesão social e vulnera a segurança dos Estados;
- os desastres naturais e os de origem humana, o HIV/AIDS e outras doenças, outros riscos à saúde e a deterioração do meio ambiente;
- o tráfico de seres humanos;
- os ataques à segurança cibernética;
- a possibilidade de que surja um dano em caso de acidente ou incidente durante o transporte marítimo de materiais potencialmente perigosos, incluindo o petróleo, material radiativo e resíduos tóxicos;
- a possibilidade do acesso, posse e uso de armas de destruição em massa e seus sistemas vetores por terroristas (OEA, 2003:2-4).

Mathias (2007) apresenta um resumo das novas ameaças, possibilitando um entendimento mais contextualizado para o Brasil, quais sejam: "direitos humanos, meio ambiente, tráfico de drogas, tráfico de armas, terrorismo, migrações e crime organizado" (Mathias, 2007:86). Essa contextualização retira do documento aquela visão neocolonialista de que tudo pode ser universalizado segundo a perspectiva hegemônica de um país. Com tal enfoque, essas serão as ideias centrais que estarão implícitas quando for utilizado o termo "novas ameaças", por considerá-lo mais adequado ao contexto do Brasil e da América do Sul.

A transformação organizacional

A transformação organizacional foi o termo utilizado para caracterizar as mudanças estruturais em curso nas organizações militares, considerando-se a existência de novas demandas em segurança e defesa que geraram incrementos na missão constitucional das Forças Armadas, quer caracterizadas por um novo marco legal (Brasil, 1999; Brasil, 2010b), quer por um novo ambiente operativo (Mathias, 2007; Krulak, 1999; Saint-Pierre, 2007) materializado pelas novas ameaças e a guerra assimétrica.

As características de uma transformação se baseiam, normalmente, na hipótese de que a atual estrutura, o paradigma dominante, as relações internas na organização e o posicionamento estratégico no seu negócio não estão conseguindo acompanhar as novas demandas que passaram a ser exigidas da organização. Nesse momento, a ruptura com o *status quo* dominante se faz necessária para que a organização prossiga no caminho do crescimento.

O estabelecimento de um novo paradigma é necessário para a evolução da organização como um todo. A discussão paradigmática passa a ser focada em definir "que paradigma deverá guiar no futuro as pesquisas para resolver problemas que nenhum dos competidores [no caso, nenhuma força armada] pode, ainda, resolver completamente" (Kuhn, 1975:244).

Kuhn, ao desenvolver o conceito de *paradigma* com o objetivo de analisar a evolução das ciências naturais, propõe que esta pode ocorrer de maneira contínua ou descontínua através do rompimento com o conhecimento existente até aquele momento. Ao transpor o conceito para as ciências sociais, Motta (2001) contextualiza o ambiente da mudança, apresentando primeiramente as formas como são vistas a realidade administrativa, os paradigmas dessa realidade e, a partir deles, considera ser possível definir as implicações práticas para realizar a mudança organizacional. O quadro 1 sintetiza essas ideias centrais.

Quadro 1
Paradigmas de mudança organizacional e suas implicações práticas

Natureza da mudança	Objetivo da mudança	Referência primordial p/análise	Objetivo da análise
Compromisso ideológico	Idealização — Comprometer as pessoas com o ideal administrativo.	Ideais e princípios — Sobre as pessoas e a administração.	Discernimento — Saber a diferença entre a realidade e o ideal administrativo.
Imperativo ambiental	Redirecionamento — Readaptar a organização às necessidades provocadas pelo ambiente.	Fatos — Sistema, comportamento organizacional e individual.	Explicação — Descobrir causas e regularidades atrás da desordem aparente.
Reinterpretação crítica da realidade	Emancipação — Recriar um novo significado organizacional através dos condicionantes estruturais e das formas comunicativas.	Comunicação e estrutura social — Ponto de vista dos atores e seus condicionantes.	Compreensão — Conhecer os objetivos das ações sociais e seus condicionantes.
Intenção social	Influenciação — Alterar as relações sociais (influenciar o outro).	Ação social e alteridade — Relação entre atores, grupos e coletividades.	Compreensão — Conhecer as intenções das pessoas para agir.
Transformação individual	Criação e transcendência — Buscar uma nova visão de si próprio.	Mundo interior — O "eu" e seus símbolos.	Descoberta interna — Conhecer os significados que se atribuem à vida organizacional.

Fonte: Motta (2001:42).

Ao comentar sua análise paradigmática das mudanças organizacionais, Motta (2001:54) relembra a relatividade e fragilidade dos paradigmas, que eles não são permanentes, pois se baseiam em "premissas [que] normalmente não [são] examinadas e, portanto, [são] vulneráveis e temporárias".

Segundo Fischer (2002), essa mudança paradigmática ocorreu no âmbito das organizações, mais notadamente no final da década de 1970, em relação ao conceito de mudança organizacional, que era fundamentado no paradigma da estabilidade, segundo o qual não se rejeita a mudança organizacional, mas entende-se que ela deva ser harmônica, sutil, incremental e localizada, sem desestabilizar o desempenho da organização. No entanto, tal conceito não conseguiu acompanhar "uma realidade muito mais complexa e multidimensionada" (Fischer, 2002:149).

As mudanças organizacionais, segundo esse paradigma, refletiam

> uma visão de mundo para a qual o controle era a função mais importante; o sucesso era assegurado pela capacidade de reproduzir rotinas e procedimentos e a inovação deveria ser temida e afastada porque trazia consigo a fragmentação da ordem vigente [Fischer, 2002:149].

O paradigma da transformação organizacional surge para atender às novas demandas desses tempos de mudanças mais abrangentes e transformadores, que não afetam apenas algumas áreas da organização, alguns processos, mas atingem, simultaneamente, os diversos níveis, setores e processos da organização (Motta, 2001; Fischer, 2002). Nesse contexto, a mudança passa a ser vista como um processo contínuo, que dependendo do nível em que impacta as estruturas, a tecnologia, os processos da organização, as competências necessárias às funções (antigas e novas), a cultura organizacional e as relações de poder, passa a atuar como transformadora do ambiente organizacional (Motta, 2001; Fischer, 2002).

Ao analisar esse ambiente transformacional, considerado inicialmente somente como um espaço onde ocorrem as transformações, Pettigrew (1985, 1986) verifica a necessidade de considerar, para efeitos de análise desse ambiente, os dois contextos nos quais ele atua ou é impactado: o externo e o interno. Para isso busca uma análise contextual caracterizada por três questionamentos — por que mudar, o que mudar e como mudar —, verificando se as respostas a esses questionamentos impactarão toda a organização ou apenas determinado setor.

Para Pettigrew (1985), a mudança possui três dimensões:
- seu contexto, visto dos pontos de vista externo (caracterizado por seu ambiente econômico, político e social) e interno (caracterizado pelos recursos, capacidades, cultura e política da organização);
- seu conteúdo, em que são considerados os produtos, o mercado, os objetivos, o ponto a ser conquistado e a necessária evolução a ser buscada;
- seus processos.

Essas dimensões, segundo Pettigrew, devem estar contextualizadas no tempo e definidos seus níveis de análise, tais como a firma, o setor e a economia.

Schaffer e Thomson (1997) acrescentam outra dimensão aos estudos da transformação organizacional. Acreditam que o foco deva ser dado aos resultados e não às atividades da organização; entendem que a principal motivação de um programa de transformação organizacional é estar estruturado sobre os resultados. Para Menegasso e Salm (2005:255), fundamentar a transformação organizacional "apenas nos resultados, em detrimento dos fatores humanos" seria um retorno aos primórdios do "taylorismo e à organização burocrática".

Outro fator que necessita ser analisado é o tipo de liderança que deve conduzir a organização no processo transformacional. Covey (1994) propõe que a passagem da organização burocrática para uma nova organização está diretamente ligada a um novo tipo de liderança, que possa conduzir a organização nesse novo ambiente de constantes mudanças, de incerteza e de constante inovação tecnológica. A essa liderança transformacional caberá propor uma mudança baseada em princípios, em que a ética exerce papel fundamental e o envolvimento de todos sob o *empowerment* dessa liderança será o motor principal da transformação. A visão de Covey critica também a dicotomia entre liderança e gerenciamento, já referenciado anteriormente neste trabalho:

> O gerenciamento trabalha dentro dos sistemas para fazê-los funcionar; a liderança trabalha os sistemas. A liderança lida com direção, visão, objetivo, princípios, com a formação das pessoas, de mentalidade, enriquecimento emocional, com o fortalecimento das pessoas. A liderança lida com o ativo; o gerenciamento, com os resultados. Tanto a liderança quanto o gerenciamento, tanto a eficácia quanto a eficiência são necessários (Covey, 1994:259).

Na visão de Covey (1994), o pressuposto apresentado por Schaffer e Thomson, de fundamentar a transformação organizacional nos resultados, exigiria da organização apenas a ação gerencial, o que não seria possível em um processo de transformação, em que, por vezes, até os princípios e os valores da organização precisam ser mudados. Em realidade, pela ótica gerencial, o que estaria ocorrendo seria uma série de mudanças incrementais e não uma transformação da organização (Motta, 2001).

Percebe-se que a transformação não se sustenta em uma ou outra dimensão, necessitando ser analisada de uma forma multidimensional, o que faz Motta (2001) ao propor seu modelo de análise da organização segundo determinadas perspectivas (quadro 2), as quais definirão os temas e as unidades a serem analisadas no contexto da mudança.

Quadro 2
Perspectivas de análise organizacional

Perspectivas	Temas prioritários de análise	Unidades básicas de análise
Estratégica	Interfaces da organização com o meio ambiente.	Decisão (interfaces ambientais).
Estrutural	Distribuição de autoridade e responsabilidade.	Papéis e *status*.
Tecnológica	Sistemas de produção, recursos materiais e "intelectuais" para desempenho das tarefas.	Processos, funções e tarefas.
Humana	Motivação, atitudes, habilidades e comportamentos individuais, comunicação e relacionamento grupal.	Indivíduos e grupos de referência.
Cultural	Características de singularidade que definam a identidade ou programação coletiva de uma organização.	Valores e hábitos compartilhados coletivamente.
Política	Forma pela qual os interesses individuais e coletivos são articulados e agregados.	Interesses individuais e coletivos.

Fonte: adaptado de Motta (2001:73).

A visão multidimensional de Motta sobre os principais modelos conceituais de organização e as perspectivas sobre as quais devem ser analisados, permite "ver" a organização em determinado contexto e, com isso, definir os principais temas e unidades de análise, além de propor, para cada perspectiva, os objetivos que devem ser buscados para a mudança, o problema central a ser considerado e suas respectivas ações inovadoras. O quadro 3 apresenta uma síntese dessas ideias.

Quadro 3
Perspectivas e objetivos de mudança

Perspectivas	Objetivos de processo de mudança		
	Objetivos prioritários	Problema central	Proposição central da ação inovadora
Estratégica	Coerência da ação organizacional.	Vulnerabilidades da organização às mudanças sociais, econômicas e tecnológicas.	Desenvolver novas formas de interação da organização com seu ambiente.
Estrutural	Adequação da autoridade formal.	Redistribuição de direitos e deveres.	Redefinir e flexibilizar os limites formais para o comportamento administrativo.
Tecnológica	Modernização das formas de especialização do trabalho e de tecnologia.	Adequação da tecnologia e possibilidade de adaptação.	Introduzir novas técnicas e novo uso da capacidade humana.
Humana	Motivação, satisfação pessoal e profissional e maior autonomia no desempenho das tarefas.	Aquisição de habilidades, desenvolvimento individual e aceitação de novos grupos de referência.	Instituir um novo sistema de contribuição e de redistribuição.
Cultural	Coesão e identidade interna em termos de valores que reflitam a evolução social.	Ameaças à singularidade e aos padrões de identidade organizacional.	Preservar a singularidade organizacional, ao mesmo tempo que se desenvolve um processo transparente e incremental de introduzir novos valores.
Política	Redistribuição dos recursos organizacionais segundo novas prioridades.	Conflitos de interesse por alteração nos sistemas de ganhos e perdas.	Estabelecer um novo sistema de acesso aos recursos disponíveis.

Fonte: adaptado de Motta (2001:74).

A visão apresentada por esses autores sobre a transformação organizacional denota o quanto ela é multifacetada: para uns, o eixo da transformação será a liderança; para outros, os resultados, a análise dos ambientes externo e interno, a aplicação de constantes mudanças incrementais ou uma prescrição sobre como não cometer erros na implementação das mudanças. Essa heterogeneidade conceitual denota uma dificuldade de consenso, que também ficou caracterizada por outros autores ao definirem o termo mudança. Lima e Bressan (2003), a partir de uma revisão da literatura, apresentam diversas definições para o conceito de mudança, conforme quadro 4.

Quadro 4
Definições de mudança organizacional

Autor	Definição encontrada
Bressan (2001)	"Qualquer modificação, planejada ou não, nos componentes organizacionais formais e informais mais relevantes (pessoas, estruturas, produtos, processos e cultura); modificação que seja significativa, atinja a maioria dos membros da organização e tenha por objetivo a melhoria do desempenho organizacional em resposta às demandas internas e externas."
Bruno-Faria (2000)	"É qualquer alteração, planejada ou não, ocorrida na organização, decorrente de fatores internos e/ou externos à organização que traz algum impacto nos resultados e/ou nas relações entre as pessoas no trabalho."
Wood Jr. (2000)	"Qualquer transformação de natureza estrutural, estratégica, cultural, tecnológica, humana ou de outro componente, capaz de gerar impacto em partes ou no conjunto da organização."
Robbins (1999)	"São atividades intencionais, proativas e direcionadas para a obtenção das metas organizacionais."
Nadler et al. (1995)	Resposta da organização às transformações que vigoram no ambiente, com o intuito de manter a congruência entre os componentes organizacionais (trabalho, pessoas, arranjos/estrutura e cultura).
Ford e Ford (1995)	"É um acontecimento temporal estritamente relacionado a uma lógica, ou ponto de vista individual, que possibilita às pessoas pensarem e falarem sobre a mudança que percebem."
Porras e Robertson (1992)	"Conjunto de teorias, valores, estratégias e técnicas cientificamente embasadas objetivando mudança planejada do ambiente de trabalho com o objetivo de elevar o desenvolvimento individual e o desempenho organizacional."
Araújo (1982)	"Alteração significativa articulada, planejada e operacionalizada por pessoal interno ou externo à organização, que tenha o apoio e supervisão da administração superior, e atinja integradamente os componentes de cunho comportamental, estrutural, tecnológico e estratégico."

Fonte: adaptado de Lima e Bressan (2003:25).

Para Mintzberg e colaboradores (2006), a imagem de um cubo serve para representar as perspectivas da mudança: de um lado a estratégia, como sendo a direção para a qual a empresa segue; do outro, a organização, que seria a condição atual da empresa. Considera-se a visão da empresa a parte mais conceitual da estratégia, e a cultura, a parte conceitual da organização. Para esses autores, outros fatores integrantes da estratégia seriam a posição da empresa (deve-se buscar um reposicionamento no mercado ou uma reconfiguração de sua estrutura), seus programas e seus produtos. Em relação à organização, devem ser consideradas a estrutura (deve-se reorganizá-la ou reduzi-la), os sistemas (estão ocorrendo retrabalhos, deve-se realizar uma reprogramação ou uma reengenharia?) e as pessoas (reprojetar sua distribuição e alocação, retreiná-las ou substituí-las?).

Tanto a estratégia como a organização podem ser alteradas formalmente ou informalmente. A ideia central do "cubo da mudança" é que não se pode mudar a visão ou a cultura de uma organização sem modificar aquilo que se relaciona com cada uma delas. Um exemplo seria querer mudar uma estrutura sem modificar os sistemas e as pessoas. Finalmente, nenhuma mudança séria poderá ocorrer se não incluirmos todas as faces do "cubo da mudança".

A primeira ação a realizar seria mapear os processos de mudança, isto é, determinar se ocorrerá uma micromudança ou uma macromudança (quadro 6). Para tal os autores apresentam um quadro onde identificam três métodos básicos de mudança: a mudança planejada, a mudança conduzida e a mudança desenvolvida. Na primeira, existe um conteúdo programático a ser seguido; na segunda, um grupo da organização ou uma determinada pessoa tem a missão de conduzir as mudanças, normalmente chamadas de reorganização, reengenharia, revitalização etc.; na terceira, a mudança emerge de dentro da organização, por pessoas que não ocupam posições de autoridade.

Para Motta (2001) o conceito de mudança varia para cada uma das perspectivas nas quais se realizam a análise organizacional, o modo como a organização é vista e o agente de mudança.

Quadro 5
Perspectivas de análise e mudança organizacional

Perspectiva	Definição encontrada	Agente de mudança (características)
Estratégica	Redefinição da missão, dos objetivos e das formas de identificar e selecionar alternativas de ação.	Deve conhecer instrumentos de análise e formulação estratégicas, aspectos técnicos e comportamentais de decisão e de solução de problemas.
Estrutural	Alteração da forma pela qual se distribuem formalmente a autoridade e a responsabilidade dentro da organização.	Deve conhecer os aspectos institucionais legais da instituição e as formas alternativas de se estruturar uma empresa ou serviço público.
Tecnológica	Alteração da tecnologia, da especialização de funções e dos processos produtivos, ou seja, é a revisão da forma pela qual se utilizam os recursos materiais e intelectuais.	Deve conhecer métodos de produção e tecnologias alternativas.
Humana	Renovação do contrato psicológico entre o indivíduo e a organização, procurando equilibrar as formas e os graus de contribuição e de retribuição.	Deve ser hábil em trabalhos de intervenção grupal e conhecedor da problemática de recursos humanos.

Perspectiva	Definição encontrada	Agente de mudança (características)
Cultural	É um empreendimento coletivo, através da mobilização das pessoas para alterarem seus valores, crenças, hábitos, ritos, mitos, símbolos, linguagem e interesses comuns.	Deve ser capaz de mobilizar pessoas sem atentar para o ajuste de ideias e tecnologias novas durante todas as etapas do processo de inovação (mudança).
Política	É provocar uma redistribuição do poder, de forma a satisfazer novas prioridades de ação.	Deve, preferencialmente, ser uma pessoa externa à empresa e não envolvida diretamente na estrutura de poder.

Fonte: adaptado de Motta (2001:75-120).

Após serem apresentadas as perspectivas de Motta e suas implicações no conceito de mudança, faz-se necessário definir uma tipologia para a mudança. As autoras Lima e Bressan (2003) realizaram uma revisão da literatura sobre essa temática, que foi acrescentada por Pinto e Couto-de-Souza (2009), a qual está consubstanciada no quadro 6.

Quadro 6
Tipologia da mudança

Autores	Tipos da mudança	
Silva (1999)	Incremental/Organizacional Aumento da eficiência e do uso dos recursos, mudança na arquitetura da empresa.	Transformacional/Institucional Questionamento e mudança da missão, natureza e objetivo da organização.
Nadler et al. (1995)	Incremental/Contínua Continuação do padrão existente. Podem ter dimensões diferentes, mas são realizadas dentro do contexto atual da empresa.	Descontínua Mudança do padrão existente, que ocorre em períodos de desequilíbrio e envolve uma ou várias reestruturações de características da empresa.
Weick e Quinn (1999)	Contínua Mudança constante, cumulativa e evolutiva. Podem ser pequenos avanços que ocorrem quotidianamente em toda a organização, cujo acúmulo pode propiciar uma mudança significativa.	Episódica É uma mudança infrequente, descontínua e intencional, que ocorre durante períodos de divergência, quando as empresas saem de sua condição de equilíbrio.
Robbins (1999)	1ª ordem Mudança linear e contínua. Não implica mudanças fundamentais nas pressuposições dos funcionários sobre o ambiente e sobre aspectos que podem causar melhorias na empresa.	2ª ordem Mudança multidimensional, multinível, descontínua e radical, que envolve reenquadramento de pressupostos sobre a empresa e o ambiente em que ela se insere.

Autores	Tipos da mudança		
Porras e Robertson (1992)	1ª ordem É uma mudança linear e contínua, que envolve alterações nas características dos sistemas sem causar quebras em aspectos chave para a organização.	2ª ordem É uma mudança multidimensional, multinível, radical e descontínua, que envolve quebras de paradigmas organizacionais.	
Ford e Ford (1995)	Intencional Quando um agente de mudança estabelece de maneira deliberada e consciente as condições e circunstâncias diferentes das atuais e então busca realizá-las por meio de um conjunto de ações e intervenções, com ou sem a colaboração de outras pessoas.	Não intencional Não é gerada deliberadamente ou conscientemente. Manifesta-se como efeitos colaterais, acidentes, efeitos secundários ou consequências inesperadas da ação.	
Mintzberg et al. (2006)	Micromudança Focalizada dentro da organização. Exemplo: redefinição de cargos em uma fábrica ou desenvolvimento de um novo produto.	Macromudança Visa à organização inteira, incluindo suas relações com o ambiente. Exemplo: reposicionamento no mercado ou alteração de todas as suas instalações físicas.	
	Espontânea Não é gerada nem controlada pelos dirigentes das organizações. É oriunda das ações do dia a dia e é guiada por pessoas que não ocupam uma verdadeira posição de autoridade.	Planejada Acontece de maneira programada, ou seja, é regida por um sistema ou um conjunto de procedimentos que devem ser seguidos.	Dirigida Precisa de um guia com posição de autoridade para supervisionar a mudança e garantir sua implementação.

Fonte: adaptado de Lima e Bressan (2003); Pinto e Couto-de-Souza (2009).

A tipologia apresentada no quadro 6 mostra o quanto existe de diversidade para definir os tipos de mudança que podem ser implementados na organização, quer no seu todo ou em determinados setores.

Por uma gestão mais eficiente na defesa

Antes, as guerras e as sociedades nas quais elas ocorriam necessitavam apenas da vitória sobre o inimigo, independentemente da quantidade de baixas militares, da destruição de infraestruturas da região envolvida ou dos impactos financeiros que causavam à nação ou à coalizão vitoriosa. Vencer a guerra se limitava a vencer no campo de batalha. Depois, não era mais um problema militar.

No século XXI, a conquista alcançada no campo de batalha não é mais suficiente. Vencer com o menor número de baixas militares e civis, com o mínimo de prejuízos, quer financeiros, quer patrimoniais, além de gerenciar o caos que advém da guerra/conflito tornaram-se os grandes desafios para as nações e os organismos internacionais. A par desses desafios, a estrutura militar, em tempos de paz, precisa se adequar ao seu ambiente estratégico, ou seja, ao que lhe impõem os governos e a sociedade aos quais deve proteger.

Estruturas militares mais enxutas, especializadas e melhor equipadas tornaram-se não somente uma exigência operacional do novo ambiente assimétrico do campo de batalha, mas uma exigência da sociedade, que necessita investimentos cada vez maiores em outros setores, como educação, saúde e transporte. A defesa deve procurar entender esse novo ambiente, estruturar-se e tornar-se dual. Dual no sentido de atuar eficientemente no ambiente interno e externo, entender que os ambientes são distintos e que a mesma tropa, atuando nos dois ambientes, pode ser eficaz, mas não ser eficiente.

Atualmente, as Forças Armadas brasileiras vivenciam um paradoxo gerencial: necessitam aparelhar a mesma organização militar (OM) com o que existe de mais atual para o ambiente interno — caracterizado pelas demandas que a sociedade lhe impõe, como o auxílio às catástrofes naturais, apoio aos grandes eventos, atuação em um ambiente policial (combate ao narcotráfico, ao contrabando, tráfico de seres humanos etc.) — mais especificamente nas operações de garantia da lei e da ordem (GLO) e, ao mesmo tempo, aparelhar-se para atuar em um ambiente externo, marcadamente em missões da ONU ou de cooperação regional.

O paradoxo gerencial se caracteriza por exigir uma eficiência em dois ambientes distintos, e que, à medida que novas demandas surgem na área da segurança e da defesa, e passam a exigir uma maior qualificação e especificidade dos integrantes das Forças Armadas, tornar-se eficiente exige definir prioridades.

Investir dualmente significa ultrapassar o paradigma atual de que todos devem receber tudo. Não está em debate o conceito de que todos os militares devem ou não ser capazes de atuar tanto no ambiente interno quanto no externo; não se fala de capacitação do combatente, essa é uma necessidade atual. O preparo e o emprego do militar necessita ser dual. O que se propõe é que o investimento seja específico para cada tipo de ambiente, que cada OM receba o investimento em material, equipamento e armamento em conformidade com seu ambiente de atuação prioritário.

Definir quais OMs devem ou não participar de determinado ambiente passa por definir quais são as capacidades que as Forças Armadas devem possuir para cada um (interno ou externo). A definição dessas capacidades é que determinará a aquisição do material, equipamento e de armamento letal ou não letal. Entretanto, não se trata de somente definir quais OMs atuarão em determinado ambiente, mas, também, de definir quais as que receberão investimentos específicos e em conformidade com seu ambiente de atuação. O preparo e o emprego podem permanecer duais, porém o investimento não.

Com o objetivo de contribuir para o debate sobre esse paradoxo gerencial que os gestores das Forças Armadas, em seus diferentes níveis organizacionais, enfrentam, este trabalho propõe-se a apresentar uma perspectiva teórica de como pode ocorrer o processo de transformação organizacional pelo qual as Forças Armadas estão passando e dentro de qual contexto paradigmático a mudança poderá ocorrer.

Com base nos estudos desenvolvidos por Motta (2001), que apresentam os paradigmas nos quais podem ocorrer as mudanças organizacionais, acredita-se que a mudança poderá ocorrer pela ótica do paradigma do imperativo ambiental, no qual a "mudança é vista como a aquisição de novos compromissos valorativos" (Motta, 2001:44). Nesse sentido, mudar é buscar a realidade e, através dela, "adaptar ou redirecionar a organização em função de futuros alternativos que se podem visualizar ou prever" (Motta, 2001:46).

A transformação organizacional segundo esse paradigma, permite à organização buscar na interação com seu ambiente o nível da mudança a ser executada, definindo os elementos/setores que necessitarão ser mudados, antecipando-se a seus "futuros alternativos" que, em muitos casos, já estão ocorrendo, como as atuais demandas apresentadas anteriormente. Não se deve tratá-las como conjunturais, com mudanças temporárias ou incrementais, mas sim com soluções estruturais e que sejam flexíveis para se adaptarem às próximas demandas, que diferem das que originaram as atuais estruturas organizacionais da área da defesa.

Por esse ponto de vista, acredita-se que a perspectiva de análise organizacional a ser construída na área da defesa deva ser feita no contexto das perspectivas estratégica, estrutural, tecnológica e humana. Para contextualizar essa visão, retornamos a Motta (2001).

Em relação à perspectiva estratégica, deve-se buscar a "coerência da ação organizacional", redefinindo seus processos de tomada de decisão, incluindo novas formas de "identificar e selecionar alternativas de ação", permitindo agilidade nas decisões e uma interação maior com seu ambiente, facilitada por canais de comunicação que possam "ouvir" as demandas internas e externas e processar as respostas a essas demandas definindo estrategicamente que tipo/quantidade de organizações militares devem ser direcionadas para cada uma delas.

No que se refere à perspectiva estrutural, em que a hierarquia e a disciplina aparecem como os pilares organizacionais, definindo claramente a autoridade, a responsabilidade e as relações de subordinação, entende-se que o "papel formal" que cada militar irá desempenhar já está previamente definido.

Ao analisar a estrutura militar por essa perspectiva, não se busca alterar a legalidade da autoridade ou mesmo fracioná-la; busca-se entender como a mudança pode ser realizada reformulando as estruturas pelas quais a autoridade é exercida, "eliminando os conflitos de hierarquia e redefinindo prioridades" (Motta, 2001:86), permitindo que elas sejam institucionais e não departamentalizadas.

Na análise a ser feita pela perspectiva tecnológica, considera-se que o impacto não se limitará ao treinamento e capacitação de pessoal em relação às novas tecnologias, mas que em função delas o próprio processo decisório será alterado, permitindo uma descentralização maior das ações e o emprego efetivo da iniciativa por parte dos escalões subordinados.

A tecnologia permitirá a integração do campo de batalha (demanda externa) e da área de atuação (demanda interna), permitindo uma quantidade maior de informações para a ação decisória, entendida esta como o ato de realizar o que foi decidido. Não ocorrerá uma fragmentação do poder decisório; pelo contrário, a tomada de decisão a ser realizada no mais alto escalão poderá sê-lo com base nas informações obtidas, em tempo real, pelo militar/escalão que a executa.

No que se refere à perspectiva humana a ser realizada, entende-se que o fator humano, como na maioria das organizações, em especial a militar, onde seu conhecimento e capacitação deverá salvar vidas, deve ser considerado prioritário. O que se busca é que a realização profissional do militar venha acompanhada da realização pessoal, permitindo que a aquisição de novas habilidades para o desempenho em sua área de atuação possa prepará-lo, também, para o futuro e para uma qualidade da vida familiar melhor.

Nesse aspecto, a capacitação de pessoal passa pela definição das capacidades organizacionais que uma nova estrutura exigirá para fazer frente aos novos desafios que se impõem à defesa, ou seja, capacitar não poderá ser somente um prêmio por bom desempenho ou porque está dentro de um plano de preparação para a reserva (aposentadoria), mas também porque a capacitação estará alinhada às novas capacidades de que a organização necessitará para cumprir suas múltiplas missões.

Nesse contexto, ao se apresentar a transformação organizacional pela ótica dessas quatro perspectivas, assume-se que a definição encontrada para mudança e as respectivas características dos distintos agentes de mudança (quadro 5), isoladamente, não são suficientes para contextualizar a mudança a ser realizada, seja pelas exigências com que as novas demandas impactam a instituição como um todo, com cerca de 650 organizações militares, pela sua capilaridade (organizações distribuídas ao longo de todo o território nacional), pela sua especificidade, caracterizada pelos diferentes ambientes operacionais em que atuam (caatinga, selva, pantanal, cidades, campo, montanha etc.) ou pelo tipo de emprego (operações de garantia da lei e da ordem, missões de paz, ações humanitárias etc.).

Desse modo, entende-se que o(s) agente(s) de mudança deve(m) possuir as características relacionadas às quatro perspectivas ou que o grupo a conduzir a mudança possua essas características. Em relação ao tipo de mudança a ser realizada, acredita-se, como no caso das quatro perspectivas apresentadas, que somente as mudanças incrementais, com a busca da eficiência com base na continuidade dos padrões existentes, não atenderão às novas exigências das demandas internas e externas.

Ser eficiente nos padrões atuais é ser eficiente no contexto operacional das guerras do passado, é gastar recursos humanos e materiais da nação para manter o antigo paradigma no qual as guerras e as exigências de segurança e defesa se restringiam às três dimensões do campo de batalha e a uma defesa externa vista pelo prisma das hipóteses de conflitos regionais.

Diferentemente disso, a transformação conduzirá a organização para a eficiência dentro do novo paradigma, em que o campo de batalha possui cinco dimensões e as demandas de segurança e defesa exigem uma defesa mais eficiente. Desse modo, transformar será "alterar a realidade ao mesmo tempo em que se muda a maneira de pensar; [será] crer no poder das ideias, nos limites da realidade e na capacidade infinita de os seres humanos buscarem novas formas de ser e de agir" (Motta, 2001:59).

Com o objetivo de atender a esse novo paradigma, pretende-se ter contribuído, através da teoria sobre transformação organizacional, com a busca por uma gestão mais eficiente do aparato militar frente às novas demandas de segurança e defesa exigidas pela sociedade e pelo país.

Referências

ARAÚJO, L. C. G. *Mudança organizacional na administração pública federal brasileira*. 1982. Tese (doutorado) — Escola de Administração de Empresas de São Paulo, Fundação Getulio Vargas, São Paulo, 1982.

BRASIL. Senado Federal. Constituição da República Federativa do Brasil. *Diário Oficial [da] República Federativa do Brasil*, Brasília, DF, 5 out. 1988.

_____. Lei Complementar nº 97, de 9 de junho de 1999: dispõe sobre as normas gerais para a organização, o preparo e o emprego das Forças Armadas. *Diário*

Oficial [da] República Federativa do Brasil, Poder Executivo, Brasília, DF, 10 jun. 1999.

_____. Ministério da Defesa. *Estratégia Nacional de Defesa*. Brasília, DF, 2008a.

_____. Ministério da Defesa. *Programa de Apoio ao Ensino e à Pesquisa Científica e Tecnológica em Defesa Nacional*. Brasília, DF, 2008b.

_____. Exército. *Estratégia Braço Forte*. Brasília, DF, 2009.

_____. Exército. *Processo de transformação do Exército*. Brasília, DF, 2010a.

_____. Lei Complementar nº 136, de 25 de agosto de 2010: altera a Lei Complementar nº 97, de 9 de junho de 1999, que "dispõe sobre as normas gerais para a organização, o preparo e o emprego das Forças Armadas", para criar o Estado--Maior Conjunto das Forças Armadas e disciplinar as atribuições do Ministro de Estado da Defesa. *Diário Oficial [da] República Federativa do Brasil*, Poder Executivo, Brasília, DF, 26 ago. 2010b.

_____. Estado-Maior do Exército. *Portaria EME nº 152*, de 16 de novembro de 2010: aprova a diretriz para a implantação da nova sistemática de formação do oficial de carreira do Exército Brasileiro da linha de ensino militar bélico e dá outras providências. Brasília, DF, 2010c.

_____. Decreto-Lei nº 373, de 25 de setembro de 2013. Aprova a Política Nacional de Defesa, a Estratégia Nacional de Defesa e o Livro Branco de Defesa Nacional. *Diário Oficial [da] República Federativa do Brasil*, Poder Executivo, Brasília, DF, 26 set. 2013.

BRESSAN, Cyndia Laura. *Uma contribuição à compreensão do fenômeno da mudança organizacional a partir da percepção gerencial*. 2001. Dissertação (mestrado) — Instituto de Psicologia, Universidade de Brasília, Brasília, DF, 2001.

BRUNO-FARIA, M. F. F. *Análise da relação entre os conceitos de criatividade, inovação e mudança organizacional*. Mimeo, 2000.

COVARRUBIAS, Jaime G. A transformação da defesa nos EUA e sua aplicação na América Latina. *Military Review*, n. 18, maio/jun. 2005. Edição brasileira.

COVEY, Stephen. *Liderança baseada em princípios*. Rio de Janeiro: Campus, 1994.

FEAVER, Peter D. Civil-military relations. *Annual Review of Political Science*, v. 2, p. 211-241, 1999.

FISCHER, Rosa Maria. Mudança e transformação organizacional. In: FLEURY, Maria Tereza Leme (Org.). *As pessoas na organização*. São Paulo: Gente, 2002. 306 p.

FORD, J. D.; FORD, L. W. The role of conversations in producing intentional change in organizations. *Academy of Mangement Review*, v. 20, n. 3. p. 541-570, 1995.

KRULAK, General Charles C. The strategic corporal: leadership in the three block war. *Marines Magazine*, jan. 1999. Disponível em: <www.au.af.mil/au/awc/awcgate/usmc/strategic_corporal.htm>. Acesso em: 2 abr. 2012.

KUHN, Thomas S. La estructura de las revoluciones científicas. Madri: Fondo de Cultura Económica, 1975.

LIMA, S. M. V.; BRESSAN, C. L. Mudança organizacional: uma introdução. In: LIMA, S. M. V. (Org.). *Mudança organizacional*: teoria e gestão. Rio de Janeiro: FGV, 2003. cap. 1, p. 17-63.

MATHIAS, Suzeley K. Ameaças às democracias da América Latina. In: OLIVEIRA, Eliézer Rizzo de (Org.). *Segurança e Defesa Nacional*: da competição à cooperação regional. São Paulo: Fundação Memorial da América Latina, 2007. 288 p.

MEI, Eduardo; MATHIAS, Suzeley K. As Forças Armadas e o despotismo anão. *Revista Novos Rumos,* ano 15, n. 33, p. 38-44, 2000.

MENEGASSO, M. E.; SALM, J. F. A educação continuada e (a) capacitação gerencial: discussão de uma experiência. *Revista de Ciências da Administração,* n. 5, p. 27-35, mar. 2005.

MINTZBERG, Henry et al. *O processo da estratégia*. Porto Alegre: Bookman, 2006.

MOTTA, Paulo R. *Transformação organizacional*: a teoria e a prática de inovar. Rio de Janeiro: Qualitymark, 2001.

NADLER, D. A. et al. Discontinuous change: leading organizational transformation. San Francisco: Jossey-Bass, 1995. Management Series.

NIELSEN, Suzanne C. Civil-Military relations theory and military effectiveness. *Public Administration and Management,* v. 10, n. 2, p. 61-84, 2005.

ORGANIZAÇÃO DOS ESTADOS AMERICANOS (OEA). *Declaração sobre segurança nas Américas*. Conferência dos Ministros de Estado da Defesa, México, 2003. Disponível em: <file:///C:/Documents%20an%20Settings/Funcional/Desktop/FGV_Doutorado/Artigos/Declara%C3%A7%C3%A3o%20sobre%20Seg%20nas%20Am%C3%A9ricas_102803..htm>. Acesso em: 18 mar. 2012.

PETTIGREW, A. M. Contextualist research: a natural way to link theory and practice. In: LAWLER, E. (Ed.). *Doing research that is useful in theory and practice.* San Francisco: Jossey Bass, 1985.

_____. *The management of strategic change*. Oxford: Basil Blackwell, 1986.

PINTO, Mario Couto Soares; COUTO-DE-SOUZA, Cristina Lyra. Mudança organizacional em uma empresa familiar brasileira. *Revista de Administração Pública,* Rio de Janeiro, v. 43, n. 3, jun. 2009.

PORRAS, J. J.; ROBERTSON, J. Organizational development: theory, practice and research. In: DUNNETTE, M. D.; HOUGH, L. M. (Ed.). *Handbook of industrial and organizational psychology*. Palo Alto, CA: Consulting Psychologists, 1992.

ROBBINS, S. P. *Mudança organizacional e administração do estresse*: comportamento organizacional. Rio de Janeiro: LTC, 1999.

SAINT-PIERRE, H. As novas ameaças às democracias latino-americanas: uma abordagem teórico conceitual. In: OLIVEIRA, Eliézer Rizzo de (Org.). Segurança e Defesa Nacional: da competição à cooperação regional. São Paulo: Fundação Memorial da América Latina, 2007. 288 p.

SCHAFFER, Robert H.; THOMSON, Harvey A. Os programas de mudança bem-sucedidos começam com resultados. In: CHAMPY, James; NOHRIA, Nitin (Org.). *Avanço rápido*: as melhores ideias sobre o gerenciamento de mudanças nos negócios. Campus: Rio de Janeiro, 1997. p. 141-157.

SILVA, José S. El cambio de época, el modo emergente de producción de conocimiento y los papeles cambiantes de la investigación y extensión en la academia del siglo XXI. In: CONFERENCIA INTERAMERICANA DE EDUCACIÓN AGRÍCOLA SUPERIOR Y RURAL. 1999. Panamá. *Anales...* Panamá: Instituto Interamericano de Cooperação para a Agricultura (IICA), 1999.

WEICK, K. E.; QUINN, R. E. Organizational change and development. *Annual Review of Psychology*, n. 50, p. 361-387, 1999.

WOOD JR., Thomaz. (Org.). *Mudança organizacional*. São Paulo: Atlas, 2000.

ZAVERUCHA, Jorge; REZENDE, Flávio da Cunha. How the military competes for expenditure in Brazilian democracy: arguments for an outlier. *International Political Science Review*, v. 30, n. 4, p. 1-23, 2009.

3
Considerações propedêuticas sobre a sociedade e sua defesa

Jorge Calvario dos Santos

Introdução

Este texto se propõe a revisitar artigo, em parte, já publicado.[1]

Ao analisarmos a Estratégia Nacional de Defesa (END) observamos que ela possui as seguintes e básicas características:
- estrutura-se sobre três eixos: reorganização das Forças Armadas, reestruturação da indústria de defesa, composição dos efetivos das Forças Armadas;
- apresenta como capacitações operacionais o monitoramento, o controle, a mobilidade, a presença;
- define que considera importantes, a serem fortalecidos, os três seguintes setores estratégicos: o cibernético, o espacial e o nuclear.

A END abrange: ciência e tecnologia, capacidade de monitoramento aéreo, marítimo e terrestre, fortalecimento dos setores espacial, cibernético e nuclear, indústria nacional e autonomia tecnológica de defesa. Como medidas de implementação e ações estratégicas, define: ciência e tecnologia, recursos humanos, indústria de material de defesa, bem como operações de paz. Identifica-se que a END define sua preocupação com a defesa territorial e a preparação para essa defesa. Seria essa a única preocupação que deveria ter uma estratégia de defesa nacional?

---

[1] Publicado na *Revista da Escola Superior de Guerra*, v. 26, n. 53, jul./dez. 2011.

Defesa é uma preocupação permanente para os dirigentes dos países, e os tem ocupado por séculos. Conflitos, armados ou não, têm estado presentes nas relações entre as nações. Assim, não há razão para não manter a preocupação com a defesa e, por consequência, com a estratégia de defesa. Constata-se que, ao longo do tempo, muitas ordens se sucederam: a ordem de Westfalia, a de Utrech, a de Viena, a de Versalhes, a de Yalta e a de Postdam e, atualmente, o que conhecemos como a nova ordem mundial. As sociedades ao longo do tempo têm se organizado, evoluindo, até a consolidação dos Estados nacionais como os conhecemos hoje. Com a ordem de Westfália, em 1648, foram determinadas as bases da constituição do Estado nacional moderno que se efetivou após a Revolução Francesa. A partir de então, os Estados nacionais modernos, com uma estrutura jurídica formalizada, com todas as instituições multilaterais, compõem a comunidade internacional. Paralelamente, muitas crises e conflitos têm se sucedido ao longo da história, e isso é o fator primordial para que se aumente a segurança dos Estados. Daí a necessidade de garantir e de preservar a soberania das nações.

A história da humanidade tem sido caracterizada por uma sucessão de crises. A crise generalizada que atinge o mundo neste início de século não é um fato insólito ou singular. As transformações decorrentes atingem fortemente as estruturas política, econômica e cultural dos Estados nacionais.

A diferença entre a crise atual e as que a precederam está no seu caráter maciço, na sua abrangência e simultaneidade universal. Seus agentes desestabilizadores atuam recorrentemente na totalidade do espaço geográfico, deixando ver o agravamento das contradições do sistema em meio à difusa movimentação horizontal e vertical de inúmeras variáveis, causando, não raro, perplexidades e sofrimento.

A crise que vive o mundo atual não tem razão meramente econômica. Ela envolve toda a civilização e, por consequência, o destino da humanidade. Não é um fenômeno simples nem uniforme. Não atinge um país ou uma região. Tem abrangência mundial, atingindo a todas as nações de diferentes formas. Cada país tem diferentes dificuldades e diferentes formas da crise.

A raiz da crise não é econômica, nem monetária. Decorre do equacionamento de formas de ordem política e social, que são resultado de um longo e lento processo de evolução histórica, para as novas forças econômicas que têm transformado o mundo durante cerca de 400 anos. O caminho para superar a crise depende de que, considerando o contexto internacional, cada país encontre sua opção, em função de sua estrutura sociológica e histórica (Dawson, 1933).

Por isso se torna necessária a preparação da nação para contingências. Entretanto, pensar sobre a segurança de uma nação requer a identificação e uma profunda análise das vulnerabilidades. Apenas depois da análise das vulnerabilidades é possível pensar a defesa nacional.

É preciso que haja a identificação das vulnerabilidades dos países frente aos quais se prepara a defesa. Não se devem descartar as próprias vulnerabilidades. Essas podem ser medidas pelo nível cultural da nação, pelo nível de preservação da cultura, pelo nível de desenvolvimento científico tecnológico, pela coesão social e pelo nível de compromisso da sociedade com o Estado e com a nação. É necessário que as vulnerabilidades sejam identificadas para que seja possível constituir uma estrutura de defesa adequada ao modo de ser de uma sociedade. Não adianta importar uma política, uma estratégia ou uma estrutura de defesa. Elas têm de atender às necessidades de defesa da sociedade. Devem atender às necessidades da nação considerando sua cultura.

Qualquer contribuição para a formação de uma base para formulação de uma estratégia de superação e preservação dos interesses nacionais depende da identificação das vulnerabilidades a que está submetido o país. Para essa busca, entendemos que, nesse sentido, a vulnerabilidade estratégica das nações é medida pela unidade cultural, pela preservação cultural, pelas limitações científico-tecnológicas, pelo nível educacional e pelo compromisso dos interesses nacionais com o futuro.

As nações são submetidas às decisões de seus governantes, decisões que, por vezes, são ditadas por interesses ou pressões e impostas à sociedade, ainda que pelo temor e, mesmo que não desejadas, podem levar ao conflito. A Guerra Fria é um exemplo

A partir da criação da geometria por Descartes, que entendia que assim poderia calcular o mundo, a ciência foi ficando fortalecida e abraçou a humanidade. A partir de então, foi construída essa civilização em que vivemos. Passou a haver a predominância da ciência sobre os métodos empíricos. Por via de consequência, a humanidade se defrontou com um mundo predominantemente material, em que o ser humano passa a ser considerado secundário, negando, muitas vezes, seus valores morais e espirituais.

O progresso científico e material construído pela humanidade nos trouxe benefícios fantásticos que nos possibilitam uma vida jamais conhecida. Entretanto, esse progresso trouxe certa degenerescência na massa de indivíduos e pobreza, bem como um *apartheid* entre países desenvolvidos e não desenvolvidos. Uma divisão de mundos entre pobres e ricos, entre os que sabem e os que não sabem, e isso tem sido usado em benefícios de poucos e em detrimento de muitos.

O progresso material num mundo utilitarista e de diferentes interesses nacionais construiu uma crise, que ameaça não apenas a prosperidade, mas a própria existência da civilização. O sistema capitalista de produção tem levado à conquista militar e à exploração das classes e nacionalidades submetidas.

Vivemos a febre do progresso sem limites. Não percebemos que a ideia de progresso tem sido a fé predominante há mais de três séculos, e de tal forma integrada ao espírito do homem moderno que a simples tentativa de criticá-la se torna um ato de negação da construção de um mundo melhor. É quase impossível a isenção quanto a críticas sobre aquilo de que somos parte.

Uma instabilidade prolongada no sistema econômico materialista tem grandes probabilidades de levar o mundo ao colapso. Surge um problema profundo, que é a unidade moral e espiritual da cultura, da qual depende a existência externa. Isso porque o mundo é composto por culturas ligadas por vínculos materiais que têm perdido seus valores, suas tradições e suas características ímpares.

Vivemos em uma época em que os benefícios ou malefícios da ciência são utilizados, em função de interesses efêmeros, como o controle social, o controle da sociedade, e também são muito usados para fazer a guerra. Como disse Walter Benjamim (apud Habermas, 2002:22): "Nunca houve um monumento da cultura que não fosse também um monumento da barbárie. E, assim como a cultura não está isenta de barbárie, não o é tampouco, o processo de transmissão da cultura". Isso faz com que o ser humano seja considerado um ser de segunda ordem.

Utilizamos recursos, que são promovidos pela razão humana, desenvolvendo ciência, que, por sua vez, é utilizada contra a própria humanidade. Isso é um ato bárbaro que devia ter ficado lá atrás e não ficou; isso tem transformado o ser humano, de certa forma, em um ser de segunda ordem, e a sociedade é, então, submetida a uma padronização e a uma uniformização do pensamento; a dimensão espiritual tem sido cerceada; o ser humano perde as características espirituais e enfatizam-se as características materiais.

Nessa nova sociedade, a padronização, a uniformização do pensamento e a dimensão espiritual, essa considerada a característica maior do ser humano, são estimuladas e seguidas, bem como o são a criação de um presente continuado e a ausência de referenciais e de valores elevados. Assim, como em Roma, em nossos dias a população é motivada para a diversão e para o hedonismo: o pão e circo dos dias modernos.

Já nos disse Rabelais que ciência sem consciência é a ruína da alma. Então é necessário alertar para o uso e o destino a ser dado à ciência. Não é negá-la, mas alertar para que venha a ser utilizada em benefício da sociedade, da humanidade, em função do bem comum.

Vivemos, hoje, num ambiente mundial, em processo de projeção cultural, sujeito a fortes pressões, sejam elas militares, econômicas, políticas entre outras. Mas até quando será possível suportar?

Não existem propostas válidas para que se tenha o equilíbrio no relacionamento entre os países. Nada disso funciona, porque o que prevalece são os interesses das nações, e, principalmente, os daquelas que são mais fortes. Por isso, a humanidade atravessa uma das mais difíceis e sofridas fases da sua história, como consequência da ciência sem controle e da secularização que envolveu toda a humanidade. E por séculos, essa secularização tem nos controlado e dominado. Esquecemos o outro lado e não temos mais condições de lembrar o passado. A secularização tem nos tirado a qualidade humana, daí vivermos sempre em conflitos.

Nesse mundo, nós vemos isso constatado; está se formando um cinturão de riqueza e de poder, onde existe uma monopolização do processo decisório e do saber. O monopólio do conhecimento nos leva a aumentar a disparidade, a distância entre os pobres e os ricos, e entre países industrializados e não industrializados.

O mundo moderno, desenvolvido em função da ciência, construiu uma civilização poderosa. Por outro lado, também trouxe condições para sofrimento e possibilidades de aniquilamento da humanidade. Graças à tecnologia disponível, não mais é necessário um Estado para combater e aniquilar outro Estado. Pequenos grupos com poucos meios e tecnologia adequada têm condições de causar sérios prejuízos aos Estados nacionais, ainda que poderosos. Tudo isso é consequência de características culturais, o que nos lembra (Dawson, 1998:xiii), quando afirma que a "Civilização não é o resultado de um processo natural de evolução; é essencialmente devida ao domínio da natureza pela mente humana. Isso é uma ordem artificial, governada pela inteligência humana e sua vontade".

O estudo e análise das muitas possíveis ameaças que uma nação pode vir a sofrer são fundamentais para que as medidas adequadas à segurança possam ser eficientes. Para a proteção da sociedade, os sistemas de segurança e de defesa da nação passam a ter nova estrutura, novos meios e novas doutrinas, como forma de preparação para enfrentar os novos desafios. Isso, entretanto, ainda que necessário, não é suficiente. Atualmente, o inimigo, necessariamente, não mais se apresenta. O inimigo externo pode ter sua manifestação interna, e o inimigo interno pode ter sua manifestação externa. Como forma de proteção, é necessário que a unidade nacional (cultura) seja preservada do processo de interferência cultural a que venha a ser submetida. Dia a dia, continuadamente, a sociedade é objeto de processo sutil, atrativo, mas que tem o propósito de transformar seu modo de pensar, logo, o modo de ser, modificando sua identidade nacional (cultura). Assim, a vulnerabilidade passa a ser total, pois de modo geral passa a defender valores e ideias que atingem o coração da nação.

A humanidade atravessa uma das mais difíceis e sofridas fases da sua história, consequência do uso da ciência sem controle, da secularização que a envolveu, da cultura hegemônica em seu ápice, no momento que se projeta sobre o mundo, econômica e militarmente, como forma de impor sua cultura.

A época em que vivemos foi denominada por Edgar Morin "Idade de Ferro Planetária", denominação que nos obriga a pensar, pois desde há algum tempo constatamos um processo de ocidentalização do mundo que traz as seguintes consequências (Morin, 1995:21-42):

- uniformização das ideias, as quais, de modo geral, provêm, quase todas, da mesma raiz, da mesma matriz de pensamento;
- globalização pelas guerras, em sua maioria por razões culturais, mas que muitas vezes atendem a interesses pelo controle e acesso irrestrito aos recursos naturais não renováveis;
- esperança da humanidade cedeu lugar à desesperança, pois se perdeu a utopia, não mais existe referencial fixo que nos guie a um objetivo futuro;
- a globalização econômica que, padronizando o mundo, viabiliza o processo de interferência cultural que objetiva a subordinação das culturas mais frágeis;
- a virtualização do mundo que retira da pauta a realidade dos fatos, considerando sua versão como o próprio fato;
- a consolidação do pensamento e consciência única, que tornariam a humanidade semelhante ao protagonizado no Admirável Novo Mundo, de Aldous Huxley.

Por tudo isso, podemos constatar que o mundo moderno possui as seguintes e principais características: globalizador, liberalizante, integracionista, intervencionista, coator, protecionista, policialesco, centralizador, tecnocentrista, instável, inseguro, sem esperança, virtual.

Nesse ambiente em que os indivíduos são interditados da sua nobre condição de pensar, cria-se um sobrepensamento, que é um subpensamento porque lhes faltam algumas das propriedades de reflexão e de consciência próprias do espírito, do cérebro humano. Como ressituar então o problema do saber? Percebe-se que o paradigma que sustém o nosso conhecimento científico é incapaz de responder, visto que a ciência se baseou na exclusão do sujeito (Morin, 1996:136).

Os países mais desenvolvidos levam vantagem sobre os demais por possuírem melhores condições de garantir suas soberanias, por terem mais conhecimento, maior nível de evolução técnica e científica, mais armamentos, melhor e mais dinâmica economia e um maior, mais eficiente sistema produtivo, uma cultura evoluída. Todos esses fatores fazem com que tais países tenham vantagem relativa em detrimento das nações que não têm todo esse potencial. Isso cria uma divisão entre países ricos e países pobres. Divisão entre países que detêm conhecimento e os que não o possuem, o que aumenta a insegurança entre as nações.

Quanto mais poderosa for uma nação, maiores serão suas exigências. Pelo poder de que desfrutam, procuram transformar o mundo levando seu modelo aos demais países. Naturalmente as reações surgem e sua insegurança passa a crescer.

A distância já não protege, pois os conflitos se tornaram universais e o poder continua aumentando. Na busca por minimizar a insegurança e melhor se defender perante os interesses dos demais países, cada um constrói sua própria defesa.

A orientação para a defesa é importante para todos, para os que têm poder e para os que não o têm, daí a necessidade de uma política e uma estratégia de defesa. O que é uma política de defesa? O que é uma estratégia de defesa? O que deve ser atendido ao se estabelecer a política e uma estratégia de defesa? Quais os objetivos da política de defesa? O que ela deve identificar? O que devemos fazer para essa política de defesa? Quais os objetivos da estratégia de defesa? O que é a estratégia? Qual a relação da estratégia com a política de defesa? Essas são questões a serem destacadas e não escondidas, e que possibilitam analisar, teoricamente, o que deve compor uma estrutura de política de defesa e uma estratégia de defesa.

A defesa nacional é uma atribuição do Estado, e uma obrigação do governo, mas é algo que pertence a toda a sociedade. Os princípios fundamentais de uma política de defesa devem ser parte constituinte das políticas que existem no governo, e são várias as políticas adotadas pelos Estados. Mas todas as políticas devem ter como eixo central os princípios de uma política de defesa, e todas elas devem ser articuladas e coerentes entre si, porque a defesa não é só a defesa militar. Essa é uma questão central.

Por conta da razão, o homem pactua para sobreviver, sendo que o mais importante desses pactos é o Estado. Por isso, o Estado tem a obrigação de defender a sociedade, o povo e o território a que serve.

As Forças Armadas são instituições essenciais de uma estrutura de defesa territorial. Sua existência proporciona condições de vida e manutenção da vida nacional. Uma estrutura de defesa militar deve estar alinhada com os anseios da sociedade, com as necessidades do Estado. O descompasso entre as Forças Armadas e a sociedade leva a uma ruptura que compromete a estabilidade nacional, a estrutura do Estado e o aparelho do governo.

É importante que a política e a estratégia de defesa nacional sejam formuladas por pessoas capazes, que compreendam essa questão. Devem ser políticas e estratégias que privilegiem uma relação civil e militar conjuntamente, sem que haja privilégios quer para a visão civil, quer para a visão militar de mundo. Deve resultar de análises profundas e pretéritas, realizadas por militares e civis capazes dessa formulação. Uma política de defesa não deve ser, explicitamente, privilégio da estrutura militar, mas sim de toda a nação, de toda a sociedade, através dos setores civis e militares, e de todas as dimensões da nação. Tal como a política de defesa, a estratégia deve ser formulada em função do entendimento entre civis e militares. Não deve predominar a visão do militar, como também não deve predominar a visão do civil.

A defesa nacional não se refere apenas à defesa do território. A defesa territorial é uma parte. É necessário que a defesa seja formulada por corpo civil e militar, com pessoas capacitadas a manter esses diálogos.

A formulação de uma política e de uma estratégia de defesa deve também considerar: o ambiente nacional, o ambiente internacional, o nível de desenvolvimento científico e tecnológico, as ideologias envolvidas de uma parte e de outra parte na própria nação, e dos outros atores que possam estar envolvidos.

Ela deve refletir levantar e identificar as características do cenário internacional, o momento presente, para que esteja coerente com tudo que for importante para o Estado no presente e no futuro, em termos do processo de defesa da nação.

Quer queira, quer não, nós, diariamente, estamos submetidos ao processo de interferência cultural que tem por objetivo modificar o modo de ser e o modo de pensar da sociedade, o que afeta a cultura, a identidade e a unidade nacional. É muito importante que tenhamos consciência disso porque somos uma sociedade ainda em processo de consolidação. Mas é fundamental preservar a unidade cultural para que possamos nos constituir como nação; para que, com visão única de mundo, caminhemos na mesma direção. Faz-se necessário que a nação se proteja das interferências culturais.

Um elemento importante é a ideologia, que deve ser considerada ao se procurar estabelecer uma política de defesa, ainda que essa política se diga ideologicamente isenta. Ela é importante porque está sempre presente e, talvez por isso, haja uma adequada reformulação na política de defesa. A ideologia pressupõe a estrutura e seu estudo como a ciência das ideias, originalmente.

Ao tratar da Estratégia Nacional de Defesa, deve-se considerar que a complexidade atrai a estratégia. A estratégia permite avançar no incerto e no aleatório. Ela pode caminhar no confronto e no espaço das incertezas. Caminha no espaço da incerteza, pois pode variar conforme a necessidade, o que a diferencia do programa. A estratégia precisa ter conhecimento do outro — o outro oponente ou qualquer outro ator. Esse outro pode significar o real ou o abstrato, por isso a estratégia não pode esquecer-se da existência do outro; saber o que o outro pensa e saber o que o outro pensa que nós pensamos. É dialética, e jamais será uma coletânea de certezas ao longo do processo.

A estratégia se define por oposição ao programa. O programa tem um caminho único, ele não pode parar, ele pode ser rompido, ele tem de funcionar por suas características no ambiente de pouca desordem e de pouca incerteza. Não funciona num ambiente aleatório e de incertezas.

Já a estratégia, não, pois pode modificar seu roteiro, ao contrário do programa. O programa só altera seu roteiro quando isso é previamente planejado, mas não em qualquer situação. Por isso, a estratégia possui fórmulas, até mesmo para sua própria invenção. A estratégia prepara e aplica o poder para atingir os objetivos desejados. É uma relação entre meios e objetivos a serem alcançados; uma relação que tem consequências predominantes no tempo, não no espaço e no caminho. Na tática, essas consequências são diferentes. É uma relação de meios e objetivos com consequências predominantes no espaço.

Falar em estratégia significa também falar em cultura, porque estratégia é vinculada à cultura, a cultura daquela sociedade a que o estrategista pertence.

A estratégia deve convergir para o interesse nacional, de modo que sejam alcançados os objetivos determinados pela política, que devem ser resultado de profundas análises entre civis e militares capacitados e dedicados a esse tipo de atividade. Há a necessidade, na formulação da estratégia, de um entendimento do contexto em que se vive — um contexto nacional —, porque os atores são difusos e há muita incerteza. Por isso é preciso que esses aspectos sejam devidamente entendidos e analisados.

A defesa de uma nação requer o eficiente poder militar. O poder militar consciente e disciplinado, em condições de ser preponderante e eficaz no caso de um conflito militar. Mas também preparado, eficiente e disciplinado, em condições de ser coadjuvante e observador, no caso de conflito não militar.

A existência de outra força, que não seja a militar legalmente constituída, precisa de muita cautela e cuidado, porque ela tende a ser uma guarda pretoriana a serviço dos detentores de poder. Instrumentos legítimos de uso da força num país democrático, livre e soberano, somente as Forças Armadas nacionais. Não cabe outro tipo de força, porque ela se tornaria um instrumento de poder e estaria comprometida com as possibilidades de um sistema despótico que poderia surgir, e isso não cabe nos dias atuais.

Dois outros aspectos relevantes precisam ser considerados: primeiro, a cultura vem mudando padrões de coesão, integração e desintegração no mundo; segundo, a política mundial vem sendo configurada em linhas culturais.

A economia é um instrumento do processo de interferência cultural, na formação de pensamentos e nas mudanças de comportamentos, hábitos e costumes. Somos vítimas permanentes disso e acabamos assumindo outro modo de ser, o que nos torna vulneráveis. E é preciso, então, que a política de defesa e a estratégia de defesa considerem a cultura e suas características.

A política é feita internamente a uma cultura; sempre foi assim e vai continuar sendo. O relacionamento entre Estados se faz entre culturas, essencialmente. É entre culturas que as políticas se realizam. A cultura saxônica, a cultura latina e assim por diante. É na cultura que a política funciona; por isso, o modo de ser e de ver o mundo é diferente para cada cultura. É preciso que esses aspectos sejam considerados na formulação da política de defesa.

Cultura significa identidade e unidade nacional. É preciso, portanto, preservar e garantir suas bases fundamentais para que as estratégias de defesa sejam eficientes, porque não adianta existir uma política de defesa se a população está desagregada, sem perspectiva, sem unidade e sem compromisso com o futuro.

Daí a importância de garantir a defesa da cultura, seus valores, tradições, e preservá-la de todas as interferências externas, especialmente em relação ao processo de defesa cultural. Defender e preservar a unidade, a identidade, o modo de ser da sociedade nacional significa a preservação da cultura nacional. Isso requer atenção redobrada, pois estamos sendo submetidos a diferentes formas de interferência, diariamente e há décadas, e nem sequer as discutimos ou queremos saber de sua existência.

Em um de seus livros, Samuel Huntington diz que, por mais de 10 anos, os americanos têm discutido a identidade nacional. No Brasil, sequer a pensamos. Para que se estabeleça qualquer política de defesa, qualquer estratégia de defesa é preciso que sejam considerados todos esses aspectos que acabo de mencionar. Antes de tudo, é preciso que nos conheçamos.

A problemática brasileira

O entendimento da problemática brasileira passa a ser possível a partir da real compreensão (lógica) da modernidade, que deve ser considerada um paradigma. Entretanto, não como nos é transmitido. Trata-se de fato de algo comprometido não com um paradigma, mas com seu velamento. A insistência em firmar a existência benéfica do novo paradigma esconde o verdadeiro paradigma. Não é, de fato, algo vinculado ao paradigma propriamente, mas à sua ocultação.

Em suma, todo esse alarido sobre a modernização brasileira — como de resto o discurso (ideológico) sobre a modernidade — é, no fundo, um discurso acerca de qual opção de sujeito da ciência há intenção deveras de dissimular. Se persistir e, porventura, se consolidar a atual tendência, ou seja, de que o paradigma predominante e dominante continue a conduzir os destinos da humanidade, numa visão prospectiva somos obrigados a acreditar que o homem, em sua dimensão mais significativa, o espiritual, humanístico, tende a ser extinto.

Não há quem rejeite ou recuse os benefícios proporcionados pela ciência. As nações, para poderem se desenvolver, buscam o domínio científico e tecnológico que caracteriza a modernidade. Entendem que devem caminhar em direção à modernidade no sentido da procura do domínio do universo científico-tecnológico e, se não tivermos os meios proporcionados pela ciência e pela técnica, vamos acabar sendo dominados, ainda muito mais do que já somos, pelos países que constituem o grupo mais industrializado e desenvolvido, possuidores de amplo domínio técnico e científico. Sabe-se que sem ciência não há progresso; por isso deve-se desenvolvê-la autonomamente.

Em síntese, a modernidade, para nós, deve ser vista não como um paradigma, mas como a questão da ocultação ou dissimulação deste.

A tendência geral da vida contemporânea tem sido direcionada à sistematização, ao planejamento e à organização, controle centralizado, padronização e especialização. Essa tendência conduz, no extremo, à consolidação do Estado transformado em uma imensa máquina social, em que cada indivíduo é limitado à realização de função especializada e definida, em que a liberdade deixa de existir em sua plenitude e o emprego passa a ser um privilégio. As sociedades modernas aproximam-se do Estado de organização plena, mais difícil, portanto, de encontrar as condições adequadas para a liberdade espiritual e responsabilidade pessoal.

A educação torna-se uma parte essencial da máquina, para que possa vir a ser medida e controlada por técnicas científicas, tanto como o desempenho de seres bem treinados para sua execução. Métodos de condicionamento de massa populacional, controle de opinião propiciado por técnicas de propaganda e ideologias oficiais, controle de comportamento por métodos de repressão social não são restritos à defesa da sociedade. São também direcionados contra opiniões e intenções que possam contrariar o sistema de poder. Essas características passam a fazer parte do mundo atual.

Para Dawson (1998), todos os Estados modernos são totalitários, buscando envolver as dimensões econômica, cultural e política. Ao observar os países mais industrializados verifica-se que o Estado possui poderes tão amplos e profundos que se pode classificá-lo como totalitário. Além da manutenção da ordem pública e da defesa da nação, assume responsabilidade pelas diferentes formas de organizações sociais, sobre o indivíduo, tanto quanto a Igreja e o bem-estar do cidadão ao longo de sua vida.

Nesse ambiente, essas características se constituem em elementos fundamentais para que as nações mais industrializadas tenham melhores condições de atender a suas próprias necessidades. Isso porque precisam manter seus atuais níveis de vida e de bem-estar, assim como atender a suas crescentes carências de recursos naturais e de energia, ainda que à custa dos países periféricos.

O totalitarismo não acabou, não é uma página virada da história. Não desapareceu com a descolonização e com os impérios clássicos. Assume, porém, novas formas, passando a ser predominante nas relações entre países desenvolvidos e não desenvolvidos. Essa relação processa-se, em suas bases, na busca de subordinação cultural, através da interferência cultural. A subordinação cultural ou a absorção por parte da cultura mais frágil compõe o quadro em que apenas a cultura hegemônica é a fonte de todas as coisas destinadas ao benefício da humanidade.

Nesse contexto, o Estado pouco a pouco vai se tornando totalitário. A liberdade é sacrificada em nome da economia, da riqueza e do desenvolvimento. Críticas passam a ser malvistas e a ciência e tecnologia tornam-se instrumentos de poder que justificam doutrinas da ideologia dominante, pois qualquer que seja ela, precisa adotar o mesmo procedimento.

A tendência, nesse momento histórico, é de que mesmo os regimes totalitários não poderão continuar a manter suas formas tradicionais. O mundo caminha nessa direção, e a margem entre as várias formas de regime totalitário se estreita.

O progresso científico e material do século XX, a par de benefícios significativos devidos à industrialização, trouxe uma forma de divisão do mundo em países centrais e periféricos, ricos e pobres, detentores do conhecimento científico e tecnológico e entre países cultos e não cultos. O mundo regido pela ciência, construído numa ordem material fechada, subverte os ideais humanitários de fraternidade, tende a enfatizar o individualismo, o utilitarismo e o militarismo no plano social. Já Platão e o mundo grego entendiam que o objeto das ciências não era de caráter utilitário.

A doutrina do progresso, em seu sentido pleno, contém a crença de que sempre, e em todas as formas, a vida torna-se necessariamente melhor. A ideia de progresso encontrou seu apoio principal no credo da apocalíptica possibilidade de uma transformação completa da sociedade humana, remodelada pela aplicação da ciência ao cotidiano, que passa a viver da ciência e não dos seus benefícios. Decorrente dela, hoje o progresso consiste na expansão da cultura materialista e urbana. A primeira consideração sobre a sociedade deve ser a qualidade da população, e isso não pode ser assegurado por meios monetários ou por serviços sociais. Entretanto, é possível pela preservação dos fundamentos, da sociedade, família e do ambiente. A industrialização urbana destrói o mecanismo natural da vida social, o que força a construção, a custo elevado, de um mecanismo artificial para tomar seu lugar com consequências para a população (Dawson, 1933).

Uma instabilidade prolongada no sistema econômico materialista tem grandes probabilidades de levar o planeta ao colapso. Surge um problema profundo que é a unidade moral e espiritual da cultura, da qual depende a existência externa. Isso porque o mundo é composto por culturas ligadas por vínculos materiais que têm perdido seus valores, suas tradições e suas características ímpares.

Vive-se uma época em que as fantásticas perfeições ou imperfeições da ciência são utilizadas em função de objetivos efêmeros, de controle social e de fazer a guerra. O indivíduo é transformado num ser de segunda ordem.

A quase totalidade do esforço científico tem sido dispensada a serviço do militarismo, da exploração econômica e, em menor parcela, para o bem da humanidade. Entretanto, sem a ciência, a humanidade não tem condições de evoluir, tornando-se imóvel e imutável, seguindo um longo percurso até o fenecimento.

O observador mais atento constata o esforço para a implantação de uma ética universal que nos conduz, a todos, ao aprisionamento da dimensão cultural, essência e fator de unidade, e que caracteriza cada uma das nações e o ser humano.

Em tais circunstâncias, nem sempre é percebido um fato fundamental: a concentração do poder decisório jamais vista, como decorrência da progressiva concentração do capital e do monopólio do conhecimento científico e tecnológico, contraposta à ilusão de sua democratização, cuja consequência, no plano teórico, é a ideologia do fim das ideologias. Assim, formou-se o monopólio das mais importantes decisões em nível mundial, bem como a busca da monopolização do conhecimento tecnocientífico.

O século XX foi de muito sofrimento para a humanidade. A guerra, nesse período, esteve sempre presente. A insegurança dominou as nações e ainda continua como um legado que, por vezes, conduz ao pânico. Nos séculos XX e XXI, tem-se presenciado conflitos, armados ou não, por todos os continentes.

O fato mais significativo do século XX foi o surgimento decisivo de um novo tipo de civilização, que difere de tudo que o mundo tem conhecido até os dias atuais, consolidando a modernidade. Nesse século XXI, a projeção cultural-militar estadunidense decorre da poderosa e bem preservada cultura daquele país, e de sua tradição, que o faz possuir a mais cosmopolita e imperial economia contemporânea, envolvendo todas as nações do globo.

O país, apoiado por uma máquina militar jamais vista, procura manter o *status quo*, de modo a inibir o desenvolvimento das nações periféricas como uma das condições para manter seus atuais níveis de bem-estar. Para tanto, chega a preconizar que o "Ocidente" encerrou sua trajetória, tendo chegado ao auge de sua evolução. Tal é o caso da ideologia de *O fim da história*, de Francis Fukuyama, estabelecendo que o neoliberalismo seria o estágio final do desenvolvimento da sociedade humana. Isso mostra que o imperialismo não acabou. O fim dos impérios clássicos não virou uma página da história, não faz parte do passado por causa da descolonização. O imperialismo apenas tomou nova forma (Santos, 2000).

Neste século, o processo hegemônico difere do praticado nos séculos passados, por sua forte interferência cultural. Nos dias atuais, a relação centro × periferia destaca postura defensiva e confronto ideológico. Inúmeros tipos de combate retórico e hostilidades latentes são consequências dessa relação, ou de uma nova divisão do mundo.

O mundo vive num ambiente em processo de projeção cultural sujeito às fortes pressões políticas, militares, econômicas e ecológicas. Até quando é possível suportar tais pressões? Modelos prontos para uma ordem harmoniosa entre as nações não existem. Propostas de convivência pacífica não se consolidam, porque prevalecem os interesses das nações mais poderosas. Pode-se observar que a caminhada rumo ao imperialismo teve como importante consequência o domínio da maior parte por poucas potências.

Periodicamente, ainda que tais períodos não estejam sujeitos a alguma lei de formação, alguma nação ascende no cenário internacional, com poder e determinação para interferir no sistema internacional, em nível mundial ou regional, e formatá-lo, de acordo com seus interesses.

Vive-se num sistema em estado de falência em seus próprios centros de comando e que pretende sobreviver pela monopolização das decisões, com base na lei de sobrevivência do mais forte. Isto é, implantando-se um jogo cuja regra básica é que todos transfiram recursos de toda ordem para poucos. Isso, porque os países mais industrializados e ricos assumem o direito de legislar sobre os interesses e soberania dos demais Estados, julgando-se a "única forma de salvação da humanidade". Todavia, essa falência pode significar a fase final de transformações qualitativas que denunciam o "fim da história" exatamente para aquele sistema condenado à própria história que pretende ser, ele próprio, o fim da história (Santos, 2000).

É a violência, sob os mais científicos métodos, para chegar à dominação hegemônica de um só. Esse, o produto final da sociedade industrial, que não tem como objetivo principal o homem, mas que, pela ótica da maximização do lucro e da eficiência, se complicou com a pulverização da divisão social do trabalho, da excessiva subdivisão de classes sociais, da geração do poder burocrático e tecnocrático, tanto no setor público quanto no setor privado. Para o atendimento da consolidação do poder decisório centralizado, no qual a tecnologia é fator preponderante, a sociedade industrial não eliminou os conflitos de classe, nem entre o capital e o trabalho.

De fato, diversificaram-se a natureza e a força dos conflitos, dissimulados na suposta divisão do poder decisório. Tem-se a tecnologia como elemento principal, frente ao qual capital e trabalho, como antagonismos sociais, têm uma nova face: desemprego e tecnologia, saber e ignorância, pobreza e concentração da riqueza, com suas graves consequências (Santos, 2000).

O entendimento da crise atual, que coloca o Estado nacional soberano no centro, só pode ser alcançado ao se estabelecer o nexo causal entre poder e cultura; cultura e ideologia; ideologia e poder.

No século XXI, a tecnologia predomina fortemente, mas sem perder o componente ideológico. Ideologia que combate o Estado nacional soberano; que defende a falsa competição econômica em lugar da cooperação; que defende um sistema de economia política que transfere riqueza das nações pobres para as nações ricas; que subordina culturas mais frágeis à cultura central; onde o ser humano é posto à margem e, não, no centro do processo.

Como a ideologia de todas as ideologias, o processo de consolidação da hegemonia anglo-saxônica busca perpetuar o poder dos mais fortes sobre os mais fracos. Procura manter as nações periféricas como fornecedoras de *commodities* e matérias-primas, em benefício das mais industrializadas e desenvolvidas.

A estrutura, que sustenta a nova ordem, ou a modernidade, é apoiada por gigantesco acervo de conhecimento técnico e científico, mas que restringe o acesso do indivíduo a apenas o que é determinado pelo sistema. Mesmo nessas condições de trabalho, de aprendizado e de realização, o indivíduo tem a sensação de felicidade. Isso porque ele, desde o nascimento, foi condicionado, sendo-lhe a satisfação e a felicidade proporcionadas, como diz Lorenz (1986), por meios psicofarmacológicos.

Um aparato de dominação, possibilitado pela técnica e provido de um sistema de doutrinas, tende, em função do tempo, a desenvolver mecanismos próprios destinados a eliminar qualquer reação.

Dessa maneira, as nações ficam vulneráveis, o Estado é desprezado, as reais insatisfações das populações crescem, ficam fora de controle e os governos tornam-se frágeis para conduzir e construir o futuro dos países.

Um país pode ser entendido como um ente de ordem dialética de duas dimensões. Uma dimensão política e uma dimensão cultura. A dimensão política é representada por uma área geográfica delimitada, de soberania, e a cultura, pela área cultural, mais ou menos homogênea, não delimitada. Como é a cultura a responsável pela unidade nacional, percebe-se sua fundamental importância para a soberania e sobrevivência da nação. Em um país não desenvolvido, a dimensão cultural fica circunscrita à fronteira política.

Isso também mostra por que a dimensão cultural é a mais importante das determinantes sociais em longo prazo, ainda que possa existir, ou persistir, uma indeterminação quanto ao exato momento em que a cultura é decisiva para a evolução ou dissolução das nações.

Alguns dilemas apresentam-se e são fatores de preocupação. Atualmente, não mais em ilusões. Vive-se um momento histórico em que a utopia parece ter cedido lugar ao ceticismo e ao fatalismo. Vivencia-se um sentimento de que o futuro será pior do que o presente, e que, por isso, nossos filhos poderão encontrar uma situação ainda mais desfavorável do que a atual. As ideologias apresentadas como opções para um mundo melhor mostraram-se responsáveis pelo sofrimento e mortes como na pior das guerras.

A nacionalidade inicia seu caminho rumo à internacionalidade. O nacionalismo deixa de ser um fato político para ser uma característica cultural. As nações parecem querer deixar de ser o que são para serem o que outra é. Qualquer ordem mundial genuína deve ser intercultural, bem como internacional, porém ainda não está amadurecida, pois a verdade é que o internacionalista é um imperativo inconsciente e concebe um estado de mundo na forma universal, mesmo que sob a paz kantiana. O movimento de mudanças, que tem transformado a civilização tão profundamente, que trouxe otimismo, já dá sinais de, atualmente, ter perdido o controle sobre essas forças de mudança, tornando-se um sério perigo para a humanidade. A vida necessariamente implica mudança, mas não significa que mudanças impliquem vida (Dawson, 1932).

A Guerra Fria terminou, mas o maniqueísmo continua. Divide-se o mundo entre o bem e o mal. Entre os que são e os que não são terroristas. É construída uma nova cruzada. A nova Guerra Santa faz visualizar os quatro cavaleiros do apocalipse. As vítimas inocentes dessa cruzada contra o terrorismo, identificado ou não, são consideradas como *efeitos colaterais*. A vida passa a não ter valor para os que não nasceram no solo dos que se propõem a erradicar o *mal*.

Inegavelmente, estamos, neste início de século XXI, confortavelmente instalados, assistindo ao terror da guerra e à guerra do terror, ainda que preocupados com os imprevisíveis (previsíveis) desdobramentos. Tudo isso, justificado pela vontade de imposição de uma vontade. Entretanto, é necessário voltar o pensamento para identificar a motivação, assim como para os fundamentos desses fatos e o modo de ação, ainda que em função de um processo que possui sua lógica.

Ao contrário do que se diz, o mundo não mudou. De fato, continua a ser o mesmo. Agora com mais ênfase, em função do argumento do terrorismo, a militarização, o totalitarismo, o medo e a insegurança, tal como durante a Guerra Fria.

A defrontação e, em muitos casos, a confrontação cultural exigem ações decisivas que visem à proteção da cultura nacional. Este início de século XXI, caracterizado pela velocidade, favorece a tendência de desterritorialização das culturas mais frágeis. A projeção ou a imposição de uma cultura sobre outra só é viável quando não existem mecanismos de defesa que possibilitem manter sua integridade. Por tal razão, as sociedades primitivas são as mais vulneráveis.

Habermas (2002:22) entende que Walter Benjamin não confia nos bens culturais legados que passam a ser parte do presente. Afirma que "a convicção de que a continuidade dos contextos de tradição é instituída tanto pela barbárie quanto pela cultura".

Walter Benjamin entendia que havia barbárie na origem das civilizações. Freud viu que a civilização não recalcava a barbárie, mas preparava novas erupções dela. Morin (1995:96) afirma que a civilização tecnocientífica, ainda que seja uma civilização moderna, produz sua própria forma de barbárie. A esse respeito Morin (1995:138) afirma que:

> A barbárie está na civilização, não apenas no sentido de Walter Benjamim para quem toda civilização nasce da barbárie, mas no sentido complexo freudiano (recalque, não aniquilamento da barbárie pela civilização) e também no sentido organizacional moderno (os desenvolvimentos conjuntos da ciência, da técnica, da burocracia criam uma barbárie civilizacional específica).

Por isso o processo de transmissão cultural a que as culturas mais desenvolvidas e as ainda em fase de evolução estão todas submetidas à transmissão cultural tanto da barbárie quanto da cultura. Walter Benjamim (apud Habermas, 2002:22) afirma que "Nunca houve um monumento da cultura que não fosse também um monumento da barbárie. E, assim como a cultura não está isenta de barbárie, não o é, tampouco, o processo de transmissão de cultura".

A ausência de sustentação das bases de uma cultura é como uma sentença de morte. A cultura desaparece sem deixar vestígios. As sociedades perdem seus valores, a noção de solidariedade, desterritorializam-se e desagregam-se. No limite poderão consolidar-se novas unidades políticas que se constituirão com fronteiras políticas geográficas próprias no território em que se localiza a cultura confrontada. Isso significa a tendência à fragmentação e consequente dissolução nacional.

A interferência cultural tem sua ação predominantemente direcionada para a extrapolação da alma de um povo sobre outro, fundada no conteúdo de territorialidade das culturas, cuja tônica mostra a fundamental importância da nacionalidade que, a ela, é agregada. O território é imprescindível à cultura e possui com esta uma relação biunívoca. A cultura é essencial para a manutenção da integridade territorial, o que, em parte, possibilita seu vigor e sua criatividade.

Considerando a interferência cultural como um instrumento da estratégia, considerando estratégia uma arte, a interferência cultural é uma arma. Uma arma silenciosa e eficiente. Sendo as relações entre as nações predominantemente conflituosas e a pauta das discussões definidas pela geopolítica e pelos interesses nacionais, a interferência cultural é uma arma que transcende os tempos de guerra. O que predomina de fato são os interesses das nações.

Sabe-se que a cultura vem moldando os padrões de coesão, integração, desintegração e conflito ao longo do processo histórico. Não é difícil constatar que a política mundial está sendo configurada seguindo linhas culturais, ainda que se pretenda econômica. Ao se tratar de cultura, nessa abordagem, cabe trazer à lembrança Joseph Nye (1990), quando afirma que existe um forte vínculo entre cultura e poder e que a existência desse vínculo é desconhecida por quase todos.

O estudo da história do Brasil nos faz perceber que o que o faz marginal é também o que o faz resistir à modernidade. O país caracteriza-se pela confluência de inúmeras e bem diferentes culturas, o que, se por um lado dificulta sua modernização, por outro vem se constituindo na base necessária à estruturação de uma cultura realmente nova e única e, por isso, possui duas destinações possíveis: a modernidade ou a originalidade, como afirma Sampaio (2002).

O Brasil tem todas as condições para se tornar único e real perigo para a cultura dominante. Por isso, é fundamental que seja desenvolvida uma estratégia cultural para sobreviver, sem se descaracterizar culturalmente, até a chegada do momento adequado à superação da modernidade. Como sugestão, apresentam-se propostas que poderiam se constituir na base para uma estratégia cultural, que proporcionaria condições de dar sobrevivência à cultura brasileira e, assim, optar pela originalidade e superar a modernidade. Dessa forma, a cultura da defesa teria sustentação e poder para posicionar-se como a futura nova cultura de referência:

1. priorização da cultura brasileira sobre a política e a economia;
2. defesa do *espaço* para manifestações culturais;
3. defesa da língua e da linguagem brasileiras;
4. difusão generalizada da história da cultura brasileira;
5. educação, não só para o trabalho, mas também para a cidadania plena (política e cultural);
6. incorporação de tecnologias modernas a serviço da cultura brasileira;
7. preservação do recorte cultural da América do Sul e da África, porém com o reconhecimento da função crucial da cultura brasileira;
8. agregação do espaço lusofônico com a África e Ásia;

9. incentivos à criação de organismos dedicados à cultura brasileira;
10. estudos sobre a possibilidade de ações conjuntas, em nível de linguística;
11. Forças Armadas adequadas às dimensões e condições geográficas sul-americanas, de avançado nível tecnológico;
12. cooperação com os países sul-americanos;
13. preparação para evitar e superar possível convulsão social;
14. preparação para conter ações terroristas;
15. investimento maciço e continuado em educação e ciência e tecnologia.

A existência de um projeto nacional brasileiro, original e de longo prazo que tenha em sua essência a preservação, a valorização e a projeção da cultura, da língua, dos valores e dos esquemas interpretativos nacionais, será base poderosa de construção das condições fundamentais para que a cultura brasileira possa vir a se posicionar e superar a atual ordem internacional. Assim, poderá trocar sua condição de cultura periférica e dependente e colocar-se como cultura nodal.

A paz, a vida num mundo sem conflitos, se vier a existir, não deve repousar sobre o temor à guerra, mas no amor à paz; não será a abstenção de um ato, mas o advento de um estado de alma. Algo como Spinoza nos legou: "A paz não é a ausência de guerra, mas uma virtude que nasce da força da alma" (Bobbitt, 2002).

Referências

ABBAGNANO, Nicola. *Dicionário de filosofia*. São Paulo: Martins Fontes, 1999.

BENDA, Julien. *A traição dos intelectuais*. São Paulo: Peixoto Neto, 2007.

BOBBIO, Norberto; MATEUCCI, Nicola; PASQUINO, Gianfrancisco. *Dicionário de política*. 3. ed. Brasília, DF: UnB, 1991.

BOBBITT, Philip. *The shield of Achilles*. Nova York: Anchor Books, 2002.

CASTELLO BRANCO, Humberto de Alencar. A estratégia. *Revista da Escola Superior de Guerra*, Rio de Janeiro, ano V, n. 12, 1989.

DAWSON, Christopher. *The modern dilemma*. Londres: Sheed & Ward, 1932.

_____. *Enquires into religion and culture*. Nova York: Seed & Ward, 1933.

_____. *Christianity and European culture*. Washington, DC: The Catholic University of America Press, 1998.

DEUTSCH, Karl Wolfang. *Análise das ralações internacionais*. 2. ed. Brasília, DF: UnB, 1982.

FIGUEIREDO, Eurico Lima. Discurso de posse como coordenador executivo do Núcleo de Estudos Estratégicos (Nest) da Universidade Federal Fluminense. *Antropolítica*, n. 17, p. 231-243, 2. sem. 2004.

_____; TEIXEIRA, Carlos Sávio. A questão da ideologia: uma contribuição a um estudo teórico. *Alceu*, v. 3, n. 5, p. 103-104, jul./dez. 2002.

FREYER, Hans. *Teoria da época atual*. Rio de Janeiro: Zahar, 1965.

HABERMAS, Jürgen. *O discurso filosófico da modernidade*. Rio de Janeiro: Martins Fontes, 2002.

LORENZ, Konrad. *A demolição do homem*. São Paulo: Brasiliense, 1986.

MORIN, Edgard. *Ciência com consciência*. Rio de Janeiro: Bertrand Brasil, 1996.

_____; KERN, Anne Brigitte. *Terra-pátria*. Porto Alegre: Sulina, 1995.

MINTZBERG, Henry; AHLSTRAND, Bruce; LAMPEL, Joseph. *Safári de estratégia*. Porto Alegre: Bookman, 2000.

NYE, Joseph S. The changing nature of world power. *Political Science Quartelyn*. 105, p. 177-192, Verão 1990.

PAUPERIO, A. Machado. *O Estado e a realidade nacional*. Rio de Janeiro: Academia Brasileira de Ciências Morais e Políticas, 1991.

RAMOS, Guerreiro. *O problema nacional do Brasil*. Rio de Janeiro: Saga, 1960.

SAID, Edward W. *Cultura e imperialismo*. São Paulo: Companhia das Letras, 1995.

SAMPAIO, Luiz Sérgio Coelho de. *Filosofia da cultura. Brasil*: luxo ou originalidade. Rio de Janeiro: Agora da Ilha, 2001.

SANTOS, Jorge Calvario dos. *Dimensões da globalização*. Rio de Janeiro: Centro Brasileiro de Estudos Estratégicos, 2000.

SARTORI, Giovanni. *A política*. 2. ed. Brasília, DF: UnB, 1997.

STRAUSZ-HUPÉ, Robert. *The zone of indifference*. Nova York: G. P. Putnam's Sons, 1952.

4
Desvendando a administração em ambientes militares

Valentina Gomes Haensel Schmitt
Luís Moretto Neto
Rejane Pinto Costa

Introdução

A administração em ambientes militares é uma temática pouco estudada no Brasil, mesmo havendo diversidade de pontos convergentes entre o desenvolvimento das ciências militares e sua influência nos estudos da área da administração — e vice-versa. A conjunção das temáticas é relevante para o melhor entendimento e desempenho das atividades das Forças Armadas e, mais especificamente, da temática defesa nacional.

No país, estudos referentes às ciências militares são publicados prioritariamente nos periódicos *Revista Defesa Nacional*, *Revista da Escola de Guerra Naval*, *Revista da Escola Superior de Guerra*, *Coleção Meira Mattos* e *Revista da Unifa*. Na área de administração, pesquisas são realizadas sobre temáticas afins ao ambiente das organizações militares — especialmente aquelas voltadas para a administração pública. Porém há carência de pesquisas voltadas para as especificidades militares, tais como, relações entre estratégia e estrutura, especialização produtiva do capital humano, logística e operações, apoio a processos de reconstrução em situações de catástrofes, empregos de modernas tecnologias da informação e de produção de serviços para gerenciar aspectos relacionados à segurança territorial e social, transição burocrática para a perspectiva gerencial, novos papéis e funções dos organismos de defesa, frente aos desafios e mudanças do meio envolvente.

No anseio de desvendar o cotidiano da administração em ambientes militares, parte-se do pressuposto de que os elementos iniciais para a análise são questões básicas da área da administração, os elementos da administração pública e especificidades do ambiente militar com desdobramentos na cultura organizacional, liderança e competências. A partir dos princípios básicos, podem ser realizadas avaliações sobre práticas e processos presentes no cotidiano das organizações, tais como o corrente processo de transformação do Exército Brasileiro. Particularmente, através da profissionalização de seus quadros, do desenvolvimento e da incorporação de novas tecnologias gerenciais para enfrentamento de desafios marcados pela complexidade e a dinâmica geopolítica dos Estados nacionais.

Sendo as organizações militares instituições públicas, essas são regulamentadas por princípios próprios, que no caso brasileiro são: legalidade, impessoalidade, moralidade, publicidade e eficiência (Brasil, 1988). A observância desses princípios causa reflexos diretos na dinâmica gerencial e operacional das organizações militares e exige dos atores sociais mobilizados na área um alinhamento constante. Nessa perspectiva gerencial, os desafios são ampliados, particularmente, num contexto progressivo de transição de gestão burocrática para o gerencialismo, em que cada unidade e cada membro da organização é orientado a atuar em busca de resultados que precisam e devem ser apresentados à sociedade nacional como fruto do esforço institucional.

Entre possíveis implicações, condicionantes legais e regimentais podem ser impeditivos aos processos de flexibilidade e adaptabilidade exigidos por um meio envolvente dinâmico, seja em termos técnicos, tecnológicos ou mesmo em relação ao perfil do capital humano necessário ao enfrentamento dos novos desafios. Não menos importantes são o estudo e a análise dos elementos culturais que definem o *modus* de operação das organizações e dos atores que integram suas estruturas. No caso em análise, a transição de ações e atividades norteadas por elementos burocráticos para o gerencialismo demanda um novo olhar, outro modo de pensar e novo agir.

Organizações podem ser entendidas como culturas, ou ter suas culturas — e subculturas — (Winslow, 2007). A avaliação da cultura tem por intuito descrever e interpretar a presença de especificidades dos ambientes militares. A cultura é elemento central na compreensão da forma como indivíduos interpretam a realidade e dão sentido ao que ocorre ao seu redor, podendo ser compreendida em níveis de artefatos, crenças e valores, e suposições (Schein, 2009). A partir de manifestações culturais desenvolvem-se comportamentos e relações, tais como o exercício de influência e liderança.

Os fenômenos de liderança e identificação mobilizam e articulam poder, recursos cognitivos e emocionais (Davel e Machado, 2001). Líderes são agentes de mudança, que têm o poder de iniciar e sustentar ações transformando intenções em realidade (Bennis, 1985). Da mesma forma, diferentes níveis organizacionais requerem distintos estilos de liderança (Wong, Bliese e McGurk, 2003). O intuito ao estudar a liderança em ambientes militares é compreender como indivíduos podem motivar comportamento de outros e interferir nele, visando alcançar objetivos.

Resultados são consequências da mobilização de esforços individuais, processos decisórios e alocação de recursos. Competências envolvem processos decisórios, como a definição e a alocação de recursos. Conceitualmente, competências são a conjunção de elementos como conhecimentos, habilidades e atitudes; em ambientes militares despontam peculiaridades como valores e experiências — resultando na sigla CHAVE. Portanto, competências específicas são necessárias para o desenvolvimento de profissionais e da organização.

O presente capítulo tem por objetivo desvendar os aspectos inerentes à administração em ambientes militares. O foco está, notadamente, nas organizações militares do Exército Brasileiro. Para a realização do mesmo foram realizadas coletas de dados em referencial teórico das áreas de administração e ciências militares. Paralelamente, foram utilizadas as técnicas de observação participante, além de discussões ao longo de um semestre da disciplina administração em ambientes militares, realizadas na Escola de Comando e Estado-Maior do Exército, nos cursos de mestrado e doutorado em ciências militares, no primeiro semestre de 2012. Após coleta foi realizada a técnica de análise de conteúdo, momento em que foram triangulados objetivos, referencial teórico e dados coletados.

Administração em organizações militares

Compreender organizações através do estudo e análise de suas estruturas, de seus recursos produtivos, particularmente, do seu capital humano e de seus processos operacionais é de essencial relevância para a concepção e dinâmica da gestão. A relevância da habilidade de ler as situações, vislumbrando aspectos objetivos e subjetivos para compreender cenários e ações, consiste em possibilitar a adaptação aos diferentes contextos (Morgan, 2009). Entender e desenvolver a administração são essenciais para a inovação organizacional.

Motta (2001) defende que a inovação — seja ela emergente ou planejada, radical ou gradativa — depende do ato de dar margem à novidade e depende de elementos como culturas e subculturas, valores e ética, competência permanente, emprego, sociedade e legalidade. A mudança organizacional só pode ser provocada a partir dos processos e não dos fins, sendo que os limites da mudança não são totalmente coerentes, nem mantêm uma consistência. Os valores são, portanto, a base das mudanças organizacionais — acrescenta o autor.

Nas Forças Armadas, Covarrubias (2007) destaca que há a ideia regional — latino-americana — de que é necessário reformar, modernizar ou transformar as Forças Armadas. Esse comportamento surge como uma espécie de processo natural de acompanhar a dinâmica no mundo, seja em relação aos aspectos geopolíticos, nos movimentos fronteiriços, na integração dos Estados nacionais para atuação em blocos, ou nos reflexos derivados da cibernética, entre outros desafios. O primeiro problema dessa ideia — aponta o autor — está na tarefa a ser realizada, pois: (i) há a necessidade de saber como se compõem as Forças Armadas e suas bases de apoio; (ii) falta a compreensão dos fenômenos que envolvem essas forças militares; (iii) há a necessidade de um modelo de estudo. A evolução é natural e está ligada a sua dependência tecnológica — complementa.

No Exército Brasileiro, a busca pela adequação ao momento atual não é diferente. Atualmente, a "Diretriz do comandante"[1] aponta para um momento de transformação — que assim como nas demais forças — responde à necessidade de adequação e atualização de práticas. Entre os vetores do esforço de transformação estão: educação e cultura; doutrina; preparo e emprego; gestão de recursos humanos; gestão corrente e estratégica; ciência e tecnologia e modernização do material; logística; economia e finanças (Brasil, 2010).

Como missão e visão de futuro, o Exército (Brasil, 2012), manifestação da Força Terrestre, estabelece os objetivos de: (i) preparar a Força Terrestre para defender a pátria, garantir os poderes constitucionais, a lei e a ordem; (ii) participar de operações internacionais; (iii) cumprir atribuições subsidiárias; (iv) apoiar a política externa do país. Para tanto, a instituição e seus membros têm como valores predominantes o patriotismo, o dever, a lealdade, a probidade e a coragem. O patriotismo, enquanto dimensão cultural, se reflete no amar a pátria, por intermédio da história, símbolos, tradições e nação, sublimando a determinação de defender seus interesses vitais com o sacrifício da própria vida. O dever, enquanto dimensão cidadã, se refere a cumprir a legislação e a regulamentação a que estiver submetido. A lealdade significa cultuar a verdade, sinceridade e camaradagem, sendo fiel aos compromissos. A probidade representa o fato de pautar a vida, como soldado e cidadão, visualizando o senso de honradez, honestidade e de justiça. A coragem refere-se à capacidade de decisão e à iniciativa, independentemente do risco de vida ou de interesses pessoais.

---

[1] A Diretriz do Comandante do Exército Brasileiro sintetiza os objetivos da instituição para previsto de comando e gestão do general nomeado pelo presidente da República durante um período específico.

Administração pública e implicações no ambiente militar

Organizações militares têm regimentos e legislação próprios; portanto, distintos das organizações civis. Entretanto, cabe destacar que, assim como as demais, seguem a administração pública. Gestores públicos têm por finalidade organizar, motivar e orientar ações de outras pessoas para criação e consecução de objetivos que justifiquem uso da autoridade pública (Lynn Jr., 2010). São características distintivas da administração pública a busca pelo atendimento de interesses públicos em detrimento de específicos e a relevância da Constituição Nacional — acrescenta o autor. A administração militar, por sua vez, visa atender aos interesses de defesa nacional, em tempos de paz e de guerra, pelas atividades finalísticas e subsidiárias.

O grande desafio da administração pública e o de que suas instituições são constituídas e gerenciadas para produção e distribuição de bens e serviços públicos, observando critérios de isonomia, *accountability*, respondendo às distintas demandas sociais. Organizações públicas devem visar à transparência, engajamento, participação social e responsabilidade compartilhada (Amaral, 2010). Ser agente de inclusão e de construção de processo integrado de cidadania coletiva é o desafio dos agentes públicos, nas mais distintas áreas de atuação e, no caso das organizações militares, essa dimensão está expressa em seus valores corporativos. Portanto, a administração pública deve ser condicionante e orientadora no desenvolvimento do conjunto de suas atividades finalísticas e intermediárias.

A distinção entre organizações públicas e privadas está no fato de que foram criadas para assegurar a implementação uniforme e sem vieses da lei, em lugar da visão predominante de eficiência, flexibilidade e proximidade com a clientela (Peters e Piere, 2010). Os dois ambientes apresentam diferenças na busca por flexibilidade, provimento do bem-estar da sociedade e atendimento dos aspectos negligenciados pelos diversos setores. Logo, visam ao alcance de resultados com o melhor uso de recursos, porém respeitando características e limitações inerentes.

Heinrich (2010) destaca a importância de buscar consenso com objetivos públicos claramente definidos, verificáveis (quantitativamente), não conflitantes. Daí a relevância de os gestores compreenderem como as decisões e ações estão vinculadas aos resultados, fatores ambientais e contextuais que limitam ou aumentam a eficácia, para então gerar expectativas realistas considerando contexto e ambiente.

Mintzberg (1996) argumenta que hoje os indivíduos, como cidadãos, têm menor poder de controle sobre as organizações públicas do que temos como clientes nas organizações privadas. O autor propõe que as coisas devem ser medidas, mas que, entretanto, não fica claro quantas atividades dos governos estão sujeitas a isso. No ambiente militar há a necessidade de parâmetros para mensuração de resultados, respeitando a transparência, dispositivos legais e públicos.

Propostas modernas da administração pública tendem mais para localização do controle e participação comunitária, e não para a formalização de mais controles centrais — aponta Motta (2013). O autor propõe que o momento atual de pós-*new public management* remete para a consciência sobre os limites da inserção de mecanismos privados, sendo necessário conciliar lições aprendidas no meio privado com o meio público, porém respeitando características inerentes à administração pública.

No Brasil, mesmo diante das diversas tentativas de reformas e melhorias nos modelos de gestão pública, o que se observa é que os novos modelos não se configuram em modelos de passos de ruptura, proporcionando reformas que se transformam facilmente em políticas simbólicas. O estudo desses processos, através da análise dos agentes motivadores, nas perspectivas *top-down*, mista ou *bottom-up*, devem ser estimulados para buscar caminhos e alternativas que permitam maior aproximação do Estado nacional com a sociedade civil, que é provedora dos meios de manutenção institucional.

Cabe destacar os esforços do Ministério da Defesa (Brasil, 2005), por intermédio das diretrizes da Estratégia Nacional de Defesa, na aproximação das questões da defesa da sociedade civil e aproximação entre civis e militares — inclusive com a intenção da carreira civil em defesa. Assim, maximiza-se a possibilidade de ter o cidadão como formador de opinião, com visão distanciada de estereótipos e que perceba o que a instituição produz de resultados efetivos no processo de construção do desenvolvimento sustentado nacional e, consequentemente, da progressiva inclusão social de milhares de cidadãos aos resultados coletivos. Trata-se de uma aproximação de culturas distintas, mesmo sabendo que civis e militares constituem a mesma sociedade: a brasileira.

A cultura militar

A cultura delineia a forma como indivíduos percebem o mundo ao seu redor e dão sentido para sua realidade (Schein, 2009). No ambiente organizacional, a aprendizagem ocorre por meio do desenvolvimento de habilidades técnicas e absorção de normas e valores. Organizações que ambicionam a mudança devem conhecer traços da cultura que podem impor restrições e aqueles que fortalecem o processo de mudança (Motta e Caldas, 2009). No Exército Brasileiro, a inserção de novos indivíduos é comumente caracterizada como "pintura de verde-oliva", ou seja, um esforço para transmitir normas, técnicas e valores para o entrante. Paralelamente, há a manifestação de traços tradicionais da administração pública, dada a natureza da instituição.

Analisando mais detalhadamente, é possível delinear três níveis de cultura que são os artefatos, as crenças e os valores, e as suposições (Schein, 2009). Artefatos refletem estruturas e processos. Crenças e valores demonstram experiências compartilhadas e sua validação. Suposições são todas as questões aceitas como verdadeiras. De forma sucinta, tais elementos são presentes das seguintes formas: (i) artefatos — no cotidiano do uso de medalhas, uniformização, ritos de promoções e fortalecimento da cultura; (ii) crenças e valores — na valorização do senso de missão, coletivismo e instituição familiar; (iii) suposições — ao partir do preceito do patriotismo, respeito à cadeia de comando, valorização da integridade, minimização de incertezas e respeito aos regulamentos e normas: "vale o que está escrito".

Simbolismos e uniformização expressos em artefatos, medalhas, ou o fato de ser "o número 1" refletem a credibilidade e a competência. Por outro lado, reforçam estereótipos que separam "eles" de "nós", onde "eles" são aqueles que têm menos visibilidade e oportunidades. Woodward (2000) explica essa dinâmica ao apontar que as identidades não são unificadas, podendo haver contradições no seu interior que têm de ser negociadas, além de discrepâncias entre as dimensões do nível coletivo e do nível individual. A identidade militar é forjada nos cursos de formação e cristalizada por meio de sistemas simbólicos específicos ao longo da carreira; ela pressupõe discrepâncias no nível coletivo (Woodward, 2000). Portanto, o processo de formação do militar ocorre ao longo da carreira — sendo, no caso dos oficiais do Exército, iniciado na Academia Militar das Agulhas Negras (Aman) —, chegando ao ponto em há a distinção entre o indivíduo civil e o militar, dimensões que podem ser interpretadas nas perspectivas substantiva e funcional/instrumental.

Ao entender que a identidade e a diferença são resultados de criação linguística, estamos admitindo que elas são atos de criação, ou seja, não são elementos da natureza, não são essências (Silva, 2000). Dessa forma, a identidade e a diferença são o resultado de um processo de produção simbólica e discursiva, desenvolvido nos mundos cultural e social e no contexto das relações de poder.

Mediante depoimentos coletados em 2006, 2007 e 2008 por meio de entrevistas com militares em estudo anterior, Costa (2009) mostrou que, mesmo entre os que compartilham o mesmo sistema de representação simbólica introjetado nos cursos de formação militar, surgem diferenças significativas, que se refletem ao longo da carreira e os fazem perceber diferenças dentro da própria organização militar. Nesse caso, verificam-se oposições binárias do tipo: oficiais do quadro de Estado-Maior (Qema) e oficiais de quadro de serviços gerais (QSG) que possuem artefatos e oficiais/praças que não possuem artefatos.

A cultura pode também ser entendida a partir de dimensões básicas como o individualismo *versus* coletivismo, o nível de distanciamento do poder, o nível de aceitação de incerteza e masculinidade/feminilidade (Hostfede, 1984). De outra parte, Winslon (2007) destaca que organizações podem ser vistas como culturas imbuídas de aspectos simbólicos, como rituais, e que dentro de uma mesma organização pode existir uma diversidade de culturas e subculturas. No cotidiano militar existem distintas subculturas, tais como as armas, quadros e serviços — artilharia, infantaria, cavalaria, engenharia, intendência, comunicações, material bélico — e as especializações — aviação, paraquedismo, montanha, selva, entre outras. Ainda, o lema: "Braço forte, mão amiga", em momentos determinados carrega ou tem em seu bojo a conotação preconcebida de gênero — sendo braço forte o combatente homem e a mão amiga a mulher profissional da saúde.

Rosa e Mozar (2010) são bastante contundentes em relação ao processo de construção social dos corpos nas organizações militares. Segundo esses autores, o sujeito militar passa por mecanismos de controle subjacentes a essa socialização e variação nas formas de dominação em termos de pedagogia corporal para os soldados e pedagogia moral para os oficiais. Ocorre a transformação do civil em militar por meio de um arbítrio cultural, que envolve: questões de formalização, hierarquia e disciplina, organizando sua dinâmica de relações sociais e produzindo indivíduos altamente previsíveis, com reações condicionadas ao que é tido como certo — complementam os autores. No ponto de vista de oficiais, a denominada dominação é interpretada como padronização de comportamento, perspectiva que encontra amparo no contexto da burocracia. Entretanto, cabe destacar que há também a realidade dos oficiais do quadro complementar (QCO) e do quadro temporário, que, oriundos do meio civil, ao integrar as instituições já trazem consigo uma cultura mais consolidada do que os jovens que integram as escolas de formação de oficiais — tal como a Aman, no Exército Brasileiro.

Pires (2006) aponta um fato não exclusivo do ambiente militar, que é a necessidade das organizações públicas de inovar tanto em aspectos administrativos quanto políticos, pois têm como características de destaque a burocracia, o autoritarismo no poder centralizado, o paternalismo, a descontinuidade e a ingerência política de grupos de interesses e de coalizações dominantes e que gerenciam o aparelho de Estado de forma patrimonialista. Tais características interferem no modo como os trabalhadores atuam nessas organizações, observando-se o apego às regras e rotinas, a supervalorização da hierarquia, o paternalismo nas relações e o apego ao poder — complementa o autor.

Contrariamente ao estereótipo do autoritarismo, o cotidiano militar demonstra que o processo decisório é passível de participação dos indivíduos que compõem grupos de trabalho. O denominado "senso de missão" é descrito pelo processo democrático até o momento em que uma decisão é tomada. A partir de então, o objetivo traçado é compreendido como missão organizacional a ser cumprida — independente de questionamentos individuais.

Ainda, a cultura pode ser definida pela perspectiva do multiculturalismo, ao se pensar sobre as identidades plurais que permeiam os diversos espaços sociais, assim como as respostas que garantam suas representações em instituições e organizações. Nessa perspectiva a identidade é central, porque se constrói a partir de diferentes narrativas e espaços discursivos, de onde emergem as mensagens que são transmitidas e que contribuem para recriar significados para essa identidade, assim como seus elementos, tais como: os de gênero, raça, sexo, religião e outros (Canen e Canen, 2005). A existência de tal problemática, brevemente, pode ser justificada pelas presença de militares nas distintas regiões do país, missões de paz (em que hoje o Brasil é visto como referência), pelotões especiais de fronteira (PEFs) — em que os profissionais vivem em situação de isolamento — bem como situações de aditância. Cabe destacar que o militar, notadamente do Exército Brasileiro, vive uma constante rotatividade de postos — que varia entre dois e quatro anos — e, consequentemente, mobilidade geográfica, o que demanda adaptação cultural e progressivo compromisso social.

Liderança

A cultura de um país pode interferir na forma como seus indivíduos interagem, seja em termos de predominância de elementos de individualismo/coletivismo, predominância de gênero, distanciamento de poder, nível de incerteza (Hostfede, 1984). A cultura interfere diretamente nos padrões de comportamento e na interação entre os indivíduos, bem como no exercício de liderança. Em organizações militares desenhadas e operadas a partir de perspectiva gerencial *top-down*, o exercício da liderança fica condicionado ao *modus operandi* dominante e pode ser elemento relevante e condicionante para avanços e transformações. Nas estruturas burocráticas gerenciais, as dimensões de liderança e poder fundem-se e configuram parâmetros e limites às operações funcionais.

Líderes, de acordo com Bennis (1985), são agentes de mudança que trabalham em um ambiente de comprometimento e complexidade. Ao contrário do que versa o mito, líderes emergem e, da mesma forma, administrar é diferente de liderar. Administrar envolve o desenvolvimento de rotinas para a alocação e o gerenciamento de recursos produtivos de acordo com os objetivos estratégicos, táticos e operacionais, além do cumprimento de "missões". Liderar relaciona-se com o ato de influenciar comportamentos, mudar o curso de situações a partir de uma visão que, no contexto organizacional, deve ser compartilhada pelos sujeitos que a integram. Bennis complementa que ações e símbolos de liderança emolduram e mobilizam significado, de modo que a comunicação cria significado.

Liderança pode referir-se à aplicação de práticas e estratégias específicas — também denominadas princípios — que guiam organizações jovens através do ciclo de normas, atuando predominantemente como facilitador e interveniente em momentos determinados (Boin e Christensen, 2008). No caso de organizações militares, tal conceito pode ser aplicado parcialmente, especialmente em função de seus períodos de existência e cultura estabilizada.

Fenômenos de liderança e identificação mobilizam e articulam poder, mas também recursos cognitivos e emocionais — destacam Davel e Machado (2001). A liderança é um processo dinâmico que envolve: (i) questões políticas, cognitivas e emocionais; (ii) ordenamento, reconhecimento e consentimento. Liderar é ser capaz de administrar e ordenar os significados que as pessoas dão àquilo que estão fazendo — concluem os autores.

No caso militar, a liderança é predominantemente percebida em indivíduos exercendo papéis de comandantes e coordenadores de projetos. A aceitação do líder passa pela identificação do grupo e perante o grupo, por intermédio da relação entre ações e comportamentos em detrimento de expectativas. Trata-se, portanto, de uma relação envolta de elementos de poder, emoção e cognição, por intermédio de interação e empatia.

Na prática, constata-se que o líder militar deve refletir ao liderado domínio da habilidade ou conhecimento demandado, bem como o efetivo compromisso pessoal com os princípios e valores organizacionais. Um exemplo básico é o fato de que, ao requerer do indivíduo habilidade física, o mesmo líder deve demonstrar ao soldado possuir (ou ter possuído) tal habilidade física. Da mesma forma o comandante de uma escola deve ter formação acadêmica considerada sólida — especialmente com formação em escolas reconhecidas em ambientes militares.

Por outra perspectiva, com alguma frequência constata-se a existência de estereótipos, no ambiente civil, relacionados ao ambiente militar e, por consequência, à figura do líder. Entre tantos estereótipos, podem ser listados a percepção de autoritarismo, do uso da força física, rigidez, controle e machismo. Entretanto a sociedade militar está distante de ser monolítica, tal como descrita frequentemente nos estereótipos, uma vez que essa consiste de uma diversidade de organizações, papéis, culturas e pessoas (Wong, Bliese e Mc Gurk, 2003). A figura do líder é altamente valorizada no ambiente militar, e o desenvolvimento de tal postura, frequentemente incentivado.

Outra questão distintiva é que nesse ambiente, assim como a estrutura dos níveis hierárquicos, os níveis de liderança são interpretados de forma distinta do tradicional da administração — que considera o sequenciamento operacional, tático e estratégico. Na administração militar, é considerada a estratificação (Wong, Bliese e McGurk, 2003):

- estratégico: está ao topo, sendo relativo às políticas nacionais e uso de recursos para alcance dos objetivos militares — decorrentes das Diretrizes do Comandante do Exército;
- operacional: é o patamar intermediário em que a maioria das operações e campanhas ocorre;
- tático, é o nível em que as batalhas e engajamentos ocorrem, além de ser onde a liderança direta ocorre.

O modelo de liderança multinível prolongado corresponde ao delineamento dos níveis militares de guerra, doutrina, desenvolvimento do líder e comando (Wong, Bliese e McGurk, 2003).

Cabe destacar, que a liderança é situacional, distintos momentos podem refletir em diferentes entendimentos e influências. Como exemplo, enquanto em determinado momento o líder carismático pode ser interpretado como um bom exemplo para a liderança de uma organização militar, em momentos de tensão a mesma postura pode ser considerada inadequada — caso saia dos parâmetros esperados de conduta.

A liderança militar apresenta também peculiaridades diretamente relacionadas à atividade-fim, tal como a mensuração de resultados e sucesso e o custo da performance. O primeiro aspecto é destacado por Wong, Bliese e McGurk (2003) ao caracterizarem o dilema de que enquanto em tempos de guerra a vitória é considerada medida de eficiência organizacional, em períodos de paz há a dificuldade de medição ou uso de parâmetros.

Oh e Lewis (2003), por seu turno, apontam que a performance em papéis executivos, além do custo financeiro, tem o custo de vidas. Segundo esses autores, a diferença entre a performance da liderança e gestão reflete a tensão entre treinar lutadores e gestores — ficando pouco claros os limites entre a capacitação para cada um dos papéis.

No cotidiano militar, são frequentes os relatos de oficiais "mais experientes" ao apontar a mudança cultural de valorização da formação acadêmica — ou até mesmo a aceitação de sua relevância. Tal fato é refletido na Diretriz do

Comandante do Exército ao demandar a aproximação entre civis e militares. Consequentemente, ocorre o esforço da Escola de Comando e Estado-Maior no sentido da formatação do curso de mestrado em ciências militares nos moldes preconizados pela Coordenação de Aperfeiçoamento de Pessoal de Nível Superior (Capes) — instituição a cuja apreciação foi submetido no corrente ano. Ainda, observa-se que a existência de resistências conservadoras são reflexos tanto do comportamento individual de evitar sair da zona de conforto quanto de elementos culturais relacionados com a tendência a evitar o erro.

Para tanto, o trabalho de comunicação é uma constante que, se por um lado, é entendido na perspectiva da administração como um meio para alcançar os resultados, por outro, pode ser visto pelo excesso de tempo despendido. Interpretando a relevância no exercício da liderança, cabe destacar que o líder deve estabelecer um sistema de comunicação intercultural, que permita a comunicantes e comunicados conectarem-se entre si numa perspectiva que leve em conta a pluralidade cultural (Schein, 2009). Estudo realizado recentemente apontou as tensões e as contradições existentes em organizações, como as militares, que buscam um trabalho em perspectivas e dimensões monoculturais (Costa, 2012), bem como os limites e desafios que vêm se impondo nesses contextos para promover um trabalho pautado em uma direção multicultural em organizações essencialmente plurais (Canen e Canen, 2005, 2008).

Nesse sentido, instituições de ensino militares no Brasil começam, ainda que de forma incipiente, a repensar o papel da educação militar na contemporaneidade. Isso tem levado as escolas do Exército Brasileiro a incluir em suas políticas educacionais e seus currículos novas estratégias pedagógicas que busquem aproximar-se de aspectos e dimensões socioculturais, principalmente aquelas que precisam desenvolver uma liderança multicultural (Robbins, 2005). Tal fato ocorre devido a seu impacto na capacitação de soldados para atuar em cenários operacionais marcados por conflitos étnicos, religiosos e culturais e assolados pela violência (Costa, 2013), caracterizado pela revolução em assuntos militares (Moskos, Williams e Segal, 2000). Assim, Canen e Canen (2008) apontam que a formação do líder multicultural requer que seja pautada por uma perspectiva também multicultural, pois que favorece o desenvolvimento das competências necessárias ao líder que deve valorizar a pluralidade das vozes culturais existentes sob sua direção e governança.

Competências na profissão militar

Fleury (2009) aponta que, mesmo sendo cultura e competências tópicos bastante discutidos, a interação entre ambas e suas interdependências ainda precisam ser analisadas — pois podem ser complementares ou contraditórios. A autora aponta que a cultura refere-se a valores que influenciam comportamentos humanos e organizacionais, enquanto competências referem-se à mobilização e coordenação de recursos pelo indivíduo ou organização para responder às suas estratégias. Práticas culturais podem guiar e sustentar o desenvolvimento de determinadas competências em detrimento de outras, dependendo da configuração — complementa a autora.

Banerjee (2003) categoriza as competências entre simples e centrais (*core*). As competências simples são aquelas para fazer uso de recursos existentes, como mão de obra ou distribuição do conhecimento. Competências centrais respondem pela agilidade e mudanças potenciais no ambiente, permitindo diferenciar significativamente os recursos, quando necessário.

Huntington (1996) aponta três atributos que definem a profissão militar: especialidade, responsabilidade e corporativismo. A especialidade é adquirida ao longo da educação e experiência prolongada. A responsabilidade refere-se ao conjunto da sociedade. O corporativismo é relativo à consciência do grupo profissional, o pertencimento à obra, bem como o vínculo com o grupo.

Silva, Roglio e Silva (2010), ao analisar as competências relevantes para a efetividade do processo decisório em defesa aérea, constataram que indivíduos cuja avaliação aponte bom desempenho no relacionamento interpessoal têm maior probabilidade de efetividade na fase destinada à identificação da necessidade de tomada de decisão. Em seguida, estariam as competências relativas à capacidade empreendedora, liderança, comunicação e capacidade de trabalhar sob pressão. Na segunda fase, da criação e análise das possíveis linhas de ação, destacou-se o impacto da variável liderança. Entretanto, cabe ressaltar o relato de oficiais apontando que esse fator depende das circunstâncias. Como exemplo, está a promoção para coronéis, fortemente dependente do fator merecimento. Portanto, ter o artefato é altamente valorizado na instituição, mas a questão afetiva/relacional pesa mais, a partir do momento em que o oficial assume cargos mais políticos diretivos e que ampliam a visibilidade e a legitimidade social dos sujeitos e da corporação como entes vinculados e comprometidos ao meio social envolvente.

Competências militares são desenvolvidas ao longo da carreira, nas distintas escolas de formação. No âmbito da Escola de Comando e Estado-Maior do Exército, há o entendimento de que competências são compostas de conhecimentos, habilidades, atitudes, valores e experiências. Nesse sentido: (i) conhecimentos adquirem-se; (ii) habilidades desenvolvem-se; (iii) atitudes resultam de motivações; (iv) valores relacionam-se à defesa da pátria; (v) experiências vivenciam-se. Assim, valores e experiências são aspectos únicos decorrentes do cotidiano e fundamentais para o desempenho das competências militares.

Caforio (2007) descreve que a profissão militar está incluída entre aquelas incorporadas em uma organização e fortemente dependentes dela, sendo o Estado seu principal usuário. A ocupação do profissional é a etapa definida como um exemplo de fusão entre profissão e organização, em que aspectos estritamente profissionais e burocráticos estão presentes simultaneamente — definição predominante na literatura, de acordo com Caforio. Contudo, as transformações contínuas impactam o cotidiano militar, portanto a profissão, demandando especialistas treinados ao longo da carreira e com mudanças internas nas estruturas e nos processos operacionais. Assim, a profissão passa por uma transição da existência da figura do líder heroico para o gestor (Caforio, 2007).

Ao analisar as qualidades essenciais da profissão militar, Caforio destaca como as principais — entre 18 — a habilidade para liderar, a especialização profissional, a disciplina, o senso de responsabilidade, a determinação e o patriotismo. No segundo nível estão a abertura mental, o espírito de sacrifício, iniciativa e aparência física ou higidez. O autor destaca que, ao contrário do estereótipo, a obediência não aparece entre as qualidades mais relevantes. Entretanto, quanto ao aspecto obediência no cotidiano do Exército Brasileiro, cabe destacar que esse pode ser considerado elemento inerente à disciplina — que incluiria normas, regulamentos e obediência às ordens de superiores.

O ensino por competências no Exército Brasileiro é voltado para a mobilização de saberes que conduzam à resolução de problemas. Portanto, os esforços são desenvolvidos de modo que oficiais possam contextualizar situações, entender problemas, para então resolvê-los da maneira mais adequada. Nesse sentido, são abordados aspectos específicos do exercício da atividade. Enquanto a atividade-fim remete às competências da execução da guerra — exclusivas às forças —, as atividades secundárias são igualmente importantes, dado que são relacionadas ao cotidiano organizacional — porém não exclusivas. Em adição, cabe ressaltar que há a preocupação com que a mudança de processos ocorra, quando necessário, sem a mudança cultural — antiga e sólida. Competências são, portanto, desenvolvidas em funções de tecnologias, por exemplo, sendo coerentes com a cultura, preocupando-se com a colocação da pessoa certa no lugar certo. Entretanto, sem considerar que para desenvolver competências para o emprego de soldados no cenário operacional contemporâneo é necessário pensar numa mudança cultural que os adapte às demandas requeridas na atualidade (Costa, 2012, 2013), torna-se difícil pensar numa administração moderna e, por consequência, numa transformação.

Considerações finais

Constata-se que o Exército Brasileiro vem buscando a adequação por meio de esforços de transformação, pautados na Diretriz do Comandante da Força, considerando práticas e processos e sua complexidade — educação e cultura, doutrina, preparo e emprego, gestão de recursos humanos, entre outros. Os vetores considerados, por si, já apontam para a existência de características próprias de ambientes militares e, consequentemente, de sua gestão.

Organizações militares apresentam peculiaridades inerentes às organizações públicas e, sobretudo, da natureza da atividade principal. Assim, a administração é marcada por princípios constitucionais da administração pública e pela busca do interesse público, conjugados com regimentos e legislação próprios — que as distinguem, sobremaneira, das organizações civis. O exercício da atividade é marcado pela existência de atividades-fim e subsidiárias, que por si já alteram práticas, processos e parâmetros para medição da efetividade.

Aliada à gestão interna está a busca pela aproximação entre civis e militares, inclusive constando como item relevante na Estratégia Nacional de Defesa — que serve de parâmetro para as ações das forças. Essa iniciativa aponta para elementos como comunicação, multiculturalismo e prestação de serviços à sociedade.

No ambiente do Exército Brasileiro, a inserção de novos indivíduos na cultura apresenta denominação própria, conhecida como "pintura verde-oliva". Tal processo tem como objetivo aproximar novos indivíduos a elementos inerentes à cultura — valores, missão, normas e técnicas para o entrante. São elementos da cultura, conforme delineado por Schein (2009).

Dada a dimensão da instituição militar, distintas culturas e subculturas (Winslon, 2007) são presentes nas forças e organizações que as compõem. Em adição, constata-se que estereótipos usados para justificar o ambiente militar, quando analisados em seu cotidiano, podem ser interpretados de formas completamente distintas — inclusive bastante próximas da realidade civil ou da administração pública.

O exercício da liderança, por sua vez, é um reflexo de comportamentos do líder e da interpretação de seus liderados. Fatos inerentes à administração militar são a estruturação de níveis hierárquicos e a interpretação dos distintos patamares de liderança. Enquanto na administração entende-se que o nível operacional é o primeiro na denominada estrutura, no ambiente militar esse é intermediário entre o tático e estratégico. Assim, no meio militar, a liderança direta é exercida predominantemente no nível tático. Da mesma forma, é fato distintivo que a efetividade não é medida exclusivamente em termos financeiros, mas também da preservação de vidas, cumprimento da missão, percepção de segurança, dissuasão de ameaças, entre outros.

Para a administração em ambientes militares, portanto, alterações de práticas e priorizações de competências vêm sendo desenvolvidas. Por isso, instituições de ensino militares no Brasil vêm repensando o papel da educação — um dos vetores da transformação — em termos de políticas educacionais e currículos, buscando aproximar-se de aspectos e dimensões que permitam desenvolver uma liderança multicultural (Robbins, 2005), entretanto ainda desconhecem as contribuições da educação multicultural (Costa, 2009, 2012, 2013). Destaca-se que a compreensão da estrutura de competências compreende conhecimentos, habilidades, atitudes, valores e experiências. Essas competências são aprimoradas, visando à adequação à evolução tecnológica contínua e impactante no cotidiano militar. Tal fato não desconsidera que na profissão militar, hoje, mais grave do que não possuir acesso às novas tecnologias e informações é não dispor de conhecimentos suficientes para fazer uso das mesmas (Lastres e Cassiolato, 2003).

Investir na formação dos soldados numa perspectiva que privilegie a dimensão humana na organização militar é tão importante como investir em novas tecnologias e informações. Tal fato é relevante, pois a dimensão humana de um conflito é extremamente importante, e isso vai muito além do simples conhecimento da cultura do adversário. Nem mesmo um entendimento profundo da cultura e das dinâmicas sociais será suficiente para ganhar uma guerra (embora o desconhecimento desses aspectos possa ser suficiente para perdê-la) (Borum, 2011). Acrescente-se, ainda, que o simples acesso às novas tecnologias e a informações não garante a eficácia e eficiência de seu uso, considerando-se, em especial, que nos países desenvolvidos os avanços tecnológicos têm por base sistemas de ensino que permitem a transferência de estudos e pesquisas, produtos, sistemas de informação e conhecimento em desenvolvimento social, cultural, econômico e científico (Costa, 2013).

Desvendar a administração em ambientes militares requer, assim, um esforço para além do entendimento dos processos operacionais e humanos. Demanda, portanto, que se considere a dinâmica e complexidade da(s) cultura(s) e subcultura(s) que permeiam as práticas dos processos gerenciais e das lideranças que conformam essas rotinas no cotidiano militar. No campo social, por exemplo, o projeto Rondon reflete ação legitimada pela sociedade nacional e materializa, há décadas, esforço de inclusão social de populações economicamente desfavorecidas, ao mesmo tempo que possibilita a jovens estudantes universitários conhecer a realidade nacional e despertar para a modificação da mesma, por meio do exercício de cidadania deliberativa e do trabalho voluntário. Sua estrutura, esforço de mobilização, articulação de agentes públicos, privados e sociedade civil, bem como a quebra de fronteiras físicas e sociais, são um exemplo de tema que merece estudos pela ótica da gestão.

Referências

AMARAL, H. K. do. Apresentação à edição brasileira. In: PETERS, B. G; PIERRE, J. (Ed.). *Administração pública*: coletânea. Brasília: Enap, 2010.

BANERJEE, P. Resource dependence and core competence: insights from Indian software firms. *Technovation*, v. 23, p. 251-263, 2003.

BENNIS, W. *Leaders*: the strategies for taking charge. Nova York: Harper, 1985.

BOIN, A. CHRISTENSEN, T. The development of public institutions: reconsidering the role of leadership. *Administration & Society*, v. 40, p. 271-297, 2008.

BORUM, R. Seven pillars of small war power. *Military Review*, v. XCI, n. 4, p. 35-45, 2011.

BRASIL. Senado Federal. Constituição da República Federativa do Brasil. *Diário Oficial [da] República Federativa do Brasil*, Brasília, DF, 5 out. 1988.

_____. Ministério da Defesa. *Estratégia Nacional de Defesa*. Brasília, DF, 2005.

_____. Exército Brasileiro. *O processo de transformação do Exército*, Brasília, DF, 2010.

_____. Exército Brasileiro. *Missão e visão de futuro*, 2012.

CAFORIO, G. Trends and evolution in the military profession. In: _____. *Social sciences and the military*: an interdisciplinary overview. Londres: Routeledge, 2007.

CANEN, A. O multiculturalismo e seus dilemas: implicações na educação. *Comunicação e Política*, v. 25, n. 2, p. 91-107, 2007.

CANEN, A. G. CANEN, A. *Organizações multiculturais*. Rio de Janeiro: Ciência Moderna, 2005.

_____; _____. Multicultural leadership: the costs of its absence in organizational conflict management. *International Journal of Conflict Management*, v. 19, n. 1, p. 4-19, 2008.

COSTA, Rejane Pinto. *Multiculturalismo e estudos para a paz*: articulação possível no preparo e no emprego de militares para missões de paz. Tese (doutorado em educação) — Faculdade de Educação, Universidade Federal do Rio de Janeiro, Rio de Janeiro, 2009. Disponível em: <www.educacao.ufrj.br/ppge/ppge--teses-2009.html>. Acesso em: 26 jun. 2012.

_____. *The potential of research to improve military education and serve the public good*. Vancouver: American Educational Research Association 2012. Disponível em: <www.aera.net/Membership/MyAERA/tabid/11072/Default.aspx>. Acesso em: 26 jun. 2012.

_____. The revolution in military affairs in the scope of military education. In: MINCHEV, Dimitar; BAEV, Jordan; GROZEV, Kostadin (Org.). *Technology and warfare*. Sofia: Urch Alma/Sofia University Press, 2013. v. 1, p. 323-335

COVARRUBIAS, J. G. Os três pilares de uma transformação militar. *Military Review*, nov./dez. 2007.

DAVEL, E.; MACHADO H. V. A dinâmica entre liderança e identificação: sobre a influência consentida nas organizações contemporâneas. *Revista de Administração Contemporânea*, v. 5, n. 3, p. 107-126, 2001.

FLEURY, M. T. L. Organizational culture and the renewal of competences. *Brazilian Administration Review*, v. 6, n. 1, p. 1-14, 2009.

GABRIS, G. T.; IHRKE, D. M. I. No end to hierarchy: does rank make a difference in perceptions of leadership credibility? *Administration & Society*, v. 39, n. 1, p. 107-123, 2007.

HALL, S. *Identidades culturais na pós-modernidade*. Rio de Janeiro: DP&A, 2004.

HEINRICH, C. Como avaliar o desempenho e a efetividade do setor público In: PETERS, B. G. PIERRE, J. (Ed.). *Administração pública*: coletânea. Brasília: Enap, 2010.

HOSTFEDE, G. *Culture's consequences*: international differences in work-related values. Londres: Sage, 1984.

HUNTINGTON, S. *O soldado e o Estado*: teoria e política das relações entre civis e militares. Rio de Janeiro: Biblioteca do Exército, 1996.

LASTRES, H. M. M. CASSIOLATO, J. E. Novas políticas na era do conhecimento: o foco em arranjos produtivos e inovativos locais. *Revista Parcerias Estratégicas*, n. 17, 2003.

LYNN JR., L. E. Gestão pública. In: PETERS, B. G. PIERRE, J. (Ed.). *Administração pública*: coletânea. Brasília: Enap, 2010. p. 33-52.

MINTZBERG, H. Managing government, governing management. *Harvard Business Review*, maio/jun. 1996.

MORGAN, G. *Imagens da organização*. São Paulo: Atlas, 2009.

MOSKOS, C. C.; WILLIAMS, J. A.; SEGAL, D. R. *The postmodern military*: Armed Forces after the Cold War. Oxford: Oxford University Press, 2000.

MOTTA, P. R. de M. *Transformação organizacional*: a teoria e a prática de inovar. Rio de Janeiro: Qualitymark, 2001.

_____. O estado da arte da gestão pública. *RAE*, v. 53, p. 82-90, 2013. 2012.

MOTTA, F. P.; CALDAS, M. *Cultura organizacional e cultura brasileira*. São Paulo: Atlas, 2009.

OH, Paul S.; LEWIS, David E. Management and leadership performance in the defense department. *Armed Forces & Society*, v. 34, n. 4, p. 639-661, 2008.

PETERS, B. G.; PIERRE, J. Introdução à edição brasileira. In: PETERS, B. G. PIERRE, J. (Ed.). *Administração pública*: coletânea. Brasília: Enap, 2010.

PIRES, J. C. de S.; MACÊDO, K. B. Cultura organizacional em organizações públicas no Brasil. *Revista de Administração Pública*, v. 40, n. 1, p. 81-105, 2006.

ROBBINS, S. P. *Organizational behavior*. Nova York: Prentice Hall, 2005.

ROSA, A. R. MOZAR, J. de B. "Corpo e alma" nas organizações: um estudo sobre dominação e construção social dos corpos na organização militar. *Revista de Administração Contemporânea*, v. 14, n. 2, p. 194-211, 2010.

SANTOS, B. S. Dilemas do nosso tempo: globalização, multiculturalismo e conhecimento. *Educação e Realidade*, v. 26, n. 11, p. 13-32, 2001.

SCHEIN, E. *Cultura organizacional e liderança*. São Paulo: Atlas, 2009.

SILVA, L. H. M.; ROGLIO, L. de D.; SILVA, W. V. Competências relevantes para a efetividade do processo decisório em defesa aérea. *Revista de Administração Pública*, v. 44, n. 2, p. 339-365, 2010.

SILVA, T. T. A produção social da identidade e da diferença. In: _____ (Org.). *Identidade e diferença*: a perspectiva dos estudos culturais. Petrópolis, RJ: Vozes, 2000.

WINSLON, D. Military organization and culture from three perspectives: the case of Army. In: CAFORIO, G. *Social sciences and the military*: an interdisciplinary overview. Londres: Routledge, 2007. p. 67-88.

WOODWARD, K. Identidade e diferença: uma introdução teórica e conceitual. In: SILVA, T. T. (Org.). *Identidade e diferença*: a perspectiva dos estudos culturais. Petrópolis, RJ: Vozes, 2000.

WONG, L.; BLIESE, P. McGURK, D. Military leadership: a context specific review. *The Leadership Quarterly*, v. 14, n. 6, p. 657-692, 2003.

5
O planejamento estratégico como condicionante do processo de elaboração orçamentária no setor público:
o caso das organizações da Marinha do Brasil

Flávio Sergio Rezende Nunes de Souza
Armando Santos Moreira da Cunha

Introdução

A gestão estratégica nas organizações do setor público ainda é marcada por antigos desafios. Um deles é o fato de que o planejamento estratégico frequentemente é elaborado para atender a normas ou prioridades ocasionais de instâncias superiores. Para o alcance dos objetivos estratégicos, é necessária a execução de diversas ações, a serem empreendidas no âmbito dos vários sistemas da organização. Na gestão pública, o sistema orçamentário é tido como um dos principais e deve guardar estreita relação com o planejamento estratégico (Eadie, 1983; Goodwin e Kloot, 1996). É por meio dele que são solicitados os recursos necessários para viabilizar os objetivos estratégicos que requerem gastos financeiros.

Diversos autores afirmam que, em relação às pesquisas em estratégia, o setor público ainda é pouco explorado (Berry e Wechsler, 1995; Joyce, 1999; Llewellyn e Tappin, 2003; Stewart, 2004). Aponta-se a existência de poucas pesquisas empíricas que investigam como sistemas de controle gerencial são utilizados em organizações para facilitar mudanças estratégicas (Abernethy e Brownell, 1999) e quais as consequências desse uso (Shields, 1997). Especialmente em relação aos sistemas orçamentários, Shields (1997) sugere a realização de pesquisas sobre processos estratégicos e como esses se relacionam com o orçamento. Para Barzelay e Campbell (2003:232, tradução nossa), "somente *insiders* e alguns perspicazes, e bem colocados observadores, podem ariscar observações de como compromissos estratégicos se traduzem em recursos programáticos em organizações burocráticas complexas".

Quando se observam os ambientes militares, a quantidade de pesquisas é ainda menor. O propósito deste capítulo é o de explorar evidências relativas à implementação do planejamento estratégico na administração pública militar, abordando, em especial, o sistema orçamentário. A melhoria da capacidade de implementar estratégias é premente, não somente devido à escassez de recursos mas também para responder à sociedade brasileira, que está exigindo maior eficiência, eficácia e transparência nos gastos públicos.

As Forças Armadas apresentam estruturas e processos bem estabelecidos, além de pessoal capacitado na área de gestão. No caso da Marinha do Brasil (MB), os processos orçamentários são realizados por meio do Sistema do Plano Diretor (SPD), implementado há mais de 50 anos. O planejamento estratégico começou a ser utilizado na MB no final da década de 1990. Assim, tomando-se em consideração o caso da MB, o capítulo está lastreado em pesquisa, que buscou empreender, no nível organizacional, como ocorre a interação entre os níveis estratégico e gerencial, com foco na elaboração orçamentária, identificando os fatores que influenciam essa relação.

Planejamento estratégico e o processo orçamentário: compreendendo a relação

Planejamento estratégico é "o processo de decidir sobre os objetivos da organização, sobre as mudanças nesses objetivos, sobre os recursos utilizados para alcançá-los, e sobre as políticas que direcionam a aquisição, uso e disposição desses recursos" (Anthony, 1965:16, tradução nossa). Dessa forma, o planejamento estratégico combina duas ações: escolher os objetivos e planejar como alcançá-los.

Anthony (1965) oferece um modelo no qual o planejamento estratégico se relaciona intimamente com o controle gerencial, que é o processo pelo qual os gerentes se certificam de que os recursos são obtidos e utilizados efetivamente e eficientemente no cumprimento dos objetivos organizacionais. O autor indica os principais aspectos associados ao controle gerencial: (i) o fato de envolver gerentes, ou seja, pessoas que cumprem suas tarefas trabalhando com outras pessoas; (ii) o processo leva em conta que já foram estabelecidos objetivos e políticas no planejamento estratégico; e (iii) os critérios relevantes para avaliar as ações nesse processo são a efetividade e a eficiência.

Atualmente, muito se discute sobre a funcionalidade do planejamento estratégico. Apesar de severas críticas (Mintzberg, 2004), esse continua sendo tratado por estrategistas como um instrumento de grande utilidade (Vilà e Canales, 2008). Segundo Bryson, Crosby e Bryson (2009:173, tradução nossa) o planejamento estratégico "pode 'funcionar', mas a questão de se e como funciona, de que maneira, para quem, quando, e por que, certamente está aberta". Para esses autores, o problema é que diversos estudos são realizados de maneira inconsistente e contraditória, pois os pesquisadores dão pouca atenção ao contexto mais amplo: quem está envolvido no planejamento e como esses atores se conectam, como foi feito o planejamento e o legado que deixou na aprendizagem organizacional.

Apesar de o planejamento estratégico poder trazer diversos benefícios, não significa que esses ocorrerão. Tudo dependerá de como os agentes utilizarão essa ferramenta, na medida em que as diversas abordagens têm diferentes utilidades e condições para que sejam bem-sucedidas (Bryson, 1988).

Dessa forma, percebe-se ser necessário que contextos específicos sejam levados em consideração e que haja uma relação estreita com os sistemas gerenciais, os quais devem funcionar adequadamente para que seja possível o alcance dos objetivos estabelecidos.

Nos anos 1970, o conceito de gestão estratégica passou a enfatizar o desenvolvimento de estratégias como algo "contínuo, sistemático e contingencial, aceitando-o mais como um processo emergente de um conjunto de decisões e ações que levem ao alcance de objetivos organizacionais do que algo antecedente ao processo de implementação" (Motta, 2002:88).

Na década de 1990 o conceito de gestão estratégica se expande no contexto brasileiro, quando passa a integrar a formulação e a implementação da estratégia, eliminando a separação entre aqueles que planejam e aqueles que executam as ações na organização (Bertero, Vasconcelos e Binder, 2003). A gestão estratégica contempla, além da elaboração do plano por meio das sucessivas etapas, também a execução e o controle das ações nele contidas. Isso facilita a condução da organização rumo ao futuro, modelando esforços, reorganizando e redesenhando sua estrutura e processos para melhor eficiência e qualidade (Bryson, Crosby e Bryson, 2009; Joyce, 1999; Vilà e Canales, 2008).

Devido ao crescimento e à complexidade de determinadas organizações públicas, aliados ao ambiente conturbado no qual estão inseridas, a gestão estratégica vem se tornando imprescindível no setor público (Joyce, 1999). Na Força Aérea norte-americana, a partir de 1995, o esforço empreendido para reconsiderar a visão estratégica permitiu que essa instituição se posicionasse de forma vantajosa em relação a mudanças nas preferências políticas do Congresso. Dessa forma, independentemente do cenário, a Força Aérea estaria mais preparada para superar desafios e aproveitar oportunidades (Barzelay e Campbell, 2003).

A utilização do planejamento estratégico na administração pública vem sendo amplamente disseminada. Segundo Bryson, Crosby e Bryson (2009), nos Estados Unidos, a partir dos anos 1990, o planejamento estratégico parecia estar quase onipresente em todos os níveis de governo, porém o motivo para tal era consequência de modismo, coerção ou mimetismo. Por outro lado, os autores indicam que essa ferramenta também se tornou popular, pois em muitas ocasiões parecia apresentar bons resultados, auxiliando os decisores a definirem o que suas organizações deveriam estar fazendo e como.

Em pesquisa realizada em governos locais do Reino Unido, Flynn e Talbot (1996) verificaram que a maioria das organizações possuía planejamento estratégico formal, e que isso levava a diversos benefícios. Na percepção dos gestores dessas organizações, esses planos os auxiliavam a atingir metas e objetivos, a identificar marcos para melhorias organizacionais e a melhorar o uso dos recursos. Além disso, foi verificado que o planejamento estratégico ajudou a criar unicidade na visão futura da organização por parte dos funcionários, favorecendo a identificação de novas oportunidades e ideias.

Implementação do planejamento estratégico e os sistemas gerenciais

As dificuldades para a implementação do planejamento estratégico são notórias no setor público, onde as organizações frequentemente realizam sua formulação por exigências estatutárias, ou seja, muitas vezes as decisões não são escolhas estratégicas (Flynn e Talbot, 1996; Llewellyn e Tappin, 2003).

Nessa perspectiva, o planejamento tem sua importância esvaziada. Tal fenômeno foi identificado por Llewellyn e Tappin (2003:968, tradução nossa) em organizações dos Estados Unidos e do Reino Unido: "planos estratégicos residiam nas prateleiras, juntando poeira. Essa *documentação dormente* é um fenômeno transatlântico" (grifo nosso).

O estabelecimento de regras simples, claras e concretas é primordial para que a implementação da estratégia ocorra na organização (Sull e Eisenhardt, 2012). Além disso, elementos mais subjetivos também são imprescindíveis, como o papel da liderança, que tem a finalidade de conquistar o apoio dos *stakeholders* para garantir que seja dada continuidade à colocação em prática das decisões estratégicas (Cunha, 2008; Joyce, 1999).

O processo de planejamento estratégico desdobra-se em ações estratégicas, que possuem um horizonte de tempo mais curto e que devem estar alinhadas com os objetivos e diretrizes estratégicos (Lobato, 2000). A execução dessas ações pode requerer recursos financeiros ou não. Essa relação é ilustrada na figura 1.

Figura 1
Detalhamento de níveis específicos do planejamento estratégico

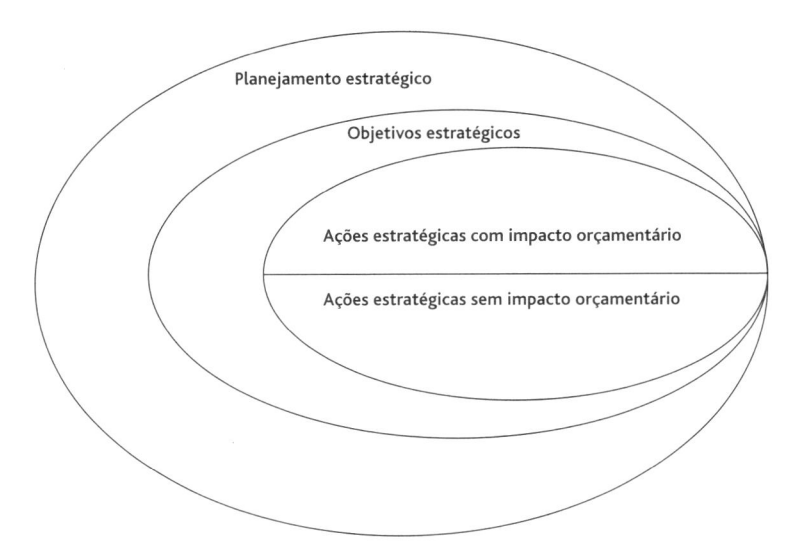

- Planejamento estratégico
  - Objetivos estratégicos
    - Ações estratégicas com impacto orçamentário
    - Ações estratégicas sem impacto orçamentário

Fonte: elaboração própria.

Assim, verifica-se a importância da integração do planejamento estratégico com outros processos e sistemas organizacionais, que devem sofrer uma adequação para a viabilização de novas estratégias. Entretanto, em muitas organizações públicas não existe um sistema de planejamento integrado e que englobe diversos níveis (Flynn e Talbot, 1996; Stewart, 2004).

A integração entre o planejamento estratégico e o processo orçamentário

Na administração pública, o orçamento é um instrumento crítico para a implementação da visão estratégica nas organizações. A relação entre o planejamento estratégico e o sistema orçamentário ocorre nos dois sentidos, o que faz com que a integração entre eles seja ainda mais relevante. Por um lado, o planejamento estratégico deve condicionar o orçamento, para que os objetivos organizacionais possam ser alcançados. Por outro lado, restrições orçamentárias que impeçam ou não disponibilizem recursos para determinadas ações estratégicas comprometerão o alcance dos objetivos. Portanto, deve-se assegurar que o planejamento estratégico influencie o processo de alocação de recursos (Berry e Wechsler, 1995; Eadie, 1983; Goodwin e Kloot, 1996; Joyce, 1999).

Para Cunha (1999), atualmente há uma visão limitada em relação ao papel do orçamento público como instrumento de gestão. O que predomina é uma visão legalista, na qual se vê o orçamento como um instrumento apenas de legitimação do gasto público.

O modelo estabelecido por Anthony (1965) ressalta a importância do orçamento para o alcance dos objetivos estratégicos. A gestão orçamentária contribui para os três tipos de processos administrativos — planejamento estratégico, controle gerencial e controle operacional — sendo essenciais para o funcionamento da organização (Anthony, 1965; Cunha, 1999; Schick, 1966). Essa relação encontra-se representada na figura 2.

Figura 2
O orçamento e os processos administrativos

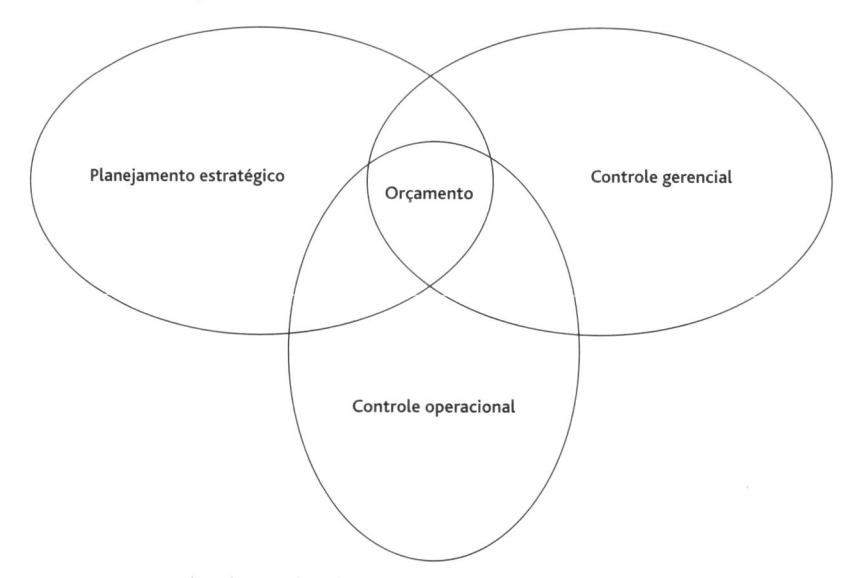

Fonte: adaptada de Anthony (1965), Cunha (1999) e Schick (1966).

Apesar de a relação entre planejamento e orçamento ser essencial para a gestão na administração pública, ela ainda é pouco explorada: "trata-se da tradicional relação 'planejamento, orçamento e controle', tão tradicional quanto, muitas vezes, pouco explorada em seu potencial para desempenho organizacional no setor público" (Rezende e Cunha, 2005:122).

O orçamento deve se fortalecer como instrumento de gestão nas organizações governamentais. Por meio da gestão orçamentária adequada, pode-se colocar o planejamento estratégico em prática. Para isso, o orçamento deve fazer a ligação entre os três processos administrativos; caso contrário tendem a prevalecer práticas incrementais, que podem inviabilizar o alcance de visões de futuro mais ambiciosas: "é preciso investir na capacidade para elaborar e implementar orçamentos menos 'incrementais' e estabelecer um padrão de gestão voltado para a melhor utilização dos recursos existentes" (Rezende e Cunha, 2005:20).

Em geral, há inquietações em relação aos fracos ou, até mesmo, inexistentes laços entre os processos de planejamento estratégico e de orçamento na administração pública. Porém pode-se verificar alguns casos em que organizações do setor público buscaram construir esses laços[1] (Goodwin e Kloot, 1996; Joyce, 1999; Seo e Barrett, 2007).

Uma forma de garantir que a estratégia influencie o processo orçamentário, e que os objetivos estratégicos serão contemplados é a "orçamentação dupla".[2] Esse mecanismo consiste na criação de um orçamento para iniciativas estratégicas separado do orçamento operacional. Tal mecanismo parte da suposição que o planejamento e a gestão operacional têm força suficiente para ignorar o planejamento estratégico, assim tendo a finalidade de prover proteção às agendas estratégicas (Joyce, 1999; Motta, 1998).

Dificuldades na implementação do planejamento estratégico

Uma clássica barreira para a implementação do planejamento estratégico é a falta de envolvimento da alta administração (Flynn e Talbot, 1996; Lobato, 2000). No estudo já mencionado de Barzelay e Campbell (2003), foi constatado que apesar do grande esforço e investimento na implementação do planejamento estratégico na Força Aérea norte-americana, não ocorria a integração desse instrumento com a programação orçamentária. Essa só foi possível com o envolvimento da alta administração, que, por sua vez, reestruturou os processos para viabilizar a integração.

Ainda, deve-se levar em consideração a compatibilidade com o contexto interno da organização, especialmente em relação à sua estrutura e cultura. Quanto mais complexas são as estratégias, mais robustas deverão ser as estruturas

---

[1] Goodwin e Kloot (1996) encontraram estreita integração entre esses processos em administrações locais da Nova Zelândia, enquanto na Austrália encontraram ligações vagas ou inexistentes. A estreita ligação entre os processos aumenta a incerteza entre os gestores intermediários, tendo em vista que esses sabem que terão de dar atenção não somente ao processo orçamentário como também ao planejamento estratégico. Desse modo, o que assegura uma menor ambiguidade no papel desses gestores, reduzindo a incerteza, é uma boa comunicação estratégica, que permitirá que a informação seja difundida para os níveis inferiores.

[2] Tradução livre para *dual budgeting*.

(Chandler, 1997; Cunha, 2008). Além disso, deve-se considerar a forma como a carreira dos servidores se encontra estruturada. Para Barzelay e Campbell (2003), carreiras bem estruturadas apresentam uma competência estratégica maior, tendo em vista que servidores dessas carreiras tendem a ter uma visão mais de longo prazo das necessidades da organização, fato que pôde ser observado no caso da Força Aérea norte-americana.

Não obstante, a literatura aponta problemas na implementação relacionados à incapacidade de comunicação e preparação das mudanças (Lobato, 2000; Vilà e Canales, 2008). No caso do Brasil, também existem obstáculos associados a questões culturais, como a improvisação, o imediatismo e o individualismo, característicos do brasileiro (Lobato, 2000).

Para estratégias que requeiram grandes mudanças, um importante obstáculo é a repressão da incerteza. Essa ocorre devido à busca de segurança e regularidade na vida organizacional. Dessa forma, o gestor tenta contornar a pressão psicológica de ter de decidir com base em fatores que fogem de seu controle (Motta, 2002). Segundo o autor, entre as formas de repressão ressaltam-se: o planejamento por minianálise, a definição de objetivos amplos e imprecisos, a dissociação planejamento/execução, além do incrementalismo e reconciliação com o passado.

Na primeira forma dificultam-se os debates, de modo a garantir o ponto de vista dos dirigentes, o que leva a acomodações nos outros níveis. Apesar de os técnicos da organização possuírem informações que indicam a necessidade de mudança, passam a evitar a colocação desses assuntos em pauta, com a percepção de que isso será inútil. Na segunda forma, são estabelecidos objetivos vagos e pouco desafiadores; assim produz-se a falsa impressão de que sempre estão sendo alcançados. Na dissociação planejamento/execução costuma-se isolar de maneira exagerada o planejamento da execução, assim como a decisão da ação. Por fim, no incrementalismo antes de buscar mudanças que façam a organização evoluir com base em uma nova visão de futuro, sempre se olha para trás para ver o que vem sendo feito, evitando-se grandes alterações no *status quo*.

O modelo conceitual para a análise do caso da Marinha

Do modelo de Anthony (1965), discutido por Schick (1966) e Cunha (1999), enfocando partes específicas do planejamento estratégico (ações estratégicas que têm impacto orçamentário) e da elaboração da proposta orçamentária nas organizações, deriva o esquema constante da figura 3, explicitando a relação entre essas variáveis.

Figura 3
Relação entre ações estratégicas que possuem impacto orçamentário e a elaboração da proposta orçamentária nas organizações

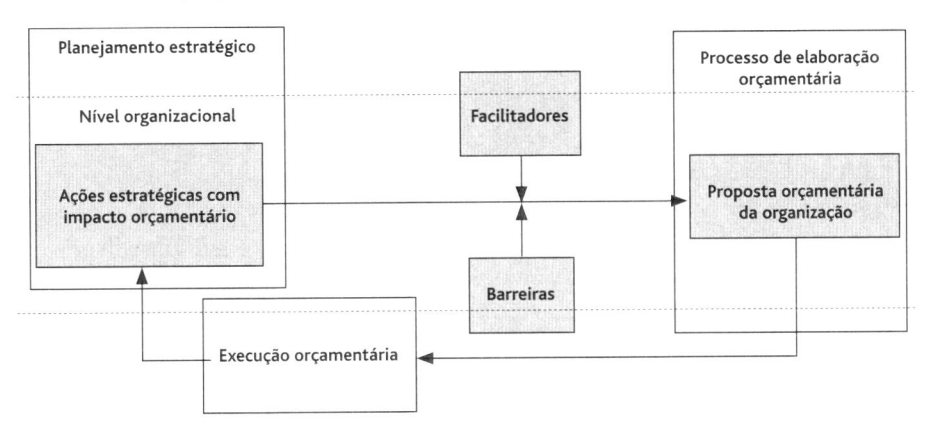

```
Planejamento estratégico                                    Processo de elaboração
                                                            orçamentária
    Nível organizacional        Facilitadores

    Ações estratégicas com                                  Proposta orçamentária
    impacto orçamentário                                    da organização

                                Barreiras

              Execução orçamentária
```

Fonte elaboração própria.

O planejamento estratégico estabelece o sentido da direção a ser seguida pela organização para cumprir a missão institucional. Para alcançar os objetivos, são estabelecidas ações estratégicas a serem executadas pelos diversos sistemas organizacionais. A coordenação subjacente a essa relação consiste em uma das próprias finalidades do planejamento estratégico (Mintzberg, 2004; Vilà e Canales, 2008).

Parte do planejamento estratégico implica ações que têm impacto orçamentário. Essas devem condicionar as propostas orçamentárias posteriores à entrada em vigor dos planos estratégicos em que estão inseridas, de forma que os recursos necessários para a execução dessas sejam solicitados. Não obstante, deve-se considerar a influência de fatores que podem servir como catalisadores desse vínculo ou, por outro lado, dificultá-lo.

A elaboração da proposta orçamentária da organização é o primeiro nível de um processo ascendente agregativo que culmina com a elaboração do projeto da Lei Orçamentária Anual (LOA). Portanto, foi nesse nível organizacional que a pesquisa se desenvolveu.[3]

A execução orçamentária foi representada para demonstrar que as ações orçamentárias que possuem impacto orçamentário dependem do recebimento efetivo de recursos para que possam ser executadas. Além disso, os créditos orçamentários concedidos pelo sistema maior, e que serão executados pela organização, são influen-

---

[3] A linha pontilhada representa o nível organizacional. Assim, as variáveis do modelo que possuem parte fora das linhas pontilhadas transcendem esse nível.

ciados pela proposta orçamentária, que representa os créditos que foram solicitados. Porém é possível que apenas parte do que foi solicitado seja recebido, demonstrando que a execução orçamentária também transcende o nível organizacional.

Algumas perspectivas da análise organizacional estabelecidas por Motta (1998:73) foram utilizadas para organizar os fatores (facilitadores ou barreiras) encontrados na literatura e que interferem na relação estabelecida no modelo apresentado. A classificação[4] desses fatores encontra-se representada no quadro 1.

Quadro 1
Fatores que influenciam a relação entre as ações estratégicas com impacto orçamentário e a elaboração das propostas orçamentárias

Perspectiva	Fatores
Estrutural	Incapacidade de comunicação e preparação das mudanças (Lobato, 2000; Vilà e Canales, 2008).
	Designação individualizada de responsabilidades (Joyce, 1999).
	Ambiguidade no papel orçamentário (Goodwin e Kloot, 1996).
	Falta de sistema de planejamento integrado com níveis inferiores (Flynn e Talbot, 1996; Stewart, 2004).
	Dissociação planejamento-execução (Motta, 2002).
Tecnológica	Incrementalismo e reconciliação com o passado (Motta, 2002); incrementalismo orçamentário (Rezende e Cunha, 2005).
	Compatibilidade das estratégias com a estrutura (Chandler, 1997; Cunha, 2008).
	Imposição externa para a formulação (Flynn e Talbot, 1996; Joyce, 1999); "documentação dormente" (Llewellyn e Tappin, 2003).
	Formulação integrada à implementação (Bertero, Vasconcelos e Binder, 2003; Motta, 2002); elaboração de plano de ação (Lobato, 2000); regras simples, claras e concretas (Sull e Eisenhardt, 2012).
	Orçamentação dupla (Joyce, 1999).
	Força da gestão operacional para ignorar o planejamento estratégico (Joyce, 1999; Motta, 1998).
Humana	Liderança (Cunha, 2008; Joyce, 1999).
	Comprometimento das pessoas (Bryson, Crosby e Bryson, 2009; Joyce, 1999; Vilà e Canales, 2008).
	Envolvimento da alta administração (Flynn e Talbot, 1996; Lobato, 2000).
Cultural	Visão legalista do orçamento (Cunha, 1999).
	Carreiras estruturadas têm maior competência estratégica (Barzelay e Campbell, 2003).
	Características culturais do brasileiro: improvisação, imediatismo e individualismo (Lobato, 2000).
Política	Definição de objetivos amplos e imprecisos (Motta, 2002).
	Planejamento por minianálise (Motta, 2002).

Fonte: elaboração própria.

---

[4] As perspectivas estabelecidas por Motta (1998) foram utilizadas somente para a classificação dos fatores. Não foram levadas em consideração as características detalhadas ou tendências de cada perspectiva, conforme descrito pelo autor.

O contexto da Marinha do Brasil

A formulação dos primeiros planos estratégicos no âmbito da MB ocorreu para suprir demandas relacionadas a requisitos para a assinatura do contrato de gestão por algumas organizações militares prestadoras de serviço (OMPS),[5] no final da década de 1990 (Pereira, 2006).

A ideia da implementação do planejamento estratégico nas organizações manteve-se na MB, seguindo a tendência do *new public management* (NPM) de importar ferramentas administrativas da gestão empresarial, visando à modernização administrativa. Desse modo, extrapolou o âmbito das OMPS e foi estendida às demais organizações, tendo o Programa Netuno como ferramenta essencial para seu fomento.

O Programa Netuno foi elaborado com base no Gespública e consiste num processo administrativo destinado a aprimorar a gestão das organizações militares (OMs). Tem como diretrizes básicas: a capacitação profissional, o aperfeiçoamento da estrutura administrativa, a valorização do elemento humano, assim como a racionalização de custos e o combate ao desperdício, na busca pela austeridade financeira.

Atualmente, o Programa Netuno utiliza diversas ferramentas, que vêm se disseminando para um número cada vez maior de OMs, tais como: o planejamento estratégico organizacional (PEO),[6] a análise e melhoria de processos, a carta de serviços da OM, a pesquisa de clima organizacional e o ciclo de avaliação e melhoria.

O PEO é institucionalizado por meio de normas internas da MB,[7] demonstrando o respaldo da alta administração naval[8] na disseminação dessa ferramenta.

Os órgãos de direção setorial (ODS) devem estabelecer que organizações a eles subordinadas são obrigadas a formular o PEO. Essa atribuição, além de reforçar o comprometimento da alta administração com tal instrumento, evita atribuir essa tarefa a organizações pequenas ou que sejam predominantemente operativas, nas quais a implementação do PEO seria pouco realista.

---

[5] É a organização militar que presta serviços a outras organizações militares e, eventualmente, a organizações externas à Marinha, efetuando cobrança pelos serviços prestados. Podem atuar nas áreas: industrial, de pesquisa e desenvolvimento de ciência e tecnologia, hospitalar, de abastecimento ou de serviços especiais (Brasil, 2008a).

[6] O planejamento estratégico organizacional (PEO) é elaborado no âmbito das organizações da MB. Esse plano não se confunde com o planejamento estratégico da Marinha (PEM), que se refere ao planejamento do órgão como um todo, sendo o principal instrumento de longo prazo da força. O PEM é um documento condicionante dos PEO (Brasil, 2011).

[7] Trata-se do EMA-134, da SGM-107 e da SGM-304, sendo que essa última norma aplica-se ao caso específico das OMPS (Brasil, 2008a, 2011, 2013a).

[8] O Estado-Maior da Armada (EMA), assim como a Secretaria-Geral da Marinha (SGM) e os demais órgãos de direção setorial (ODS) são organizações que ocupam posições elevadas na estrutura hierárquica da MB. Seus titulares são almirantes de esquadra, posto mais alto dessa força em tempos de paz.

As normas estabelecem um modelo prescritivo para a elaboração do PEO, indicando quais os documentos que a condicionam e quem deve participar desse processo. Tal modelo pode ser estendido de acordo com as necessidades e as características das diversas OMs (Brasil, 2013a).

As organizações podem disponibilizar seus planos estratégicos no sítio da intranet do Programa Netuno, favorecendo a prática de *benchmarking* entre as OMs. Atualmente, existem publicados os planos de 32 organizações militares.

Uma das atividades no âmbito do Programa Netuno é a avaliação da gestão, que é realizada por meio de sete critérios. O critério estratégias e planos "examina o processo de formulação das estratégias administrativas, os desdobramentos em planos de ação e o sistema de medição adotado para acompanhamento da evolução de suas implementações" (Brasil, 2011:4-5). Essa avaliação é realizada por meio de um questionário, sendo 130 a pontuação máxima sob esse critério. O questionário é aplicado por oficiais externos à organização, normalmente durante inspeções administrativas. Sua aplicação iniciou-se em 2011 e, atualmente, 299 organizações já foram avaliadas.

O PEO também pode ser avaliado por meio de auditorias. Com a nova metodologia de tomada de contas do Poder Executivo federal, houve a necessidade da introdução de planos estratégicos nas unidades jurisdicionadas (UJ) que realizariam a prestação de contas. Dessa forma, o Centro de Controle Interno da Marinha (CCIMar) realizou algumas auditorias de gestão em 2010, como preparação para a apresentação de contas de 2011, o que levou ao aprimoramento de seus planos estratégicos (Costa e Fajardo, 2011).

Em relação à gestão orçamentária, as fases de planejamento, execução e controle, nos diversos escalões administrativos da MB, são realizadas por meio do Sistema do Plano Diretor (SPD) (Brasil, 2013b).

O processo de elaboração da proposta orçamentária está associado ao ciclo do planejamento, que tem início nas revisões de planos de metas (PMs). Essas consistem em priorizar e hierarquizar diversas metas informadas pelos setores. Tais informações serão "a base para a elaboração da Proposta Orçamentária da MB, a qual poderá embasar eventuais pleitos de ampliação da capacidade de execução orçamentária e financeira da Força" (Brasil, 2013b:7-3).

Para a revisão dos PMs, os relatores utilizam as informações obtidas no seu nível de participação e aquelas prestadas pelos relatores adjuntos, quando for o caso, ou pelas próprias unidades gestoras executoras (UGEs) das ações internas.[9] Os totais financeiros revistos dessas ações devem ser divididos em dois montan-

---

[9] "É o instrumento de materialização das metas da MB e de seus respectivos detalhamentos, permitindo a sua identificação de forma clara e objetiva e, consequentemente, correspondendo a um resultado a ser atingido" (Brasil, 2013b:2-9).

tes relativos às necessidades: mínimo e desejável. O montante mínimo agrupa as necessidades prioritárias atinentes ao cumprimento das atividades no âmbito dos PMs. O desejável refere-se às necessidades complementares passíveis de atendimento caso haja disponibilidade orçamentária (Brasil, 2013b). Posteriormente, as informações consolidadas pelos relatores são encaminhadas para os ODS, que realizam nova priorização. O trâmite simplificado dessas informações é ilustrado pela figura 4.

Figura 4
Fluxo de informações que se processa no SPD

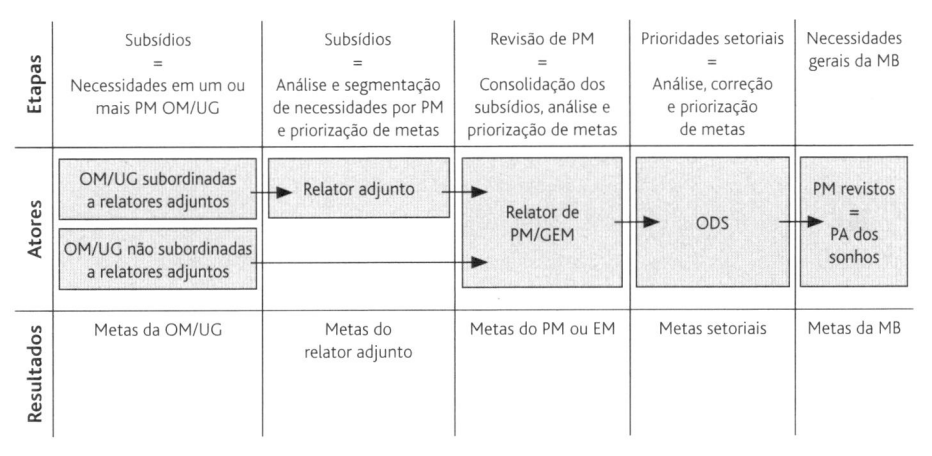

Etapas	Subsídios = Necessidades em um ou mais PM OM/UG	Subsídios = Análise e segmentação de necessidades por PM e priorização de metas	Revisão de PM = Consolidação dos subsídios, análise e priorização de metas	Prioridades setoriais = Análise, correção e priorização de metas	Necessidades gerais da MB
Atores	OM/UG subordinadas a relatores adjuntos / OM/UG não subordinadas a relatores adjuntos	Relator adjunto	Relator de PM/GEM	ODS	PM revistos = PA dos sonhos
Resultados	Metas da OM/UG	Metas do relator adjunto	Metas do PM ou EM	Metas setoriais	Metas da MB

Fonte: Brasil (2013b:7-13).

Desse modo, as OM têm autonomia para propor os valores que desejam receber. A proposta deve ser devidamente justificada e, obviamente, não há garantia de recebimento do que foi solicitado.

Análise dos dados obtidos sobre as organizações da Marinha selecionadas

As organizações analisadas possuem portes diversos e realizam atividades em ramos distintos. Um resumo das características dos casos observados na pesquisa é apresentado no quadro 2.

Quadro 2
Características das OMs analisadas

	Atividade principal	Quantidade aproximada de servidores	Ações estratégicas	Ações estratégicas com impacto orçamentário
Organização A	Ensino	470	15	3
Organização B	Recursos humanos	85	6	3
Organização C	Abastecimento	350	12	8
Organização D	Superintendência administrativa	170	34	13

Fonte: elaboração própria.

O quadro 3 consolida as características observadas nas organizações constantes quadro 2 em relação às perspectivas e fatores que influenciam a relação entre as estratégias e a elaboração da proposta orçamentária, conforme apresentado no quadro 1.

Quadro 3
Características observadas quanto à relação estratégias/elaboração da proposta orçamentária nas organizações analisadas

Perspectiva	Fatores	Características
Estrutural	Influência e comunicação da estratégia	• Verificada a baixa comunicação da estratégia. • Aspectos positivos: o Programa Netuno divulga e estimula o uso do PEO e há uma vinculação muito grande desse instrumento ao Conselho de Gestão.
	Papéis em relação ao planejamento estratégico e designação individualizada de responsabilidades	• Avanço na divulgação e utilização do PEO pelos assessores de gestão da qualidade. • Em alguns casos, os demais agentes atribuem ao assessor de gestão da qualidade a responsabilidade pelo PEO, eximindo-se da participação no processo. • Análise documental demonstra forte relação entre o PEO e a elaboração orçamentária, porém agentes afirmam que não utilizam o PEO. • Apesar de não utilizarem, servidores acreditam que o PEO é importante. • Ambiguidade no papel orçamentário em relação ao PEO. • Forte delimitação de funções permite que as ações estratégicas sejam executadas mesmo sem o conhecimento do PEO. Essa característica alinha as estratégias emergentes às estratégias pretendidas.[10]
	Dissociação planejamento/ execução	• As fases de execução e planejamento são frequentemente confundidas pelos servidores; muitos acreditam que estão planejando durante a execução. • Necessidade de o agente financeiro incentivar a participação dos setores na fase de planejamento. • PEO torna mais explícita a fase de planejamento, facilitando o levantamento das necessidades orçamentárias.

---

[10] As estratégias pretendidas são estratégias que estavam previstas. Estratégias emergentes são padrões realizados que não haviam sido expressamente pretendidos (Mintzberg, 2004).

Perspectiva	Fatores	Características
Tecnológica	Incrementalismo	• Frequente é o caráter imediatista no levantamento de necessidades. Normalmente é realizado pelo histórico ou pela experiência pessoal dos agentes. • O PEO auxilia o levantamento mais racional, pois permite que os servidores tenham consciência das ações que devem ser realizadas.
	Imposição externa e "documentação dormente"	• Apesar de haver determinada imposição externa para a confecção do PEO, não foi observada a "documentação dormente". O PEO sempre é utilizado em algum grau, principalmente na fase de acompanhamento.
	Formulação do plano	• Planos que possuem as ações mais claramente identificadas são melhor entendidos e adotados pelos responsáveis por implementá-los.
	Orçamentação dupla	• A divisão em montante mínimo e montante desejável permite um tipo de orçamentação dupla na elaboração. As OMs se utilizam do montante desejável para realizar suas ações estratégicas.
	Contingenciamento	• Muito abordado. • Alguns afirmam que o PEO permite um posicionamento vantajoso frente a contingenciamentos, pois as necessidades mais bem justificadas evitam os cortes.
	Força da gestão operacional	• Apesar de muito citado, alguns afirmam que o PEO melhora a rotina, ao evitar o retrabalho e ao aumentar a eficiência nas atribuições.
Humana	Liderança e comprometimento	• Muito diversificado entre os servidores. • O PEO facilita a liderança e o comprometimento, pois as pessoas passam a perceber um propósito maior para seu trabalho, evitando-se a forma mecanicista de perceber suas funções.
	Envolvimento da alta administração	• Verificado de maneira elevada em todas as organizações analisadas.
Cultural	Carreiras estruturadas têm maior competência estratégica	• Verificado que a carreira na MB possui elevada estruturação. • Este fator pode estar associado ao forte comprometimento da alta administração.
	Características culturais do brasileiro: improvisação e imediatismo	• Encontrados na pesquisa. • Podem prejudicar o planejamento.

Fonte: elaboração própria.

O primeiro fator abordado foi comunicação da estratégia. As OM divulgam seu PEO no *site* do Programa Netuno, em plano de dia (PD),[11] ou somente no Conselho de Gestão.[12] A divulgação em PD é uma maneira viável de se atingir

---

[11] O plano de dia é um documento, de divulgação interna na organização, de ordens e informações de caráter geral. Os militares e servidores da unidade são obrigados a ler esse documento diariamente.

[12] O Conselho de Gestão foi uma inovação administrativa na MB, que remodelou o Conselho Econômico, que tinha como função básica a prestação de contas. Assim, ampliou a função de

de forma mais ampla, porém mais superficial, os servidores da organização. O Conselho de Gestão, apesar de possuir um público mais restrito, possibilita a disseminação das estratégias pelos níveis gerenciais, assim atingindo as pessoas que irão executar as ações. Dessa forma constitui-se em valiosa ferramenta de coordenação e controle. A disponibilização do PEO no *site* do Programa Netuno facilita o acesso a esse instrumento por todos, fortalecendo a comunicação da estratégia na OM, assim como o senso de responsabilidade de cada setor em relação às suas respectivas ações estratégicas, em virtude da maior transparência. Outras práticas que também facilitam a divulgação da estratégia são a publicação do PEO no próprio *site* da OM ou sua disponibilização em locais públicos na rede de computadores.

Nas OMs observadas ficou evidenciado que alguns setores possuem um contato maior com o PEO do que outros. As iniciativas de divulgação do PEO poderão levar à diminuição dessa discrepância. Observa-se uma tendência de aumento da divulgação, na medida em que o pensamento estratégico ocupa espaços maiores nessas organizações. O Programa Netuno tem contribuído muito na divulgação do PEO como ferramenta de gestão, seja por meio de suas avaliações, dos programas de capacitação ou até mesmo dos simpósios realizados.

Em relação à percepção dos agentes, no que tange aos seus papéis no planejamento estratégico, há grande variedade de visões, ocorrendo certa ambiguidade. Observou-se algum consenso de que o instrumento é importante, porém muitos servidores afirmam não utilizá-lo. Percebe-se que há maior conscientização entre os servidores que possuem formação relacionada ao campo da administração. Além disso, há tendência a se atribuir responsabilidades relacionadas ao PEO aos assessores de gestão da qualidade das OMs, assim como aos níveis hierárquicos mais elevados. Apesar de esses assessores facilitarem a implementação do PEO, constata-se o risco de que possam ser considerados os responsáveis exclusivos por esse instrumento, o que poderá levar à falta de engajamento por parte dos demais servidores.

O fato de o planejamento estratégico ter sido pouco citado na primeira etapa das entrevistas demonstra a falta de percepção dos agentes da ligação entre esse instrumento e a elaboração orçamentária. Por outro lado, a análise documental demonstrou que os recursos necessários à execução das ações estratégicas são solicitados pelos agentes. Isso indica que as informações referentes a essas ações fluem, independentemente do PEO, por meio de outros canais. As caracterís-

---

controle para uma função de assessoramento. Esse conselho presta assessoramento ao comando não apenas nos aspectos relacionados à administração econômico-financeira e gerencial, como também naqueles relacionados ao desenvolvimento organizacional, tendo o PEO como um dos assuntos a serem obrigatoriamente tratados (Brasil, 2013a).

ticas das organizações militares, que têm como fundamentos a hierarquia e a disciplina, possibilitam a formação de uma estrutura que facilita a transmissão dos objetivos da alta administração. Isso contribui para a boa comunicação *top--down*, fazendo com que as prioridades estratégicas sejam amplamente disseminadas.

Essa característica ficou bem evidente na organização B, onde as ações existentes no plano não possuíam ligação direta com a missão, sendo muito relacionadas às atividades de apoio. Além disso, servidores entrevistados que trabalhavam na atividade-fim dessa organização não tinham conhecimento do PEO. No entanto, a elaboração dos subsídios para a proposta orçamentária é realizada de forma adequada, totalmente alinhada à missão. No caso, as estratégias emergentes estariam quase que coincidentes com as estratégias pretendidas — apesar de não haver uma consciência destas últimas —, que foram formalizadas no plano. Ou seja, a estratégia realizada efetivamente é coerente com a estratégia pretendida, mas ela foi alcançada devido às estratégias emergentes, pois as estratégias pretendidas não estavam adequadamente explicitadas.

Assim, nota-se que a formulação dos planos também exerce importante influência na relação estudada. Foi verificado que as organizações em geral especificam bem as ações em seus planos. Não obstante, observou-se que a organização B, em especial, possui suas ações muito relacionadas às atividades-meio, o que pode ter sido causado por falta de participação do setor responsável pelas atividades finalísticas da OM. Por conseguinte, percebe-se a importância de estimular a participação de todos os setores nos diversos processos do PEO.

Nas organizações analisadas, percebe-se, ainda, uma dissociação entre o planejamento orçamentário e a execução, chegando a haver certa confusão entre essas duas etapas. Muitas vezes, durante a execução orçamentária, os servidores acreditam que estão planejando os gastos. Assim, o agente financeiro tem de mobilizar os setores para que, efetivamente, atuem na fase de planejamento orçamentário, que deve anteceder a fase da execução. O motivo pelo qual os setores não se envolvem no planejamento orçamentário pode estar relacionado ao desconhecimento ou mesmo ao receio do passado (Motta, 1998). Se os valores solicitados não são recebidos, logo passa a haver uma desmotivação. Desse modo, o foco permanece na fase da execução, em que a disputa é pelos recursos que já estão disponíveis. Ou seja, o problema de o recurso financeiro liberado ser insuficiente pode ser, em parte, resultante dessa realidade. Nesse caso, o PEO pode ter um papel primordial. Os setores que levam em consideração suas ações estratégicas já sabem do que precisam para cumprir os objetivos pelos quais são responsáveis. Essa direção já estabelecida facilitaria o processo de informar as necessidades ao agente financeiro, possibilitando que essa sistemática funcione de maneira mais adequada.

A figura 5 demonstra a dinâmica assimétrica entre os diferentes setores da organização quanto ao esforço de planejamento orçamentário e suas implicações na execução do orçamento.

Figura 5
Planejamento e execução orçamentária nas OMs

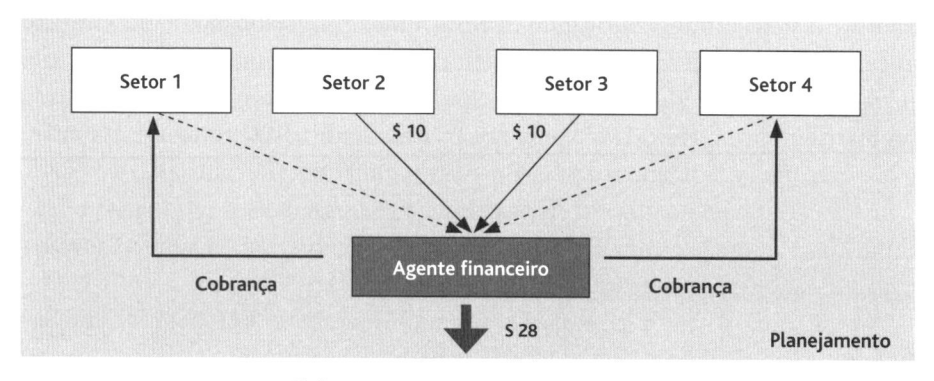

[Figura: diagrama mostrando Setor 1, Setor 2 ($10), Setor 3 ($10), Setor 4 conectados ao Agente financeiro com Cobrança; saída de $28; Elaboração orçamentária externa à OM; $20 para Execução; distribuição de $3, $7, $7, $3 para Setores 1 a 4. Planejamento / Execução.]

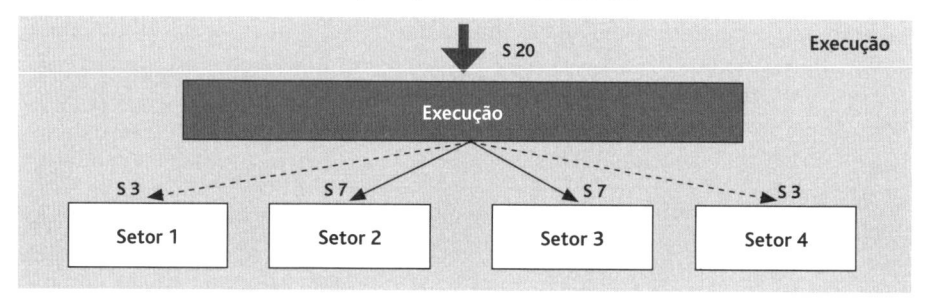

Fonte: elaboração própria.

Quando não recebem informações adequadas, muitas vezes os agentes financeiros se respaldam na execução orçamentária de anos anteriores para realizar a elaboração de sua proposta, o que leva ao incrementalismo. Por outro lado, o PEO é apontado como uma ferramenta que pode possibilitar o rompimento com o incrementalismo por evidenciar as ações estratégicas que dependem de recursos. O fomento ao uso desse instrumento pode permitir um maior engajamento dos servidores na busca dos objetivos organizacionais, evitando-se assim a simples perpetuação de informações históricas. Além disso, a utilização do PEO pode melhorar a própria execução por deixar as necessidades mais transparentes e organizadas.

As restrições orçamentárias e o contingenciamento são fatores que afetam todas as OMs. Porém, apesar de serem comuns a todas as organizações, os agentes reagem a esses problemas de maneiras diferentes. Alguns são mais resignados, enquanto outros acreditam que devem continuar buscando realizar as ações estratégicas. Nesse caso, o PEO pode ser uma útil ferramenta para que os agentes se posicionem melhor diante das restrições.

Da mesma forma, a força da gestão operacional foi apontada como barreira ao planejamento. No entanto, alguns agentes percebem que a efetiva utilização do PEO facilita a rotina, mitigando essa dificuldade. Relacionadas a isso estariam as características culturais: (i) de imediatismo, o foco no momento, deixando um pouco à margem a visão prospectiva; e (ii) de improvisação, que por um lado pode ser boa, por demonstrar o poder de reação rápida e flexibilidade dos agentes, e por outro pode ser danosa ao planejamento, até mesmo de curto prazo.

O quadro 4 apresenta uma síntese dos fatores observados na pesquisa[13] que influenciaram de forma mais expressiva a relação entre o planejamento estratégico e a elaboração das propostas orçamentárias nas OMs.

Quadro 4
Fatores que influenciam a relação entre o planejamento estratégico e a elaboração orçamentária nas organizações

	Facilitadores	Barreiras
Organização A	Envolvimento da alta administração	Comunicação da estratégia Dissociação entre planejamento e execução Força da gestão operacional
Organização B	Envolvimento da alta administração Liderança	Formulação do planejamento estratégico Comunicação da estratégia
Organização C	Envolvimento da alta administração	Força da gestão operacional
Organização D	Envolvimento da alta administração Comunicação da estratégia	

Fonte: elaboração própria.

Conclusões

As características e diversos fatores identificados nos casos das organizações da MB observadas podem proporcionar um melhor entendimento do contexto

---

[13] Essa análise é proveniente dos dados coletados durante a pesquisa. Foi verificado que existem organizações realizando medidas importantes, o que provavelmente modificará esse quadro no curto prazo.

da implementação do planejamento estratégico, assim servindo como base para melhorias na gestão.

Poucos fatores atuam de maneira relativamente homogênea, sendo comuns a todas OMs estudadas. Entre esses, cabe ressaltar: o elevado envolvimento da alta administração, a designação individualizada de responsabilidades e a boa estruturação da carreira. Os demais fatores se comportam de maneira bastante diversa, havendo heterogeneidade não só entre as organizações, mas também entre os setores de uma mesma organização. Por exemplo, determinado setor da organização pode ser influenciado por determinado estilo de liderança que não está presente em outros setores. Da mesma forma, verificou-se nas entrevistas que existem departamentos que planejam mais, enquanto outros se restringem mais à execução.

O elevado envolvimento da alta administração pode estar muito relacionado à maior competência estratégica em carreiras bem estruturadas. Esse é o caso da MB, que possui carreiras bem estabelecidas, que muitas vezes iniciam ainda durante a formação acadêmica. Desde cedo, os oficiais desenvolvem o desejo de comandar ou dirigir uma unidade. Os dirigentes querem que suas unidades funcionem da melhor maneira possível, tendo um grande interesse em ver suas estratégias serem implementadas.

Ressalta-se, igualmente, o papel da liderança e do comprometimento dos agentes, que influem em todos os fatores. É importante salientar que o próprio planejamento estratégico favorece a liderança e o comprometimento ao tornar os agentes mais esclarecidos e conscientes do propósito maior das funções que realizam.

Nota-se que a inserção da estratégia na gestão das organizações da Marinha tem avançado muito e ainda se encontra em plena evolução. Isso se deve muito a inovações administrativas que vêm sendo implementadas, tais como o Programa Netuno e o Conselho de Gestão. Essas inovações são relativamente recentes e vêm sofrendo modificações, incorporando novos instrumentos. No entanto, a adoção dessas ferramentas leva tempo, pois diversas resistências têm de ser vencidas (Miyazaki, 2008).

Uma inovação, estabelecida ainda em 2013 e que se relaciona estreitamente com o escopo deste trabalho, foi a instituição do Plano de Acompanhamento de Gestão (PAG). O plano contém atividades, procedimentos, prazos, responsáveis e recursos necessários para o cumprimento do planejamento estratégico, orientando ações em um horizonte de curto prazo, normalmente um exercício (Brasil, 2013a:6-20). Assim, o uso efetivo desse instrumento pode servir como elo entre o PEO e os sistemas gerenciais da organização, tornando a estratégia mais presente no cotidiano das OMs.

Não obstante, outros órgãos da administração pública federal também vêm estimulando mudanças importantes. Essas transformações têm auxiliado a Marinha no seu esforço de implementar inovações na gestão. Como exemplo, podem-se citar as normativas do Tribunal de Contas da União (TCU), que preveem a divulgação de informações sobre o PEO nos relatórios de gestão das UJ (Brasil, 2013a). Outro exemplo é a instrução normativa da Secretaria de Logística e Tecnologia da Informação (SLTI) que prevê a elaboração de um Plano Diretor de Tecnologia da Informação (PDTI) para determinadas contratações nessa área (Brasil, 2010), devendo esse plano estar alinhado ao PEO.

O caráter essencialmente aplicado do presente estudo, a partir de um modelo que explora especificidades do planejamento estratégico e do sistema orçamentário, pode contribuir para a identificação de fatores que afetam a relação entre o planejamento estratégico e os demais sistemas gerenciais.

Acredita-se que há um alto grau de transferibilidade dos resultados deste estudo para as demais organizações da Marinha, e até mesmo para as organizações das outras forças, em função de semelhanças culturais e estruturais. Pode haver um grau razoável de transferibilidade também para outras organizações públicas, principalmente aquelas que possuem carreiras mais estruturadas.

Referências

ABERNETHY, M. A.; BROWNELL, P. The role of budgets in organizations facing strategic change : an exploratory study. *Accounting, Organizations and Society*, v. 24, p. 189-204, 1999.

ANTHONY, R. N. *Planning and control systems*: a framework for analysis. Boston: Harvard University, 1965.

BARZELAY, M.; CAMPBELL, C. *Preparing for the future*: strategic planning in the US Air Force. Washington DC: Brookins Institution Press, 2003.

BERRY, F. S.; WECHSLER, B. Strategic planning: findings from a national survey. *Public Administration Review*, v. 55, n. 2, p. 159-168, 1995.

BERTERO, C. O.; VASCONCELOS, F. C.; BINDER, M. P. Estratégia empresarial: a produção científica brasileira entre 1991 e 2002. *Revista de Administração de Empresas*, v. 43, n. 4, p. 48-62, 2003.

_____. Marinha do Brasil. Secretaria-Geral da Marinha. *Normas sobre contabilidade das organizações militares prestadoras de serviço (OMPS) (SGM-304)*. Brasília, 2008a.

_____. Marinha do Brasil. Secretaria-Geral da Marinha. *Normas sobre administração financeira e contabilidade (SGM-301)*. Brasília, 2008b.

BRASIL. Marinha do Brasil. Estado-Maior da Armada. *Manual de visitas, inspeções e reuniões funcionais da Marinha (EMA-130)*. Brasília, 2009.

_____. Marinha do Brasil. Estado-Maior da Armada. *Manual de gestão administrativa da Marinha (EMA-134)*. Brasília, 2011.

_____. Marinha do Brasil. Secretaria-Geral da Marinha. *Normas gerais de administração (SGM-107)*. Brasília: 2013a.

_____. Marinha do Brasil. Secretaria-Geral da Marinha. *Normas para a gestão do plano diretor (SGM-401)*. Brasília, 2013b.

_____. Ministério do Planejamento, Orçamento e Gestão. Secretaria de Logística e Tecnologia da Informação. *Instrução Normativa nº 4, de 12 de novembro de 2010*. Brasília, 2010.

BRYSON, J. M. *Strategic planning for public and non profit organizations*: a guide to strengthening and sustaining organizational achievement. San Francisco: Jossey-Bass, 1988.

_____; CROSBY, B. C.; BRYSON, J. K. Understanding strategic planning and the formulation and implementation of strategic plans as a way of knowing: the contributions of actor-network theory. *International Public Management Journal*, v. 12, n. 2, p. 172-207, 20 maio 2009.

CHANDLER, A. D. Strategy and structure. In: FOSS, Nicolai J. (Ed.). *Resources, firms, and strategies*: a reader in resource-based perspective. Nova York: Oxford University Press, 1997.

COSTA, S.; FAJARDO, J. Um estudo acerca do uso da gestão de riscos estratégicos na auditoria de gestão da Marinha do Brasil. *Revista Catarinense da Ciência Contábil*, v. 10, n. 28, p. 73-89, 2011.

CUNHA, A. *As funções do orçamento nas organizações*. Rio de Janeiro: Ebape/FGV/Cipad, 1999.

_____. *Estratégias, estruturas e processos*: brevíssimas referências conceituais. Rio de janeiro: FGV, 2008.

EADIE, D. C. Tool to practical use: putting a powerful of strategic planning the application in the public sector. *Public Administration Review*, v. 43, n. 5, p. 447-452, 1983.

FLYNN, N.; TALBOT, C. Strategy and strategists in UK local government. *Journal of Management Development*, v. 15, n. 2, p. 24-37, 1996.

GOODWIN, D. R.; KLOOT, L. Strategic communication, budgetary role ambiguity, and budgetary response attitude in local government. *Financial Accountability & Management*, v. 12, n. 3, p. 191-204, 1996.

JOYCE, P. *Strategic management for the public services*. Buckingham: Open University Press, 1999.

LLEWELLYN, S.; TAPPIN, E. Strategy in the Public sector: management in the wilderness. *Journal of Management Studies*, v. 40, n. 4, p. 955-982, 2003.

LOBATO, D. M. *Administração estratégica*: uma visão orientada para a busca de vantagens competitivas. Rio de Janeiro: Editoração, 2000.

MINTZBERG, H. *Ascensão e queda do planejamento estratégico*. Porto Alegre: Bookman, 2004.

MIYAZAKI, C. Y. M. *Um novo desafio para as nossas lideranças*: Programa Netuno, um compromisso de todos nós, marinheiros. Rio de Janeiro: Escola de Guerra Naval, 2008.

MOTTA, P. R. *Transformação organizacional*: a teoria e a prática de inovar. Rio de Janeiro: Qualitymark, 1998.

_____. *Gestão contemporânea*: a ciência e a arte de ser dirigente. 13. ed. Rio de Janeiro: Record, 2002.

PEREIRA, S. C. S. *O planejamento estratégico na Marinha do Brasil* : o caso das organizações militares prestadoras de serviço. Rio de Janeiro: FGV, 2006.

REZENDE, F.; CUNHA, A. *Disciplina fiscal e qualidade do gasto público*: fundamentos da reforma orçamentária. Rio de Janeiro: FGV, 2005.

SCHICK, A. Planing-programming-budgeting system: a symposium. *Public Administration Review*, p. 243-258, dez. 1966.

SEO, M.; BARRETT, L. F. Being emotional during decision making — good or bad? An empirical investigation. *Academy of Management Journal*, v. 50, n. 4, p. 923-940, 2007.

SHIELDS, M. D. Research in management accounting by North Americans in the 1990s. *Journal of Management Accounting Research*, v. 9, jun. 1997.

STEWART, J. The meaning of strategy in the public sector. *Australian Journal of Public Administration*, v. 63, n. 4, p. 16-21, 2004.

SULL, D.; EISENHARDT, K. M. Regras simples para um mundo complexo. *Harvard Business Review*, p. 44-51, set. 2012.

VILÀ, J.; CANALES, J. I. Can strategic planning make strategy more relevant and build commitment over time? The Case of RACC. *Long Range Planning*, v. 41, n. 3, p. 273-290, jun. 2008.

6
Conexão entre estratégia e conhecimento na criação de valor adicional para *stakeholders* expressivos:
uma nova forma de organizar os contextos capacitantes

Edson Gonçalves Lopes
Joaquim Rubens Fontes Filho
José Francisco de Carvalho Rezende

Introdução

A pesquisa tratou de conexões entre estratégia e conhecimento, envolvendo os contextos capacitantes e excedentes cognitivos nas organizações na busca de geração de valor adicional para *stakeholders* expressivos da organização (proprietários, funcionários, clientes, fornecedores e comunidades). Para tanto, enfatizou os contextos capacitantes como espaços compartilhados de interações vinculados ao processo de criação do conhecimento (Von Krogh, Ichijo e Nonaka, 2001), nos quais as organizações podem identificar, potencializar e mobilizar os excedentes cognitivos de seus integrantes. O conceito de excedentes cognitivos, cunhado por Shirky (2011), designa a soma de tempo, energia e talento livres que, usados colaborativamente, permitem que indivíduos isolados se unam para grandes realizações. Na pesquisa, o termo "excedentes cognitivos" foi tomado para designar os ativos intangíveis (conhecimentos, habilidades, atitudes, valores e experiências) que as pessoas possuem e que excedem aos exigidos pelos cargos ou funções pelos quais são contratadas e remuneradas. A abordagem adotada visando à mobilização de tais excedentes para gerar valor adicional decorrente dos excedentes cognitivos estava alinhada com a visão estratégica baseada em recurso (RBV — *resource-based view*). Presumiu-se que os excedentes cognitivos podem ser mobilizáveis nos contextos capacitantes para a criação do conhecimento organizacional, gerar recursos intangíveis distintivos e podem atuar como indutores de estratégias flexíveis na busca valor adicional (Barney, 1986; Turner e Minonne, 2010; Grant, 1996; Spender, 1996; Shirky, 2011).

As formas como as organizações coordenam suas atividades, facilitam a comunicação e apoiam a aprendizagem, implicando a criação de conhecimento ou a combinação de novos conhecimentos, ajudam a explicar as razões pelas quais são bem-sucedidas (Kogut e Zander, 1996). Há que se considerar também o conhecimento, em sua natureza complexa e em seus diferentes matizes, ser manifestado por intermédio das competências distintivas, seja em nível individual, seja em nível organizacional. Assim como cada indivíduo possui atributos e competências que lhe são peculiares, as organizações possuem características e competências que as distinguem das demais (Ansoff, 1990; Hamel e Prahalad, 1990; Mills et al., 2002; Fleury e Fleury, 2008).

Ao longo de suas existências, as organizações incorporam conhecimentos que lhes dão identidade e as conduzem ao sucesso e à sustentabilidade. Esses conhecimentos constituem o *core* do negócio e são críticos para a sobrevivência da organização. Tais conhecimentos necessitam ser identificados, preservados e alavancados pelas lideranças organizacionais. Entretanto, falta uma abordagem geral integrada nessa área estratégica, e as organizações necessitam gerir mais eficazmente o conhecimento como fonte mais relevante de vantagem competitiva (Turner e Minonne, 2010).

Dessa forma, a dissonância entre o discurso das lideranças organizacionais em reconhecer a importância do conhecimento como ativo estratégico e as ações estratégicas efetivas e promotoras do processo de criação do conhecimento; a ausência de ambientes reconhecidos, estruturados, institucionalizados e propícios à criação e compartilhamento do conhecimento nas organizações; a existência de pessoas possuidoras de excedentes cognitivos nas organizações, dispondo de conhecimentos, habilidades, atitudes, valores e experiências (C-H-A-V-E) que vão além do que seus cargos ou funções exigem; e os baixos índices de colaboração dos integrantes das organizações no processo de criação do conhecimento despertaram o interesse e motivaram a elaboração da pesquisa sobre a conexão entre estratégia e conhecimento na criação de valor adicional para *stakeholders* expressivos das organizações, valendo-se dos contextos capacitantes nos quais ocorrem os processos de criação do conhecimento e nos quais as pessoas poderão aportar seus excedentes cognitivos. As organizações, ao reconhecer, estruturar, institucionalizar tais contextos e ao mobilizar os excedentes cognitivos poderão induzir estratégias mais flexíveis e que proporcionem maiores níveis de sustentação ao negócio, inovação e geração de valor adicional.

O objetivo final deste trabalho foi propor uma nova lógica para os contextos capacitantes que habilite as organizações a evidenciar e mobilizar os excedentes cognitivos de seus integrantes, induzir estratégias mais flexíveis e gerar valor adicional para seus *stakeholders* expressivos. Foram estabelecidos os seguintes objetivos intermediários: (i) identificar como as organizações lidam e como poderiam lidar com os excedentes cognitivos, ou seja competências e conhecimentos que não trazem uma contribuição direta a suas estratégias; (ii) identificar a lógica que rege os atuais contextos capacitantes e as principais barreiras à evidenciação ou uso dos excedentes cognitivos; e (iii) identificar os principais benefícios decorrentes do uso dos excedentes cognitivos e as atitudes dos integrantes das organizações em relação aos excedentes cognitivos.

As organizações e o fenômeno a ser estudado

A maioria das teorias de administração é desenvolvida de maneira que inevitavelmente cria desilusão e frustração por limitações trazidas pelo próprio reducionismo inerente às teorias. Elas geralmente têm um elemento de "verdade", mas é uma verdade que, de fato, nega a complexidade das realidades às quais as teorias devem ser aplicadas (Morgan, 2002). Acompanhando essa linha de pensamento, Morin (2011) afirma que jamais poderemos escapar da incerteza, pois na complexidade o saber total é impossível. O conhecimento de qualquer organização exige o conhecimento das interações dessa organização com seu meio ambiente e o mundo, tornando essa tarefa uma atividade altamente complexa. Em seus processos sistêmicos e evolutivos, as organizações adaptam-se às mudanças ocorridas no ambiente externo para garantir a sobrevivência e a sustentabilidade, baseadas na expectativa de que as decisões e ações conduzam aos resultados previstos (princípio da linearidade causa/efeito). Entretanto, a organização não é um fenômeno claro, objetivo e simples. Nela as pessoas compartilham, em maior ou menor grau, ambiguidades, paradoxos e conflitos.

A complexidade trazida pela sociedade do conhecimento e pelos contextos instáveis exige das organizações atuais um afastamento dos modelos mecanicistas e a flexibilização para a adoção de novos modelos. Dessa forma, as organizações vivenciam uma mudança paradigmática em seus modelos de gestão. Algumas organizações ainda conseguem algum grau de sobrevivência com o paradigma antigo, haja vista o modelo mecanicista ser restrito a situações em que há razoável grau de estruturação do problema, razoável estabilidade do ambiente, baixo grau de complexidade dinâmica e baixo grau de influência das percepções de diferentes atores a partir de distintos interesses. Entretanto, para outras que não se enquadram nesses parâmetros, o modelo começa a apresentar deficiências, pois o modelo mecanicista não proporciona suficientemente flexibilidade e adaptação aos novos tempos (Aurélio et al., 2006).

Alguns estudiosos e pesquisadores do pensamento organizacional tem caracterizado a organização como composta pelo arcabouço estrutural e pelos padrões de interações estabelecidos entre as pessoas que a integram. Arcabouço estrutural diz respeito às formas de a organização dividir o trabalho e às formas de coordenar e controlar a execução desse trabalho. Por sua vez, os padrões de interações estão relacionados com as interações dinâmicas e com os padrões de relacionamentos existentes na organização (Ranson, Hinnings e Greenwood, 1980), conforme a figura 1.

Figura 1
Definição de organização e a essência dos contextos capacitantes

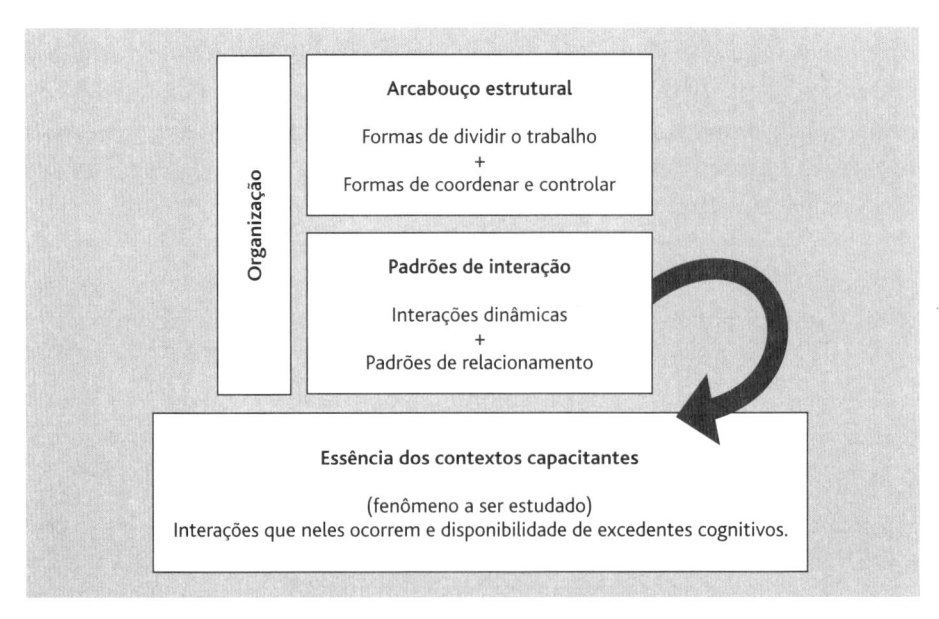

Organização
- Arcabouço estrutural
  Formas de dividir o trabalho
  +
  Formas de coordenar e controlar
- Padrões de interação
  Interações dinâmicas
  +
  Padrões de relacionamento
- Essência dos contextos capacitantes
  (fenômeno a ser estudado)
  Interações que neles ocorrem e disponibilidade de excedentes cognitivos.

Fonte: adaptada de Ranson, Hinnings e Greenwood (1980).

Caracteriza-se, assim, o fenômeno a ser estudado como sendo a essência dos contextos capacitantes, haja vista serem espaços compartilhados de interação e atuarem como plataformas para a criação do conhecimento organizacional. As pessoas que participam de tais contextos trazem consigo seus excedentes cognitivos, os quais poderão ser disponibilizados como ativos de conhecimento, dependendo dos padrões que emergem das relações dinâmicas praticadas entre as pessoas.

Nesse sentido, as organizações que concentram esforços no sentido de gerir para todos os seus *stakeholders*, aqueles que afetam ou são afetados pelas decisões organizacionais, buscam evidenciar atenção aos padrões de interações e orientam suas estruturas e seu funcionamento, visando atender a múltiplos interesses, nem sempre congruentes, desse conjunto de relações e interações que visam criar valor (Freeman, 1984; Harrinson, Bosse e Phillips, 2010).

Reconhecendo a complexidade das organizações como construções sociais em movimento constante (Misoczky, 2003), o trabalho buscou observar as organizações por diversos ângulos de abordagens (percepções dos sujeitos entrevistados), permitindo com isso uma compreensão maior dos fenômenos organizacionais (Sacomano Neto e Truzzi, 2002). Reconheceu, também, o conhecimento como ativo estratégico; os contextos capacitantes como *locus* capturados pela estratégia tradicional; e a inclusão de uma postura de abundância e generosidade nas interações que ocorrem nos contextos capacitantes (Diamandis e Kotler, 2012). As proposições objetivaram uma nova dinâmica que possa desobstruir e permitir a evidenciação e mobilização dos excedentes cognitivos para a criação de valor adicional para a organização e para aqueles que a integram.

Tese, lógicas, argumentos, proposições e perguntas da pesquisa

A revisão da literatura sobre os conceitos em estudo proporcionou elementos para o estabelecimento das proposições que suportaram a tese da pesquisa. Os quadros 1 e 2 sintetizam os elementos essenciais da pesquisa baseados no referencial teórico e estabelecem os fundamentos que deram sustentação ao trabalho de campo.

Quadro 1
Tese, lógica tradicional, argumentos, proposições e perguntas

Tese	Os atuais contextos capacitantes constituem barreiras à criação de valor adicional para os *stakeholders* expressivos pela inibição à evidenciação, mobilização e uso dos excedentes cognitivos.		
Lógica tradicional		**Consequências**	
Constituição dos atuais contextos capacitantes como plataformas para a criação do conhecimento organizacional	Estratégia tradicional → Lacunas → Preenchimento das lacunas		
	Estratégia "puxa" o conhecimento	Rigidez estratégica	Inibição aos excedentes cognitivos
	Lógica dominante (filtros)	Racionalidade Eficiência Alinhamento à estratégia	
Argumento 1	Para orientar os esforços e definir quais conhecimentos serão incorporados aos seus ativos, a organização prioriza e foca suas experiências de aprendizagem em torno de determinadas áreas estratégicas de conhecimento, de forma a construir ou complementar posições que lhe proporcionem vantagem competitiva atual ou futura. Nesse sentido, a organização estabelece contextos capacitantes que atuem como plataformas para os processos de criação do conhecimento.		
Proposição 1	**[P1] — Os contextos capacitantes são definidos, articulados e orientados como plataformas para a criação do conhecimento segundo a lógica dominante da estratégia em curso.**		
Pergunta 1	Na sua avaliação, com base na sua experiência de pesquisador(a)/consultor(a) no trato com as organizações, como tais organizações lidam com as competências e conhecimentos que seus integrantes possuem, em particular aqueles que não trazem uma contribuição mais direta às estratégias da organização?		
Argumento 2	Como os contextos capacitantes tradicionalmente são constituídos pela lógica da eficiência e da adequabilidade à estratégia, a dinâmica do conhecimento passa a ser direcionada para o preenchimento das lacunas de conhecimento. Assim, a eficiência da organização define o conhecimento demandado e cria uma rigidez estratégica que limita o espaço para as contribuições decorrentes dos excedentes cognitivos que poderão não estar relacionados diretamente aos objetivos e metas estabelecidos no plano estratégico.		
Proposição 2	**[P2] — Os contextos capacitantes, como tradicionalmente definidos, articulados e orientados para suprir as lacunas identificadas pela estratégia, podem conduzir à rigidez estratégica e inibir a evidenciação e mobilização dos excedentes cognitivos.**		
Perguntas	3 — Quais principais barreiras o(a) senhor(a) observa que dificultam a evidenciação ou uso de competências excedentes, ou seja, aquelas não relacionadas ao cargo ou à estratégia?		
	5 — Na sua avaliação, o que rege a criação, a articulação e a orientação de tais espaços de interações nas organizações?		
	7 — Quais atitudes adotadas pelos integrantes das organizações em relação às competências excedentes, ou seja, aquelas não relacionadas aos cargos/funções ou às estratégias em execução atualmente?		

Quadro 2
Tese, nova lógica, argumentos, proposições e perguntas

Tese	Os atuais contextos capacitantes constituem barreiras à criação de valor adicional para os *stakeholders* expressivos pela inibição à evidenciação, mobilização e uso dos excedentes cognitivos.			
Nova lógica	**Consequências**			
Nova forma de constituição dos contextos capacitantes como plataformas para a criação do conhecimento organizacional	Excedentes cognitivos → Estratégias			
	Conhecimento "puxa" a estratégia	Flexibilidade estratégica	Evidenciação e mobilização dos excedentes cognitivos	Criação de valor adicional para *stakeholders* expressivos da organização
	Lógicas	Participação Abundância Generosidade		
Argumento 3	Os diferenciais que a organização possui são o que a distingue das demais organizações do setor; seus integrantes possuem excedentes cognitivos que podem ampliar os feixes de recursos e serem identificados como raros, valiosos, não substituíveis, de difícil imitação e frutos de longos processos de desenvolvimento, mesmo não diretamente relacionados à estratégia em curso; e esses excedentes cognitivos podem induzir a organização às estratégias mais flexíveis em busca de novos elementos de geração de valor.			
Proposição 3	[P3] — Os excedentes cognitivos podem induzir a criação de valor adicional para *stakeholders* expressivos da organização.			
Perguntas	2 Em sua opinião, o que as organizações poderiam fazer com as competências dos seus integrantes e colaboradores que não são utilizadas ou associadas ao atual desempenho dos cargos/funções ou à estratégia em curso?			
	6 Como as principais partes interessadas ou *stakeholders* da organização (proprietários, funcionários, clientes, fornecedores e comunidade) poderiam ser beneficiados pelo melhor uso desses conhecimentos excedentes?			
Argumento 4	Os excedentes cognitivos podem promover outra lógica mental à construção das estratégias por induzirem novas opções estratégicas (excedentes cognitivos podem "puxar" a estratégia) e os contextos capacitantes podem atuar como locais propícios para a evidenciação e mobilização desses excedentes (interações baseadas na participação, abundância e generosidade).			
Proposição 4	[P4] — Os excedentes cognitivos podem sugerir novas dinâmicas de funcionamento para os contextos capacitantes como plataformas para a criação do conhecimento organizacional.			
Pergunta	4 Em seu trato com as organizações, o(a) senhor(a) observou algum espaço (físico/virtual/mental) de interação que permitisse evidenciar ou mobilizar essas competências excedentes?			

A revisão da literatura também proporcionou elementos para o estabelecimento de uma estrutura anatômica da argumentação, representada na figura 2.

Figura 2
Estruturação da argumentação

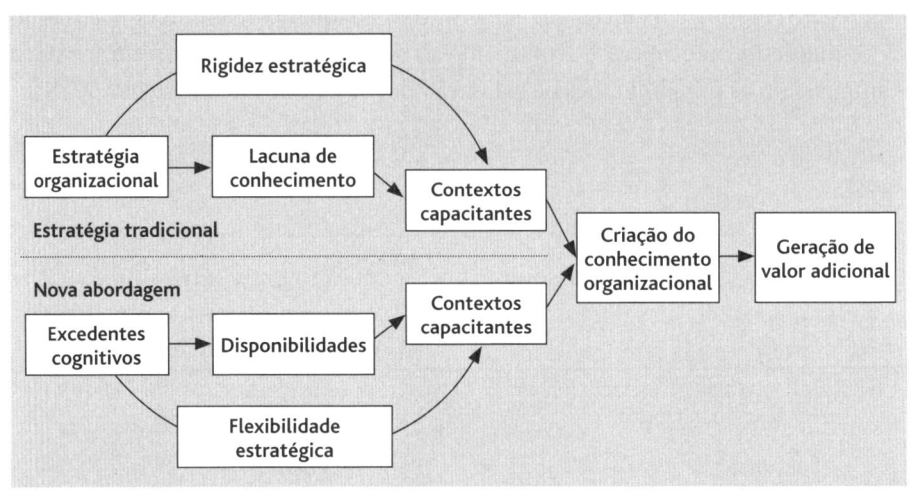

```
                    Rigidez estratégica
                 ┌────────────────────┐
    Estratégia      Lacuna de
    organizacional  conhecimento      Contextos
                                      capacitantes
  Estratégia tradicional                              Criação do        Geração de
  ─────────────────────                               conhecimento  →   valor adicional
  Nova abordagem                                      organizacional
    Excedentes                        Contextos
    cognitivos   → Disponibilidades   capacitantes
                 └────────────────────┘
                    Flexibilidade
                    estratégica
```

Método de pesquisa

Em função da natureza do problema a ser estudado, da questão e objetivos que orientavam a investigação, bem como da busca do entendimento do fenômeno como um todo, na sua complexidade, a opção pelo método recaiu na metodologia com enfoque qualitativo (Godoy, 1995).

A escolha do método qualitativo de pesquisa inclui-se, por sua importância, entre as decisões que foram tomadas em relação aos temas selecionados para estudo. Se estes últimos foram motivados pelas inquietações e dissonâncias observadas pelo pesquisador, o método o foi pelas suposições ontológicas, epistemológicas e da natureza humana, por parte do pesquisador (Vergara, 2009). As ontológicas disseram respeito à essência dos fenômenos organizacionais selecionados para investigação: as interações nos contextos capacitantes e a evidenciação e mobilização dos excedentes cognitivos para a geração de valor adicional; as epistemológicas, coerentes com a noção de que o conhecimento é uma construção social e específica do contexto; as relativas à natureza humana disseram respeito ao mundo da vida que o pesquisador traz consigo, sua visão sobre ação estratégica (ênfase na finalidade) e ação comunicativa (ênfase no diálogo) que se dão nos contextos capacitantes (Habermas, 1987).

Dadas essas suposições, a formação cartesiana e pragmática do pesquisador tornou-se evidente em face da busca de sistematização apresentada por meio de gráficos, quadros e tabelas. Entretanto, a natureza dos temas a serem pesquisados e o interesse do pesquisador nas interações — pesquisador/sujeito — conduziram-no a optar por uma pesquisa de natureza predominantemente qualitativa e a empregar métodos e técnicas que fossem mais adequados para identificar como os respondentes percebem o fenômeno em questão e que oferecessem robustez e ampliassem as possibilidades de validação dos resultados (McCracken, 1988).

Lógicas da pesquisa

O contexto teórico geral da pesquisa sobre a conexão entre estratégia e conhecimento na criação de valor adicional para *stakeholders* expressivos das organizações tomou como referência inicial a lógica convencional do planejamento estratégico que, ao comparar o que as organizações *podem* fazer com o que elas *devem* fazer, identificam a lacuna estratégica e, em decorrência, ao comparar o que as organizações *sabem* com o que *devem saber* para efetivar suas intenções estratégias, identificam a lacuna de conhecimento (Zack, 1999). Nessa lógica, o conhecimento é puxado pela estratégia. Entretanto, dada a existência dos excedentes cognitivos dos integrantes da organização, os quais podem ser reconhecidos como recursos distintivos valiosos, raros, inimitáveis e organizáveis (Barney, 1986) e que podem ser mobilizados nos contextos capacitantes para a geração de valor adicional, estabelece-se uma nova lógica: os conhecimentos distintivos decorrentes dos excedentes cognitivos podem puxar novas estratégias.

O referencial teórico envolveu, além dessas questões estratégicas retomadas, o processo de criação do conhecimento organizacional, a participação nos processos de interações que ocorrem nos contextos capacitantes para evidenciação e mobilização dos excedentes cognitivos. Assim, com base nesse referencial, foram construídas as proposições ligadas às lógicas tradicional e emergente. Com base nessas proposições, foram formuladas as perguntas das entrevistas. Um piloto foi conduzido, visando identificar alguma incompreensão em relação às perguntas e avaliar o grau de pertinência das respostas que os entrevistados poderiam apresentar. As entrevistas se estenderam até que os comentários dos especialistas já não trouxessem alterações significativas às categorias estabelecidas ao longo do processo de entrevistas. Entretanto, como já haviam sido agendadas, as demais entrevistas foram realizadas, mesmo além desse ponto de saturação. Todos os comentários diretamente ligados às perguntas norteadoras foram consolidados e submetidos às análises de primeira e segunda ordens. Os cinco comentários mais relevantes e com maiores índices de incidência de cada uma das sete perguntas norteadoras foram enviados para os entrevistados, para uma rodada de validação. Após essas fases concluídas, os resultados obtidos foram analisados.

Assim, essas etapas podem ser sintetizadas conforme o esquema apresentado na figura 3.

Figura 3
Síntese da sequência das etapas da pesquisa

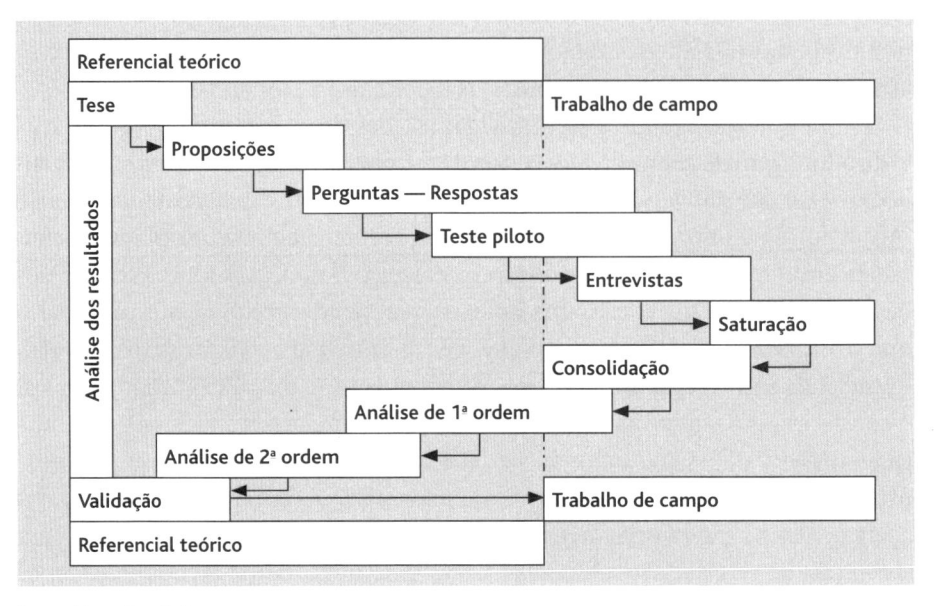

[Diagrama: Referencial teórico / Tese → Proposições → Perguntas — Respostas → Teste piloto → Entrevistas → Saturação → Consolidação → Análise de 1ª ordem → Análise de 2ª ordem → Validação; Trabalho de campo; Análise dos resultados; Referencial teórico]

Fonte: elaboração própria.

Delimitações da pesquisa

Dada a complexidade e especificidade das organizações, não foi adotada uma lente específica para observar o fenômeno a ser estudado. Ao contrário, o ambiente envolveu uma pluralidade de organizações e de sujeitos da pesquisa, haja vista os entrevistados possuírem distintas formações profissionais, áreas de atuação, perspectivas e visões de mundo. Dessa forma, o foco do trabalho recaiu em buscar capturar essas diferentes leituras sobre o fenômeno estudado. Essa diversidade foi adotada por haver a consciência de que se estava buscando analisar um alvo móvel (Misoczky, 2003).

O olhar lançado sobre as organizações não se ateve às formas de coordenar e controlar a execução do trabalho, mas focou os padrões de interações manifestados nos contextos capacitantes. Os assuntos relacionados à estratégia se restringiram à identificação de lacunas de desempenho e de conhecimento apenas, não sendo foco do estudo os processos de elaboração e execução da estratégia organizacional.

Ambiente de pesquisa

Entre as características básicas da pesquisa qualitativa, o ambiente natural como fonte direta de dados e o pesquisador como instrumento fundamental foram aspectos comuns no estudo qualitativo realizado (Godoy, 1995). Um dos critérios fundamentais levado em consideração em relação à escolha do ambiente da pesquisa estava ligado à questão da validade, ou seja, a capacidade de ter acesso às autênticas opiniões dos entrevistados (Richardson, 2011).

Embora não se atendo às atuais organizações dos sujeitos da pesquisa, haja vista a intenção de capturar suas percepções sobre as organizações com as quais lidaram em suas trajetórias de vida, os entrevistados estavam vinculados a 16 organizações distintas, envolvendo instituições de ensino superior, tanto civis quanto militares, instituto de pesquisa, empresas da iniciativa privada e órgãos públicos federais. Assim, a pesquisa não se ateve a nenhum tipo específico de organização, em razão da intenção de caracterizar os temas estudados nas organizações de uma forma geral, conforme o quadro 3.

Quadro 3
Atuais organizações dos sujeitos da pesquisa

		Organizações
Instituições de ensino superior (IES)	Civis	Universidade Federal do Rio de Janeiro (UFRJ)
		Universidade Federal Rural do Rio de Janeiro (UFRRJ)
		Universidade Mackenzie
		Fundação Getulio Vargas (FGV)
		Fundação Dom Cabral (FDC)
	Militares	Departamento de Educação e Cultura do Exército (DECEx)
		Escola Superior de Guerra — Ministério da Defesa(ESG/MD)
		Escola de Comando e Estado-Maior do Exército (Eceme)
Instituto de pesquisa	Instituto de Pesquisa Econômica Aplicada (Ipea)	
Empresas de consultoria nas áreas	Estratégia Gestão do conhecimento Gestão de pessoas	Terra Fórum Consultores, Trans K, Indigo
Públicas	Agência Nacional de Aviação Civil (Anac)	
	Comissão dos Jogos Olímpicos/Exército Brasileiro (CJO)	
	Empresa Brasileira de Petróleo e Energia (Petrobras)	
	Empresa Brasileira de Pesquisa Agropecuária (Embrapa)	
	Eletrobras Eletronuclear	

Fonte: elaboração própria.

Sujeitos

A escolha dos sujeitos da pesquisa foi não probabilística (Vergara, 2009) e definida pelos critérios da acessibilidade e da tipicidade. Os sujeitos que integraram a equipe de especialistas, conforme o quadro 4, foram selecionados com base nos seguintes critérios: distinguir-se no aspecto "substantivo" de suas competências sobre os temas em questão, ou seja, possuir conhecimentos relevantes sobre o problema em estudo; desempenhar funções ou desenvolver atividades relacionadas com o objeto em estudo; participar ativamente na vida da coletividade ou da instituição; ter participado em trabalhos anteriores sobre os temas relacionados com aqueles de que trata a presente pesquisa; e ter disponibilidade e motivação para participar das entrevistas (Almeida, Spinola e Lancman, 2009).

Quadro 4
Painel de especialistas entrevistados

	Especialistas entrevistados				Entrevista	
Atividade	Instituição	Sede	Cargo/função	Áreas de atuação	Tipo	Tempo (min)
Consultoria	FGV/Projetos	RJ	Diretor	Projetos	Presencial	27
	Indigo		Executiva-chefe	Gestão de pessoas		29
	Terra Fórum-Consultores	SP	Sócio-diretor	Estratégia e inovação	Skype	30
	Trans K		Executiva-chefe	Gestão do conhecimento		17
Acadêmica e pesquisa	UFRJ	RJ	Diretor	Inteligência empresarial	Presencial	18
			Professora/Pesquisadora	Inovação		43
			Professor/Pesquisador	Redes	Telefone	38
			Professora/Pesquisadora	Gestão empresarial Gestão do conhecimento		17
	FDC		Professor/Pesquisador	Estratégia		23
	Embrapa		Pesquisador/Assessor	Gestão do conhecimento	Presencial	41
	Ipea	DF	Pesquisador	Gestão pública		15
	Universidade Mackenzie		Diretor	Estratégia e inovação		28
	UFRRJ	RJ	Professor/Pesquisador	Gestão estratégica		44

Especialistas entrevistados					Entrevista	
Atividade	Instituição	Sede	Cargo/função	Áreas de atuação	Tipo	Tempo (min)
Operação	Anac	SP	Diretoria	Gestão de pessoas		16
			Coordenador			15
	CEE/Esg	RJ	Diretor	Estratégia		32
			Assessora			33
	CJO/EB		Diretor			34
	Eceme/EB		Comandante			35
	Eletronuclear		Diretor	Gestão do conhecimento		33
	Petrobras		Diretor			29
Total	16 organizações		21 entrevistados	Tempo de gravação		597

Fonte: elaboração própria.

Principais resultados

A descrição dos principais resultados da pesquisa busca fornecer elementos robustos de contextualização e adequação temporal do estudo, visando facilitar possíveis transferências de elementos entre estudos futuros com mais segurança. Não há nessa descrição o foco de definir se os achados podem ou não ser transferidos, mas o de fornecer dados suficientes para que essa análise seja efetuada de forma apropriada por potenciais aplicadores (Lincon e Guba, 1985).

A revisão da literatura sobre conexão entre a estratégia e o conhecimento na criação de valor adicional para *stakeholders* expressivos, visando uma nova forma de organizar os contextos capacitantes, apoiou-se particularmente no estudo da análise de lacunas estratégica e de conhecimento, na dinâmica do processo de criação do conhecimento, na participação nos contextos capacitantes e na percepção e criação de valor.

Em decorrência dessa revisão, foi possível refinar o problema, a questão de pesquisa, a tese e elaborar as proposições que deram sustentação à pesquisa e nortearam os trabalhos de campo. Após a coleta, tratamento e análise dos dados obtidos nas entrevistas, e visando validar os trabalhos anteriores, um conjunto dos comentários mais relevantes para a pesquisa foi submetido à validação dos entrevistados. Com base nessa etapa final, tomando como referência os elementos essenciais da pesquisa (problema e questão de pesquisa — tese e proposições), a análise dos principais resultados será, a seguir, explicitada.

Problema de pesquisa

As organizações estão deixando de aproveitar ativos de conhecimento passíveis de gerar valor.

A pesquisa evidenciou que as organizações estão deixando de aproveitar os excedentes cognitivos de seus integrantes, o que pode ser atestado pelos índices de concordância dos especialistas entrevistados, particularmente em relação ao questionamento sobre como as organizações lidam com os excedentes cognitivos, a saber:
- 100% concordam que os excedentes cognitivos podem contribuir para o aumento do potencial inovativo e da competitividade das organizações (P 6);
- 94,1% concordam que as organizações não sabem o que fazer com os excedentes cognitivos de seus integrantes (P 1);
- 88,2% concordam que as organizações não estão conseguindo dar conta do conhecimento que elas identificam como necessários para suas estratégias em curso, quanto mais dos excedentes cognitivos (P 1);
- 100% estão de acordo que as organizações não possuem uma abordagem estruturada para tratar os excedentes cognitivos de posse dos seus integrantes (P 1).

O registro de que as organizações não estão conseguindo dar conta nem do conhecimento diretamente ligado à estratégia é um forte indício das dificuldades para se lidar com os excedentes cognitivos nas organizações e sinaliza a necessidade de atenção especial por parte dos estudiosos, pesquisadores, estrategistas e gestores do conhecimento.

Questão de pesquisa

Por que as organizações estão deixando de aproveitar os excedentes cognitivos de seus integrantes que podem gerar valor adicional para seus *stakeholders* expressivos?

O referencial teórico apresentou os excedentes cognitivos como elementos capazes de gerar valor adicional para os *stakeholders* expressivos das organizações. A pesquisa empírica, por sua vez, indicou aspectos que respondem ao "porquê" da questão de pesquisa. Nesse sentido, além dos comentários que atestaram o problema, acrescentam-se:
- 70,6% concordam que falta às organizações a percepção da importância do conhecimento que os excedentes cognitivos representam (P 3);
- 70,6% dos especialistas estão de acordo que uma das principais barreiras à evidenciação e mobilização dos excedentes cognitivos para gerar valor é o rigor no alinhamento aos objetivos estratégicos (P 3);

- 64,7% foram de parecer que os superiores ignoram os excedentes cognitivos dos seus subordinados nas organizações (P 7).

As 46 diferentes respostas apresentadas pelos especialistas à pergunta sobre as principais barreiras aos excedentes cognitivos geraram 112 comentários distintos, sendo 92 institucionais e 20 de caráter ligado às pessoas. Esse número excessivo indicou as diversas razões que têm levado as organizações a deixarem de aproveitar esses ativos de conhecimento passíveis de gerar valor adicional para seus *stakeholders* expressivos.

Tese

Os atuais contextos capacitantes constituem barreiras à criação adicional para os stakeholders expressivos pela inibição aos excedentes cognitivos.

Proposição 1

Os contextos capacitantes são definidos, articulados e orientados como plataformas para a criação do conhecimento segundo a lógica dominante da estratégia em curso.

Essa primeira proposição, sustentadora da tese, tratava da estratégia tradicional e sua lógica subjacente de alinhamento aos objetivos e metas estabelecidos na execução da estratégia:
- 58,8% dos entrevistados foram de parecer que o que rege os contextos capacitantes nas organizações é o alinhamento à estratégia em curso (P 5);
- 58,8% concordaram que a eficiência na obtenção das metas (resultados) está entre os fatores que definem, articulam e orientam os contextos capacitantes (P 5).

Os dois primeiros percentuais confirmam a proposição de que existe uma lógica dominante decorrente da estratégia na concepção dos contextos capacitantes. Entretanto, os comentários da pergunta 4, que tratava da existência dos contextos capacitantes, indicaram uma inconsistência com o sentido geral da proposição de que as organizações criam intencionalmente os contextos capacitantes como plataformas para a criação do conhecimento:
- 58,8% dos especialistas entrevistados discordaram de que os contextos capacitantes são criados intencionalmente pelas organizações como plataforma para a criação do conhecimento (P 4);

- 88,2% dos especialistas entrevistados concordaram que existem algumas iniciativas isoladas e não sistematizadas de criação de contextos capacitantes nas organizações (P 4);
- 76,5%, por sua vez, afirmaram que os contextos capacitantes só existem nas organizações modernas que valorizam o conhecimento (P 4).

Mesmo que existam algumas iniciativas isoladas para a criação de contextos capacitantes nas organizações, a miopia estratégica e a limitação na visão periférica, decorrentes do foco excessivo na obtenção de metas e alinhamento à estratégia em curso, podem comprometer a evidenciação e mobilização dos excedentes cognitivos, conforme será visto a seguir.

Proposição 2

Os contextos capacitantes, como tradicionalmente definidos, articulados e orientados para suprir as lacunas evidenciadas pela estratégia, podem conduzir à rigidez estratégica e inibir a evidenciação e mobilização dos excedentes cognitivos.

Os comentários que foram elencados para sustentar a proposição 2 são oriundos, também das perguntas ímpares, isto é, as que tratavam da lógica tradicional. Assim, são responsáveis pela miopia estratégica e limitação da visão periférica os aspectos já listados anteriormente: alinhamento aos objetivos (70,6%); alinhamento à estratégia em execução (58,8%); busca da eficiência na obtenção das metas (58,8%). Somam-se a isso o fato de as organizações não saberem o que fazer com os excedentes cognitivos (94,1%) e não possuírem uma abordagem estruturada para tratar os excedentes cognitivos (100%), além de os superiores ignorá-los (64,7%).

Esses índices retratam a inibição a que os excedentes cognitivos estão sujeitos, tanto em sua evidenciação quanto em sua mobilização para gerar valor adicional. Nessa lógica tradicional, os contextos capacitantes funcionam como verdadeiros filtros, deixando passar somente o que interessa à estratégia estabelecida.

Proposição 3

Os excedentes cognitivos podem induzir a criação de valor adicional para os *stakeholders* expressivos da organização.

Essa proposição está vinculada à lógica emergente proposta para a criação, articulação e orientação dos contextos capacitantes como *loci* de evidenciação e mobilização dos excedentes cognitivos. Com base nessa nova lógica, foram formuladas as perguntas pares (P 2, P 4 e P 6). Os índices de concordância dos comentários das entrevistas atestam a potencialidade dos excedentes cognitivos como elementos de valor e, portanto, capazes de gerar valor adicional.

- 100% dos especialistas concordaram que os excedentes cognitivos produzem um aumento do potencial inovativo e da competitividade (P 6);
- 76,5% estão de acordo que os excedentes cognitivos induzem novas estratégias (P 2);
- 88,2% concordam que os excedentes cognitivos contribuem para a melhoria do desempenho das organizações (P 6);
- 88,2% concordam que o reconhecimento das ideias e a valorização dos detentores dos excedentes cognitivos podem induzir a criação de valor adicional nas organizações (P 6);
- 94,1% estão de acordo que a ampliação dos níveis de comprometimento gerados pela mobilização dos excedentes cognitivos de seus detentores induz a criação de valor adicional nas organizações (P 6).

Além desses aspectos, três outros comentários validados pelos especialistas entrevistados apontaram para a possibilidade de geração de benefícios futuros, a saber:

- 70,6% — criar oportunidades para a evidenciação e mobilização dos excedentes cognitivos (P 2);
- 82,4% — alocar as pessoas nas funções em que possam aplicar seus excedentes cognitivos (P 2);
- 82,4% concordam que a mobilização dos excedentes cognitivos amplia os sensos de realização e de identidade de seus detentores (P 7).

Esses índices confirmam a proposição 3 e indicam a potencialidade dos excedentes cognitivos como elementos capazes de gerar valor que atendam às necessidades, interesses e expectativas (função utilidade) dos *stakeholders* expressivos da organização.

Proposição 4

Os excedentes cognitivos podem sugerir novas dinâmicas de funcionamento para os contextos capacitantes como plataformas para a criação do conhecimento organizacional.

A lógica emergente está baseada nas culturas da participação, abundância e generosidade, e pode gerar novas normas sociais de interações e sugerir novas dinâmicas decorrentes do fluxo de excedentes cognitivos que passarão e existir nos contextos

capacitantes. Nesse sentido, os especialistas expressaram seus graus de concordância em relação aos excedentes cognitivos como capazes de gerar as seguintes ações:
- 70,6% — ampliar as interações e conexões entre os integrantes da organização (P 2);
- 76,5% — induzir novas estratégias (P 2);
- 94,1% — gerar inovações (P 2);

Com base no que foi obtido na revisão da literatura e confirmado pela pesquisa empírica, é possível confirmar a tese de que os atuais contextos capacitantes constituem barreiras à criação de valor adicional para os *stakeholders* expressivos pela inibição aos excedentes cognitivos.

A lógica dominante da estratégia tradicional traz consigo uma rigidez que torna os contextos capacitantes verdadeiros filtros que dificultam a evidenciação e mobilização dos conhecimentos que não estão diretamente alinhados com a estratégia em curso.

Embora não negando a validade da estratégia tradicional, uma nova forma de organizar os contextos capacitantes foi proposta, tendo como lógica subjacente as culturas da participação, abundância e generosidade, o que poderá proporcionar flexibilidade às estratégias em curso, induzir a criação de valor adicional e sugerir novas dinâmicas de funcionamento para os contextos capacitantes como plataformas para a criação do conhecimento organizacional.

Uma síntese do confronto entre os elementos essenciais da pesquisa e os principais resultados obtidos foi apresentada, conforme a figura 4.

Figura 4
Confronto entre os elementos essenciais e os resultados da pesquisa

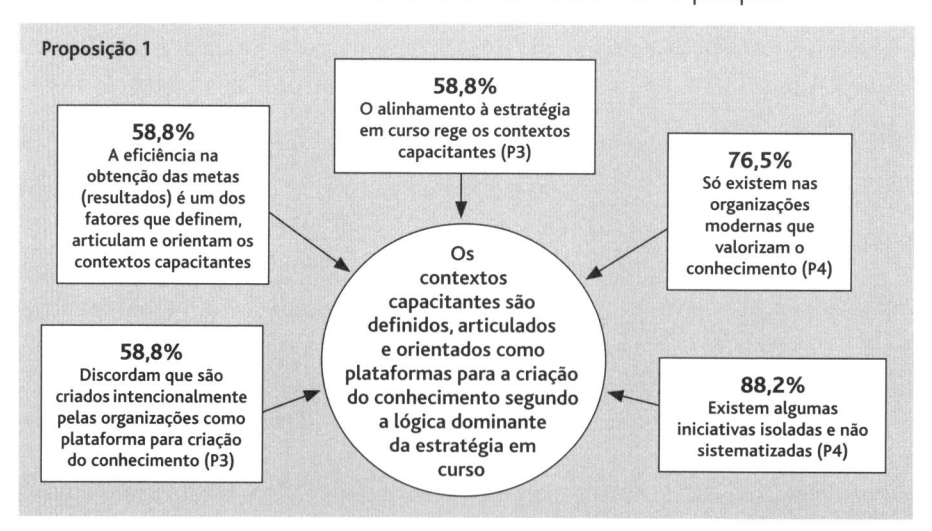

Proposição 1

- 58,8% — A eficiência na obtenção das metas (resultados) é um dos fatores que definem, articulam e orientam os contextos capacitantes
- 58,8% — O alinhamento à estratégia em curso rege os contextos capacitantes (P3)
- 76,5% — Só existem nas organizações modernas que valorizam o conhecimento (P4)
- 58,8% — Discordam que são criados intencionalmente pelas organizações como plataforma para criação do conhecimento (P3)
- 88,2% — Existem algumas iniciativas isoladas e não sistematizadas (P4)

Os contextos capacitantes são definidos, articulados e orientados como plataformas para a criação do conhecimento segundo a lógica dominante da estratégia em curso

Proposição 2

Os contextos capacitantes, como tradicionalmente definidos, articulados e orientados para suprir as lacunas evidenciadas pela estratégia, podem conduzir à rigidez estratégica e inibir a evidenciação e mobilização dos excedentes cognitivos

- 70,6% Alinhamento dos objetivos (P3)
- 58,8% Alinhamento à estratégia em execução (P3)
- 58,8% Eficiência na obtenção das metas (resultados) (P5)
- 64,7% Superiores ignoram (P7)
- 94,1% Não sabem o que fazer com os excedentes cognitivos (P1)
- 100% Não possuíram abordagem estruturada (P1)

Proposição 3

Os excedentes cognitivos podem induzir à criação de valor adicional para os *stakeholders* expressivos da organização

- 94,1% Ampliam os níveis de comprometimento (P6)
- 88,2% Induzem a criação de valor adicional (P6)
- 76,5% Induzem novas estratégias (P2)
- 100% Aumento do potencial inovativo e da competitividade (P6)
- 88,2% Contribuem para a melhoria do desempenho (P6)
- 82,4% Ampliam os sensos de realização e de identidade (P7)

Proposição 4

Os excedentes cognitivos podem sugerir novas dinâmicas de funcionamento para os contextos capacitantes como plataformas para a criação do conhecimento organizacional

- 94,1% Gerar inovações (P2)
- 76,5% Induzir novas estratégias (P2)
- 70,6% Ampliar as interações e conexões (P2)

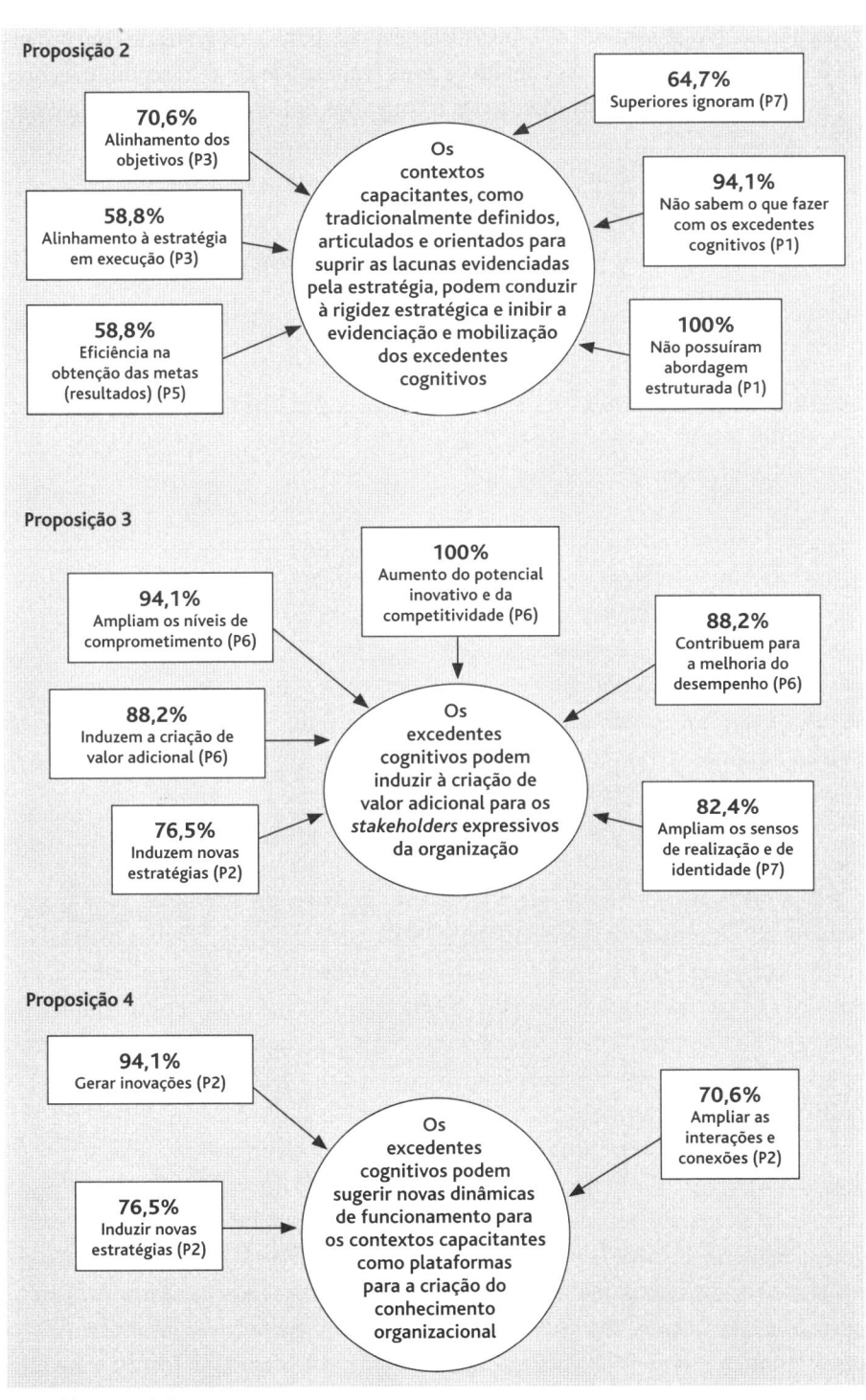

Fonte: elaboração própria.

Considerações finais

Este trabalho evidenciou uma nova lógica da conexão entre estratégia e conhecimento que passa pelo reconhecimento da essencialidade dos excedentes cognitivos, pela evidenciação, mobilização e uso desses excedentes nos contextos capacitantes e por ações estratégicas que conduzam à transformação do conhecimento disponível em valor, tanto para as organizações quanto para as pessoas que delas façam parte.

Ao conformar as ideias à natureza prática dos contextos capacitantes, transita-se dialeticamente entre o mundo dos conceitos e o mundo das coisas, em um movimento pendular entre a teoria e a prática, entre ideias e fatos, entendendo que aquilo que se está estudando não é, necessariamente, o que ocorre, e o que ocorre não é, necessariamente, o que deveria ocorrer (Vieira e Caldas, 2006).

Portanto, o desafio está em se percorrer fronteiras da teoria e da prática, do rigor conceitual e do próprio olhar subjetivo, entre a indefinição da identidade e a busca de um estilo que reflita o próprio pensamento, bem como a possibilidade de dar forma ao dilema da experiência humana vivida nas organizações. Da constatação de que "é impossível mostrar as coisas como realmente são, senão a partir da perspectiva de como elas deveriam ser e que, na verdade, o dever ser se referir às possibilidades não realizadas pelo mundo social" (Vieira e Caldas, 2006:60) reduz-se o nível da dissonância cognitiva inicial percebida entre o discurso e a prática dos gestores.

Assim, as organizações estarão mais aptas ao cumprimento das finalidades para as quais foram constituídas à medida que: (i) promovam as condições para a criação do conhecimento; (ii) estabeleçam padrões de interações para que as pessoas adotem posturas de cooperação e de generosidade em suas interações; (iii) identifiquem o processo de criação do conhecimento como contínuo, envolvente e que transcende comportamentos individuais; (iv) criem ambientes favoráveis ao compartilhamento de novas ideias, ao aprendizado organizacional, à atualização e ao uso do conhecimento e à inovação; e (v) vinculem essas práticas aos seus objetivos estratégicos e sistêmicos.

A modernidade traz consigo um potencial de mudanças que, uma vez concretizado, obriga as organizações a se tornarem, cada vez mais, um eficiente sistema coletivo para processar informações com a finalidade de criar significados, construir conhecimentos e tomar decisões (Choo, 2006). De acordo com essa exigência, as organizações, ao deixarem para trás a era industrial e se incluírem entre as organizações do conhecimento, enfrentam novos desafios, entre eles, o de se submeter às mudanças paradigmáticas de seu tempo, de forma a promover melhores condições para que percebam com mais nitidez as mudanças do ambiente externo, criar, organizar e processar as informações de modo a gerar novos conhecimentos por meio do aprendizado e para que busquem e avaliem as informações de modo a tomar decisões acertadas (Choo, 2006).

Este trabalho reconheceu os contextos capacitantes como estruturas que promovam e ampliem as relações e interações sociais, que alavanquem os processos de criação do conhecimento e atuem como espaços compartilhados, nos quais as atividades desenvolvidas proporcionem uma visão mais ampla da organização, haja vista as interseções das redes de relacionamento dos seus integrantes.

No mesmo sentido, a criação e valorização das condições promotoras dos processos de criação do conhecimento, reconhecendo sua essencialidade para as estratégias organizacionais e para a transformação do conhecimento disponível em valor, tanto no que se refere às organizações quanto às pessoas que dela fazem parte, poderão alavancar as organizações para um patamar superior em suas áreas de atuação.

Os contextos capacitantes também proporcionam à liderança espaços e oportunidades para o desempenho dos vários papéis no processo de criação de conhecimento propostos por Nonaka (2005), tais como fornecer uma visão do conhecimento, desenvolver e promover a partilha dos ativos de conhecimento, criar, energizar, conectar e promover a espiral contínua de criação do conhecimento. Para o desempenho efetivo dessas atribuições, dos gestores organizacionais se requer a noção de que nenhuma organização pode ter uma visão clara de sua direção e de seu futuro sem levar plenamente em conta o impacto dos ativos de conhecimento sobre qualquer visão estratégica e o potencial reflexo, por sua vez, de tal visão estratégica sobre seus ativos de conhecimento. Essa recursividade deve estar explícita nas ligações e conexões entre os principais processos de negócio, as escolhas e políticas resultantes da gestão do conhecimento e os impactos no desempenho da organização (Turner e Minonne, 2010; Aidemark, 2009).

Dessa forma, a gestão do conhecimento implica uma mudança conceitual maior, ou seja, o conhecimento deixa de ser visto como recurso e passa ser considerado uma capacidade organizacional. Por essa última perspectiva, o que é gerenciado não é um recurso, mas o contexto em que tal prontidão é manifestada, e tal contexto é visto como um espaço de interação entre os conhecimentos tácitos e explícitos de todos os membros de uma organização (Alvarenga Neto, 2007; Tsoukas, 2005; Aidemark, 2009).

Os contextos capacitantes, criados, estruturados e orientados não só pelo paradigma da lógica dominante mas também pela lógica emergente, auxiliam as organizações nas arenas da criação de significados, construção do conhecimento e tomada de decisão ao se descortinarem as possibilidades de mobilização e inclusão dos excedentes cognitivos na criação de valor (Choo, 2006; Bettis e Prahalad, 1995; Leonard-Barton, 1992).

Ao entrevistar especialistas que atuam como pesquisadores, consultores e líderes organizacionais, todos com reconhecida projeção nas áreas de estratégia, gestão do conhecimento e gestão de pessoas, foram obtidos *insights* sobre como eles percebem a forma de as organizações lidarem com os excedentes cognitivos de seus integrantes; o que as organizações poderiam fazer com os excedentes cognitivos; as barreiras que se erguem à evidenciação e mobilização desses excedentes, tanto em nível organizacional quanto em nível pessoal; o que rege a criação dos contextos capacitantes; a existência de espaços de interação construídos intencionalmente pelas organizações para a criação e compartilhamento do conhecimento e para a evidenciação e mobilização dos excedentes cognitivos; as atitudes dos integrantes das organizações em relação aos excedentes cognitivos; e a percepção dos benefícios que os excedentes cognitivos podem trazer para os *stakeholders* expressivos da organização.

Na etapa de campo foi possível reafirmar a complexidade dos fenômenos organizacionais e também que as diferentes perspectivas pelas quais é possível observar as organizações corroboram a ideia da necessidade de se ter flexibilidade ao conviver com diferentes visões de mundo.

O método, as técnicas e os procedimentos predominantemente qualitativos empregados nas etapas de coleta, tratamento, análise e redação foram adequados à natureza do fenômeno estudado e proporcionaram robustez e consistência aos resultados obtidos e validados pelos especialistas entrevistados.

Faz-se necessário o registro de algumas sugestões e recomendações a outros pesquisadores que possam vir a prosseguir no estudo dos temas aqui tratados. A saber: a constatação de que as organizações não estão conseguindo lidar com os conhecimentos que estão ligados diretamente à estratégia organizacional; o papel da liderança na criação e sustentação das condições promotoras para a criação do conhecimento organizacional; a ação articuladora e integradora da liderança, em particular na criação de um clima de confiança e reciprocidade que seja marcado pelas culturas da participação, abundância e generosidade, fatores de sustentação para as novas dinâmicas de interações nos contextos capacitantes; como avaliar a mobilização dos excedentes cognitivos nos contextos capacitantes.

Outra possibilidade para trabalhos futuros seria considerar que se têm quatro suposições apresentadas à discussão, explorá-las um pouco mais a fim de transportá-las para o formato "proposições preliminares" e testá-las. Posteriormente, com um novo patamar de conhecimento, as proposições *ex post* seriam submetidas a estudos confirmatórios.

O reconhecimento dos contextos capacitantes e a consequente decisão de criá-los, estruturá-los e institucionalizá-los não se restringem ao viés de uma rigidez estratégica típica da estratégia tradicional. Visam, também, oferecer aos integrantes das organizações ambientes de interação propícios, criados sob uma nova lógica emergente, em que as normas sociais contemplem as culturas da participação, abundância e generosidade, e induzam a evidenciação, a mobilização e o uso dos excedentes cognitivos. Essa nova postura poderá alavancar a criação do conhecimento organizacional, proporcionar maiores níveis de autonomia e de realização e induzir ações estratégicas que permitam às organizações gerar valor adicional e atuar com mais agilidade nas arenas nas quais estão imersas.

Referências

AIDEMARK, J. Knowledge management paradoxes. *The Electronic Journal of Knowledge Management*, v. 7, n. 1, p. 1-10, 2009.

ALMEIDA, M. H. M.; SPINOLA, A. W. P.; LANCMAN, S. Técnica Delphi: validação de um instrumento para uso do terapeuta ocupacional em gerontologia. *Revista Terapia Ocupacional*, São Paulo, v. 20, n. 1, p. 49-58, jan./abr. 2009.

ALVARENGA NETO, R. C. D. Gestão do conhecimento ou gestão de organizações da era do conhecimento? *Perspectivas em Ciência da Informação*, v. 12, n. 1, p. 5-24, jan./abr. 2007.

ANSOFF, I. *Estratégia empresarial.* São Paulo: McGraw-Hill do Brasil, 1990.

AURÉLIO, L. A. et al. *Pensamento sistêmico. Caderno de campo*: o desafio da mudança sustentada nas organizações e na sociedade. Porto Alegre: Bookman, 2006.

BARNEY, J. B. Organizational culture: can it be a source of sustained competitive advantage? *The Academy of Management Review*, v. 11, n. 3, p. 656-665, jul. 1986.

BETTIS, R. A.; PRAHALAD, C. K. The dominant logic: retrospective and extension. *Strategic Management Jounal*, v. 16, p. 5-14, 1995.

CHOO, C. W. *A organização do conhecimento*: como as organizações usam a informação para criar significado, construir conhecimento e tomar decisões. São Paulo: Senac, 2006. 425 p.

DIAMANDIS, P.; KOTLER, S. *O futuro é melhor do que você imagina*. São Paulo: HSM, 2012.

FLEURY, M. T. L.; FLEURY, A. C. C. Desenvolver competências e gerir conhecimentos em diferentes arranjos empresariais: o caso da indústria brasileira de plástico. In _____; OLIVEIRA JR., M. M. (Org.). *Gestão estratégica do conhe-*

cimento: integrando aprendizagem, conhecimento e competências. São Paulo: Atlas, 2008.

_____; OLIVEIRA JR., M. M. (Org.) *Gestão estratégica do conhecimento*: integrando aprendizagem, conhecimento e competências. São Paulo: Atlas, 2001. p. 15-49.

FREEMAN, R. E. *Strategic management*: a stakeholder approach. Boston: Pitman Publish, 1984.

GODOY, A. S. Introdução à pesquisa qualitativa e suas possibilidades. *Revista de Administração de Empresas (RAE)*, São Paulo, v. 35, n. 2, p. 57-63, 1995.

GRANT, R. M. Towards a knowledge-based theory of the firm. *Strategic Management Journal*, v. 17, p. 109-123, 1996.

HABERMAS, J. *Teoría de la acción comunicativa*. Madri: Taurus, 1987. Tomo II: Crítica de la razón funcionalista.

HAMEL, G.; PRAHALAD, C. K. The core competence of the corporation. *Harvard Business Review*, n. 68, p. 79-87, 1990.

HARRINSON, J. S.; BOSSE, D. A.; PHILLIPS, R. A. Managing for stakeholders, stakeholders utility functions, and competitive advantage. *Strategic Management Journal*, n. 31, p. 58-74, 2010.

KOGUT, B.; ZANDER, U. What firms do? Coordination, identity, and learning. *Organization Science*, v. 7, n. 5, set./out. 1996.

LEONARD-BARTON, D. Core capabilities and core rigidities: a paradox in managing new product development. *Strategic Management Journal*, v. 13, p. 111-125, 1992.

LINCON, Y. S.; GUBA E. G. *Naturalistic inquiry*. Thousand Oaks, CA:Sage, 1985.

McCRACKEN, G. *The long interview*: qualitative research methods series 13. Thousand Oaks, CA: Sage, 1988.

MILLS, J. et al. *Strategy and performance*: competing through competences. Cambridge: Cambridge University Press, 2002.

MISOCZKY, Maria C. Poder e institucionalismo: uma reflexão crítica sobre as possibilidades de interação paradigmática. In: VIEIRA, Marcelo M. F.; CARVALHO, Cristina A. (Org.). *Organizações, instituições e poder no Brasil*. Rio de Janeiro: FGV, 2003.

MORGAN, G. *Imagens da organização*. 2. ed., 4. reimp. São Paulo: Atlas, 2002.

MORIN, E. *Introdução ao pensamento complexo*. 4. ed. Porto Alegre: Sulina, 2011.

NONAKA, I. Managing organizational knowledge: theoretical and methodological foundations. In: SMITH, Ken G.; HITT, Michael A. *Great minds in management*: the process of theory development. Nova York: Oxford University Press, 2005. p. 373-393.

RANSON, S.; HININGS, B.; GREEWOOD, R. The structuring of organizational structures. *Administrative Science Quartely*, v. 25, n. 1, p. 1-17, 1980.

RICHARDSON, R.J. *Pesquisa social:* métodos e técnicas. 3. ed. São Paulo: Atlas, 2011.

SACOMANO NETO, M.; TRUZZI, O. M. S. Perspectivas contemporâneas em análise organizacional. *Gestão e Produção (G&P)*, v. 9, n. 1, p. 32-44, abr. 2002.

SHIRKY, C. *A cultura da participação*: criatividade e generosidade no mundo conectado. Trad. Celina Portocarrero. Rio de Janeiro: Zahar, 2011.

SPENDER, J. C. Organizational knowledge, learning and memory: three concepts in search of a theory. *Journal of Organizational Change Management*, v. 9, n. 1, p. 63-78, 1996.

TSOUKAS, H. Do we really understand tacit knowledge? In: _____ (Ed.). *Complex knowledge*: studies in organizational epistemology. Nova York: Oxford University Press, 2005, p. 141-161.

TURNER, G.; MINONNE, C. Measuring the effects of knowledge management practices. *Electronic Journal of Knowledge Management*, v. 8, n. 1, p. 161-170, 2010.

VERGARA, Sylvia Constant. *Métodos de pesquisa em administração*. 4. ed. São Paulo: Atlas, 2008.

_____. *Projetos e relatórios de pesquisa em administração*. 12. ed. São Paulo: Atlas, 2009.

VIEIRA, M. M. F.; CALDAS, M. P. Teoria crítica e pós-modernismo: principais alternativas à hegemonia funcionalista. *Revista de Administração de Empresas (RAE)*, v. 46, n. 1, p. 59-70, 2006.

VON KROGH, G.; ICHIJO, K.; NONAKA, I. *Facilitando a criação de conhecimento*: reinventando a empresa com o poder da inovação contínua. Trad. Afonso Celso da Cunha Serra. Rio de Janeiro: Campus, 2001.

ZACK, M. Developing a knowledge strategy. *California Management Review*, v. 41, n. 3, Spring, 1999.

7
Confiança organizacional e compartilhamento e uso do conhecimento tácito em ambiente militar[1]

Reinaldo Costa de Almeida Rêgo
Joaquim Rubens Fontes Filho
Diego de Faveri Pereira Lima

Introdução

A dinâmica de mudanças nos modelos de negócio e transformação das organizações impõe a preocupação com a perda do conhecimento acumulado e dúvidas sobre como o conhecimento será obtido, processado e incorporado pelas pessoas e sistemas das organizações. O compartilhamento do conhecimento entre seus integrantes torna-se um fator crítico, uma vez que poderá trazer vários benefícios, como permitir à organização se basear em experiências passadas e conhecimento para responder mais rapidamente aos problemas, desenvolver novas ideias e evitar reinventar a roda ou repetir erros passados (Cyr e Choo, 2010).

Para Dixon (2000), organizações constroem sistemas de disseminação do conhecimento adaptados ao tipo de atividade e de conhecimento necessário, bem como ao nível das pessoas integrantes. Entretanto, o compartilhamento do conhecimento requer tempo e esforço. Enquanto muitas pesquisas têm examinado métodos e sistemas que podem facilitar o compartilhamento do conhecimento, são menos frequentes as que estudam os fatores que influenciam no desejo de compartilhá-lo com outras pessoas em uma organização. Um desses

---

[1] Este texto foi originalmente publicado como "Confiança organizacional e compartilhamento e uso do conhecimento tácito" na *Revista de Administração de Empresas (RAE)*, v. 53, n. 5, p. 500-511, set./out. 2013. Disponível em: <http://rae.fgv.br/rae/vol53-num5-2013/confianca-organizacional-compartilhamento-uso-conhecimento-tacito>. Acesso em: maio 2016.

fatores é a confiança, considerada fundamental no sucesso desse compartilhamento (Foos, Schum, Rothenberg, 2006).

De acordo com Andrade, Fischer e Stefano (2011), apenas 14 estudos sobre confiança foram publicados nesses últimos 10 anos em revistas nacionais indexadas no sistema Scielo, sendo que, desses, apenas três tratam o assunto com a abordagem de cooperação entre os indivíduos de uma organização. Mesmo assim, eles não tratam diretamente a questão do compartilhamento do conhecimento relacionada à confiança. Assim, Sato (2003), por exemplo, busca as relações de confiança e cooperação em um ambiente hoteleiro; Cunha e Melo (2006) evidenciaram a importância da confiança para a realização de parcerias no setor de biotecnologia, em dois tipos de relações: as interorganizacionais e as interpessoais; e Fischer e Novelli (2008) estudaram a confiança como instrumento de diminuição das vulnerabilidades enfrentadas no trabalho.

No exterior, em contrapartida, várias pesquisas sugerem que a confiança influencia o desejo de um indivíduo de compartilhar informações e ideias (Davenport e Prusak, 1998; Empson, 2001; Hendricks, 1999; Hinds e Pfeffer, 2003; Husted e Michailova, 2002; Mcdermott e O'dell, 2001) ou o desejo de iniciar uma transferência (Szulanski, 1996), facilitando o acesso ao conhecimento (Burt, 1992; Husted e Michailova, 2002; Orlikowski, 1993; Roberts e O'Reilly Iii, 1974; Zaheer, Mcevily e Perrone, 1998).

Em recente estudo, Holste e Fields (2010) investigaram o impacto da confiança interpessoal no compartilhamento e no uso do conhecimento tácito, utilizando a escala de confiança de McAllister (1995), que apresenta duas dimensões: afeição e cognição. Os autores concluíram que a confiança baseada na afeição exerce maior influência no compartilhamento, ao passo que a confiança baseada na cognição influencia mais o uso do conhecimento.

Worchel (1979) pesquisou as diferentes perspectivas das ciências que estudam a confiança, categorizando-as em três grandes abordagens de pesquisa: individual, interpessoal e organizacional. A primeira abordagem é compatível com a visão das teorias da personalidade, que está enraizada no desenvolvimento psicológico anterior, focando nos "fatores contextuais desenvolvimentistas e sociais" que modelam a confiança (Lewicki e Bunker, 1996:115). A segunda perspectiva é coerente com a abordagem dos psicologistas sociais que examinam os relacionamentos e transações interpessoais. Com essa perspectiva, os pesquisadores focam nas transações interpessoais (ou nível grupo) e nas expectativas e riscos associados a elas (Worchel, 1979). De específico interesse, são os "fatores contextuais que servem tanto para melhorar ou inibir o desenvolvimento e a manutenção da confiança" (Lewicki e Bunker, 1996:116). A terceira categoria foca a confiança como um fenômeno institucional e é compatível com as abordagens das pesquisas sociológicas e econômicas (Lewicki e Bunker, 1995, 1996). Com essa perspectiva, a confiança é estudada dentro das instituições, através das instituições ou como uma confiança individual de uma instituição, sendo, portanto, mais ampla.

Para Mayer, Davis e Schoorman (1995) os modelos utilizados para análise de confiança, incluindo a interpessoal, não são claros em diferenciar a confiança, propriamente dita, dos fatores que levam um indivíduo a confiar ou dos resultados dessa confiança. Propõem, assim, um modelo de confiança organizacional baseada na capacidade, benevolência e integridade, aspectos esses negligenciados pelos demais pesquisadores (Mayer e Davis, 1999; Mayer, Davis e Schoorman, 1995; Schoorman, Mayer e Davis, 1996).

Surge, então, a situação problema deste estudo: verificar se a confiança organizacional influencia no compartilhamento e no uso do conhecimento tácito de forma semelhante à confiança interpessoal, evidenciada nas pesquisas de Holste (2003) e Holste e Fields (2010).

O objetivo deste capítulo é verificar como a confiança organizacional impacta o compartilhamento e o uso do conhecimento tácito, com o propósito de melhor entender ao processo de transferência do conhecimento no contexto de um ambiente organizacional.

O ambiente selecionado foi o do Exército Brasileiro, instituição caracterizada por constituir uma cultura orientada pela elevada exigência de confiança entre os indivíduos e com a própria organização, e na qual a necessidade de compartilhamento do conhecimento pode se mostrar mais crítica do que aquela presente em organizações tradicionais de mercado, dada a natureza de sua missão (Trainor, Brazil e Lindberg, 2008).

Desenvolvimento teórico

A literatura sobre gestão do conhecimento propõe que o conhecimento é formado pela combinação de duas dimensões: o tácito e o explícito. O primeiro é pessoal, subjetivo e de difícil formalização, comprometendo sua comunicação e seu compartilhamento. Ele é constituído de intuição e palpites, profundamente enraizados nas ações e na experiência do indivíduo, assim como nos ideais, valores ou emoções que incorpora. Já o conhecimento explícito pode ser transmitido aos indivíduos de maneira rápida, fácil, formal e sistemática, sendo expresso em palavras, números ou sons e compartilhado na forma de dados, fórmulas científicas, recursos visuais e auditivos, além de manuais, entre outros (Takeuchi e Nonaka, 2008).

Em sentido estrito e literal, o conhecimento não pode ser compartilhado, uma vez que não é como uma mercadoria que pode ser livremente passada por todos (Hendricks, 1999). Em vez disso, o compartilhamento do conhecimento é um processo envolvendo pelo menos dois atores, com um ponto de início e outro de término não identificado, gerando um único significado específico durante essa interação (Boer, Van Baalen e Kumar, 2002). O primeiro ator ou o dono do conhecimento inicia o processo de compartilhamento por meio de um ato de externalização, o qual pode ser ou não um ato consciente. O segundo ator, então, conduz um ato de internalização, para absorver o novo estímulo (Hendricks, 1999).

No âmbito das organizações, quando um indivíduo é abordado para compartilhar seus saberes, pede-se que ele invista seu tempo e dedicação, normalmente sem qualquer recompensa ou reconhecimento diretamente relacionado. Esse investimento de tempo pode ser significativo, visto que uma interação bem-sucedida envolve a garantia de que uma ressonância suficiente ocorreu, satisfazendo o investigador do conhecimento. É também comum para o dono do conhecimento não querer compartilhar o que sabe, por causa do medo de perder o poder percebido relativo a esse conhecimento (Goman, 2002; Boisot, 2002), sendo essa situação potencializada em ambientes organizacionais competitivos, onde os trabalhadores lutam por promoções e aumentos salariais (Husted e Michailova, 2002).

A conexão entre poder e armazenagem do conhecimento está bem documentada na literatura. O trabalho de French e Raven (1959), que identificaram *expertise* (conhecimento) como uma fonte de poder, evidencia que, em situação em que a *expertise* é revelada, ocorre uma erosão no poder individual do revelador. Szulanski (1996) descreve um fenômeno similar, associado ao receio de perder uma posição de privilégio, que Bartol e Srivastava (2002) explicam como um receio de perder uma superioridade ou poder adquirido. Em seu estudo, Von Krogh (1998) também descobriu que compartilhar mais conhecimento que o necessário leva à redução do poder e da influência do indivíduo. Ao compartilhar o conhecimento, a pessoa torna-se vulnerável, correndo o risco de perda de prestígio ou poder. Assim, o compartilhamento do conhecimento mostra-se uma ação nas relações de poder e interpessoais, sujeito, portanto, ao nível de confiança estabelecido nas relações.

Nesse contexto, Schlenker, Helm e Tedeschi (1973:419) definiram confiança como "crédito nas informações recebidas de outra pessoa sobre estados ambientais incertos e consequências derivadas em uma situação de risco". Johnson-George e Swap (1982:1306) observaram que uma "disposição de correr riscos pode ser uma das poucas características comuns para todas as situações de confiança".

Segundo Mayer, Davis e Schoorman (1995:712), "confiança não é correr risco *per se*, mas, sim, uma disposição de correr risco" ou uma "disposição para se engajar em um risco com a parte focal" (Mayer e Davis, 1999:124). Holste (2003) encontrou um relacionamento positivo entre confiança e o desejo de compartilhar e usar o conhecimento tácito, encontrando resultado semelhante em outro estudo (Holste e Fields, 2010). No modelo proposto por Mayer e Davis (1999), a confiança é relacionada a fatores antecedentes, que a explicam e constroem. No modelo desses autores, os fatores capacidade, benevolência e integridade (as definições constitutivas são tratadas adiante) são todos relacionados entre si, mas cada um pode ser separado ou variar independentemente dos outros. Essa consideração conduz à seguinte hipótese:

H1 — Os fatores capacidade, benevolência e integridade possuem um relacionamento positivo com o desejo de compartilhar e usar o conhecimento tácito.

Para sua análise, serão investigadas as seguintes sub-hipóteses:

H1a — O fator capacidade possui um relacionamento positivo com o desejo de compartilhar o conhecimento tácito.
H1b — O fator capacidade possui um relacionamento positivo com o desejo de usar o conhecimento tácito.
H1c — O fator benevolência possui um relacionamento positivo com o desejo de compartilhar o conhecimento tácito.
H1d — O fator benevolência possui um relacionamento positivo com o desejo de usar o conhecimento tácito.
H1e — O fator integridade possui um relacionamento positivo com o desejo de compartilhar o conhecimento tácito.
H1f — O fator integridade possui um relacionamento positivo com o desejo de usar o conhecimento tácito.

Em sua investigação, Holste e Fields (2010) encontraram que a confiança baseada na afeição exerce influência maior no desejo de compartilhar o conhecimento tácito do que a confiança baseada na cognição, corroborando a assertiva de que o relacionamento interpessoal afeta esse desejo, situação identificada por diversos autores (Burt, 1992; Davenport e Prusak, 1998; Empson, 2001; Foos, Schum e Rothenberg, 2006; Hendricks, 1999; Hinds e Pfeffer, 2003; Husted e Michailova, 2002; McDermott e O'dell, 2001; Orlikowski, 1993; Roberts e O'Reilly III, 1974; Szulanski, 1996; Zaheer, McEvily e Perrone, 1998).

McAllister (1995) define confiança baseada na afeição como o elemento emocional de se preocupar e desejar bem ao colaborador, esperando reciprocidade. O fator benevolência do modelo de confiança organizacional é o que mais se aproxima desse entendimento. Para Mayer, Davis e Schoorman (1995:718), a benevolência é "a extensão com que um confiado (pessoa em quem se confia) é acreditado a querer fazer um bem ao *trustor* [pessoa que se dispõe a confiar em alguém], longe de um motivo de benefício egocêntrico". A benevolência sugere que existe "alguma ligação específica" do confiado com o *trustor*, por exemplo, a confiança entre um mentor e seu protegido. Dessa forma, apresenta-se a segunda hipótese:

H2 — O fator benevolência exerce maior influência do que os demais fatores no desejo de compartilhar o conhecimento tácito.

Naturalmente, o uso do conhecimento tácito está sujeito à sua precisão e validade (Choo, 2006; Szulanski, 1996). Holste e Fields (2010) confirmaram empiricamente que a confiança baseada na cognição apresenta maior impacto no uso do conhecimento tácito do que a confiança baseada na afeição. Esse aspecto é fundamentado na fidedignidade e competência do confiado.

Em comparação com o modelo de Mayer e Davis (1999), a fidedignidade do confiado está incluída no fator integridade, que "envolve a percepção do *trustor* que o confiado adere a um conjunto de princípios que o *trustor* julga aceitável" (Mayer, Davis e Schoorman, 1995:719). Nesse aspecto, o *trustor* faz um julgamento sobre a integridade do confiado de quatro maneiras: por meio da consistência de suas ações passadas; por meio da informação de outros (outros dizem que ele é confiável); por meio de uma avaliação do senso de justiça do confiado (quanto maior o senso de justiça percebido, maior será a percepção de sua integridade); e por meio de uma avaliação da extensão em que as ações do confiado coincidem com suas palavras.

Por sua vez, a competência do confiado está presente no fator capacidade. De acordo com Mayer, Davis e Schoorman (1995:717), o fator "capacidade é o grupo de habilidades, competências e características que permitem uma parte ter influência dentro de algum domínio específico". Se um confiado é percebido como tendo um alto domínio de conhecimento específico, então aquela pessoa é dada por confiável nas tarefas relacionadas àquele domínio. Em sua revisão bibliográfica, Mayer, Davis e Schoorman (1995:722) concluem que "competência e capacidade são claramente similares". Assim, formula-se a terceira hipótese:

H3 — O fator capacidade exerce maior influência do que os demais fatores no desejo de usar o conhecimento tácito.

Metodologia

Esta pesquisa é explicativa, uma vez que visa esclarecer a influência da confiança organizacional sobre o compartilhamento e uso do conhecimento tácito. Sua abordagem é quantitativa, utilizando métodos estatísticos para o tratamento dos dados coletados por meio de questionário aplicado no campo. A análise dos dados não evidenciou uma normalidade dos indicadores utilizados, o que justificou a escolha de procedimentos baseados na variância (*variance-based view*), que não tem como pressuposto a normalidade dos indicadores, e são os mais utilizados na pesquisa acadêmica nessa situação (Hair, Ringle e Sarstedt, 2012). Para o processamento dos dados foi utilizado o *software* WarpPLS (*partial least squares*) versão 3.0, destinado à modelagem de equações estruturais. Em consequência, o método de estimação utilizado foi a regressão por mínimos quadrados parciais (PLS).

O universo da pesquisa de campo foi constituído pelos alunos das escolas de oficiais de carreira da linha bélica do Exército Brasileiro, todas elas instituições de ensino superior (IES): Academia Militar das Agulhas Negras (Aman), Escola de Aperfeiçoamento de Oficiais (EsAO) e Escola de Comando e Estado-Maior do Exército (Eceme). O curso na Aman tem duração de quatro anos em regime de internato. Nesse período, os cadetes (alunos) aprendem com as disciplinas do ensino superior regular, bem como com as do ensino bélico, compartilhando e utilizando os conhecimentos adquiridos em diversos exercícios práticos. Após sua formação, são distribuídos para as diversas organizações do Exército por todo o Brasil, com o propósito de desempenharem as funções de níveis de gerência mais baixos. Ao serem promovidos a oficiais intermediários, no sétimo ano após sua formação na Aman, todos realizam o curso de aperfeiçoamento na EsAO com duração de um ano, o qual os habilita às funções de gerência intermediária nas organizações militares. Mediante concurso, por fim, os oficiais superiores frequentam o curso de Comando e Estado-Maior na Eceme, de dois anos, ao fim do qual, desempenharão as funções de gestores nos níveis mais altos nos quartéis-generais. Considerado, juntamente com as Forças Armadas, a instituição de maior índice de confiabilidade do país (Cunha et al., 2010, 2011, 2012), o Exército passa por processo de transformação institucional, no intuito de melhor se adequar para enfrentar os desafios relativos à defesa e à segurança no século XXI (Exército Brasileiro, 2010).

A escolha do referido universo da pesquisa se baseou tanto em critérios de acessibilidade quanto na consideração de que, nesse contexto, a confiança poderia se relevar um construto mais proeminente. Traços culturais definidos por uma forte cultura de responsabilidade compartilhada, comprometimento com uma identidade corporativa, respeito à hierarquia e dedicação à responsabilidade política (Herspring, 2011) constroem um contexto que exige a confiança nos pares e na organização para desempenho da missão, e que torna mais críticos o compartilhamento e a construção de conhecimento (Trainor, Brazil e Lindberg, 2008).

O questionário foi aplicado no mês de novembro de 2011 em um universo de 2.483 militares, alunos das três instituições de ensino superior. Os questionários foram distribuídos na forma impressa aos alunos participantes das turmas no momento de realização da pesquisa e recolhidos após o período de uma semana. Dessa forma, a amostra teve uma natureza estratificada entre as instituições, sendo utilizados, na análise dos dados, todos os questionários respondidos retornados. Ao todo, foram distribuídos 820 questionários, retornando 745 (90,8%), dos quais 90 (12,1%) foram invalidados por não estarem corretamente respondidos. Ao final, obtiveram-se 655 questionários válidos. A tabela 1 consolida a distribuição da amostra.

Tabela 1
Distribuição da amostra

Organização militar	Universo	Nº
AMAN	1.734	364
EsAO	451	146
Eceme	298	145
Total	2.483	655

Como variáveis dependentes, foram utilizados os construtos propostos por Holste (2003), que abrangem o compartilhamento do conhecimento tácito (quatro itens, $\alpha = 0,85$) e o uso do conhecimento tácito (quatro itens, $\alpha = 0,84$). Ver quadro 1

Quadro 1
Itens das variáveis dependentes

Nº	Desejo de usar o conhecimento tácito (DUT)	Desejo de compartilhar o conhecimento tácito (DCT)
1	Se relevante para o meu trabalho, eu daria boas-vindas à oportunidade de gastar tempo significativo observando e colaborando com qualquer integrante de minha organização, com o propósito de eu melhor entender e aprender com seu trabalho.	Se solicitado, eu permitiria que qualquer integrante de minha organização destinasse tempo significativo observando e colaborando comigo, com o propósito dele/dela melhor entender e aprender com o meu trabalho.
2	Se relevante para o meu trabalho, eu daria boas-vindas e usaria qualquer regra de manuseio, truques de negociação e outras ideias que qualquer integrante de minha organização tenha aprendido.	Eu prontamente compartilharia com qualquer integrante de minha organização qualquer regra de manuseio, truques de negociação e outras ideias no meu trabalho e na organização que eu tenha conhecido.

Nº	Desejo de usar o conhecimento tácito (DUT)	Desejo de compartilhar o conhecimento tácito (DCT)
3	Eu ficaria muito satisfeito em receber e utilizar quaisquer novas ideias que qualquer integrante de minha organização possa ter.	Eu prontamente compartilharia minhas novas ideias com qualquer integrante de minha organização.
4	Eu acreditaria nos rumores organizacionais compartilhados por qualquer integrante de minha organização e usaria tal conhecimento como relevante.	Eu prontamente compartilharia com qualquer integrante de minha organização os últimos rumores organizacionais, se significantes.

Fonte: adaptado de Holste (2003).

Para as variáveis independentes, foi aplicada a escala de confiança organizacional de Mayer e Davis (1999) de três construtos: confiança baseada na capacidade (seis itens, α = 0,88); confiança baseada na benevolência (cinco itens, α = 0,89); e confiança baseada na integridade (seis itens, α = 0,88). Ver quadro 2.

Quadro 2
Itens da confiança organizacional

Nº	Confiança baseada na capacidade (CBC)	Confiança baseada na benevolência (CBB)	Confiança baseada na integridade (CBI)
1	O comando de minha organização militar (OM) é muito capaz de realizar seu trabalho.	O comando de minha OM é muito interessado em meu bem-estar.	O comando de minha OM tem um forte senso de justiça.
2	O comando de minha OM é famoso por ela ser bem-sucedida nas coisas que tenta fazer.	Minhas necessidades e desejos são muito importantes para o comando de minha OM.	Eu nunca tenho de me perguntar se o comando de minha OM manterá sua palavra.
3	O comando de minha OM tem muito conhecimento sobre o trabalho que precisa ser feito.	O comando de minha OM não faria intencionalmente algo que me prejudicasse.	O comando de minha OM se esforça para ser imparcial ao lidar com os outros.
4	Eu me sinto confiante a respeito das habilidades do comando de minha OM.	O comando de minha OM está realmente atento ao que é importante para mim.	As ações e comportamentos do comando de minha OM não são muito coerentes. (R)
5	O comando de minha OM tem capacidades especializadas que podem aumentar o desempenho.	O comando de minha OM mudaria seus planos para me ajudar.	Eu gosto dos valores do comando de minha OM.
6	O comando de minha OM é bem qualificado.	–	Sólidos princípios parecem guiar o comportamento do comando de minha OM.

Fonte: adaptado de Mayer e Davis (1999).
Nota: R = item reverso.

Os cinco construtos totalizaram 25 itens, que foram respondidos segundo uma escala Likert de sete pontos, sendo o menor valor para a forte discordância e o maior para a forte concordância com a afirmativa proposta. Os itens relacionados aos construtos de confiança foram submetidos a adaptações pontuais para atender às especificidades do ambiente militar.

Holste e Fields (2010), citando Strauss e Howe (1993) e Tulgan (1995), apresentam que os mais jovens tendem a ser mais individualistas e a confiar menos nas outras pessoas, se comparados com os mais idosos, sugerindo que a idade afeta o desejo de compartilhar e de usar o conhecimento tácito. Por conta disso, o item idade foi destacado como variável de controle e calculado inicialmente em separado, no intuito de verificar o real impacto dos fatores da confiança organizacional incluídos no modelo posteriormente. Esse procedimento é conhecido na literatura como estimação *stepwise* (Hair, Ringle e Sarstedt, 2009). A figura ilustra o modelo teórico inicial.

Figura
Modelo teórico inicial

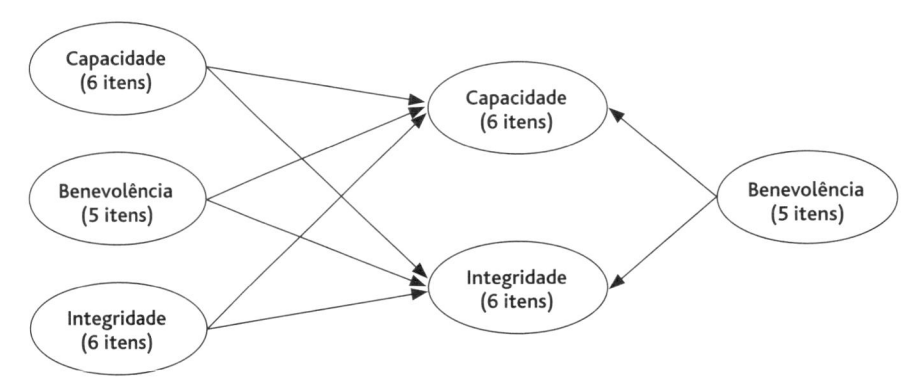

```
Capacidade                    Capacidade
(6 itens)                     (6 itens)
                                              Benevolência
Benevolência                                  (5 itens)
(5 itens)
                              Integridade
Integridade                   (6 itens)
(6 itens)
```

Enfim, a quadro 3 apresenta a definição de cada construto utilizado para a estimação do modelo.

Quadro 3
Definição dos construtos

	Variáveis	Definição
Dependentes	Desejo de usar o conhecimento tácito (DUT)	Vontade de colocar em prática o conhecimento tácito recebido de outra pessoa.
	Desejo de compartilhar o conhecimento tácito (DCT)	Vontade de transmitir conhecimento tácito que possui.
Independentes	Confiança baseada na capacidade (CBC)	"Grupo de habilidades, competências e características que permitem uma parte ter influência dentro de algum domínio específico" (Mayer, Davis e Schoorman, 1995:717).
	Confiança baseada na benevolência (CBB)	Extensão com que um confiado é acreditado a querer fazer um bem ao *trustor*, longe de um motivo de benefício egocêntrico" (Mayer, Davis e Schoorman, 1995:718).
	Confiança baseada na integridade (CBI)	"Percepção do *trustor* de que o confiado adere a um conjunto de princípios que a pessoa que confia julga aceitável" (Mayer, Davis e Schoorman, 1995:719).
	Idade	Número de anos de vida de uma pessoa.

Resultados

No WarpPLS, existem três indicadores de ajuste do modelo: *average path coefficient* (APC), *average R-squared* (ARS) e *average variance inflation factor* (AVIF), que consistem, respectivamente, nas médias dos coeficientes estimados, dos R-quadrados e dos VIFs dos modelos de regressão estimados simultaneamente. Segundo Kock (2012), caso os dois primeiros indicadores de ajuste tenham significância estatística (p < 0,05) e o AVIF não ultrapasse o limite de 5, o modelo é considerado adequado. Entretanto, destaca Kock (2012:30), os valores do APC e ARS são relevantes quando se deseja proceder à comparação de modelos alternativos, verificando qual modelo apresenta melhor ajuste, apresentando pouca importância quando se quer apenas testar hipóteses, como no presente estudo.

Os indicadores de ajuste do modelo teórico inicial obtidos foram: APC = 0,099 (p < 0,001), ARS = 0,078 (p = 0,001) e AVIF = 1,720. Observa-se, assim, que todos os indicadores do modelo satisfazem os critérios anteriormente ressaltados, indicando um bom ajuste do modelo.

Entretanto, para que o modelo apresente aceitável validade convergente, os *loadings* devem estar acima de 0,5 e os valores-p associados, abaixo de 0,05 (Hair, Ringle e Sarstedt, 2009). Nessa questão, os indicadores CBI4 (0,393) e DUT4 (0,315) não atenderam ao critério do *loading* acima de 0,5, podendo ser removidos do modelo (Kock, 2012), conforme tabela 2.

Tabela 2
Combined loadings and cross loadings — Mensuração inicial

Indicadores	CBC	CBB	CBI	DUT	DCT	SE	P value
CBC1	**0,851**	−0,031	0,075	−0,086	0,018	0,038	< 0,001
CBC2	**0,824**	0,018	−0,017	−0,037	0,037	0,038	< 0,001
CBC3	**0,861**	−0,015	−0,086	0,017	0,015	0,032	< 0,001
CBC4	**0,883**	0,131	−0,007	−0,027	−0,010	0,029	< 0,001
CBC5	**0,850**	−0,019	0,003	0,076	−0,032	0,034	< 0,001
CBC6	**0,846**	−0,089	0,032	0,057	−0,027	0,038	< 0,001
CBB1	0,102	**0,844**	0,093	−0,024	−0,001	0,024	< 0,001
CBB2	−0,031	**0,860**	−0,151	0,043	−0,041	0,026	< 0,001
CBB3	0,024	**0,742**	0,286	−0,039	0,068	0,035	< 0,001
CBB4	0,039	**0,891**	0,009	0,005	0,014	0,025	< 0,001
CBB5	−0,151	**0,741**	−0,227	0,011	−0,036	0,032	< 0,001
CBI1	−0,038	0,186	**0,843**	−0,031	−0,028	0,026	< 0,001
CBI2	−0,024	0,166	**0,804**	−0,160	0,143	0,027	< 0,001

Indicadores	CBC	CBB	CBI	DUT	DCT	SE	P value
CBI3	–0,097	0,154	**0,844**	–0,079	0,029	0,025	< 0,001
CBI4	0,231	–0,282	0,393	–0,089	0,055	0,057	< 0,001
CBI5	0,031	–0,267	**0,757**	0,163	–0,065	0,043	< 0,001
CBI6	0,023	–0,131	**0,811**	0,164	–0,108	0,033	< 0,001
DUT1	0,090	–0,027	0,003	**0,823**	0,119	0,036	< 0,001
DUT2	–0,006	–0,028	–0,047	**0,891**	–0,025	0,033	< 0,001
DUT3	–0,042	–0,114	0,150	**0,847**	–0,045	0,039	< 0,001
DUT4	–0,104	0,457	–0,278	0,315	–0,120	0,070	< 0,001
DCT1	–0,013	0,072	0,022	0,065	**0,718**	0,043	< 0,001
DCT2	–0,001	–0,080	0,063	–0,128	**0,849**	0,032	< 0,001
DCT3	–0,044	–0,096	0,123	–0,027	**0,865**	0,036	< 0,001
DCT4	0,064	0,131	–0,233	0,113	**0,754**	0,036	< 0,001

Ao serem retirados os indicadores inválidos, o modelo final apresentou bom ajuste, tendo em vista que seus indicadores satisfazem os critérios de significância (APC e ARS com p < 0,05) e de não existência de multicolinearidade (AVIF < 5). Ver quadro 4.

Quadro 4
Indicadores de ajuste do modelo final

CBC (R) 6i CBI (R) 5i CBB (R) 5i DUT (R) 3i Idade (R) 1i DCT (R) 4i	APC = 0,109 (p < 0,001) ARS = 0,082 (p < 0,001) AVIF = 1,706 Algoritmo de análise: PLS *regression* Método de reteste: *Bootstrapping* Número de casos: 655 Legenda CBC — confiança baseada na capacidade. CBB — confiança baseada na benevolência. CBI — confiança baseada na integridade. DUT — desejo de usar o conhecimento tácito. DCT — desejo de compartilhar o conhecimento tácito.

A seguir, foram obtidos os resultados dos instrumentos de mensuração para cada variável latente constante na tabela 3. Os coeficientes R-quadrado (R^2) e o Q-quadrado (Q^2) são mostrados apenas para as variáveis latentes endógenas, que, no presente caso, são os construtos DUT e DCT.

Tabela 3
Indicadores de validade do modelo

Indicadores	DUT	DCT	Idade	CBC	CBB	CBI
R^2	0,103	0,061	–	–	–	–
CRC	0,897	0,875	1,000	0,941	0,910	0,909
α	0,827	0,809	1,000	0,925	0,874	0,875
AVE	0,743	0,638	1,000	0,727	0,669	0,668
Full collin. VIF	2,274	2,171	1,096	1,803	**1,840**	2,202
Q^2	0,104	0,062	–	–	–	–

A confiabilidade pode ser mensurada com os instrumentos de mensuração *composite reliability coefficients* (CRC) e *alpha* de Cronbach (α), que devem assumir valores acima de 0,7 (Fornell e Larcker, 1981). A validade discriminante é normalmente avaliada a partir do *average variances extracted* (AVE), devendo ter valores acima de 0,5 (Fornell e Larcker, 1981). Já a colinearidade total dos fatores de inflação da variância (*full collinearity VIFs*) avalia a existência de multicolinearidade no modelo, devendo apresentar resultados inferiores a 5 (Hair et al., 2009). Por sua vez, a validade preditiva é medida pelo coeficiente Q^2, cujo valor deve ser maior que zero (Kock, 2012). Por fim, o coeficiente R^2 reflete as porcentagens das variâncias explicadas nas variáveis DUT e DCT, que, no caso, foram de 10,3% e 6,1% respectivamente.

Assim, de acordo com a tabela 3, o modelo apresentou validade de confiabilidade (CRC e α > 0,7), validade discriminante (AVE > 0,5), ausência de multicolinearidade (*full collinearity VIFs* < 5) e validade preditiva ($Q^2 > 0$).

A validade discriminante foi confirmada na tabela 4, uma vez que os valores da raiz quadrada da variância média de cada variável latente (valores mostrados na diagonal principal) são maiores do que qualquer outra correlação que as envolvam (Kock, 2012).

Tabela 4
Correlações entre variáveis latentes — Validade discriminante

	DUT	DCT	Idade	CBC	CBB	CBI
DUT	**0,862**	–	–	–	–	–
DCT	0,730	**0,799**	–	–	–	–
Idade	0,251	0,164	**1,000**	–	–	–
CBC	0,210	0,181	0,090	**0,853**	–	–
CBB	0,114	0,157	0,028	0,547	**0,818**	–
CBI	0,210	0,176	0,168	0,637	0,642	**0,817**

Nota: a raiz quadrada da variância média extraída (AVE) é mostrada na diagonal principal a matriz.

Analisando a inclusão gradativa das variáveis independentes (método *stepwise*), observou-se que houve aumento na explicação das variâncias com a inclusão dos fatores capacidade e integridade, indicando que eles impactam significativamente nas variáveis dependentes DUT e DCT (tabela 5).

Tabela 5
Variâncias de DUT e DCT

Coeficiente		Idade	+ CBC + CBI
R^2	DUT	0,063	0,103
	DCT	0,027	0,061

Em prosseguimento, a tabela 6 apresenta os impactos das variáveis independentes sobre os construtos DUT e DCT.

Tabela 6
Impactos das variáveis independentes sobre DUT e DCT

	Coeficientes	Capacidade	Benevolência	Integridade	Idade
ß	DUT	0,143	–0,039	0,107	0,221
	DCT	0,103	0,070	0,041	0,146
Valor–p	DUT	0,002	**0,205**	0,028	< 0,001
	DCT	0,036	**0,102**	0,268	< 0,001
f-quadrado	DUT	0,030	0,004	0,022	0,055
	DCT	0,019	0,011	0,007	0,024

Cohen (1988) recomenda a utilização do coeficiente *f*-quadrado para medir o tamanho do efeito do coeficiente ß. Para ser considerado um grande efeito, o coeficiente *f*-quadrado deve ser igual ou superior a 0,35. Já com coeficientes maiores que 0,15 e menores que 0,35, o efeito é considerado médio. Obtidos coeficientes maiores que 0,02 e menores que 0,15, o efeito é considerado pequeno. Valores menores que 0,02 sugerem que os efeitos são muito fracos para serem considerados relevantes de certo ponto de vista prático, mesmo quando seu valor-p é significante. No caso em questão (tabela 6), todos os efeitos dos coeficientes *f*-quadrado válidos (p < 0,05) foram considerados pequenos.

Pela análise da tabela 6, constata-se que os dois coeficientes da confiança baseada na capacidade são positivos e significantes, sugerindo que o fator capacidade afeta positivamente o desejo de usar e de compartilhar o conhecimento tácito, mantendo-se as variáveis de controle constantes. Esses resultados confirmam as H1a e H1b. Por sua vez, o fator benevolência não apresentou coeficientes significantes, demonstrando que não causa impacto no compartilhamento e no uso do conhecimento tácito, rejeitando as H1c e H1d. Já o coeficiente da confiança baseada na integridade é positivo e significante apenas para o desejo de usar o conhecimento tácito, confirmando a H1f e rejeitando a H1e. Em síntese, das seis sub-hipóteses, somente a metade apresentou-se como positiva e significante, confirmando assim, parcialmentea H1.

Para testar as hipóteses H2 e H3, foi realizado teste t para comparação dos coeficientes estimados, com a finalidade de verificar se a diferença encontrada entre os betas desses construtos apresentava significância estatística que permitisse proceder à avaliação da comparação de intensidade (maior que) proposta nas hipóteses.

Para a H2, uma vez que os resultados não evidenciaram influência significativa do fator benevolência no desejo de compartilhar o conhecimento tácito (p > 0,05), essa hipótese foi rejeitada. Em relação ao impacto dos fatores da confiança organizacional sobre o desejo de usar o conhecimento tácito, proposta em H3, verificou-se que os coeficientes dos fatores capacidade e integridade são significantes. Entretanto, o teste t revelou que, estatisticamente, eles não são diferentes (t = 0,3613; p = 0,7180). Assim, a H3 também foi rejeitada.

Discussão

O objetivo principal deste trabalho foi verificar se a confiança organizacional influencia o compartilhamento e o uso do conhecimento tácito de forma semelhante à confiança interpessoal. A confiança organizacional foi calcada nos fatores capacidade, benevolência e integridade propostos por Mayer e Davis (1999), e a confiança interpessoal, nos fatores afeição e cognição de McAllister (1995).

Os resultados da modelagem de equações estruturais mostraram inconsistência do modelo de confiança organizacional adotado, uma vez que um indicador (CBI4) foi eliminado e o fator benevolência não apresentou significância estatística na relação. Entretanto, a análise revelou que os fatores capacidade e integridade causam impactos estatisticamente iguais no desejo de usar o conhecimento tácito, assim como apenas o fator capacidade influencia no desejo de compartilhar esse mesmo conhecimento.

A pesquisa realizada sugere que, no nível da confiança organizacional, a capacidade é mais valorizada nos momentos de interação. A percepção de que o confiado possui um alto domínio de um conhecimento específico permite inferir que ele será mais capaz de cumprir ou assimilar aquele conhecimento. Isso contribui para o compartilhamento do conhecimento, corroborando pesquisa de Mayer, Davis e Schoorman (1995).

A integridade percebida também atua de forma similar e em conjunto com o fator capacidade em relação ao desejo de usar esse conhecimento. Foi constatado, no contexto pesquisado, que os aspectos da confiança baseada na capacidade e na integridade são levados em consideração para explicar esse desejo. As competências, habilidades e características do confiado são fundamentais para estimular o desejo de usar o conhecimento. Não basta receber o conhecimento; o indivíduo deve estar preparado para poder utilizá-lo.

Embora os fatores capacidade e integridade tenham sido validados na presente pesquisa, eles pouco contribuem para a explicação do compartilhamento e uso do conhecimento tácito. Segundo os critérios de Cohen (1988), os impactos dessas variáveis são considerados pequenos (tabela 6), sugerindo a provável existência de outras variáveis que atuam de forma mais incisiva nesse ambiente organizacional investigado.

Conclusão

O compartilhamento e o uso do conhecimento tácito nas organizações representam aspectos críticos em um ambiente caracterizado pela mudança e reconfiguração das competências organizacionais. Entretanto, conforme discutido no texto, é necessário não apenas investigar os procedimentos que facilitam esse compartilhamento e uso, mas também ampliar a compreensão dos fatores que podem influenciar o desejo dos indivíduos nesses aspectos. Nesse sentido, este artigo focou na análise do impacto da confiança organizacional, segundo os fatores definidores do construto propostos na literatura, sobre o compartilhamento e o uso do conhecimento tácito.

Nesta pesquisa, procurou-se verificar como a confiança organizacional afeta as referidas ações, estruturando um modelo teórico cujo ponto de partida foi pesquisa baseada na confiança interpessoal de McAllister (1995), replicada e focada na gestão do conhecimento por Holste (2003) e Holste e Fields (2010).

Embora a confiança organizacional seja considerada por Mayer e Davis (1999) como uma ampliação da confiança interpessoal, os fatores benevolência, integridade e capacidade de seu modelo se comportaram de forma diferenciada do esperado. Três hipóteses foram propostas visando verificar os efeitos da confiança organizacional, segundo os três fatores definidores do construto, na propensão ao compartilhamento e uso do conhecimento tácito. Essas hipóteses relacionavam benevolência e integridade ao desejo de compartilhar e usar esse conhecimento, e a importância relativa da benevolência e da capacidade sobre o compartilhamento e uso do conhecimento tácito, respectivamente.

Foi constatado que apenas o fator capacidade possui relação positiva e significante tanto com o compartilhamento quanto com o uso do conhecimento tácito. Em complemento, o fator integridade mostrou-se positivamente significante em relação ao uso do conhecimento tácito, afetando-o estatisticamente de forma igual ao fator capacidade. No final, o modelo de confiança organizacional de Mayer e Davis (1999) se mostrou inconsistente no modelo testado, explicando muito pouco os construtos de usar e de compartilhar o conhecimento tácito.

Naturalmente, esta pesquisa possui limitações, sendo a principal a de ter sido aplicada em uma única organização, o Exército Brasileiro, cujas peculiaridades a diferenciam das organizações civis em geral e, em particular, das organizações sem fins lucrativos estudadas no modelo anterior de Holste e Fields (2010). O Exército é caracterizado por um forte espírito de respeito à hierarquia e disciplina, cooperação entre seus membros, e por uma cultura de responsabilidade compartilhada e comprometimento com uma identidade corporativa que pode criar um contexto particular relativamente à predisposição para uso e compartilhamento do conhecimento. É recomendável, portanto, a replicação deste estudo em outras organizações de natureza civil, principalmente empresas de mercado, não sujeitas à disciplina e hierarquia inerentes ao contexto militar e que podem trazer reflexos sobre a confiança.

Outra limitação é a de os resultados terem sido extraídos de um corte transversal, que capta apenas um momento do dinâmico processo de transmissão do conhecimento. Sendo assim, pesquisas futuras devem considerar o corte longitudinal para melhor entender o desenvolvimento da confiança organizacional ao longo do tempo.

Baseado nos resultados obtidos, é possível inferir que a confiança organizacional se comporta de forma diferente, se comparada com a confiança interpessoal, refutando pesquisas anteriores (Holste, 2003; Holste e Fields, 2010). No nível interpessoal, o fator afeição influencia mais o desejo de compartilhamento do conhecimento tácito, ao passo que o fator cognição causa maior impacto no seu uso. Já no nível organizacional, o fator benevolência não produz efeito em ambas as relações, sendo o fator capacidade o predominante, seguido do fator integridade, que influencia apenas o desejo de usar o conhecimento tácito. Nessa última relação, os fatores capacidade e integridade apresentam efeitos estatisticamente iguais.

Por fim, conclui-se que a intensidade da confiança organizacional, definida com base na capacidade, benevolência e integridade dos indivíduos (Mayer e Davis, 1999), impacta significativamente o desejo de usar e compartilhar o conhecimento tácito, embora exerça um efeito pequeno. Esse resultado indica a necessidade de ainda compreender melhor os estímulos ao uso e compartilhamento do conhecimento dentro das estruturas organizacionais.

Referências

ANDRADE, S. M. FISCHER, A. L. STEFANO, S. R. Confiança organizacional e interpessoal como uma dimensão de clima organizacional: um estudo a partir da percepção dos empregados das organizações que pretendem se destacar pela qualidade do ambiente de trabalho. In: ENCONTRO DE GESTÃO DE PESSOAS E RELAÇÕES DE TRABALHO, 3., 2011, João Pessoa. *Anais eletrônicos...* João Pessoa: Anpad, 2011. Disponível em: <www.progep.org.br/MelhoresEmpresas/InfoDocs/Confiança%20Organizacional%20e%20Interpessoal%20como%20uma%20Dimensão%20de%20Clima%20Organizacional%202011.pdf>. Acesso em: 10 abr. 2012.

BARTOL, K. M. SRIVASTAVA, A. Encouraging knowledge sharing: the role of organizational reward systems. *Journal of Leadership & Organizational Studies*, v. 9, n. 1, p. 64-76, 2002.

BOER, N.I.; VAN BAALEN, P. J. KUMAR, K. An activity theory approach for studying the situatedness of knowledge sharing. In: HAWAII INTERNATIONAL CONFERENCE ON SYSTEM SCIENCES, 35., 2002, Big Island. *Anais eletrônicos...* Big Island: Hilton Waikoloa Village, 2002. Disponível em: <www.computer.org/csdl/proceedings/hicss/2002/1435/03/14350090.pdf>. Acesso em: 8 jul. 2011.

BOISOT, M. H. The creation and sharing of knowledge. In: CHOO, C. W. BONFIS, N. (Ed.). *The strategic management of intellectual capital and organizational knowledge.* Nova York: Oxford University Press, 2002. p. 65-77.

BURT, R. Structural holes: the social structure of competition. In: BURT, R. (Ed.). *Structural holes*: the social structure of competition. Cambridge: Harvard University Press, 1992. p. 8-49

CHOO, C. W. *The knowing organization*: how to use information to construct meaning, create knowledge, and make decisions. 2. ed. Nova York: Oxford University Press, 2006. 354 p.

COHEN, J. *Statistical power analysis for the behavioral sciences.* 2. ed. Hillsdale, NJ: Lawrence Erlbaum, 1988. 567 p.

CUNHA, C. R. MELO, M. C. O. L. A confiança nos relacionamentos interorganizacionais no campo da biotecnologia. *RAE-eletrônica*, v. 5, n. 2, 2006. Disponível em: <http://rae.fgv.br/sites/rae.fgv.br/files/artigos/10.1590_S1676-56482006000200009.pdf>. Acesso em: 11 abr. 2012.

CUNHA, L. G. et al. *Relatório ICJBrasil*: 3º trimestre/2010. Escola de Direito de São Paulo (DireitoGV). São Paulo: Fundação Getulio Vargas, 2010. 23 p. Disponível em: <http://bibliotecadigital.fgv.br/dspace/handle/10438/7727>. Acesso em: 20 out. 2012.

_____ et al. *Relatório ICJBrasil*: 3º trimestre/2011. Escola de Direito de São Paulo (DireitoGV). São Paulo: Fundação Getulio Vargas, 2011. 37 p. Disponível em: <http://bibliotecadigital.fgv.br/dspace/handle/10438/6618>. Acesso em: 20 out. 2012.

_____ et al. *Relatório ICJBrasil*: 3º trimestre/2012. Escola de Direito de São Paulo (DireitoGV). São Paulo: Fundação Getulio Vargas, 2012. 35 p. Disponível em: <http://bibliotecadigital.fgv.br/dspace/handle/10438/6618>. Acesso em: 20 out. 2012.

CYR, S. CHOO, C. W. The individual and social dynamics of knowledge sharing: an exploratory study. *Journal of Documentation*, v. 67, n. 1, p. 1-37, 2010.

DAVENPORT, T. H. PRUSAK, L. *Conhecimento empresarial*: como as organizações gerenciam o seu capital intelectual. 3. ed. Rio de Janeiro: Campus, 1998. 256 p.

DIXON, N. M. *Common knowledge*: how companies thrive by sharing what they know. Boston: Harvard Business School Press, 2000. 188 p.

EMPSON, L. Fear of exploitation and fear of contamination: impediments to knowledge transfer in mergers between professional services firms. *Human Relations*, v. 54, n. 7, p. 839-862, 2001.

EXÉRCITO Brasileiro. *O processo de transformação do Exército*. 3. ed. Brasília: EME, 2010. 46 p. Disponível em: <www.exercito.gov.br/c/document_library/get_file?uuid=18d47a84-99ac-45d3-b7d5-f37c9b5e53dc&groupId=1094704>. Acesso em: 20 out. 2012.

FISCHER, R. M. NOVELLI, J. G. N. Confiança como fator de redução da vulnerabilidade humana no ambiente de trabalho. *Revista de Administração de Empresas*, v. 48, n. 2, p. 67-78, abr./jun. 2008.

FOOS, T. SCHUM, G. ROTHENBERG, S. Tacit knowledge transfer and the knowledge disconnect. *Journal of Knowledge Management*, v. 10, n. 1, p. 6-18, 2006.

FORNELL, C. LARCKER, D. F. Evaluating structural equation models with unobservable variables and measurement error. *Journal of Marketing Research*, v. 18, n. 1, p. 39-50, 1981.

FRENCH, J. R. P. J. RAVEN, B. The bases of social power. In: CARTWRIGHT, D. (Ed.). *Studies in social power*. Ann Arbor, MI: University of Michigan, 1959. p. 150-167.

GOMAN, C. K. *Why people don't tell you what they know*. Paper apresentado na IABC International Conference, Hyatt Regency, Chicago, IL, EUA, 2002.

HAIR, Joseph F.; RINGLE, Christian M.; SARSTEDT, Marko. Partial least squares: the better approach to structural equation modeling? *Long Range Planning*, v. 45, n. 5/6, p. 312-319, 2012.

HAIR, J. F, Jr. et al. *Análise multivariada de dados*. 6. ed. Porto Alegre: Bookman, 2009.

HENDRICKS, P. Why share knowledge? The influence of ICT on the motivation for knowledge sharing. *Knowledge and Process Management*, v. 16, n. 2, p. 91-100, 1999.

HERSPRING, D. R. Creating shared responsibility through respect for military culture: the Russian and American cases. *Public Administration Review*, v. 71. n. 4, p. 519-529, 2011.

HINDS, P. J. PFEFFER, J. Why organizations don't "know what they know": cognitive and motivational factors affecting the transfer of expertise. In: ACKERMAN, M. PIPEK,V. WULF, V. (Ed.). *Beyond knowledge management*: sharing expertise. Cambridge: MIT Press, 2003. p. 3-26.

HOLSTE, J. S. *A study of the effects of affect-based trust and cognition-based trust on intra-organizational knowledge sharing and use.* 2003. 153 p. Tese (doutorado em filosofia em liderança organizacional) — Regent University, Virginia Beach, VA, 2003.

_____; FIELDS, D. Trust and tacit knowledge sharing and use. *Journal of Knowledge Management*, v. 14, n. 1, p. 128-140, 2010.

HUSTED, K. MICHAILOVA, S. Diagnosing and fighting knowledge-sharing hostility. *Organizational Dynamics*, v. 31, n. 1, p. 60-73, 2002.

JOHNSON-GEORGE, C. SWAP, W. C. Measurement of specific interpersonal trust: construction and validation of a scale to assess trust in a specific other. *Journal of Personality and Social Psychology*, v. 43, n. 6, p. 1306-1317, 1982.

KOCK, N. *WarpPLS 3.0 user manual.* Laredo, TX: ScriptWarp Systems, 2012. 55 p.

LEWICKI, R. J. BUNKER, B. B. Trust in relationships: a model of development and decline. In: BUNKER, B. B.; RUBIN, J. Z. (Ed.). *Conflict cooperation and justice*: essays inspired by the work of Morton Deutsch. San Francisco: Jossey-Bass, 1995. p. 133-174.

_____; _____. Developing and maintaining trust in work relationships. In: KRAMER, R. M. TYLER, R. M. (Ed.). *Trust in organization*: frontiers of theory and research. Thousand Oaks: Sage, 1996. p. 114-139.

MAYER, R. C. DAVIS, J. H. The effect of the performance appraisal system on trust for management: a field quasi-experiment. *Journal of Applied Psychology*, v. 84, n. 1, p. 123-136, 1999.

_____; _____; SCHOORMAN, F. D. An integrative model of organizational trust. *The Academy of Management Review*, v. 20, n. 3, p. 709-734, 1995.

MCALLISTER, D. J. Affect and cognition-based trust as foundations for interpersonal cooperation in organizations. *The Academy of Management Journal*, v. 38, n. 1, p. 24-59, 1995.

MCDERMOTT, R. O'DELL, C. Overcoming cultural barriers to sharing knowledge. *Journal of Knowledge Management*, v. 5, n. 1, p. 76-85, 2001.

ORLIKOWSKI, W. J. CASE tools as organizational change: investigating increment. *MIS Quarterly*, v. 17, n. 3, p. 309-340, 1993.

ROBERTS, K. H; O'REILLY III, C. A. Failures in upward communication in organizations: three possible culprits. *Academy of Management Journal*, v. 17, n. 2, p. 205-215, 1974.

SATO, C. T. Gestão baseada em relações de confiança. *RAE-eletrônica*, v. 2, n. 1, 2003. Disponível em: <www.scielo.br/pdf/raeel/v2n1/v2n1a05.pdf>. Acesso em: 11 abr. 2012.

SCHLENKER, B. HELM, B. TEDESCHI, J. T. The effects of personality and situational variables on behavioral trust. *Journal of Personality and Social Psychology*, v. 25, n. 3, p. 419-427, 1973.

SCHOORMAN, F. D. MAYER, R. C. DAVIS, J. H. Organizational trust: philosophical perspectives and conceptual definitions. *Academy of Management Review*, v. 21, n. 2, p. 337-340, 1996.

SZULANSKI, G. Exploring internal stickiness: impediments to the transfer of best practice within the firm. *Strategic Management Journal*, v. 17, Winter issue, p. 27-43, 1996.

TAKEUCHI, H. NONAKA, I. *Gestão do conhecimento*. Porto Alegre: Bookman, 2008. 320 p.

TRAINOR, T. E. BRAZIL, D. M. LINDBERG, T. Building knowledge from organizational experience: approaches and lessons learned from US Army base camp workshops. *Engineering Management Journal*, v. 20, n. 2, p. 37-45, 2008.

VERGARA, S. C. *Projetos e relatórios de pesquisa em administração*. 11. ed. São Paulo: Atlas, 2009. 94 p.

WORCHEL, P. Trust and distrust. In: AUSTIN, W. G. WORCHEL, S. (Ed.). *Social psychology of intergroup relations*. Monterey, CA: Brooks/Cole Publishing, p. 174-187, 1979.

ZAHEER, A. MCEVILY, B. PERRONE, V. Does trust matter? Exploring the effects of interorganizational and interpersonal trust on performance. *Organization Science*, v. 9, n. 2, p. 141-159, 1998.

8
Gestão de pessoas:
a necessidade de valorização como principal fator de motivação nas organizações públicas fortemente hierarquizadas

Elias Ely Gomes Vitório

Introdução

A motivação é um tema complexo, que tem atraído muitos pesquisadores, pois uma pessoa motivada trabalha satisfeita, contribuindo para que sua organização conquiste os melhores resultados possíveis. A gestão científica, de Frederick Taylor, adotou como estratégia de motivação dos funcionários as recompensas e punições. No entanto, esse modelo motivacional não tem obtido êxito hoje em dia, na era do conhecimento, dado que leva as pessoas a produzirem o mínimo necessário para receber a recompensa ou para evitar punições, além de fazer com que as pessoas, com o passar do tempo, percebam que estão sendo manipuladas ou até coagidas.

Em plena era do conhecimento, o trabalho nas organizações está cada vez mais complexo, com multifacetadas demandas, em ambientes de produção inéditos, inseridos em uma realidade de extrema competição global. Essa nova realidade exige uma transformação na gestão de pessoas. E esse processo de transformação consiste basicamente em compreender a importância de ter pessoas motivadas na organização. Para tanto, a participação dos líderes e da própria organização é fundamental para que as pessoas trabalhem motivadas; e isso cresce de importância nesta época de carência de pessoal qualificado e de disputa pelo capital intelectual. A motivação já é vista como um fator central na gestão de projetos bem-sucedidos (Seiler et al., 2012). "A motivação representa um dos assuntos mais atuais, portanto, mais debatidos em qualquer contexto, seja ele de trabalho ou não" (Bergamini, 2008:205). A busca por melhores resultados na organização, pela excelência na gestão de pessoas e por uma relação mais satisfatória entre o indivíduo e sua tarefa justifica o estudo sobre motivação de pessoas nas organizações, em especial nas organizações fortemente hierarquizadas, como o Exército Brasileiro, em que esse estudo é ainda incipiente.

Na prática administrativa, poucas vezes se pôde encontrar uma área de preocupação tão acentuada e constante quanto a relativa à motivação para o trabalho (Motta, 1991). Em pleno século XXI, as organizações estão mudando, e os gestores já entenderam que as pessoas constituem seu maior patrimônio e são a razão de sua existência, sejam elas públicas ou privadas, civis ou militares, contribuindo para seu sucesso ou fracasso. Gestão de pessoas é um tema muito importante, pois é no interior das empresas que as pessoas passam a maior parte de suas vidas, e as empresas dependem das pessoas para definir sua visão de futuro, seus objetivos, as estratégias e tantas outras decisões e ações (Vergara, 2009).

Segundo Frederick Winslow Taylor (1990:106),

> a natureza humana é de tal corte que muitos operários, abandonados a si mesmos, dispensam pouca atenção às instruções escritas. Assim, torna-se necessário designar instrutores, chamados chefes funcionais, para observar se os trabalhadores entendem e aplicam as instruções.

A visão de administração de pessoas da gestão científica era de recompensas e punições, o que não mais se ajusta à atual era do conhecimento. Em plena era do conhecimento, o capital é transferido da máquina para as pessoas, de forma semelhante ao que ocorreu na Revolução Industrial, quando o capital migrou da terra para a máquina. Nos dias atuais, os recursos estratégicos são a informação, o conhecimento, a criatividade. Esses recursos estão dentro das pessoas, razão pela qual as pessoas (capital humano) passam a ser o bem mais precioso das organizações — um ativo que se valoriza com o passar do tempo, a partir dos investimentos efetuados em seu desenvolvimento educacional e profissional. No passado, os especialistas temiam que um dia as máquinas eliminassem a necessidade do trabalho humano. Contudo, está ocorrendo exatamente o oposto: nunca as pessoas foram tão importantes nas organizações quanto hoje.

Ao longo do tempo, inúmeras estratégias têm sido tentadas para motivar pessoas. Muitas delas chegam até mesmo a representar um tipo de controle e coerção e, como tal, não se têm mostrado válidas para conseguir que as pessoas façam aquilo que precisa ser feito com motivação (Bergamini, 2008). Para uma compreensão melhor do processo motivacional das pessoas nas organizações, esta pesquisa analisou 18 teorias/estudos sobre motivação de pessoas, quais sejam: (1) experiência de Hawthorne, (2) teoria do campo social, (3) teoria do reforço, (4) teoria da hierarquia das necessidades, (5) teoria da maturidade/imaturidade, (6) teoria X e Y, (7) teoria das realizações, (8) teoria da equidade, (9) teoria da expectativa, (10) teoria dos dois fatores, (11) teoria do estabelecimento de objetivos/metas, (12) teoria ERC, (13) teoria da autodeterminação, (14) teoria da avaliação cognitiva, (15) teoria das características da função, (16) teoria da aprendizagem social, (17) teoria da autoeficácia e (18) teoria "Z". Essas teorias constituem um corpo conceitual suficientemente denso para uma precisa reflexão sobre como despertar a motivação nas pessoas. Busca-se, com base no estudo dessas teorias, obter uma visão mais precisa do construto motivação, isto é, essas teorias complementam a visão do pesquisador sobre o tema.

Diferentes trabalhadores possuem diferentes fatores motivacionais e, além de buscar modos de satisfação distintos, também têm diferentes contribuições a fazer à organização (Casado, 2002). Portanto, as organizações fortemente hierarquizadas, como o Exército Brasileiro, possuem seus fatores de motivação específicos. Em que pese à motivação de pessoas ser um tema que envolve todos os tipos de organizações onde há pessoas, algumas especificações de uma determinada organização, como missão, visão, cultura, entre outras, podem alterar os fatores motivacionais ou mesmo a prioridade deles para as pessoas da organização, provocando mudanças na forma de essa organização aplicar as teorias motivacionais. Para motivar pessoas a executarem um esforço adicional, os gestores precisam se concentrar nos fatores de motivação dessas pessoas (Seiler et al., 2012). Conhecer as razões pelas quais as pessoas são motivadas e como isso ocorre possibilita conhecer o comportamento humano de maneira mais profunda (Bergamini, 2008).

A pesquisa acadêmica sobre motivação de pessoas em organizações fortemente hierarquizadas é deficiente. As organizações militares (OMs) do Exército Brasileiro são organizações públicas que possuem características que as diferem da maioria das organizações privadas. A profissão militar possui por característica a presença de uma forte hierarquia (Leavitt, 2003). A hierarquia e a disciplina são dois aspectos fortemente presentes na vida profissional dos militares, o que influencia na definição dos fatores de motivação desses profissionais. Hierarquia é uma palavra que vem do grego *hieros*, e significa "sagrado". Antigamente, essa palavra era usada para descrever o modo como Deus mantinha o exercício do poder por meio de seus anjos e arcanjos. Assim, havia uma única origem ou fonte de poder e sua aplicação era unidirecional — no sentido de cima para baixo.

O Exército Brasileiro (EB) é constituído por mais de 600 OMs espalhadas em todo o território nacional, nas quais trabalham mais de 200 mil militares, aos quais é confiado, pelo Estado brasileiro, o exercício da força para fins de segurança nacional. O próprio comandante do Exército afirma, em sua diretriz geral, que o valor maior do EB são seus recursos humanos. Esses recursos humanos altamente capacitados, treinados e motivados são a força da Força Terrestre brasileira (Exército Brasileiro, 2011). Isso torna evidente a importância da gestão de pessoas no EB.

A força de um exército são seus homens e mulheres, não seus materiais. E essa força cresce em razão do espírito que os anima, isto é, da motivação. No entanto, essa motivação é despertada nas pessoas por meio de decisões e ações, principalmente do líder. O Exército Brasileiro pertence às Forças Armadas do Brasil e sua destinação constitucional é, principalmente, defender a pátria contra inimigos externos e manter a paz. Para isso, precisa demonstrar poder de combate capaz de dissuadir o inimigo de suas intenções. Portanto, em que pese ao Exército ser uma organização que não visa ao lucro, ele persegue algo de muito maior valor que o lucro: a liberdade — o que justifica o investimento em uma boa gestão de pessoas.

A publicação acadêmica em administração e gestão de pessoas é rica em estudar as teorias motivacionais no contexto organizacional (Vecchio, 2008). No entanto, é deficiente no contexto de organizações com estrutura fortemente hierarquizada, como o EB. A identificação do principal fator de motivação de pessoas nas organizações públicas fortemente hierarquizadas é uma lacuna existente, que esta pesquisa busca preencher.

Este trabalho estuda a motivação dos militares em tempo de paz, no cotidiano da caserna, e não em combate, pois apesar de os militares estarem sempre treinando para a guerra, a realidade da guerra é bem diferente da vivida no dia a dia do tempo de paz.

Teorias de motivação na área da gestão

O termo motivação é originado da palavra latina *movere*, que significa mover (Seiler et al., 2012). Quanto mais uma pessoa se sente motivada por um trabalho, menos ela sente o tempo passar enquanto o executa (Bergamini, 2008). De outra perspectiva, se a pessoa está desmotivada em uma atividade, o dia parece longo demais. Diversas abordagens teóricas motivacionais permitem ver o fenômeno da motivação por vários ângulos diferentes, o que facilita o entendimento do todo. Portanto, as diversas teorias não anulam umas às outras; pelo contrário, complementam a visão do pesquisador para obter um entendimento mais abrangente da motivação humana (Bergamini, 2008).

Busca-se, por meio das teorias motivacionais, encontrar alternativas para satisfazer as necessidades das pessoas no trabalho, proporcionando satisfação (Vieira, 2011; Robbins, Judge e Sobral, 2010). Segundo Seiler (2012), as teorias buscam identificar as fontes do prazer em trabalhar, as quais parecem estar localizadas dentro das pessoas, no ambiente de trabalho e na interação entre os dois. Mas como a vida é dinâmica, e a sociedade e as organizações também o são, as teorias científicas estão sempre avançando (Popper, 1989). Esse avanço das teorias permite a busca incessante e progressiva para identificar os fatores de motivação das pessoas no ambiente de trabalho.

Um marco inicial do estudo da motivação das pessoas nas organizações foi a *experiência de Hawthorne*, realizada entre 1924 e 1936, que constatou a influência das organizações informais (grupos sociais) e os efeitos da fiscalização, incentivos e condições de trabalho na motivação e desempenho das pessoas (Locke e Latham, 2004). Essa experiência proporcionou o delineamento dos princípios básicos da escola das relações humanas e concluiu que o nível de produção é resultante da integração social entre as pessoas; que os indivíduos não agem ou reagem isoladamente, mas como membros de grupos; que o comportamento dos indivíduos está condicionado a normas e padrões sociais; que a organização formal é composta por grupos (organizações) informais; e que as pessoas mantêm-se em constante interação social no local de trabalho. Concluiu ainda que os operários evitavam a monotonia trocando de posição entre eles, e que os aspectos emocionais do comportamento humano merecem atenção.

Herzberg (1997) chamou de "efeito Hawthorne" o fato de a produtividade e as atitudes das pessoas em relação ao trabalho se modificarem artificialmente, simplesmente porque os funcionários sentem que a empresa está "prestando mais atenção" a eles ao fazer algo diferente ou novo.

A *teoria do campo social* afirma que o comportamento humano é resultado da totalidade dos fatores coexistentes e defende a tese de que a liderança é fruto da interação de quatro fatores — situação, líder, liderados e interação (Lewin, 1935). A teoria propõe que o comportamento humano é o resultado da totalidade dos fatores coexistentes, sejam do indivíduo (história de vida, características pessoais, expectativas e outros), sejam do ambiente, desde que internalizados pelo indivíduo. Para Vroom (2003), esta teoria foi um dos primeiros estudos a defender a importância da participação dos membros de uma equipe na tomada de decisões.

A *teoria do reforço* deixa de lado a questão da motivação interna e procura ver como as consequências de comportamentos anteriores afetam as ações futuras num processo de aprendizado cíclico. Essa teoria afirma que quando as consequências de um comportamento são positivas, o indivíduo tenderá, no futuro, a dar respostas semelhantes em situações semelhantes; se as consequências forem desagradáveis, o indivíduo tenderá a mudar seu comportamento com o objetivo de evitá-las (Skinner, 1980). Na teoria do reforço, há uma abordagem behaviorista, que argumenta que o reforço condiciona o comportamento (Vieira et al., 2011). Skinner (1969) postulou, em sua teoria do reforço, que as consequências de um comportamento são as principais razões pelas quais uma pessoa se comporta de uma determinada maneira. É mais provável que o comportamento que é reforçado positivamente continue, enquanto o comportamento que não é recompensado provavelmente não será repetido. Assim, os gerentes podem melhorar o desempenho dos funcionários, modificando seu comportamento com base no reforço desejado ou punindo o comportamento indesejado (Seiler et al., 2012).

Vieira (2011) e Robbins, Judge e Sobral (2010) afirmam que a mais conhecida *teoria* sobre motivação é a *hierarquia das necessidades*, de Abraham Maslow. Para Campos e Porto (2010), pode-se considerar como um dos estudos mais emblemáticos e relevantes na história da pesquisa sobre os valores humanos a obra de Maslow (1954). O autor argumentou que as necessidades individuais existem em uma ordem hierárquica (necessidades fisiológicas, necessidades de segurança, necessidades de pertencimento social, necessidade de autoestima e necessidades de autorrealização) e que aquelas não satisfeitas motivam o comportamento. Segundo essa teoria, as necessidades de nível mais baixo (inferiores) devem ser satisfeitas antes, para que as necessidades de nível superior se tornem motivacionais. Por exemplo, as necessidades de nível inferior, como uma remuneração adequada para cuidar da família e condições seguras de trabalho têm de ser satisfeitas antes das necessidades de nível superior, tais como o desejo de pertencimento social ou o aumento da responsabilidade, se tornem motivacionais (Seiler et al., 2012). As necessidades de níveis mais baixos, como fisiológicas, segurança e social, têm efeito motivador menor e mais efêmero. Já as necessidades de ordem superior, como a de estima e a de autorrealização, motivam de forma duradoura, pois dificilmente a pessoa se considera plenamente satisfeita em relação a elas, e mesmo quando isso ocorre, elas se renovam imediatamente, o que as torna insaciáveis e muito motivadoras.

Com a *teoria da maturidade/imaturidade*, Argyris (1957) observou que em muitas organizações, ainda hoje, predominam os valores burocráticos, e que a apatia e falta de esforço de seus empregados não são simplesmente resultado da preguiça desses indivíduos. Em muitos casos, as pessoas, quando ingressam no mundo do trabalho, são impedidas de amadurecer pelas práticas administrativas utilizadas nas organizações. Nessas organizações, os indivíduos têm um controle mínimo sobre o ambiente e são estimulados a ser passivos e dependentes. Consequentemente, comportam-se imaturamente. A oportunidade de crescer e amadurecer no trabalho ajuda as pessoas a satisfazer mais do que apenas as necessidades fisiológicas e de segurança. Isso contribui para motivá-las e permite-lhes usar mais seu potencial para alcançar os objetivos da organização.

Segundo Vieira (2011), a *teoria X e Y* propõe duas visões distintas e antagônicas de administrar: de um lado, um estilo baseado na teoria tradicional, mecanicista e pragmática, rotulado de teoria X, e de outro lado, um estilo baseado nas concepções modernas a respeito do comportamento humano, rotulado de teoria Y. Portanto, a teoria X considera que a natureza humana é indolente e não gosta de trabalhar; e a teoria Y propõe que os seres humanos são bons e direcionados para o trabalho. A teoria X está alinhada com os princípios da visão da administração científica. De acordo com McGregor (1980), a teoria X trata-se de uma visão tradicional da motivação, apregoando que o trabalho é desagradável para os empregados, que devem ser motivados através da força, de dinheiro ou de elogios. McGregor critica esse modelo de relações humanas como sendo apenas um método mais sofisticado de manipulação dos empregados. De modo geral, na teoria X, o ser humano não gosta de trabalhar; a maioria das pessoas necessita ser coagida, controlada, dirigida e ameaçada com castigos para alcançar melhor desempenho. Ainda de acordo com o autor, a teoria Y é a suposição de que as pessoas são inerentemente motivadas a trabalhar e a realizar um bom serviço. O problema, de acordo com a teoria Y, é que a vida moderna não aproveita por inteiro o potencial da maioria das pessoas. Para aproveitar a disposição inata dos empregados para trabalhar, os administradores devem proporcionar um clima que lhes dê um espaço de desenvolvimento pessoal. A administração participativa é o modo ideal de fazê-lo.

Na visão de Locke e Latham (2004), a *teoria das realizações* salientou o efeito da motivação subconsciente, especificamente a necessidade de realização. McClelland (1961) argumentou que os indivíduos adquirem necessidades ao longo de sua socialização, as quais variam entre afiliação, realização e poder. Como consequência, os gestores devem tentar identificar e se concentrar na necessidade dominante de seus funcionários e estruturar o ambiente de trabalho e as estratégias de reconhecimento, a fim de criar um ambiente de trabalho motivador (Seiler et al., 2012). A pesquisa de McClelland indicou que uma forte necessidade de realização, o desejo de ter sucesso ou de sobressair em situações competitivas, está relacionada a como os indivíduos são motivados a realizar suas tarefas profissionais. Pessoas com alta necessidade de realização gostam de assumir responsabilidade pela solução de problemas, tendem a determinar para si mesmas objetivos moderadamente difíceis e a assumir riscos calculados para alcançar esses objetivos, e valorizam muito o *feedback* sobre seu desempenho.

Assim, as pessoas com grande necessidade de realização tendem a ser altamente motivadas por situações de trabalho desafiadoras e competitivas. Pessoas com pequena necessidade de realização tendem a ter um desempenho fraco no mesmo tipo de situação.

A *teoria da equidade* enfatiza a percepção pessoal do indivíduo sobre a razoabilidade ou justiça relativa em sua relação laboral com a organização. Essa teoria afirma que os indivíduos não estão somente preocupados com a quantidade de recompensa que recebem por suas contribuições no trabalho, mas tendem a julgar a justiça das recompensas distribuídas pela empresa comparando quanto os demais recebem por suas próprias contribuições. Sendo assim, a motivação depende da percepção ou avaliação que o indivíduo realiza das proposições do ambiente, e não necessariamente da realidade em si, circunstanciais da empresa. Segundo Seiler e colaboradores (2012), a teoria da equidade postula que os indivíduos comparam seus próprios esforços e recompensas com os esforços e recompensas dos outros. A desigualdade percebida tem uma influência negativa sobre a motivação (por exemplo, levando à redução desforços de trabalho ou pedidos de maior compensação financeira). As pessoas fazem comparações entre seus "investimentos" para conseguir certas coisas ou fins e os "retornos" ou "resultados", através de analogias com as outras pessoas com quem possuem relacionamento ou admitem comparações (Adams, 1963).

A *teoria da expectativa* afirma que as pessoas agem na expectativa de obtenção de determinados resultados, isto é, na expectativa de serem recompensadas em face do trabalho desempenhado. Seu modelo de motivação é composto por expectativa (se a ação tem alta probabilidade de levar a um resultado), instrumentalidade (se aqueles resultados conduzirão a outros resultados) e valência (se tais resultados têm valor para a pessoa, se a atraem).

Para Locke e Latham (2004), a teoria da expectativa busca a abrangência, ou seja, um cálculo hedonista chamado de modelo de valência, instrumentalidade e expectativa. Vroom (1964) argumentou que os indivíduos escolhem adotar comportamentos que acreditam levar a resultados positivos. De acordo com essa teoria, uma pessoa está motivada para mostrar um determinado comportamento se espera que maiores esforços melhorarão o desempenho e que melhor desempenho irá levar a recompensas ou resultados de valor (Vroom, 1964 apud Seiler et al., 2012). Ele desenvolveu uma equação somando três diferentes aspectos que afetam a motivação. A equação explica a motivação através da perspectiva de por que as pessoas escolhem seguir um determinado curso de ação: motivação = expectativa de sucesso × expectativa de recompensa (instrumentalidade) × valor da recompensa (Burn, 2011). Para Vergara (2009), a teoria da expectativa relaciona desempenho com recompensa. Para Lee e colaboradores

(2010), a razão principal para as pessoas agirem é porque elas esperam que essa ação irá trazer uma consequência atraente (razão extrínseca para a ação). Por exemplo, elas trabalham em um projeto porque esperam receber o pagamento em dinheiro assim que o projeto for concluído. Portanto, trabalha-se em um projeto para receber uma recompensa atraente.

A *teoria dos dois fatores* considera duas ordens de fatores associados à motivação: os fatores higiênicos e os fatores motivadores, sendo que os primeiros evitam a insatisfação enquanto os segundos conduzem à satisfação (Pedrycz, Russo e Succi, 2011). Herzberg (1997), ao tentar levantar as necessidades dos indivíduos em relação ao seu trabalho, elencou uma série de fatores, relacionando-os à satisfação e insatisfação no trabalho (Herzberg, 1997 apud Lutz et al., 2011). Herzberg, Mausner e Snyderman (1959) identificaram dois conjuntos de fatores que têm influência na motivação dos empregados: fatores de higiene (extrínsecos ao indivíduo, por exemplo, condições de trabalho, qualidade da supervisão, remuneração, *status*) e fatores de motivação (intrínsecos à pessoa, por exemplo, reconhecimento, realização, responsabilidade, crescimento pessoal e hierárquico). Com base em sua pesquisa, eles concluíram que a presença de fatores de higiene era importante principalmente para evitar que os trabalhadores ficassem insatisfeitos, enquanto o que realmente levaria à motivação maior no trabalho seria apenas a presença de fatores de motivação. Como consequência, os gestores têm de garantir que os fatores de higiene dos funcionários sejam mantidos, a fim de ter uma força de trabalho satisfeita. Se quiserem motivar seus funcionários a executarem um esforço adicional, eles precisam se concentrar nos fatores de motivação, aumentando a autonomia e responsabilidade dos colaboradores, reconhecendo seu trabalho e oferecendo oportunidades de desenvolvimento profissional (Seiler et al., 2012).

A contribuição particular de Herzberg foi sua preocupação apaixonada pelas pessoas combinada com um fervor exagerado em que o trabalho industrial, tanto quanto qualquer outra modalidade de trabalho, deveria servir ao propósito humanista da realização pessoal. A tal ponto que os trabalhos que não se prestassem a esse fim devessem ser "enriquecidos" (Adair, 2010). Segundo Perry, Mesh e Paarlberg (2006), a motivação e o desempenho dos funcionários melhoram quando eles percebem que estão realizando um trabalho significativo (*job design*), isto é, eles se sentem satisfeitos em executar um trabalho "enriquecido", pois isso lhes proporciona crescimento pessoal.

A *teoria das metas* defende que a maior fonte de motivação reside na fixação de objetivos específicos e difíceis de atingir (Seiler et al., 2012). A teoria argumenta que objetivos específicos (mensuráveis) e desafiadores (difíceis, mas não impossíveis de alcançar) são mais motivacionais do que objetivos vagos e fáceis de alcançar. A teoria do estabelecimento de metas (ou objetivos) sustenta que objetivos específicos difíceis, com *feedback*, conduzem a melhores desempenhos (Robbins, Judge e Sobral, 2010). Para Quigley e Locke (2007), uma extensa literatura sobre a teoria da definição de metas mostra que as pessoas podem aumentar sua motivação e, consequentemente, seu desempenho quando definem metas mais altas para si mesmas. Locke (1968) concluiu que a intenção de trabalhar em direção a algum objetivo constitui uma grande fonte de motivação. Os objetivos influenciam o comportamento das pessoas. Os objetivos específicos melhoram o desempenho, enquanto os objetivos difíceis, quando aceitos pela pessoa, resultam em desempenho mais elevado do que os objetivos fáceis. Segundo Perry, Mesh e Paarlberg (2006), o estabelecimento de metas (*goal setting*) é um dos aspectos a serem considerados em um programa de motivação nas organizações. Para Gómez-Miñambres (2012), a teoria do estabelecimento de metas defende que a probabilidade de um aumento de desempenho depois que um objetivo foi definido é superior a 90%.

A *teoria das necessidades existenciais, de relacionamento e crescimento* (ERC) defende três categorias de necessidades que conduzem à motivação: existência, relacionamento e crescimento. Quando o indivíduo não consegue satisfazer um determinado tipo de necessidade, tende a redobrar esforços no sentido de satisfazer a categoria inferior, o que pode conduzir à frustração. Alderfer (1972) interessou-se particularmente pelo estudo dos fatores apontados por Maslow, e suas pesquisas o levaram a um modelo revisto da hierarquia proposta por aquele teórico (Alderfer, 1972 apud Casado, 2002).

A *teoria da autodeterminação* (TAD) lida com os efeitos benéficos da motivação intrínseca e com os efeitos nocivos da motivação extrínseca. Suas bases situam-se no estudo dos componentes dessa motivações. Os motivos intrínsecos resultam da própria vontade do indivíduo. Trata-se de uma forma de pensar e de agir que cada ser humano traz dentro de si. Os motivos extrínsecos dependem de fatores externos (Deci e Ryan, 1985). Para Robbins, Judge e Sobral (2010), a TAD sustenta que as pessoas, além de serem guiadas por uma necessidade de autonomia (ou autodeterminação) e, consequentemente, determinarem o próprio comportamento, também buscam maneiras de adquirir competência e relacionamentos positivos com os outros. Segundo Perry (2011), a teoria da autodeterminação fornece uma base para a compreensão de como os controles externos podem levar a formas socialmente construtivas de autorregulação do comportamento. Para Deci (1998), a autonomia é a pedra angular do ajustamento, pois as pessoas precisam sentir que seu comportamento é verdadeiramente escolhido por elas e não imposto por alguma força externa.

A *teoria da avaliação cognitiva* (TAC) baseia-se na teoria da autodeterminação (Robbins, Judge e Sobral, 2010). A TAC defende que a motivação intrínseca está relacionada com a motivação extrínseca, de tal forma que esta influencia negativamente aquela. Para a teoria da autodeterminação (TAD), a motivação de um indivíduo para o trabalho pode ser intrínseca ou extrínseca (Li, Tan e Teo, 2012). A TAC afirma que destinar recompensas externas a comportamentos que já foram recompensados intrinsecamente tende a diminuir o nível geral de motivação caso elas sejam vistas como controle (Robbins, Judge e Sobral, 2010). Pela TAC, Deci e Ryan (1985) afirmam que uma pessoa motivada intrinsecamente, quando passa a receber uma motivação extrínseca (recompensa externa), diminui sua motivação intrínseca.

A *teoria das características da função* baseia-se no desenho do cargo, no sentido para o trabalho. Essa teoria entende que a motivação depende da forma como os elementos de um trabalho estão organizados. Segundo Locke e Latham (2004), essa teoria sugere as características específicas do trabalho e os processos psicológicos que aumentam a satisfação e a motivação dos funcionários. O modelo de características da função (características do trabalho) propõe que qualquer trabalho pode ser descrito em cinco dimensões essenciais: variedade de habilidades, identidade da tarefa, significância da tarefa, autonomia e *feedback* (Robbins, Judge e Sobral, 2010). Hackman e Oldham (1975) afirmam que existem três estados psicológicos que, quando presentes em um indivíduo, são críticos para sua motivação e satisfação no trabalho. Esses estados psicológicos são: a experiência da percepção do trabalho como significativo, ou seja, o indivíduo perceber seu trabalho como compensador ou importante por algum sistema de valores que ele aceita; a responsabilidade experimentada pelos resultados do trabalho, ou seja, a crença do indivíduo de que ele é pessoalmente responsável pelos resultados de seus esforços; e o conhecimento dos resultados do trabalho, ou seja, a capacidade do indivíduo de determinar se os resultados do trabalho foram ou não satisfatórios. Quando essas três condições estão presentes, a pessoa tende a ficar bem consigo mesma e satisfeita com aquilo que faz. Esses sentimentos positivos vão estimulá-la a tentar fazer as coisas sempre bem, independentemente de fatores externos.

Na *teoria da aprendizagem social*, os indivíduos podem aprender quando lhes são dadas instruções verbais ou quando observam os outros, bem como por meio de experiências diretas (Bandura, 1977). Portanto, o comportamento pode ser tanto função das consequências como também da observação e percepção. De acordo com essa teoria, ao ser percebida a atenção (foco nas ações) para com um membro da equipe, a atenção dos demais membros para com as ações dele aumenta, elevando também a retenção da informação transmitida e a motivação para imitar o comportamento (Grant e Patil, 2012). Esta teoria tem como conceito-chave a teoria da autoeficácia, que se caracteriza pela crença de um indivíduo de que pode desempenhar determinada tarefa (Robbins, Judge e Sobral, 2010). O grau de autoeficácia percebido pelo indivíduo determina quanto esforço ele irá empenhar e o quanto ele irá persistir frente a desafios. Assim, o grau de autoeficácia é determinante para o compromisso do indivíduo com o objetivo. Conforme Bandura (1989), a teoria da aprendizagem social salienta a importância da percepção de autoeficácia como construto motivacional. Essa teoria concebe o ser humano como um agente capaz de exercer controle sobre seus pensamentos, emoções e ações, bem como sobre o ambiente. Não considera, porém, que as pessoas sejam sujeitos plenamente autônomos, libertos de qualquer influência do meio, mas, pelo contrário, que estão em constante interação com o ambiente, sendo o comportamento humano parcialmente autodeterminado e parcialmente dependente das influências do meio.

Para Dinther, Dochy e Segers (2011), a *autoeficácia*, como uma crença na competência pessoal, age sobre o comportamento humano de diferentes formas. Bandura (1977) assumiu que a autoeficácia afeta as escolhas que as pessoas fazem, seu modo de agir, o esforço que elas empreendem, sua perseverança e elasticidade. As pessoas tendem a escolher atividades para as quais se sentem capazes e evitar aquelas para as quais não se sentem capazes. A autoeficácia ajuda as pessoas a decidirem quanto esforço irão dispender em uma tarefa, quanto tempo irão persistir diante das dificuldades e quão resilientes serão em situações prejudiciais. Além de afetar o comportamento humano, a crença na autoeficácia também influencia os pensamentos e os sentimentos das pessoas. Indivíduos com uma noção fraca de autoeficácia tendem a pensar que as tarefas parecem mais difíceis do que realmente são. Tais pensamentos são um terreno fértil para sentimentos de fracasso e depressão, tensão e desamparo. Uma forte noção de autoeficácia, por outro lado, cria sentimentos de tranquilidade e desafio diante de tarefas difíceis.

A autoeficácia é uma crença, percepção, expectativa das pessoas a respeito de sua própria capacidade de realização. Mais recentemente, foi definida por Bandura (1986:391) como "um julgamento das próprias capacidades de executar cursos de ação exigidos para se atingir certo grau de performance". Assim, é uma variável psicológica distinta e que vai além dos próprios conhecimentos específicos, das habilidades ou das experiências de realizações anteriores; trata-se de um pensamento de autocapacitação, que influencia o comportamento. Dinther, Dochy e Segers (2011) orientam que não se deve confundir autoeficácia com autoestima. A autoestima é um tipo de crença que envolve julgamentos de autovalor. Ela difere de autoeficácia porque é uma reação afetiva que indica como uma pessoa se sente, considerando que a autoeficácia envolve julgamentos cognitivos da capacidade pessoal.

A *teoria Z* descreve a administração japonesa e a forma de como ela se adapta a outro contexto — o Ocidente. A teoria Z teve origem no desenvolvimento de um entendimento mais completo das mudanças que poderiam ser feitas nas empresas norte-americanas, com base no sucesso japonês sem, no entanto, imitá-lo. Ela fundamenta-se nos princípios de: emprego estável, baixa especialização, avaliação permanente do desempenho e promoção lenta, democracia, participação nas decisões e interesse pelas pessoas (Pires e Matos, 2006). Ouchi (1986) afirma que a teoria Z, muito simplesmente, sugere que os trabalhadores envolvidos são a chave para o aumento da produtividade. Essa teoria é uma variante da teoria Y, de McGregor. Defende que os trabalhadores têm um grau de envolvimento similar ao dos gestores quando existe um sistema de recompensas e incentivos eficaz. A teoria Y sustenta que as pessoas têm autorrealização no trabalho e que cumprem melhor suas tarefas se não forem vigiadas por terceiros. Para o autor, o igualitarismo é a característica principal da organização do tipo Z. Implica que cada pessoa possa aplicar livre-arbítrio e trabalhar com autonomia sem supervisão rigorosa, porque todos são merecedores de confiança. A confiança marca a crença de que as metas estabelecidas confirmam que nenhuma pessoa tem a intenção de prejudicar a outra. Na mentalidade japonesa, o coletivismo não é uma meta empresarial ou individual pela qual se deva lutar. Antes, a natureza das coisas opera de modo que não ocorra nada de significativo como resultado de esforço individual. Tudo que é importante na vida decorre do trabalho em equipe ou esforço coletivo (Ouchi, 1986). A teoria Z enfatiza que o sucesso das administrações está ligado à motivação humana e não simplesmente à tecnologia dos processos produtivos. As máquinas são ferramentas sofisticadas a serviço do homem, precisando sempre de aperfeiçoamentos pelo próprio homem.

Diante dessas teorias que estudam a motivação humana, constata-se que algumas delas são semelhantes; outras, bem distintas. No entanto, elas permitem observar o construto motivação por vários ângulos complementares. Elas complementam o entendimento do observador.

O processo motivacional e o Exército Brasileiro

O processo motivacional é complexo para ser entendido por apenas uma teoria. A análise de várias teorias motivacionais permite uma observação multifacetada sobre o construto motivação de pessoas (Chen e Kanfer, 2006). Na pré-história, as ações dos homens eram motivadas pela necessidade de sobrevivência, os fatores de motivação eram biológicos (Pink, 2010). Com a evolução da sociedade, as punições e recompensas tornaram-se as ferramentas motivacionais mais utilizadas. A figura da vara e da cenoura utilizadas para adestrar os animais parecia também dar certo com os homens, mesmo após a Revolução Industrial.

Frederick Winslow Taylor, considerado pai da gestão científica, consolidou a utilização das recompensas e punições. Segundo Taylor (1990:104), "é impossível, por longo período de tempo, obter operários que trabalhem mais do que a média dos outros na vizinhança, a menos que lhes seja assegurado aumento de salário, grande e constante". Segundo Pink (2010), no início da década de 1900, a gestão científica tratava os trabalhadores como peças de um mecanismo complicado, e a motivação era baseada nas recompensas e punições. De acordo com Steers e Porter (1975), antes da Revolução Industrial a motivação tinha a forma de medo de punição física, financeira ou social. Na década de 1930, Elton Mayo e outros pesquisadores das relações humanas descobriram que o tédio e a rotina (a repetição das tarefas) na realidade reduziam a motivação, ao passo que os contatos sociais ajudavam a criar e a manter a motivação, dando origem ao modelo das relações humanas (Casado, 2002).

Na década de 1960, Douglas McGregor, professor de administração do Massachusetts Institute of Technology (MIT), e outros teóricos criaram o modelo dos recursos humanos. Eles criticaram o modelo das relações humanas como sendo apenas um método mais sofisticado de manipulação dos empregados. Também diziam que, como o modelo tradicional, o modelo das relações humanas simplifica exageradamente a motivação, concentrando-se apenas num fator, como o dinheiro ou as relações humanas (Pink, 2010). Apesar dos defensores de cada modelo de gestão de pessoas, as teorias mais desenvolvidas e aceitas encontram-se dentro da perspectiva do modelo de recursos humanos (Casado, 2002).

Segundo Perry, Hondeghen e Wise (2010), a motivação intrínseca no serviço público nem sempre depende de sentimentos de prazer ou gozo, mas está relacionada com o significado das tarefas, por parte daqueles que são os responsáveis pelo trabalho. Os trabalhos necessitam ser planejados e gerenciados para ativar esse potencial. Já para Delfgaauw e Dur (2010), o serviço público inclui tanto o desejo de servir como também o desejo de participar e, por último, pode ser emocionante, dramático e reforçar a imagem do indivíduo em relação à sua própria importância.

Muitas teorias motivacionais se complementam, e praticamente todas podem ser integradas, podendo uma auxiliar a aplicação da outra (Quigley e Locke, 2007). Segundo Deci e Ryan (1985), as pessoas necessitam se sentir competentes e autodeterminadas para estarem intrinsecamente motivadas. Os autores contrapõem as ideias de outras teorias segundo as quais todo comportamento seria função da satisfação de necessidades fisiológicas. Propõem o conceito de "necessidades psicológicas básicas", apontadas como determinantes do comportamento intrinsecamente motivado.

Este trabalho descreve as características da motivação dentro de uma abordagem qualitativa, utilizando-se de uma pesquisa bibliográfica de 18 teorias de motivação e de uma pesquisa de campo com 30 militares do Exército, procurando identificar quais são os fatores de motivação das pessoas nas organizações públicas fortemente hierarquizadas, a fim de descobrir qual é seu fator de motivação principal e, dessa forma, poder entender o processo motivacional das pessoas nessas organizações. Na seleção dos sujeitos para participar das entrevistas semiestruturadas, foi utilizada a amostra proposital, compondo uma população de 30 pessoas com no mínimo 15 anos de serviço cada e, no máximo, 30 anos de serviço em organizações fortemente hierarquizadas. Os militares entrevistados foram: 11 *oficiais superiores*, sendo três coronéis, três tenentes-coronéis e cinco majores; seis *oficiais intermediários* (capitães); e 13 *praças*, sendo três subtenentes e 10 sargentos.

Ao analisar as 18 teorias de motivação, é possível observar o construto motivação por diversos ângulos, aumentando a confiabilidade da pesquisa. Em adição, cabe destacar que o EB possui uma política de pessoal que movimenta os militares em quase todo o território nacional a cada dois ou três anos. Assim, um militar que está servindo no Rio de Janeiro hoje não representa um militar do Rio de Janeiro, mas um militar do Brasil, porque, em princípio, já serviu em várias outras cidades e estados brasileiros.

Os dados foram tratados por meio do método "análise de conteúdo" e, após a preparação das informações e a unitarização, as categorias de análise foram definidas *a priori*, com base nas 18 teorias de motivação. Foram definidas 16 categorias, que também são fatores de motivação: relacionamento (amigos e colegas de trabalho), exemplo, recompensas (elogios, reconhecimento, dinheiro), medo (punição, multa), estima, autorrealização, responsabilidade, autonomia, confiança, realização, poder, justiça, metas, prazer na atividade (motivação intrínseca), trabalho significativo (importante) e autoeficácia (acreditar que é capaz). Para o enriquecimento da pesquisa, foi observada a possibilidade de incorporação de outras categorias *a posteriori*, a partir dos dados coletados nas entrevistas.

No quadro, será apresentado um extrato dos resultados obtidos, com descrição apenas das sete categorias *a priori* que mais se fizeram presentes nas respostas dos entrevistados: relacionamento, recompensas (reconhecimento), estima, autonomia, confiança, prazer na atividade (motivação intrínseca) e trabalho significativo (importante).

Quadro
Descrição dos dados da pesquisa de campo

Categorias	Unidade de análise	Unidade de contexto	Entrevistado
Relacionamento	A importância da conversa do líder com cada um dos seus subordinados.	"O líder precisa conversar com os seus subordinados. Eu sempre conversava com os meus sargentos e soldados, principalmente depois do expediente, quando eles estavam de serviço."	E1 — Oficial superior com 30 anos de serviço.
	A importância no tato no relacionamento entre chefes e subordinados.	"Servi em uma organização militar (OM) onde o Cmt da OM tinha dificuldade de tato. Ele não sabia se relacionar com seus subordinados, e acaba ofendendo muita gente. Esses problemas de relacionamento se espalharam em toda a organização, em quase todos os níveis, o que prejudicou em muito a qualidade do trabalho e a qualidade de vida."	E8 — Oficial superior com 22 anos de serviço.
	Amizade entre os companheiros de trabalho.	"Em várias missões de que participei, vários amigos me ajudaram e eu os ajudei. A relação de amizade é muito importante para o sucesso das missões."	
Recompensas (reconhecimento)	Elogios	"Quando fui comandar uma companhia, procurei melhorar o ambiente de trabalho, organizando-o e solicitando, ao comandante da unidade, móveis e materiais necessários. Dessa forma e também com elogios e dispensas, procurei reconhecer o trabalho que os meus subordinados realizavam. Isso melhorou muito o desempenho deles."	E2 — Oficial superior com 22 anos de serviço.
Estima	Sentir-se importante.	"Depois de ter servido muito tempo nos quartéis de cidades pequenas, fui convidado para servir em Brasília, no Quartel-General do Exército, na Secretaria de Economia e Finanças (SEF). Essa experiência foi maravilhosa, pois me fez sentir importante. Passei a trabalhar com muita disposição."	E12 — Tenente-coronel QEMA com 20 anos de serviço.
Autonomia	Liberdade para escolher a função	"Eu sempre gostei muito de ser consultado a respeito de [em] qual função no quartel eu preferia trabalhar. Considero importante essa preocupação em atender aos interesses da pessoa, atender ao perfil do militar, porque dessa forma o militar estará trabalhando na atividade que gosta."	E23 — Praça com 18 anos de serviço.
Confiança	Desafio de ser instrutor em uma escola militar.	"Senti-me muito honrado quando fui convidado para ser instrutor na Escola de Aperfeiçoamento de Oficiais (EsAO). Achava a missão desafiadora. Nessa oportunidade, percebi que havia confiança no meu trabalho, por parte do Exército."	E3 — Oficial superior com 18 anos de serviço.

Categorias	Unidade de análise	Unidade de contexto	Entrevistado
Prazer na atividade (motivação intrínseca)	A satisfação é influenciada pela disponibilidade de recursos materiais para a execução do trabalho.	"Eu gosto de trabalhar, principalmente quando o ambiente de trabalho oferece todos os recursos necessários para a execução de um bom trabalho, como móveis, impressoras, computadores etc."	E15 — Praça com 20 anos de serviço.
Trabalho significativo (importante)	Orgulho de pertencer ao Exército Brasileiro	"Sinto-me orgulhoso de pertencer ao Exército Brasileiro, porque a sociedade brasileira confia no Exército. As pesquisas comprovam isso. Todas as vezes que o Brasil precisou de soldados para garantir a segurança nacional, a ordem pública e a defesa civil, o Exército foi chamado e resolveu o problema. O Exército realiza um trabalho de grande importância para as famílias brasileiras".	E29 — Oficial superior com 25 anos de serviço.

Fonte: elaboração própria.

A última fase do estudo corresponde à interpretação dos dados coletados. Após uma reflexão sobRe as teorias e os dados da pesquisa de campo, buscou-se uma compreensão mais aprofundada dos conteúdos, tanto dos manifestos quanto dos latentes, sejam estes ocultados consciente ou inconscientemente pelos entrevistados. Por se tratar de categorias definidas *a priori*, com base nas teorias, a interpretação consistiu em explorar os significados expressos nas entrevistas, em contraste com as teorias. Nessa fase da interpretação, pode-se constatar um alinhamento das categorias emanadas das teorias com os fatores de motivação extraídos das entrevistas. Dessa forma, os principais fatores de motivação confirmados pelas teorias e pelas entrevistas são: o relacionamento entre as pessoas, as recompensas (reconhecimento), a estima, a autonomia, a confiança, o prazer na atividade (motivação intrínseca) e o trabalho significativo (importante).

Percebe-se que os fatores estão relacionados com as pessoas que executam o trabalho. É importante detectar esse foco das atenções. O foco principal não está no líder ou na liderança da organização, nem mesmo no trabalho, mas sim nas pessoas que executam o trabalho. Isso porque são as pessoas que irão produzir um bom ou mau trabalho. Quando o foco está nas pessoas, automaticamente está-se focando o trabalho também. Considerando que o líder é quem planeja e determina qual será o foco da organização, fica impossível focar as pessoas sem a definição dessa decisão por parte da liderança. Assim, ao se focar as pessoas que executam o trabalho, direciona-se atenção, indiretamente, para o trabalho e para o líder. Focar as pessoas significa atender às suas necessidades, de modo que elas possam trabalhar satisfeitas e conquistar um excelente resultado para a organização.

A valorização das pessoas

Focar a valorização das pessoas é focar aquilo que as faz se sentirem valorizadas, explorando o que há de melhor nas pessoas. Ou seja, devem-se focar os aspectos positivos de suas ações, normalmente ligados às virtudes, que as levam a ações espontâneas. Por outro lado, deve-se evitar focar os aspectos negativos, que são normalmente apoiados pela coerção, que exigem fiscalização e que dificilmente vão provocar um desempenho excelente. Mesmo diante da complexidade do processo motivacional, esta pesquisa ousa identificar o principal fator de motivação nas organizações fortemente hierarquizadas, fator esse que pode ser entendido também como um elemento integrador das teorias de motivação existentes. Valorização consiste no ato ou efeito de valorizar, ou seja, atribuir valor a algo ou a alguém. A palavra "valor" tem origem etimológica no termo latino *valore*, proveniente do verbo *valere* que significa "ser forte", ter "audácia, vigor, mérito, importância [ou] preço" (Campos, Marsal e Garmendia, 1976; Cunha, 1999). Michaellis (s.d.) confirma essa ideia definindo valor como a qualidade de quem tem força, estima, coragem, valentia, talento, merecimento, préstimo, valia.

Segundo Deci e Ryan (1985), as pessoas necessitam se sentir competentes e autodeterminadas para estarem intrinsecamente motivadas. O autor contrapõe as ideias de outras teorias, segundo as quais todo comportamento seria função da satisfação de necessidades fisiológicas, e propõe o conceito de "necessidades psicológicas básicas", apontadas como determinantes do comportamento intrinsecamente motivado. Dessa explicação de Deci, pode-se perceber que a força motivadora está nas necessidades psicológicas das pessoas e não nas fisiológicas.

O termo "valorização" não está associado, "necessariamente", à noção de valor de um prêmio ou de uma retribuição a ser recebida (motivação extrínseca comum), mas principalmente ao sentido de a pessoa se sentir importante, valorizada, possuidora de valores como ser humano e como profissional, apreciada, honrada, estimada, pertencente ao grupo, competente, que está progredindo, digna, merecedora, que pode participar (ser ouvida), orgulhosa, reconhecida (também com recompensas extrínsecas), que tem poder, que tem liberdade, que tem autonomia, que está crescendo como pessoa e como profissional, que tem responsabilidade, que tem utilidade, que é digna de confiança.

O termo valorização (necessidade de valorização) foi escolhido por ser o que mais se aproxima da ideia desejável para o principal fator de motivação nas organizações fortemente hierarquizadas e para o elemento integrador das principais teorias de motivação. Quando uma pessoa se sente valorizada, ela tem sua autoestima elevada, recebe energia nova, acredita que pode vencer os obstáculos e vê, nos desafios, verdadeiras oportunidades de sucesso. A valorização das pessoas está associada à dignidade humana, evitando que sejam tratadas simplesmente como máquinas econômicas. Ela diz respeito a evitar as consequências negativas de uma exploração desumana dos indivíduos (Davis e Newstrom, 1992). Segundo Perry, Mesh e Paarlberg (2006), a motivação e o desempenho dos funcionários melhoram quando eles percebem que estão realizando um trabalho significativo (*job design*), isto é, eles se sentem satisfeitos em executar um trabalho "enriquecido", pois isso lhes proporciona crescimento pessoal.

Ariely (2010) afirma que o trabalho é parte integrante da identidade de uma pessoa, não apenas uma maneira de ganhar dinheiro para garantir a sobrevivência. O trabalho pode ser percebido como fonte de orgulho e significado. Nesse caso, é bem provável que o ser humano seja motivado quando trabalha com algo compreendido como grande, na expectativa de que alguém importante para ele valorize o que produziu. Essa valorização, normalmente, contribui para a autovalorização, isto é, para que a pessoa sinta-se importante. Portanto, a pessoa não trabalha necessariamente por dinheiro, mas pelo reconhecimento. O principal fator de satisfação no trabalho não é a remuneração em dinheiro que se recebe no final do mês, mas sim o fato de a pessoa se sentir admirada pelo trabalho que realiza. Todas as pessoas querem ter a certeza de que o trabalho que realizam é importante e apreciado, tanto pelo chefe quanto pelos colegas. Querem sentir que são de confiança, querem se sentir valorizadas.

As pessoas necessitam e querem ser respeitadas como indivíduos (Tamayo e Paschoal, 2003). Desejam ser tratadas com justiça, bem como valorizadas pelo reconhecimento de suas realizações, de sua lealdade e dedicação (Adams, 1963; Seiler et al., 2012). Portanto, essa necessidade psicológica que envolve todas as demais necessidades de uma pessoa deve receber atenção. De modo geral, as demandas do profissional no ambiente organizacional referem-se, fundamentalmente, a ser tratado e respeitado como ser humano e a encontrar na organização oportunidades para satisfazer suas necessidades e atingir seus objetivos e expectativas por meio da própria atividade do trabalho.

Quando o ser humano entra numa organização para trabalhar, seu interesse básico não é aumentar o lucro dessa organização ou empresa, mas satisfazer necessidades pessoais de ordens diversas. Se ele não encontrar no trabalho meios de satisfazer suas expectativas e de atingir as metas principais de sua existência, ele não se sentirá numa relação de troca, mas de exploração. O empregado aporta ao trabalho suas habilidades e conhecimentos, sua experiência e criatividade, seu entusiasmo, sua energia e sua motivação. Na sua bagagem inicial, leva também as próprias limitações, particularmente em relação ao nível dos conhecimentos e habilidades necessários para a execução do seu trabalho (Tamayo e Paschoal, 2003).

O salário, sem dúvida, influencia na valorização de uma pessoa; no entanto, pode exercer uma influência menor do que normalmente é atribuída a ele. Isso porque a pessoa pode entender que o salário é digno de seu empenho, é nada mais do que o pagamento pelos seus serviços, ou seja, o salário pode ser entendido como uma dívida da organização para com a pessoa. Assim, esse salário não acrescenta muito, não surpreende, e, portanto, pode valorizar pouco. Uma recompensa extra, não esperada, dada em reconhecimento por um trabalho bem-feito, valoriza muito mais que o salário. No entanto, um salário abaixo da média do mercado pode causar desmotivação, pois a pessoa pode se sentir injustiçada.

Em que pese às organizações públicas brasileiras normalmente não usarem as recompensas financeiras como fator de motivação, o dinheiro (fator de satisfação), nos dias atuais, dentro do sistema capitalista de mercado, tem uma abrangência muito grande e permite satisfazer inúmeras necessidades pessoais, além de proporcionar a sensação de crescimento e significância. O valor em dinheiro recebido como recompensa dá a sensação de que se está progredindo no trabalho, de que se está crescendo e sendo reconhecido, dá a sensação de realização e até de poder. O dinheiro recebido permite concluir que o trabalho realizado é significativo, importante, de valor, e isso atrela valor à pessoa que o executa. Portanto, a recompensa extrínseca, se acompanhada de valorização, é muito positiva para a motivação, pois a pessoa necessita se sentir valorizada. Assim, o dinheiro funciona tanto como fator de higiene (teoria dos dois fatores), como também como uma medida tangível de conquistas e um símbolo de reconhecimento e valorização.

A motivação, antes de provocar um aumento no desempenho organizacional, incentiva a realização de grandes feitos. A motivação faz com que uma pessoa possa atingir um estado de fluxo, isto é, um estado de satisfação, um estado de desempenho máximo. Portanto, a motivação dá às pessoas a oportunidade de mostrar seus valores e a verdadeira capacidade que possuem. Muitas pessoas entram em uma organização atraídas pelo salário e passam a vida toda em um ambiente de trabalho pouco motivador, sem experimentar a verdadeira motivação.

A motivação dos militares

As teorias de motivação podem ser convenientemente classificadas em duas categorias gerais: teorias de conteúdo (necessidades) e teorias de processo (Dwivedula e Bredillet, 2010; Vieira, 2011; Bergamini, 2008). As teorias podem ser também, endógenas, aquelas que priorizam a pessoa no processo motivacional ou teorias exógenas, as que priorizam a organização (trabalho). A motivação surge dentro da pessoa (automotivação); no entanto, para que essa motivação seja liberada, deve ser provocada, pelo prazer em executar a tarefa (motivação intrínseca) ou pela recompensa (externa à atividade) a ser recebida pela execução da tarefa (extrínseca) (Li, Tan e Teo, 2012; Broeck et al., 2011; Perry 2011; Deci e Ryan, 1985).

Existe uma grande diferença entre motivação e satisfação — quando uma surge, a outra se extingue. Motivação é o estado de carência, de necessidade, que quando satisfeito gera a satisfação, ou seja, satisfação é o estágio final da motivação. Por exemplo, a sede motiva e a água satisfaz. Portanto, necessidades satisfeitas não motivam (Bergamini, 2008). Ocorre que após uma necessidade satisfeita, imediatamente surge outra, e assim sucessivamente, principalmente as necessidades de ordem superior, mais psicológicas, como as necessidades sociais, de estima e autorrealização.

Assim que uma pessoa ingressa na careira militar, no EB, passa por um período de formação do espírito militar, em que ela aprende, entre outros valores militares, a importância da hierarquia e da disciplina (Castro, 2004). O jovem militar deve obedecer a rigorosos princípios hierárquicos, que ordenam progressivamente as autoridades dentro da instituição, gerando relações de mando e obediência que condicionam toda a sua vida pessoal e profissional e caracterizando a estrutura organizacional como fortemente hierarquizada. As organizações públicas fortemente hierarquizadas possuem fatores de motivação específicos, que podem ser diferentes de outras organizações públicas ou privadas. Esta pesquisa utiliza as organizações militares do EB como exemplos.

As pesquisas acadêmicas, especialmente no Brasil, são muito limitadas quando tratam de analisar a motivação dos militares, em tempo de paz, nas organizações militares operacionais do Exército Brasileiro. A profissão militar possui características muito peculiares, como a hierarquia e a disciplina, que desafiam as teorias motivacionais existentes a identificarem qual é o principal fator de motivação dos militares e a preencher essa lacuna do conhecimento.

Algumas características de determinada organização ou atividade, como missão, visão, cultura, entre outras, podem provocar o surgimento de fatores de motivação distintos de outras organizações. Fatores de motivação são fatores internos e/ou externos à pessoa que a impelem à ação. Diferentes profissões possuem diferentes fatores de motivação (Casado, 2002).

O documento do EB que estuda a motivação dos militares é o Manual de Campanha Liderança Militar — C 20-10, o qual afirma que a liderança militar é a ferramenta que permite ao comandante obter a superação e a manutenção da motivação, a fim de se alcançar o envolvimento individual no esforço coletivo, na busca do cumprimento da missão (Brasil, 2011). Como visto, a motivação deve estar no centro das atenções do comandante militar.

A profissão militar possui características muito peculiares, como a hierarquia e a disciplina; o uso dos uniformes; o emprego de armamento letal; a natureza pública federal da instituição Exército Brasileiro; a ausência de recompensas por produtividade; a dedicação exclusiva ao serviço nas 24 horas do dia; o espírito de sacrifício; o risco de vida; e a mobilidade geográfica a qualquer momento, segundo o interesse do serviço. Trata-se de uma profissão essencialmente coletiva, pois o trabalho realizado pelos militares exige a participação de um grupo de pessoas para sua execução, o que leva ao surgimento da camaradagem entre os militares e do espírito de corpo (união). Como a profissão militar é baseada na hierarquia e na disciplina, todo grupo de militares terá um líder (ou chefe) à frente. A profissão militar envolve riscos à própria vida, tanto nos treinamentos quanto na execução das operações militares, o que torna o trabalho extremamente desafiador.

A educação dos militares nas escolas de formação normalmente começa com uma fase de internato, isto é, uma imersão que isola temporariamente os jovens aprendizes do convívio social, com o objetivo de acelerar a aprendizagem de valores e práticas militares, facilitando a adaptação à vida militar na caserna. Aprende-se o cumprimento do horário, os hinos e canções militares, a importância de cumprir a missão, a padronização do uniforme e do corte de cabelo, a postura correta, as marchas e formaturas militares, em que todos andam no mesmo passo. Tudo isso iguala e une as pessoas, buscando-se uma uniformidade, em que todos são irmãos de arma e onde deve haver camaradagem e fraternidade. O companheirismo é desenvolvido por meio de alojamentos coletivos, deslocamentos em grupos, refeições no mesmo horário para todos, entre outros aspectos.

Os militares trabalham diariamente para manter a paz. Eles não desejam a guerra; pelo contrário, querem evitá-la. Para isso treinam e se preparam para o pior, buscando manter elevado seu poder relativo de combate frente a algum potencial inimigo, pois sabem que é melhor manter a paz por meio da dissuasão do que ter de reconquistá-la por meio da guerra. Se a guerra é difícil e exige espírito de sacrifício, treinar para ela é algo semelhante, o que exige dos militares, desde o tempo de paz, elevada motivação.

Goulart (2012:2) afirma que "de Napoleão Bonaparte, é conhecida a comparação entre a força moral e a força física de um exército, em que a primeira superaria a última na razão de três para um em termos de importância para o sucesso na batalha". Como foi visto nesta pesquisa, em plena era do conhecimento não se motiva mais com ameaças de punições, particularmente entre militares brasileiros, oriundos de uma sociedade democrática. No combate, por exemplo, seria muito mais fácil ser punido do que pôr em risco a própria vida em uma manobra de guerra. Portanto, não são as ameaças que motivam os militares, mas sim a valorização, provocada principalmente pelo relacionamento em que há confiança e respeito.

Little (1964) afirma que uma importante força motivadora dos militares em combate é o relacionamento do soldado com algum componente da grande sociedade, alguém que seja significativo para ele. O soldado tem de ouvir sobre patriotismo, símbolos nacionais e modos de agir de pessoas que representam esses valores para ele, pessoas cujas avaliações de comportamento, como bom ou mau, têm grande significância para ele.

Os valores militares constituem um atributo que muito contribui para que esses profissionais se sintam valorizados e os distinguem dos demais, torna-os diferentes, o que é perceptível às pessoas que não pertencem à corporação. Esses valores, que os militares tanto prezam, estão associados à disciplina, hierarquia, respeito à instituição, ética, honra e pundonor militares.

A sociedade brasileira demonstra, mediante pesquisas, grande confiança nas Forças Armadas, cujas missões estão previstas na Constituição Federal do Brasil e em leis complementares. Isso tudo possibilita aos militares uma grande valorização e motivação, pois denota reconhecimento da importância do trabalho a ser executado e a confiança depositada pelo Estado. Cabe adicionar que, ao questionar militares sobre questões relevantes para a manutenção do ambiente de trabalho, destacam-se os temas: relacionamento, recompensas, estima, autonomia, confiança, gostar da atividade e trabalho significativo. Todos esses fatores se reúnem em torno de um único fator de motivação, uma espécie de fator integrador, qual seja a necessidade de valorização, que vem a ser a necessidade psicológica que as pessoas possuem de se sentirem valorizadas pela organização e por pessoas (companheiros e líderes) em que confiam, a quem respeitam e admiram.

Breve observação sobre disfunções no tema motivação em organizações militares

Os militares aprendem, desde cedo na profissão, que a missão é o norte, isto é, a missão deve sempre ser cumprida. Portanto, tem-se a impressão de que o foco deve ser a missão. No entanto, deve-se entender que quem vai cumprir a missão são as pessoas, isto é, sem elas não existe missão a ser cumprida, muito menos excelência na execução. Daí surge a compreensão do verdadeiro foco a ser definido: as pessoas.

Durante a interpretação, percebe-se a importância que os militares dão ao líder, como aquela pessoa que acredita na importância da missão, que se interessa por manter a união da equipe, que ressalta o que há de melhor em cada um, que comanda, educa, motiva, apoia e controla. A ação de controlar é destacada como algo necessário para os liderados evitarem o erro na execução das missões e para o líder garantir o cumprimento de suas ordens. Do líder é esperado exemplo e conduta moral que inspire e conquiste a confiança dos liderados.

Entretanto, observações revelam a importância de se trabalhar em atividades que a pessoa gosta de fazer, naquilo que sente prazer. Em adição, observa-se que o líder deve dar o exemplo e ter controle emocional. Segundo relato de militar, "quem grita muito comanda pouco". Percebe-se, nas entrevistas, que ainda hoje muitos comandantes continuam liderando seus subordinados pelo medo, principalmente pela ameaça de punição, o que gera um ambiente de insegurança e muita ansiedade.

As entrevistas revelam, ainda, que alguns militares, na condição de comando, valendo-se de sua posição hierárquica, são muito duros no trato com os subordinados, principalmente ao usarem palavras ofensivas e um tom de voz que faz a pessoa se sentir desvalorizada. Por consequência, alguns subordinados sentem-se sem alternativas, pois não querem se prejudicar na carreira profissional, tampouco querem correr o risco de perder o emprego e ter de enfrentar um mercado de trabalho para o qual muitas vezes não possuem qualificação, com exceção de engenheiros, mecânicos de aeronaves e médicos, os quais são rapidamente absorvidos. Nas OMs, depois de certo tempo de trabalho, o militar adquire estabilidade na profissão e a organização fica praticamente impossibilitada de exonerá-lo. O militar, por sua vez, prefere continuar trabalhando mesmo desmotivado, a perder o emprego e o salário, com o qual sustenta sua família, ainda mais sabendo que na grande maioria das vezes os cursos militares que possui não o habilitam para ser absorvido pelo mercado de trabalho. Diante dessa realidade, os profissionais insatisfeitos, exercem a disciplina consciente, concordam com os chefes e sofrem calados. Tal fato conduz a uma realidade em que profissionais de carreira busquem qualificação e atualização, principalmente com o objetivo de obter aprovação em um concurso público e recolocação profissional — visando a maior valorização.

Percebe-se que a profissão militar é dura, pois prepara as pessoas para a guerra, e não se conquista essa preparação sem espírito de sacrifício. O controle das ordens e diretrizes deve ser feito com firmeza, pois um erro em combate representa vidas em perigo. Essa realidade leva os comandantes a serem exigentes com seus subordinados, e estes reconhecem a necessidade de certa pressão por resultados satisfatórios. No entanto, pode-se inferir da interpretação dos dados que alguns comandantes têm, erradamente, expectativas negativas a respeito do desempenho dos seus subordinados, e isso frequentemente dificulta um relacionamento que leve à valorização das pessoas. Essa expectativa negativa em relação ao desempenho provoca a redução dos diálogos francos e amigos entre líder e liderados e o aumento das ordens, o que distancia ainda mais os subordinados do chefe.

Considerações finais

As organizações públicas fortemente hierarquizadas, como o Exército Brasileiro, possuem fatores de motivação específicos, que se reúnem em torno de um único fator de motivação comum e principal. O EB possui como principal destinação constitucional defender a pátria contra inimigos externos e manter a paz. Para cumprir essa destinação com excelência, precisa passar por uma transformação em sua gestão, e a principal gestão a ser transformada deve ser a de pessoas, pois são as pessoas que realmente fazem a diferença em qualquer organização. São elas que têm iniciativa, criatividade, inovação e proporcionam excelentes resultados. Todas as demais transformações dependem das pessoas. Esta pesquisa procurou estudar a motivação dos militares em tempo de paz, no dia a dia da caserna, onde os militares brasileiros estão sempre se adestrando para o combate e, com isso, mantendo a paz pela força da dissuasão.

A pesquisa acadêmica em administração e gestão de pessoas é rica em estudar as teorias motivacionais no contexto organizacional (Vecchio, 2008). No entanto, é deficiente no contexto de organizações com estrutura fortemente hierarquizada. A identificação do principal fator de motivação de pessoas nas organizações públicas fortemente hierarquizadas é uma lacuna existente, que esta pesquisa busca preencher.

A força de um exército depende muito mais das pessoas que o integram do que dos materiais que possuem. E essas pessoas podem trabalhar motivadas ou desmotivadas, dependendo em grande parte da influência que é exercida pelo líder. O líder é o principal responsável por acender a chama da motivação nas pessoas. E, para isso, ele deve estar motivado, dando o exemplo de motivação, e satisfazer a necessidade de valorização que todas as pessoas possuem. A partir das teorias que estudam a gestão de pessoas nas organizações, particularmente a motivação das pessoas, pode-se afirmar que motivar é despertar a vontade que está dentro das pessoas, focando a atenção em quem está na ponta da linha, buscando alinhar as necessidades pessoais dos colaboradores com as necessidades da organização. As pessoas apresentarão melhor desempenho quando obtiverem a expectativa de satisfazer, no ambiente de trabalho, sua principal necessidade: a de se sentirem valorizadas. Portanto, deve haver um deslocamento de interesses; deve-se buscar primeiro a satisfação dos liderados e, depois, a do líder.

A motivação pode ser entendida como o principal combustível para a produtividade das organizações, principalmente no cenário competitivo do século XXI. Colaboradores motivados para realizar seu trabalho, tanto individualmente quanto em grupo, tendem a proporcionar melhores resultados. As organizações estão valorizando cada vez mais o comprometimento das pessoas, porque são elas que contribuem com as ideias criativas para a solução dos problemas. A motivação é a chave para o comprometimento. Um funcionário comprometido é motivado e um motivado é comprometido. É mais fácil conseguir um colaborador competente que conseguir um motivado. Por isso, encontrar maneiras de possuir colaboradores motivados é o principal objetivo das organizações.

A motivação no contexto organizacional está relacionada principalmente à interação entre o líder e seus liderados. A eficácia desse líder está ligada à forma positiva pela qual o liderado o considera. O liderado somente autorizará alguém a liderá-lo caso esse alguém comprove que conhece suas necessidades e está interessado em facilitar sua satisfação. Chefes insensíveis mostram pouca capacidade de conseguir um ambiente de trabalho motivador no qual as pessoas se sintam normalmente propensas a utilizar seu potencial de criatividade, passando a ser simplesmente eficientes, cumprindo o mínimo descrito para o cargo que ocupam. Dessa forma, as pessoas procurarão a satisfação fora da organização (Bergamini, 2008).

Apesar de serem empregadas inúmeras estratégias para motivar pessoas, muitas delas representam um tipo de controle e coerção e, portanto, não se têm mostrado válidas para conseguir que o trabalho seja feito com motivação. Assim como não se muda a sociedade por decreto, não é possível motivar os indivíduos com regulamentos e punições, com cenouras e bastões (Levy-Leboyer, 1994).

A busca pela transformação na gestão de pessoas das organizações públicas fortemente hierarquizadas, como o EB, cresce de importância para evitar a desmotivação, ou seja, para evitar que pessoas trabalhem só para garantir o emprego e o salário, sem motivação e sem satisfação. Portanto, é imprescindível para o EB transformar a gestão de pessoas e possibilitar que os militares trabalhem sempre motivados.

A profissão militar exige espírito de sacrifício, pois busca-se alcançar a preparação adequada para entrar e vencer em combate. Requer também rigoroso controle das ordens em vigor, pois um erro em combate representa vidas em perigo. Nesse contexto, a busca pelo erro zero leva alguns comandantes a terem expectativas negativas acerca de seus subordinados, o que provoca redução dos diálogos e aumento das ordens, prejudicando o relacionamento entre líder e liderados.

Os líderes precisam entender que exercem grande influência sobre seus liderados, que seu otimismo e alegria contagiam, bem como seu mau humor e pessimismo. Enfim, o líder estabelece, mesmo sem querer, o espírito que envolverá todos na organização. A expectativa que o líder tem a respeito do seu liderado faz com que este, ao sair da sala daquele, sinta-se valorizado ou diminuído. E pessoa alguma vai realizar grandes conquistas sentindo-se pequena e incapaz.

> Em situação de trabalho, as pessoas querem ser respeitadas como indivíduos, bem como valorizadas pelo reconhecimento das suas realizações, da sua lealdade e da sua dedicação. Mas se isso não existe, elas continuam trabalhando, porque precisam do dinheiro que o trabalho lhes traz [Bergamini, 2008:188].

Considerando que os indivíduos tendem a entender o trabalho como fonte de orgulho e significado (Ariely, 2010), é provável que a motivação seja originada quando o indivíduo trabalha com algo grande, na expectativa de que alguém importante para ele valorize o que produziu. Portanto, cresce em importância o relacionamento entre a liderança e os liderados, pois é por meio dele que a valorização se concretiza. A valorização da pessoa se dá, principalmente, quando ela própria reconhece seu trabalho como significativo e importante, e quando o tem reconhecimento pela organização e por pessoas que respeita, em quem confia e considera importantes. Portanto, a valorização depende do vínculo de admiração existente entre as pessoas. Esse vínculo está associado, normalmente, à confiança que o liderado tem no líder, que, além de possuir competência profissional, deve ser uma pessoa com valores morais admiráveis.

Esta pesquisa buscou identificar o principal fator de motivação nas organizações fortemente hierarquizadas. Para isso, demonstrou que os vários fatores de motivação existentes podem ser sintetizados em um único fator, uma espécie de fator integrador, qual seja, a necessidade psicológica que as pessoas possuem de se sentirem valorizadas. Por fim, conclui-se que a motivação no trabalho é despertada quando o foco das atenções está voltado para as pessoas que realizam o trabalho, buscando-se valorizá-las.

Para valorizar as pessoas, entre outras ações, deve-se tratá-las com dignidade e respeito, ouvi-las, conversar com elas, dar atenção e, se possível, acatar suas sugestões; ter boas expectativas, esperar o melhor delas, mantê-las unidas, com espírito de corpo e, principalmente, conscientizá-las da verdadeira importância do trabalho que realizam, de modo que percebam o valor do trabalho que lhes foi confiado, e permitir que sintam orgulho e prazer em trabalhar.

Referências

ADAIR, John. *Liderança e motivação*: a regra do meio a meio e os oito princípios fundamentais para motivar os outros. São Paulo: Clio, 2010.

ADAMS, J. Stacy. Toward an understanding of equity. *Journal of Abnormal and Social Psychology*, v. 67, n. 5, p. 422-436, 1963.

ALDERFER, C. *Existence, relatedness, and growth*: human needs in organizational settings. Nova York: Free Press, 1972.

ARGYRIS, Chris. *Personality and organization*: the conflict between system and the individual. Oxford Harpers, 1957.

ARIELY, D. *Positivamente irracional*: os desafios inesperados de desafiar a lógica em todos os aspectos de nossas vidas. São Paulo: Campus, 2010.

BANDURA, A. Self-efficacy: toward a unifying theory of behavioral change. *Psychological Review*, v. 84, n. 2, p. 191-215, 1977.

_____. *Social foundations of thought and action*: a social cognitive theory. Englewood Cliffs, NJ: Prentice Hall, 1986.

_____. Human agency in social cognitive theory. *American Psychologist*, v. 44, n. 9, 1989.

_____. *Self-efficacy:* the exercise of control. Nova York: W. H. Freeman & Company. 1997.

BARDIN, Laurence. *Análise de conteúdo*. São Paulo: Edições 70, 2011.

BERGAMINI, C. *Motivação nas organizações*. 4. ed. São Paulo: Atlas, 2008.

BRASIL. Exército. Estado-Maior. *Manual de Campanha Liderança Militar — C 20-10*. 2. ed. Brasília, DF: EB, 2011.

BROECK, A. V. et al. Understanding workaholics' motivations: a self-determination perspective. *Applied Psychology: an International Review*, v. 60, n. 4, p. 600-621, 2011.

BURN, Gillian. *Motivação para leigos*. Rio de Janeiro: Alta Books, 2011.

CAMPOS, C. B; PORTO, J. B. Escala de valores pessoais: validação da versão reduzida em amostra de trabalhadores brasileiros. *Psico*, Porto Alegre, PUCRS, v. 41, n. 2, p. 208-213, abr./jun. 2010.

CAMPOS, S.; MARSAL, J.; GARMENDIA, J. (Ed.). *Dicionario de ciências sociales*. Madri: Instituto de Estudos Políticos, 1976. v. II.

CASADO, T. et al. *As pessoas na organização*. São Paulo: Gente, 2002.

CASTRO, Celso. *O espírito militar*: um antropólogo na caserna. 2. ed. rev. Rio de Janeiro: Jorge Zahar, 2004.

CHEN, G.; Kanfer, R. Toward a systems theory of motivated behavior in work teams. *Research in Organizational Behavior*, v. 27, p. 223-267, 2006.

CRESWELL, J. W. *Projeto de pesquisa*: métodos qualitativos, quantitativo e misto. São Paulo: Artmed, 2010.

CUNHA, A. *Dicionário etimológico Nova Fronteira da língua portuguesa*. 2. ed. Rio de Janeiro: Nova Fronteira, 1999.

DAVIS, K.; NEWSTROM, J. W. *Comportamento humano no trabalho*: uma abordagem psicológica. São Paulo: Pioneira, 1992.

DECI, E. L. *Por que fazemos o que fazemos*: entendendo a automotivação. São Paulo: Negócio, 1998.

_____. RYAN R. M. *Intrinsic motivation and self-determination in human behavior*. Nova York: Plenum, 1985.

DELFGAAUW, J.; DUR, R. Managerial talent, motivation, and self-selection into public management. *Journal of Public Economics*, v. 94, n. 9, p. 654-660, 2010.

DINTHER, M. V.; DOCHY, F.; SEGERS, M. Factors affecting students' self-efficacy in higher education. *Educational Research Review*, v. 6, n. 2, p. 95-108, 2011.

DWIVEDULA, R.; BREDILLET, C. N. Profiling work motivation of project workers. *International Journal of Project Management*, v. 28, n. 2, p. 158-165, 2010.

EXÉRCITO BRASILEIRO. Diretriz geral do comandante do Exército 2011-2014. *Diário Oficial da União*, 1 jan. 2011, ed. especial, seção 2.

GÓMEZ-MIÑAMBRES, J. Motivation through goal setting. *Journal of Economic Psychology*, v. 33, n. 6, p. 1223-1239, 2012.

GOULART, Fernando Rodrigues. *Ação sob fogo*: fundamentos da motivação para o combate. Rio de Janeiro: Biblioteca do Exército, 2012.

GRANT, A. M.; PATIL, S. V. Challenging the norm of self-interest: minority influence and transitions to helping norms in work units. *Academy of Management Review*, v. 37, n. 4, p. 547-568, 2012.

HACKMAN, J. R.; OLDHAM, G. R. Development of the job diagnostic survey. *Journal of pplied Psychology*, v. 60, n. 2, p. 159-170, 1975.

HERZBERG, F. Mais uma vez: como motivar seus funcionários? In: VROOM, Victor H. *Gestão de pessoas, não de pessoal*. Rio de Janeiro: Campus, 1997.

_____; MAUSNER, B.; SNYDERMAN, B. *The motivation to work*. Nova York: John Wiley & Sons, 1959.

LEAVITT, Harold J. Why hierarchies thrive. *Harvard Business Review*, v. 81, n. 3, p. 96-102, 2003.

LEE, J. Q. et al. The relationship between future goals and achievement goal orientations: an intrinsic-extrinsic motivation perspective. *Contemporary Educational Psychology*, v. 35, n. 4, p. 264-279, set. 2010.

LEVY- LEBOYER, C. *A crise das motivações*. São Paulo: Atlas, 1994.

LEWIN, Kurt. *A dynamic theory of personality*. Nova York: McGraw-Hill, 1935.

LI, Y.; TAN, C. H.; TEO, H. H. Leadership characteristics and developers' motivation in open source software development. *Information & Management*, v. 49, n. 5, p. 257-267, 2012.

LITTLE, Roger W. Buddy relations and combat performance. In: JANOWITZ, Morris. The new military: *changing patterns of organization*. Nova York: Russel Sage Foundation, 1964.

LOCKE, Edwin A. Toward a theory of task motivation and incentives. *Organizational Behavior & Human Performance*, v. 3, n. 2, p. 157-189, maio 1968.

_____. LATHAM, G. What shoud we do about motivation theory? Six recommendations for the twenty-first century. *Academy of Management Review*, v. 29, n. 3, p. 388-403, 2004.

LUTZ, Carolina et al. Fatores motivacionais extrínsecos para a profissão militar. EnANPAD, 35, 2011. Rio de Janeiro. *Anais...* Rio de Janeiro: Anpad, 2011.

MAYO, Elton. *Motivation and personality*. Nova York: Harper & Row, 1954.

MCCLELLAND, C. The achieving story. In: ROBBINS, S. (Ed.). *Organizational behavior*. Upper Saddle River, NJ: Prentice Hall, 1961.

MCGREGOR, D. *O lado humano da empresa*. São Paulo: Martins Fontes, 1980.

MICHAELLIS. *Dicionário de português online Michaellis*. [S.l.]: [s.d.]. Disponível em: <http://michaelis.uol.com.br/moderno/portugues/>. Acesso em: 22 dez. 2012.

MOTTA, P. R. M. *Gestão contemporânea*: a ciência e a arte de ser dirigente. Rio de Janeiro: Record, 1991.

OLIVEIRA, S. *Tratado de metodologia científica*: projetos de pesquisa, TGI, TCC, monografias, dissertações e teses. São Paulo: Pioneira, 1997.

OUCHI, Willian. *Teoria Z*: como as empresas podem enfrentar o desafio japonês. 10. ed. São Paulo: Nobel, 1986.

PEDRYCZ, W.; RUSSO, B.; SUCCI, G. A model of job satisfaction for collaborative development processes. *The Journal of Systems and Software*, v. 84, n. 5, p. 739-752, 2011.

PERRY, J. L. Federalist nº 72: what happened to the public service ideal? Indiana University Bloomington and Yonsei University. *Public Administration Review*, v. 71, issue supplement s1, p. 143-47, dez. 2011.

_____; HONDEGHEM, A.; WISE, L. R. Revisiting the motivational bases of public service: twenty years of research and an agenda for the future. *Public Administration Review*, v. 70, n. 5, p. 681-690, set./out. 2010.

_____; MESH, D.; PAARLBERG, L. Motivating employees in a new governance era: the performance paradigm revisited. *Public Administration Review*, v. 66, n. 4, p. 89-121, jul./ago. 2006.

PINK, Daniel H. *Motivação 3.0*: os novos fatores motivacionais que buscam tanto a realização pessoal quanto profissional. Rio de Janeiro: Elsevier, 2010.

PIRES, Denise; MATOS, Eliane. *Teorias administrativas e organização do trabalho*: de Taylor aos dias atuais, influências no setor saúde e na enfermagem. *Texto & Contexto Eenfermagem*, Florianópolis, v. 15 n. 3, jul./set. 2006.

POPPER, K. *Em busca de um mundo melhor*. Lisboa: Fragmentos, 1989.

QUIGLEY, Tesluk; LOCKE, Bartol. A multilevel investigation of the motivational mechanisms. *Organization Science*, v. 18, n. 1, p. 71-88, 2007.

ROBBINS, S. P.; JUDGE, T. A.; SOBRAL, F. *Comportamento organizacional*: teoria e prática no contexto brasileiro. São Paulo: Pearson, 2010.

SEILER, S. et al. An integrated model of factors influencing project managers' motivation: findings from a Swiss survey. *International Journal of Project Management*, n. 30, p. 60-72, 2012.

SKINNER, B. F. *Contingencies of reinforcement*: a theoretical analysis. Englewood Cliffs, NJ: Prentice Hall, 1969.

_____. *Contingências do reforço*: uma análise teórica. São Paulo: Abril Cultural, 1980. Coleção "Os Pensadores".

STEERS, Richard M.; PORTER, L. W. *Motivation and work behavior*. Nova York: McGraw-Hill, 1975.

TAMAYO, A.; PASCHOAL, T. A relação da motivação para o trabalho com as metas do trabalhador. *RAC*, v. 7, n. 4, p. 33-54, out./dez. 2003.

TAYLOR, F. W. *Princípios da administração científica*. São Paulo: Atlas, 1990.

TOODE, K.; ROUTASALO, P.; SUOMINEN, T. Work motivation of nurses: a literature review. *International Journal of Nursing Studies*, v. 48, n. 2, p. 246-257, 2011.

VECCHIO, R. *Comportamento organizacional*: conceitos básicos. São Paulo: Cengage Learning, 2008.

VERGARA, S. C. *Projetos e relatórios de pesquisa em administração*. 5. ed. São Paulo: Atlas, 2004.

_____. *Gestão de pessoas*. São Paulo: Atlas, 2009.

VIEIRA, C. B. et al. Motivação na administração pública: considerações teóricas sobre a aplicabilidade dos pressupostos das teorias motivacionais na esfera pública. *Revista ADM Gestão Estratégica*, v. 4, n. 1, 2011.

VROOM, V. H. *Work and motivation*. Nova York: Wiley, 1964.

_____. Educating managers for decision making and leadership. *Management Decision*, v. 41, n. 10, p. 968-978, 2003.

9
Una discusión de transformación:
perspectivas para la transformación militar desde la cultura organizacional

José Joaquín Clavería Gusmán
Luís Moretto Neto
Valentina Gomes Haensel Schmitt

Introducción

Durante las dos últimas décadas las Fuerzas Armadas de diferentes países sudamericanos, han comenzado a desarrollar procesos de modernización basados fundamentalmente, en la adquisición de nuevos sistemas de armas que han incorporado a sus respectivas fuerzas y en las estrategias adoptadas para enfrentar nuevos escenarios internos y externos. Los ejércitos, en particular, han pasado de simples modernizaciones a estadios superiores de cambios de una mayor complejidad que se han denominado transformaciones. Estas transformaciones, que en la práctica se han traducido en cambios orgánicos, de estructura y de doctrina han permitido la incorporación de nuevos conceptos que han influido y orientado en gran medida los cambios o transformaciones indicadas. El Ejército de Chile que actualmente avanza en un proceso de transformación, no ha sido la excepción.

En este sentido, el Ejército chileno ha vivenciado momentos originales de modernización con la incorporación de gran cantidad de adelantos tecnológicos con base en sistemas de armas, hasta una profunda transformación de gran impacto en toda la institución. En ese contexto, la transformación de mayor relevancia y que ha sido el sostén de todo el proceso, ha sido el cambio cultural experimentado por la institución en todos los niveles, posibilitando la incorporación de nuevos conceptos, ideas y especialmente de liderazgos que han permitido su implementación mediante la toma de decisiones en diferentes momentos de su desarrollo.

El cambio cultural que se ha concretado en el Ejército ha obedecido a los cambios doctrinarios introducidos a diversos documentos de carácter valórico que han sustentado gran parte de la transformación, formando por tanto, parte de ella. Pero además, existen otras fuerzas culturales que han presionado a la organización para introducir nuevas modificaciones. Estas fuerzas o presiones culturales se han generado desde ámbitos externos o ambientales, que obligan a adecuarse al entorno social, económico y político y también desde el interior de la propia institución, por medio de la introducción de nuevo conocimiento y del "estado del arte" internacional, que diversos oficiales al término de cursos o al retornar de comisiones en el extranjero, introducen al desempeño interno de la institución. No puede dejar de mencionarse la introducción en el Ejército de la doctrina de Lecciones Aprendidas, la cual se genera en la misma fuerza y que a través de distintos niveles de análisis, finalmente se convierte en hábito, en procedimiento, en doctrina y finalmente, en parte integrante de la cultura militar.

Con ese propósito, entonces, cabe analizar los factores que impulsaron al proceso iniciado en el Ejército de Chile, estableciendo si esta transformación implico un cambio cultural de la organización para adecuarse a los nuevos escenarios o para anticiparlos, constatando el grado de importancia que tuvo la voluntad del mando institucional en su impulso, la injerencia de los valores y cultura organizacional y como estas han permitido concretar los objetivos trazados para el cambio. Dentro de ello fue necesario destacar, el grado de receptividad y aceptación a los nuevos conceptos y si estos otorgaron la flexibilidad necesaria para continuar en ciclos continuos, aceptando la realidad de que una vez iniciado un proceso de transformación éste genera — atendiendo a la velocidad en que se transforma la sociedad y a los avances tecnológicos constantes que modifican el campo de batalla — una dinámica permanente en el tiempo de ajuste organizacional con características, implicaciones y limitaciones que la individualizan.

En consecuencia, la presente investigación se orienta a verificar el impacto del proceso de transformación en la doctrina y en la organización como elementos centrales del cambio cultural del Ejército de Chile.

El proceso de transformación

La morfología del término transformación deriva del latín *transformatio*, que significa una acción o efecto de transformar o transformarse/ cambio de forma, en la apariencia, en la naturaleza o el carácter" (Ferreira, 2008:786). Por lo anterior, es que se deduce una estrecha e íntima relación con el cambio. La transformación de las organizaciones, independiente de su función en particular, es un tema que congrega gran atención y que requiere un cuidadoso análisis, por cuanto de ello depende el éxito o la sobrevivencia de la propia organización.

Cuando las organizaciones se adaptan a su entorno por medio de cambios superficiales, que no alcanzan o no son suficientes para continuar su desarrollo, o para cumplir con la tarea que se les ha encomendado, entonces puede decirse de que necesita transformarse para proseguir con su función y permitir de esta manera que sobreviva. Entonces transformarse, es permitir en primer lugar la supervivencia de la organización y posteriormente, aunque no desligado de lo anterior, para ser más eficiente.

En ese sentido, estudios han analizado el proceso centrado mayoritariamente en la problemática empresarial y, secundariamente, en la problemática pública. Sin embargo, pocos se han detenido en observar y analizar los procesos de transformación de las Fuerzas Armadas como proceso individual y que como tal posee particularidades que claramente lo distinguen.[1] Entre las particularidades se puede mencionar a la cultura organizacional militar que tiene importantes especificidades dada la propia vida militar y por el hecho de que sus integrantes se encuentran dispuestos a dar su vida en caso de conflicto. Para Caforio (2007) la profesión militar parece estar moviéndose hacia un crecimiento de la interacción con los diversos sectores de la sociedad organizada, tomando una mayor importancia en la configuración y desarrollo de la sociedad. Esto hace que la cuestión del control político sobre el instrumento manejado por estos profesionales, las fuerzas armadas, aún más agudos — complementa el autor.

La voluntariedad de sacrificio máximo condiciona de manera crítica todo proceso de transformación en lo referido a las Fuerzas Armadas, de tal forma que inevitablemente el factor cultural se encontrará gravitando en torno a todo el proceso de transformación, y sobre ese concepto, se estructura la totalidad de la cultura organizacional. Esta misma cultura organizacional militar tiene, como principal sustento a la doctrina, desde la cual se nutre en cuanto a principios, valores, tradiciones y de conocimiento militar específico relativo al empleo de la fuerza. En la doctrina se encuentran definidas las jerarquías, la disciplina, las estructuras y las interrelaciones, estrechamente vinculadas al cumplimiento de sus tareas y misiones.

En discusión acerca de la transformación organizacional desarrollada por Motta (2001), uno de los factores decisivos para la transformación, és la ruptura

---

[1] Las empresas pueden aprender desde el gobierno no menos do que el gobierno puede aprender desde los negocios, y ambos tienen mucho que aprender desde las cooperativas (Mintzberg, 1996).

de los modelos del pasado, lo cual permite introducir al ambiente nuevos conceptos, ideas y/o paradigmas, en definitiva, introducir un proceso de permanente "evolucionismo". Desde esa perspectiva, todo cambio organizacional militar supone de una ruptura, en donde ciertos esquemas y estructuras jerárquicas militares tradicionales de todo orden, se verán afectadas y por ende la doctrina sufrirá igualmente modificaciones. Ahora, si sometiésemos a la doctrina a un cambio progresivo, originalmente superficial, hasta un cambio completo radical y absoluto de ella, demostrarían de la misma manera, una ruptura con antiguas formas de comprensión del entorno militar, táctico, operacional y estratégico.

Según Burguess (2010), una transformación militar es un ajuste a la condición del Ejército, para atender mejor las exigencias del próximo siglo. Asigna un efecto temporal a la acción transformadora, con un horizonte determinado en el tiempo y que por tanto, puede ser alterado conforme a las previsiones que la propia organización pudiese tener con respecto a su futuro y a la supervivencia de la misma.

Transformación también se puede entender como un proceso mediante el cual los individuos, los grupos y organizaciones se adaptan, se desarrollan y crecen (Civolani, 2005). En la doctrina "El Ejército y la Fuerza Terrestre" del Ejército chileno, se considera que la transformación, "dentro del ámbito militar, corresponde al proceso que da forma a los cambios de las competencias militares a través de una nueva combinación de conceptos, potencialidades, organizaciones y cultura organizacional" (Ejército de Chile, 2010:17) lo que supone de un cambio de paradigma organizacional. Del mismo modo señala, que esta transformación

> se puede entender, en el nivel estratégico, como un enfoque distinto de cómo enfrentar una crisis y hacer la guerra, y de cómo participar como instrumento de la política exterior del Estado. En el nivel operacional, como la identificación de una nueva doctrina de empleo de la fuerza; y en el nivel táctico, como la incorporación de nuevos sistemas de armas y recursos tecnológicos, que modifiquen los procedimientos, técnicas y funciones de combate [...] [Ejército de Chile, 2010:17].

Por tanto, el Ejército chileno incorpora la variable doctrinaria supeditada a la transformación en el nivel operacional, incorporando además, efectos en el nivel estratégico (visión), y táctico (tecnológico). Finalmente, señala que "el elemento cohesionador y central de la transformación está representado por la unidad de esfuerzo en el empleo de la fuerza terrestre y, como fin último, por la adaptación de la forma de pensar de sus componentes" (Ejército de Chile,

2010:17), asignando por tanto un valor fundamental y último (entendido como máximo nivel), el que abarca también, la mente de los integrantes de la institución, "su forma de pensar", es decir, la cultura profesional militar de la misma.

Aclarados los conceptos de ruptura y cultura militar, es necesario verificar y seleccionar dentro de ciertos modelos teóricos paradigmáticos[2] cual es que se aplica a la transformación de un ejército.

Para lo anterior, se analizarán dos teorías principales; la del Motta (2001) — por cuanto permite analizar la transformación en amplia perspectiva, no obstante su visión enfocada en la empresa — y la teoría del Covarrubias (2007) — por cuanto se orienta de manera explícita a la Defensa y a las Fuerzas Armadas —, matizadas con las concepciones clásicas: la clausewitziana de las Fuerzas Armadas y de Sun Zi referida a la doctrina.

Usando tres pilares de la transformación

El clásico teórico militar, Carl von Clausewitz, en su obra *De la guerra*, enuncia diversos postulados que prevalecen hasta hoy, aunque con diferentes matices, en su interpretación y en su vigencia. Por la importancia histórica y cultural de este autor, es conveniente revisar y analizar la pertinencia para los procesos de transformación, de algunos de sus postulados, relacionándola con la teoría de la transformación militar en defensa, elaborada por el dr. García Covarrubias.

En su teoría de la transformación militar, el Covarrubias (2007), se basó en tres pilares; la naturaleza de las FFAA, el marco jurídico (o legalidad), y las capacidades (militares), para el cumplimiento de sus tareas y misiones. Sobre esos tres elementos, el autor generaliza respecto del fenómeno de la transformación militar, tal como Clausewitz se inspira para su segunda trinidad; el pueblo, el gobierno y el Ejército, para explicar el fenómeno de la guerra.

En primer lugar, para Clausewitz, la supremacía de la política en la guerra por sobre la militar (Borrero, 2003) — en torno a la voluntad de hacerla, de mantenerla o finalizarla (la guerra) —, constituye una premisa superior. De hecho en su célebre "tridente", cuando se refiere al gobierno como la expresión que engloba a la política o en su también célebre aforismo de que la guerra es la política por otros medios. En efecto, cuando se señala como responsable a la política de la dirección de la guerra y a los militares la conducción, de la batalla,

---

[2] Para Thomas Kuhn (1975), la discusión paradigmática y el establecimiento de un paradigma es necesario para resolver problemas que nadie ha resuelto completamente.

se diferencian dos niveles: el político y el estratégico. El nivel político trasciende en el tiempo, no así el estratégico, el cual cobra vida pública recién ante la inminencia o ante el conflicto mismo, en la batalla propiamente. Entonces, es al político o la política a la que le corresponde de servir de proveedora de los insumos necesarios para enfrentar la guerra, y por tanto, de los recursos para mantenerla operativa en tiempo de paz y, al militar, la gestión (en la paz), y el empleo (la fuerza operativa), para ganar (la guerra y la batalla).

Un aspecto importante respecto de la transformación del texto de Clausewitz, es el hecho de que diera una baja importancia a la tecnología para ganar la guerra, señalando que no es un asunto primordial. En contrapartida, Covarrubias (2007) le da un valor de alta trascendencia, al incluirla en su postulado relativo a las capacidades.

La complejidad que hoy asignamos a estos procesos de transformación no eran tales en el siglo XIX, dado que los cambios que se desarrollaban eran fundamentalmente mejoras de carácter técnico (tecnológico), de bajo alcance y de larga duración. Hoy sin embargo, eso se ha invertido, pasando a tener adelantos de amplio alcance pero de corta duración.

En relación a la aparición de la tecnología como factor relevante en la transformación, Covarrubias (2005) señala que la evolución de las FFAA es natural y está básicamente dada por su dependencia tecnológica — teniendo un impacto en la táctica y ésta a su vez en la estrategia — produciendo una cadena de hechos o de circunstancias que se van impactando y que van obligando a los cambios. Aspecto en el que coinciden numerosos otros estudios que señalan que el alcance de las transformaciones tecnológicas afectan o inciden en el ámbito o esfera de la estrategia (Murray e Millet, 2010). Por tanto, inciden en el desempeño de las fuerzas para ganar las batallas — rol asignado a los militares en la teoría de Clausewitz. Lo anterior, puede comprenderse al contextualizarlo, considerando que los avances en esa época eran mayoritariamente de índole técnico, y tal como se ha indicado, de alcance limitado sólo al ámbito táctico y de larga duración. Entonces, su incidencia era exclusiva al ámbito militar tanto en paz como en la guerra.

Hoy en día las tecnologías y sus avances son de alta incidencia, de impacto hasta estratégico y de corta duración. Al comprenderse de esa forma se puede establecer que la relación entre lo estratégico (estrategia), y política se da en la denominada "Interpenetración político-estratégica" (Espinosa, 1986), por medio de la cual se acepta una visión estratégica en la política y asimismo, obliga a considerar aspectos políticos en la estrategia. Los cambios administrativos deben ser estudiados como lo indique en particular los intereses políticos y las implicaciones políticas específicas para la relación entre Estado y sociedad (Nef, 2012). En consecuencia, cuando se habla de transformación se habla de estrategia y se deduce que forma parte de una política determinada o que su lineamiento está basado en una directriz de ese nivel. Por otra parte, no se concibe una estrategia de transformación sino está debidamente diseñada e implementada desde la paz y que es concurrente a un objetivo político determinado, elaborado también desde la paz y que a su vez ha sido estructurado con el propósito de ganar la guerra. Por lo tanto se produce el cumplimiento a la teoría de Clausewitz, esto es, que la guerra depende de los fines políticos que se definan.

La expresión de ello, es el respectivo ordenamiento jurídico, en donde existen leyes, decretos presidenciales y políticas de estado y/o de gobierno que norman el desempeño de las Fuerzas Armadas y que en definitiva sustentan cualquier proceso de transformación. En suma, es la política la que tiene la primacía, es en la política en donde se discuten y deciden las tendencias que orientan el proceso. Es en la política en donde, por tanto, se definen los objetivos a alcanzar. A la estrategia le corresponde definir las capacidades que se deben desarrollar, mantener o suprimir para alcanzar tales objetivos, produciéndose una interacción cercana, política-estratégica, que posibilite alcanzar las capacidades y al que con posterioridad, se le deberán asignar los recursos necesarios para ese propósito. El propio ex Secretario de Estado de EE.UU. Donald Rumsfeld, al señalar que "transformar sólo a las FF.AA. es estéril, sino se transforma el sector defensa en su globalidad" (Covarrubias, 2005:26). En consecuencia, encontramos los dos primeros elementos de la transformación con coincidencia que es el gobierno (Clausewitz), y la norma jurídica (García Covarrubias), y un segundo elemento el Ejército (Clausewitz) y las capacidades (Covarrubias).

La naturaleza del cambio

Respecto de la naturaleza del cambio organizacional, Motta (2001) establece cinco paradigmas: 1. compromiso ideológico; 2. imperativo ambiental; 3. reinterpretación crítica de la realidad; 4. intención social; 5. transformación individual. El compromiso ideológico, cuyo objetivo es la idealización, comprometiendo a las personas con el ideal administrativo, se descarta por estar fuera del ámbito de acción de las FF.AA., considerando que no son organizaciones administrativas. El imperativo ambiental, es un redireccionamiento para readaptar la organización a las necesidades provocadas por el ambiente. La reinterpretación crítica de la realidad, es la emancipación, recreando nuevos significados organizacionales. La intención social, es la influencia, para alterar las relaciones sociales e influir en otra organización. Finalmente, la transformación individual, es la creación y trascendencia, buscando una nueva visión de sí misma. En consecuencia, el paradigma de cambio organizacional para una transformación de un ejército debiera estar relacionado en su naturaleza, con un imperativo ambiental, con los hechos y el propio sistema como objetos de análisis, buscando causas y explicaciones.

Tal como se señaló Covarrubias (2007), la transformación cuenta con tres pilares: la naturaleza, las capacidades y la norma jurídica, de tal forma que si se altera cualquiera de ellos se estaría produciendo una transformación. Respecto de la naturaleza de la transformación, este pilar de acuerdo a su visión, se orienta básicamente a que el nacimiento de un ejército se estructura en base a al cumplimiento de una tarea que la sociedad les concede.[3] Por ende si la sociedad le asigna una tarea distinta o diferente esta debe estar consignada en el documento principal que toda nación elabora para definir su propia institucionalidad, esto es, la Constitución Política de la República. Por tanto, de producirse un cambio y siendo la Constitución el documento por el cual el pueblo o la nación entrega tareas a sus instituciones, naturalmente se va a desencadenar una transformación en cualquiera de sus FF.AA.

En síntesis, ambas concepciones paradigmáticas de la naturaleza del cambio para la transformación son aplicables a la transformación en toda fuerza armada y por consiguiente a todo ejército. Sin embargo, ambas difieren en el nivel y en la periodicidad, dado que para el paradigma del cambio como imperativo ambiental (Motta, 2001), una transformación se podría producir debido a condicionantes ambientales que de forma periódica se producen por la naturaleza cambiante de las mismas condicionantes ambientales o de la amenaza en particular, tal como ocurre hoy en día a nivel global y su nivel estará más centrado en lo estratégico y en las capacidades que debe mantener la fuerza. En cambio, la naturaleza (Covarrubias, 2007) tiene una periodicidad claramente menor dado que cambios constitucionales se generan luego de procesos muy distantes en tiempo, dado que las constituciones en sí mismas son de largo aliento por condición natural y porque cualquier modificación de ella será en el nivel político. De lo anterior, se deduce el siguiente cuadro con relación a la naturaleza de la transformación.

---

[3] Así que el campo militar organiza sus dinámicas de relaciones sociales que producen individuos altamente predecibles, cuyas reacciones están condicionadas a lo que se da por sentado en este espacio (Rosa y Mozar, 2010).

Cuadro 1
Comparación de paradigmas de transformación

Antecedente	Autor	
	Motta (2001)	Covarrubias (2007)
Paradigma	Dentro de la naturaleza; el cambio como un imperativo ambiental.	Naturaleza, propiamente.
Periodicidad de la transformación	Conforme evoluciona la amenaza. Puede ser breve en tiempo.	Largo plazo. Muy distante uno de otro en el tiempo.
Nivel	Estratégico. Definido, iniciado, impulsado y gerenciado por la propia institución armada.	Político. Para reformar la constitución.
Probabilidad de transformación	Muy probable.	Poco probable.
Principal área que aborda	Capacidades militares.	Misiones y tareas fundamentales.

Fuente: adaptación de los autores.

La cultura organizacional militar

Las organizaciones tienen culturas y organizaciones son culturas (Winslon, 2007). Tal como se ha señalado, la cultura militar en la transformación de un ejército es fundamental, por esa razón cuando se trata el tema de la transformación suele pensarse que lo que se está realizando gira en torno al ámbito de la tecnología y de lo técnico exclusivamente, es decir cambiando material bélico antiguo por nuevo. La transformación es una reforma profunda, un quiebre del statu quo, un cambio de la orientación, es emprender un nuevo camino (Covarrubias, 2007). Los valores que son los aspectos distintivos de la cultura militar, el alma de la naturaleza de las Fuerzas Armadas y — al igual que Clausewitz — las "fuerzas morales" están entre los asuntos más importantes de la guerra.

La cultura, para Motta (2001), es una perspectiva de análisis, la cual tiene como tema prioritario de análisis las características de singularidad que definan la identidad, la comunicación y el relacionamiento grupal y como unidades básicas de análisis los valores individuales y colectivos. Para Covarrubias (2007), los valores son tres fundamentales o cardinales: la valentía, el patriotismo y el honor, y para Clausewitz son: el talento del comandante, las características militares de las fuerzas y el espíritu nacional, entendido a su vez como el entusiasmo, el fervor, la fe y la convicción.

Es en función de estas "fuerzas morales" o de valores en los cuales un ejército obtiene su fuerza profunda y que permiten constituirse en una de las bases de cualquier transformación al modo de ver de Covarrubias (2007), servir de perspectiva de análisis organizacional para Motta (2001), y que permiten la victoria en la guerra, al modo de ver de Clausewitz. Un aspecto interesante de la teoría de Clausewitz es que el valor moral de un ejército también lo tiene el propio pueblo al que se debe, aspecto que lo vincula con su teoría en lo referido al "pueblo" en el tridente. Sin detenerse a analizar cada una — lo que escapa al propósito del capítulo —, puede entenderse con claridad que existe una casi perfecta simetría en ambos postulados, es decir, se puede concluir que todo proceso de transformación debe considerar que este puede afectar los valores morales y éticos profundos de toda fuerza y por tanto, en su proceso debe propender a protegerlos, incrementarlos o, de estimarse necesario, modificarlos de acuerdo a la política de estado definida.

El tercer elemento del postulado de Covarrubias (2007), lo constituyen las normas jurídicas que rigen su desempeño en paz y guerra y que se traducen en las legislaciones nacionales relativas a las Fuerzas Armadas. En las normas es donde fundamentalmente se definen los roles o funciones específicas que le caben a ellas y en las que además se establecen tareas y misiones en distintos ámbitos, vinculado, al mismo tiempo, con el pilar de la naturaleza, tal como se explicó precedentemente. De las anteriores, se establecen los objetivos a cumplir tanto en paz como en guerra, tarea aunque política, se ajusta a la norma, es decir, al marco jurídico de desempeño de las fuerzas y a la competencia exclusiva de la política como elemento absoluto en la conducción política de las Fuerzas Armadas.[4]

Por su parte, Clausewitz también entendió que la guerra depende de premisas políticas determinadas y que no es una actividad autónoma y sin lógica (Borrero, 2003), por lo que se deduce que la legitimidad de la guerra para Clausewitz se deriva de la preeminencia política que, para García Covarrubias (2007), otorga al marco o norma jurídica, hecho por la propia política. En efecto, la norma jurídica obedece a la expresión política de la voluntad del pueblo en donde se establece lo que se quiere lograr con los ejércitos y/o sus Fuerzas Armadas. Ella establece el objetivo, el propósito y las tareas que debe desarrollar a través de las "políticas de estado" que orientan el desempeño; a través de las legislaciones, se establece la forma que adoptan y a través de los presupuestos, le dan vida al ideario político elaborado.

No es casual que grandes objetivos sin recursos no conduzcan al logro de los objetivos planteados, entendiendo por recursos a los humanos y materiales que componen las Fuerzas Armadas. Aquí, entonces, surge el principal

---

[4] Entendiendo a la política como la expresión soberana del pueblo y no a la política partidista.

elemento que sustenta el vínculo clausewitziano de la teoría de García Covarrubias (2007), es decir, que para que tengan relación los objetivos (derivados de la norma jurídica y de la política), con las necesidades para enfrentar con éxito y alcanzarlos en la guerra, es que se requiere una coherencia político militar entre el objetivo y las capacidades que se requieren. En otras palabras, el objetivo político impone la necesidad de mantener o desarrollar capacidades militares para su cumplimiento y estas a su vez — capacidades — guardan relación con el estado situación actual y lo que se debe tener, espacio a ser cubierto por adaptaciones, modernizaciones o transformaciones, dependiendo del grado de profundidad, amplitud o diferencia existente entre lo que se tiene y lo que se debe alcanzar. La norma jurídica, en consecuencia, importa en las transformaciones al entregar o proporcionar la legitimidad necesaria al proceso, en particular, para la toma de decisiones que forman parte fundamental del proceso. En esto existe coincidencia entre ambas teorías. La relación político-estratégica, así como la norma jurídica forman o deben formar parte de la cultura organizacional. De ahí la importancia de incorporar a cualquier análisis cultural la norma jurídica por ser vinculante con otros análisis, por ejemplo, el de las capacidades y la relación política estratégica por definir doctrinariamente los diferentes niveles de decisión. Entonces, la primera es fundamental para la toma de decisiones — la relación político-estratégica —, en cualquiera de los niveles en que se adopte relativas a la transformación. La segunda le da los marcos funcionales a la transformación, esto es, para transformar la organización cumpliendo en mejor forma la función para la cual fue creada y dentro de la norma establecida para ella.

Otra visión, aunque no alejada de la anterior, la aporta el Motta (2001), para quien la cultura importa como una perspectiva de análisis organizacional, la base de temas prioritarios de análisis a características de singularidad que definan la identidad o programación colectiva. Son unidades básicas de análisis los valores y hábitos compartidos colectivamente. A partir de esta perspectiva, la transformación cultural tiene por objetivo internalizar nuevos valores y que su entrenamiento, constituye un instrumento importante del proceso de socialización (Motta, 2001).

En efecto, la cultura es aludida de manera negativa como un proceso pendiente por desarrollar cuando no se alcanza el objetivo previsto justificándolo como que ella (la cultura), no estaba preparada para un cambio de esa magnitud. Ello en realidad no es problema de la cultura, es un problema del diseño de la propia transformación al no considerarla en un papel relevante en todo el proceso. Será entonces necesaria su estudio y análisis de manera previa y detallada (Motta, 2001), con la finalidad de prevenir fallas posteriores en el proceso de transformación. Relegarla a estudios o previsiones de segundo orden podría exponer la totalidad del proceso a un eventual fracaso.

Kotter (1997), presenta ocho causas principales que conducen a los procesos de cambio al fracaso: 1. permitir la complacencia excesiva (eternos ajustes o postergaciones, inexistencia del sentido de urgencia); 2. hablar de la creación de una alianza fuerte (con autoridad para producir el cambio); 3. no poseer una visión estratégica; 4. no comunicar la visión de forma eficiente y en todos los niveles de la organización; 5. permitir la existencia de obstáculos que dificulten la implementación de la nueva visión; 6. no planear conquistas a corto plazo, 7. declarar la victoria del proceso de transformación prematuramente; y 8. no incorporar los cambios en la cultura de la organización.

Tanto la existencia de obstáculos como no incorporar a la cultura los cambios se encuentran estrechamente vinculados con el éxito de la transformación. En efecto, la cultura así como puede dificultar u obstaculizar, también puede facilitar cualquier proceso al incorporar los cambios. Un ejemplo de ello, es la reducción de la resistencia al cambio, la que es en realidad una resistencia cultural que interfiere, obstaculiza o impide la transformación organizacional, al reducir el problema (la resistencia), por el contrario, se facilita el cambio y se logra comprensión y adhesión estrecha.

Al analizar lo expresado en torno a la cultura por parte del Covarrubias (2007) e Motta (2001), se aprecia una gran coherencia en torno a los principios, valores, tradiciones y ritos y al valor que cada uno le asigna en la transformación. Sin embargo, en ambos casos, no mencionan a la doctrina como parte de la cultura organizacional, toda vez que tanto en organizaciones civiles como militares la doctrina o la norma o el estándar fija y establece ciertos parámetros en los cuales se desempeñan ciertas actividades o tareas, que para el caso de un ejército presenta características críticas para el conocimiento del empleo de la fuerza en su condición de fuerza armada, aspecto que en la perspectiva de la transformación de las FF.AA., podría ser considerada como una debilidad teórica. Más adelante, se abordará la doctrina en particular y su importancia fundamental en la cultura organizacional.

En síntesis, el abordaje cultural del Motta (2001), parece más adecuado al posicionar en un mismo nivel a la cultura con otras perspectivas, lo que permitiría, en un proceso de transformación, contar con una visión global del problema a resolver y de la forma en que se enfrenta hasta su solución o superación. Para confirmar lo anterior, hoy se pueden visualizar claramente las perspectivas del dr. Motta (2001), en los elementos centrales definidos por el Ejército de Chile para su transformación, como se muestra en cuadro 2.

Cuadro 2
Perspectivas de la teoría de transformación organizacional y los elementos centrales de transformación del Ejército de Chile

Perspectivas de la teoría de transformación organizacional (Motta, 2001)			Elementos centrales del proceso de transformación[5]	
Perspectivas	Tema prioritario de análisis	Objetivos prioritarios del cambio	Elementos	Ámbito
Estratégica	Interfaces de la organización con el medio ambiente.	Coherencia de la acción organizacional.	Estructura superior	Con un nuevo enfoque capacitado para enfrentar misiones derivadas de la función defensa, seguridad y cooperación internacionales y responsabilidad social.
Estructural	Distribución de autoridad y responsabilidad.	Adecuación de la autoridad formal.	Organización funcional	Para el ejercicio de la función militar, transversal en su gestión.
Tecnológica	Sistema de producción, recursos materiales e "intelectuales" para el desempeño de las tareas.	Modernización de las formas de especialización del trabajo y de la tecnología.	Tecnológica	Los nuevos sistemas de armas incorporan nuevas tecnologías y modifican los procedimientos de combate.
Humana	Motivación, actitudes, habilidades y comportamiento individuales, comunicación y relacionamiento grupal.	Motivación, satisfacción personal y profesional y más autonomía en el desempeño de las tareas.	Cambio cultural	Impone un cambio en las competencias militares.
Cultural	Características de singularidad que definan la identidad o programación colectiva de una organización.	Cohesión e identidad interna en términos de valores que reflejen la evolución social.	Cambio cultural	Impone un cambio en las competencias militares.
			Doctrina operacional	Provista para otorgar sustento intelectual y orientar la organización.
Política	Forma por la cual los intereses individuales y colectivos son articulados y agregados.	Redistribución de los recursos organizacionales de acuerdo con nuevas prioridades.	Gestión y procesos	Facilita la toma de decisiones para que sea acertada y oportuna.

Fuente: adaptación de Motta (2001).

La cultura organizacional en los pilares del Covarrubias (2007), queda relegada en una segunda mirada dentro de la naturaleza de una organización militar, no en importancia, sino que en términos de visión global de la transformación. En ambas as posturas, no se considera de manera explícita la doctrina,

---

[5] Ver: <www.ejercito.cl/fuerza-terrestre.php>. Acesso em: 10 maio 2014.

aspecto que para la transformación militar es la base cultural más importante, seguida por los principios, los valores, las tradiciones y costumbres colectivas.

La organización

Todo proceso de transformación genera cambios organizacionales importantes, sino, fundamentales. En este sentido un ejemplo muy estudiado es el del Ejército de Tierra español, el cual inició durante el año 2006 un proceso de transformación, mediante el cual hizo desaparecer el concepto orgánico tradicional de división, quedando "la Brigada como elemento fundamental de maniobra" (Hernández, 2008:26). Un elemento fundamental de este proceso era que estuvieran estas unidades "completas", a lo que posteriormente se sumaron cambios relativos al apoyo de la fuerza. En síntesis, se pasaba de una organización "territorial a una funcional". En consecuencia de la praxis española se puede establecer la existencia de una relación entre transformación, la creación de brigadas completas (como sistemas integrales), y el cambio de paradigma organizacional de terrestre a funcional, en clara sintonía con la Estrategia Nacional de Defensa que estableció el marco político para esa tarea.

Del mismo modo, esta nueva concepción ha impactado a la doctrina en conceptos orgánicos, tales como la desaparición de la división, del término aerotransportable, de unidades que "no tenían valor operativo" y/o que "no aportaban nada a la nueva estructura y eficacia del Ejército",[6] cambios con evidentes implicancias doctrinarias y que se generan en lo más alto de las organizaciones operativas como lo es la brigada como unidad completa de maniobra, la que en otras palabras se organiza como "sistema operativo", con las implicancias que ello reviste para sus orgánicas internas menores, al igual que su estructura superior.

Descomponiendo etimológicamente el término "sistema operativo", tenemos que del diccionario de la lengua portuguesa, *sistema como un*: 1. conjunto de elementos, concretos o abstractos, intelectualmente organizados; 2. conjunto de reglas o leyes que fundamentan determinada ciencia, entregando una explicación para una gran cantidad de hechos (Houaiss, 2009:1752). En consecuencia, un "sistema operativo" puede definirse como; una organización militar altamente coordinada entre sus unidades componentes y lista para operar en cualquier escenario para los cuales ha sido concebida. Esta conceptualización es altamente relevante toda vez que se orienta al fin último de la transformación, esto es, el alistamiento de guerra, a la cual contribuyen todos los esfuerzos de

---
[6] Ibid., p. 17.

transformación llevados a cabo por los ejércitos, los que entre otros aspectos han pasado de manera imperiosa por un cambio en su cultura institucional.

En consecuencia, se presenta una nueva perspectiva de acuerdo a la concepción del Motta (2001): la perspectiva estructural. De acuerdo a ello, debiera analizarse la distribución de autoridad y de responsabilidades, teniendo como unidades básicas los papeles y el estatus. Luego si asignamos esta perspectiva de análisis a lo ocurrido en el Ejército de Tierra español, podemos llegar a la conclusión que la modificación de la división a brigada, como unidad básica de maniobra y como sistema operativo integral, es una modificación resultante de un análisis estructural o desde una perspectiva estructural, implicando modificaciones de niveles de autoridad y de responsabilidad.

La decisión adoptada como resultante del análisis de la perspectiva estructural, no debe ser aislada, pues tiene implicancias estratégica, tecnológica, humana, cultural y política, por tanto la decisión tiene características globales para la organización. La visión multidimensional, de estas perspectivas, se enriquece con la visión de la naturaleza del cambio o de la razón para la transformación, de tal forma permite evitar desviaciones en el propósito final de la transformación (Motta, 2001). En definitiva esta perspectiva de análisis permite definir la necesidad de una transformación organizacional, su pertinencia y alcance. Al respecto, se pueden visualizar diferentes tipos de cambio en cuadro 3.

Cuadro 3
Tipos de cambio

Tipo de cambio				
	Tamaño	Micromudanza Focalizada dentro de la organización. Ejemplo: redefinición de cargos en una fábrica o desarrollo de un nuevo producto.	Macromudanza Visualiza a la organización entera, incluyendo sus relaciones con el ambiente. Ejemplo: reposicionamiento en el mercado o alteración de todas sus instalaciones físicas.	
	Generación y control	Espontánea No es generada ni controlada por los dirigentes de las organizaciones. Es originaria de las acciones del día a día y es guiada por personas que no ocupan una verdadera posición de autoridad.	Planeada Ocurre de manera programada, es decir, es regida por un sistema o un conjunto de procedimientos que deben ser seguidos.	Dirigida Necesita de una guía con posición de autoridad para supervisar el cambio y garantizar su implementación.

Fuente: adaptación de Lima y Bressan (2003); Pinto y Couto-de-Souza (2009).

Se podría entonces comprender el proceso español como de macromudanza, por los notables cambios de estructura y organización y planeado y dirigido, por cuanto forma parte de un plan altamente detallado y que necesita una permanente dirección y guiado para controlar el correcto desarrollo del cambio.

La doctrina

La doctrina es la forma en que las organizaciones distribuyen sus tareas, funciones, establecen relaciones, establecen sus autoridades y construyen su conocimiento colectivo entre los cuales están los valores, principios y la costumbre como bien cultural de la organización. Esta doctrina normalmente se traduce en instrucciones o procedimientos de cumplimiento general.

Por su parte, la doctrina, en su vertiente militar, se vincula directamente con los ejércitos, constituyendo para algunos el alma explícita de las instituciones y un verdadero depósito de todo el quehacer de las instituciones, en donde se establecen los conceptos y preceptos que norman la vida militar, el actuar de las tropas en combate, su forma de comando y empleo, comprendiendo también los aspectos valóricos de la propia carrera de las armas y el uso o empleo militar de los propios sistemas de armas.

Sun Tzu, el teórico militar clásico, señalaba que la doctrina es la organización del Ejército, las graduaciones y rangos entre los oficiales, la regulación de las rutas de suministros y la provisión de material militar del Ejército (Universidad Nacional de la Defensa de China, 2010). Por tanto establecía una relación entre doctrina, organización y armamento.

Por su parte Clausewitz, el teórico militar del siglo XIX, sostenía que la doctrina solo sirve para los ejércitos para los cuales fue creada (Ejército de Chile, 2010). El mismo sostenía que el valor militar de una fuerza puede obtenerse de dos formas: una la constituyen las campañas y las victorias, y la otra el entrenamiento intenso (5, 1988) — aspecto que tiene directa relación con la organización y con estructuras capaces de enfrentar a un enemigo determinado, la que se afirma además, en su "valor moral", sin el cual no contaría con capacidades de manera global.

Tan relevante es la doctrina para los ejércitos que todos, sin excepción, cuentan con unidades de diversa categoría en la que se desarrolla, evalúa y difunde la doctrina de las instituciones, de tal forma que la cultura presenta una tendencia natural al cambio, de acuerdo a las condicionantes imperantes en el contexto en que cada organización, sea militar o civil, se desenvuelve. En consecuencia, la doctrina forma parte del acervo cultural de la organización. Por tanto, debe formar parte de cualquier proceso de transformación que se desarrolle, aspecto que le otorga a estos procesos credibilidad al tener sustento doctrinario y, especialmente, facilidades al posibilitar la incorporación y asimilación de los mismos como una necesidad a la cual no se debe poner resistencia — y que, por el contrario, es necesario sumarse con entusiasmo y compromiso.

La doctrina, como parte de la cultura, es el objeto primero de cualquier proceso transformador y de no hacerlo, las organizaciones se exponen al rechazo, generando diversas incongruencias tales las citadas por Motta (2001): la disidencia, la apatía y el resentimiento. La disidencia se resume en la negación de la verdad transformadora como equívoca y para la cual se cuenta con una solución propia. La apatía en términos generales se puede resumir como un acto de indiferencia y desprecio por la acción transformadora. Finalmente el resentimiento, mediante el cual se puede dañar seriamente el proceso de transformación al creer que ese mismo proceso los excluye y daña.

Todos los procesos indicados como incongruencias pueden ser abordados desde la doctrina, generando espacios de cambio en la misma, otorgándole flexibilidad, creatividad y especialmente profundidad conceptual, mediante la cual los integrantes comprenden los procesos y se suman a ellos. En síntesis, el sustento cultural basado en la doctrina constituye un articulador de la transformación.

Conclusiones

Del análisis teórico de la transformación y de sus elementos componentes, se pudo deducir que la cultura organizacional en ambientes militares se nutre fundamentalmente de la doctrina. Es en la doctrina donde están reflejados los valores, los principios y la forma de proceder en el empleo de las capacidades militares con las cuales cuenta toda fuerza armada y que por tanto, debe ser parte en el diseño de los objetivos de todo proceso de transformación.

Existe una correlación general entre las teorías de la transformación (Covarrubias, 2007; Motta, 2001) con respecto a lo que actualmente desenvuelve el Ejército de Chile como continuación de la transformación. Sin embargo, se aprecia una coherencia estrecha y práctica entre la teoría de la transformación de Motta (2001), en lo referido tanto a la naturaleza de la transformación como imperativo ambiental y a las perspectivas de análisis organizacional en las unidades de análisis como en los objetivos respecto de los ámbitos de la transformación con el cual al día de hoy se continua conduciendo la transformación en el Ejército chileno. Por lo que se puede establecer que una teoría de transformación empresarial o de administración pública, puede ser aplicada a la transformación de una fuerza armada.

Del análisis de la transformación del Ejército chileno, es que se evidencia que la cultura organizacional fue y sigue siendo el factor crítico de éxito (Moretto Neto y Fernandes, 2012). La cultura permite comprender los avances iniciales y posteriores alcanzados en su proceso, constituyéndose en el soporte del mismo, interactuando para producir transformación en distintas áreas de la organización, mediante la interacción permanente entre el liderazgo, los propios eventos, tanto planificados como los eventuales o coyunturales y las tomas de decisiones que se producen durante el proceso.

Finalmente, la transformación es un proceso único e irrepetible para cada organización. De tal forma, tanto los plazos u horizontes que la proyectan van en sintonía y armonía perfecta con los objetivos que se persiguen. Es por tanto un error apreciar que la transformación de una es repetible en otra. Fundamentalmente, esta transformación descansa y se proyecta, sobre la base cultural, por tanto si la cultura no está en condiciones de aceptar una transformación, esta sólo podrá llevarse de manera parcial, esto es, será sólo una modificación parcial y no una verdadera transformación. La cultura es en consecuencia, el foco primero y esencial para iniciar y sostener cualquier proceso de transformación, en especial las que involucran a las instituciones armadas, dado que poseen una formación, tradición y costumbres de arraigo profundo e histórico. Es hacia la cultura, hacia donde debe apuntar la toma de decisiones, asumiendo el liderazgo para el inicio de todo proceso de transformación y hacía ella hacia la cual debe apuntar para sostenerla en el tiempo.

Referências

BORRERO, Armando. La actualidad del pensamiento de Carl von Clausewitz. *Revista de Estúdios Sociales*, n. 16, out. 2003.

BURGUESS, K. A Transformação e a laguna do conflito irregular. *Military Review*, mar./abr. 2010. Ed. brasileira.

CAFORIO, Giuseppe. Trends and evolution in the military profession. In: _____ (Ed.). *Social sciences and the military*: an interdiciplinary overview. Londres: Routeledge, 2007.

CIVOLANI, Fernando. O gerenciamento do processo de transformação do Exército Brasileiro para uma organização flexível. Rio de Janeiro: Escola de Comando e Estado-Maior do Exército, 2005.

CLAUSEWITZ, Carl Von. *De la guerra*. Madri: La Esfera de los Libros, 2014. Disponivel em: <www.laeditorialvirtual.com.ar/pages/Clausewitz/DeLaGuerra_01.htm>.

COVARRUBIAS, Jaime Garcia. Transformación de la defensa: el caso de EE.UU. y su aplicación en Latinoamérica. *Military Review*, mar./abr. 2005.

_____. Los tres pilares de una transformación militar. *Military Review*, nov./dez. 2007.

HOUAISS, Antônio. *Dicionário Houaiss da língua portuguesa*. São Paulo: Instituto Antônio Houaiss, 2009.

EJÉRCITO DE CHILE. Comando de Institutos y Doctrina. División Doctrina. *DD — 10001 El Ejército y la Fuerza Terrestre*. Santiago: División Doctrina 2005.

_____. Comando de Educación y Doctrina. *DD — 10001 El Ejército y la Fuerza Terrestre*. Santiago: División Doctrina, 2010.

ESPINOSA, Juan Emilio Cheyre. *La interpenetración político-estratégica*. Santiago: Memorial del Ejército de Chile, 1986.

FERNANDES, A. US Army TRADOC: Comando de Instrução e Doutrina dos Estados Unidos. *Military Review*, mar/abr. 2010. Ed. brasileira.

FERREIRA, Aurélio Buarque de Holanda. *Aurélio*: o dicionário da língua portuguesa. Curitiba: Positivo, 2008. Ed. especial.

HERNÁNDEZ, Víctor. El Plan Ejército XXI alcanza su ecuador. *Revista Española de Defensa*, n. 179, 2008.

KOTTER, John P. *Liderando a mudança*. Rio de Janeiro: Campus, 1997.

KUHN, Thomas S. *La estructura de las revoluciones científicas*. Madri: Fondo de Cultura Económica, 1975.

LIMA, S. M. V.; BRESSAN, C. L. Mudança organizacional: uma introdução. In: LIMA, S. M. V. (Org.). *Mudança organizacional*: teoria e gestão. Rio de Janeiro: FGV, 2003.

MINTZBERG, Henry. Managing government, governing management. *Harvard Business Review*, maio/jun. 1996.

MORETTO Neto, Luis; FERNANDES, Mauricio Pereira. *Gestão estratégica*. Florianópolis: Universidade Federal de Santa Catarina, 2012. Curso de Graduação em Administração a Distância.

MOTTA, PAULO ROBERTO. *Transformación organizacional*. Bogotá: Uniandes, 2001.

MURRAY, Williamson; MILLET, Allan. *Military innovation in the interwar period*. Cambridge: Cambridge University Press, 2010.

NEF, J. Public administration and public sector reform in Latin America. In: PETERS, B. Guy; PIERRE, Jon. *The SAGE handbook of public administration*. Londres: Sage, 2012.

PINTO, Mario Couto Soares; COUTO-DE-SOUZA, Cristina Lyra. Mudança organizacional em uma empresa familiar brasileira. *Revista de Administração Pública*. v. 43, n. 3, jun. 2009.

ROGERS, A. L. *Clausewitz*: trechos da sua obra. Rio de Janeiro: Bibliex, 1988.

ROSA, A. R. MOZAR, J. de B. Corpo e alma nas organizações: um estudo sobre dominação e construção social dos corpos na organização militar. *Revista de Administração Contemporânea*, Curitiba, v. 14, n. 2, p. 194-211, mar./abr. 2010.

TZU, Sun. *A arte da guerra*. São Paulo: Martim Claret, 2003.
UNIVERSIDAD NACIONAL DE LA DEFENSA DE CHINA. *El arte de la guerra de Sun Zi*. Beijing: Universidad Nacional de la Defensa de la China, 2010.
WINSLON, Donna. Military organization and culture from three perspectives: the case of Army. In: CAFORIO, Giuseppe (Ed.). *Social sciences and the military*: an interdisciplinary overview. Londres: Routeledge, 2007.

10
Trabalho emocional dos militares do Exército Brasileiro nas missões de paz das Nações Unidas

William Trajano de Andrade Costa
Angela Maria Monteiro Silva
Fátima Bayma de Oliveira

Introdução

Até a década de 1980, as emoções eram pouco investigadas no contexto organizacional. Todavia, nos dias atuais, cada vez mais pesquisadores começam a explorar como as emoções são gerenciadas pelos trabalhadores com o intuito de aprimorar seu desempenho laboral (Grandey, 2000).

A expressão "trabalho emocional" (TE) foi inicialmente empregada por Hochshild (1983), podendo ser definida como o gerenciamento afetivo do trabalhador, com o fim de exibir expressões vocais, verbais, faciais e/ou corporais capazes de produzir determinados estados mentais nos outros. Posteriormente, outras definições foram propostas, no entanto, todas elas concordam que o TE envolve o gerenciamento afetivo, de tal forma que as expressões de emoções e sentimentos do trabalhador sejam consistentes com as demandas e normas organizacionais, a despeito de sua concordância ou discordância dos estados e sentimentos internos ou subjetivos do indivíduo.

Diversas organizações necessitam que seus colaboradores transmitam determinadas emoções e/ou sentimentos para os clientes, como parte inerente ao seu trabalho (Hochshild, 1983). Por exemplo, é importante que garçons, comissários de bordo, trabalhadores de hotéis, entre outros, executem seu trabalho com um sorriso no rosto e realmente demonstrem emoções positivas para a clientela organizacional (Pugh, 2001). Desse modo, o TE é comercializável, faz jus a um pagamento e tem valor de troca. O gerenciamento afetivo tem sido mais intensivamente empregado pelas organizações na prestação de serviço.

Os trabalhadores ou funcionários podem, então, executar tarefas e ações de natureza mais física (por exemplo, o operário na construção civil levantando uma parede), cognitiva (o pesquisador elaborando um projeto de pesquisa), ou emocional (o médico comunicando ao seu paciente o diagnóstico de uma doença severa).

Os diversos níveis da emoção nas organizações

Ashkanasy (2003) identificou cinco níveis de análise das emoções na pesquisa aplicada às organizações (figura 1). A linha comum que integra o modelo foi baseada na neurobiologia da emoção.[1]

Figura 1
Os cinco níveis das emoções nas organizações

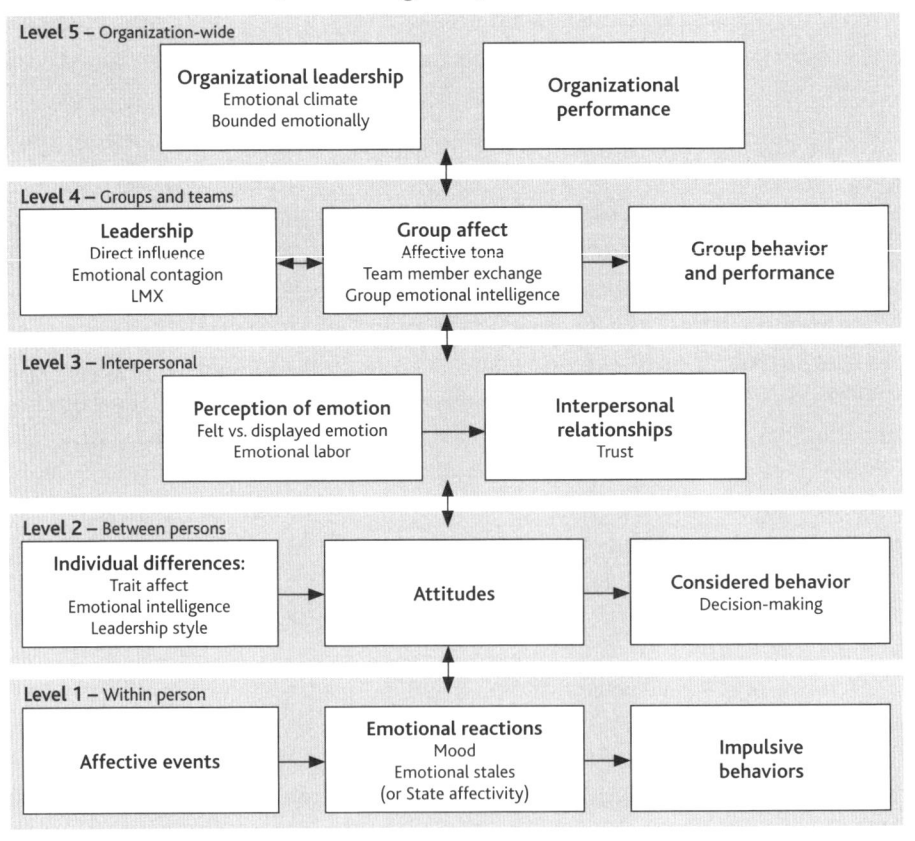

Level 5 – Organization-wide		
Organizational leadership Emotional climate Bounded emotionally	Organizational performance	

Level 4 – Groups and teams		
Leadership Direct influence Emotional contagion LMX	Group affect Affective tona Team member exchange Group emotional intelligence	Group behavior and performance

Level 3 – Interpersonal	
Perception of emotion Felt vs. displayed emotion Emotional labor	Interpersonal relationships Trust

Level 2 – Between persons		
Individual differences: Trait affect Emotional intelligence Leadership style	Attitudes	Considered behavior Decision-making

Level 1 – Within person		
Affective events	Emotional reactions Mood Emotional stales (or State affectivity)	Impulsive behaviors

Fonte: Ashkanasy (2003).

---

[1] Neurobiologia da emoção: termo que reúne as disciplinas biológicas que estudam o sistema nervoso, especialmente sua anatomia, fisiologia e evolução.

A seguir, uma descrição sucinta de cada um desses níveis.

Nível 1 — Nesse nível de análise, o foco está nas momentâneas variações de emoção vividas pelos membros da organização. Weiss e Cropanzano (1996) argumentaram que, especificamente na teoria dos eventos afetivos (AET), indivíduos têm "eventos afetivos", como aborrecimentos diários, que determinam imediatos resultados comportamentais ou atitudes, que influenciam seu rendimento no longo prazo.

Nível 2 — Esse nível centra-se nas diferenças individuais e nas atitudes, como a inteligência emocional (Mayer e Salovey, 1997), comprometimento organizacional (Meyer e Allen, 1997) e traços de afetividade (Watson e Tellegen, 1985). Satisfação no trabalho como uma variável atitudinal entre pessoas (Fisher, 2000) é também abordado nesse nível.

Nível 3 — Esse nível inclui o TE (Hochshild, 1983), bem como a gama de comunicação emocional, incluindo voz e reconhecimento facial da emoção (Ekman, 1999). Também está incluído nesse nível o "quadro integrado de processo interpessoal", segundo Elfenbein (2007:318).

Nível 4 — O foco aqui está nas equipes e na liderança de equipes, incluindo grupos afetivos (George, 1990) e contágio emocional (Hatfield, Cacioppa, e Rapson, 1992). Kelly e Barsade (2001), por exemplo, verificaram que o contágio em equipes de trabalho tem consequências para o tom afetivo da equipe (humor) e desempenho.

Nível 5 — O nível mais elevado refere-se ao modelo de negócios da organização como um todo. A esse respeito, Ashkanasy (2003:197) cita a definição de De Rivera (1992) de clima emocional, como "um fenômeno grupal que pode ser palpável, como quando alguém entra [...] em uma cidade e sente uma atitude de alegria ou depressão".

Após essa apresentação sucinta dos cinco níveis de análise das emoções nas organizações, segundo Ashkanasy (2003), o presente estudo passa agora a aprofundar o nível 3 — TE.

O TE seria o controle ou regulação das emoções e sentimentos internos e da sua expressão para se conformarem às demandas e normas do trabalho, assim como o gerenciamento da emoção do outro. A expressão afetiva requerida pela instituição ou organização pode ser manifestada de modo profundo e genuíno, de modo superficial e com certo desinteresse, ou até mesmo não ser expressa (Hochshild, 1979).

Guy, Newman e Mastracci (2008) desenvolveram um estudo sobre o TE em diferentes áreas do serviço público, cujos resultados apontaram um modelo no qual estão especificadas relações de causa e efeito. Foram selecionados cinco tipos de ocupação que apresentaram os maiores índices de componentes de TE (oficial da condicional e agente penitenciário; bombeiro, polícia e trabalhador de saúde em ambulância; assistente social escolar, familiar ou infantil; especialista em correção e condicional; investigadores criminais com formação para apoio à criança e a outros). Os componentes de TE considerados foram: *emprego de escuta ativa*; *contato interpessoal*; *gerenciamento de pessoas*; *perceptividade social*; *coordenação*; *persuasão*; *negociação*; *manejo de pessoas frustradas e com raiva*; *administração de conflito*, *orientação de serviço*; *responsabilidade pela segurança dos outros*; *manejo de pessoas agressivas*; e *interação face a face*. Tais componentes do TE foram selecionados pelas autoras por estarem contidos em diversas especificações de TE e por apresentarem interfaces e similaridades entre si (Steinberg e Figart, 1999).

No presente estudo, conjecturou-se que pelo menos alguns desses componentes do TE também se manifestam no desempenho de operações militares. Desde que Hochshild demonstrou a existência do TE, ele é estudado nos mais variados contextos. Contudo, com base na revisão da literatura, os autores não encontraram nenhum estudo publicado que investigasse o TE no meio militar. No intuito de preencher essa lacuna, o presente estudo, adotando a metodologia empregada por Guy, Newman e Mastracci (2008), investigou o trabalho emocional de militares em missão de paz, sob a égide das Nações Unidas.

Metodologia

Trata-se de uma pesquisa *ex-post-facto*, de natureza quantitativa e qualitativa, com a finalidade principal de verificar como o TE dos militares do Exército Brasileiro (EB) nas missões de paz das Nações Unidas se comportava em relação ao modelo (figura 2) de Guy, Newman e Mastracci (2008). Para a verificação do modelo de TE de militares em missão de paz, optou-se por utilizar a técnica estatística multivariada da análise de equações estruturais nos dados levantados com base nas medidas já empregadas por essas autoras: realização de TE; eficácia pessoal em TE; *burnout*; satisfação no trabalho; TE — perda de tempo; TE — faz a diferença e vale a pena. Os dados sociodemográficos foram registrados por meio de um questionário.

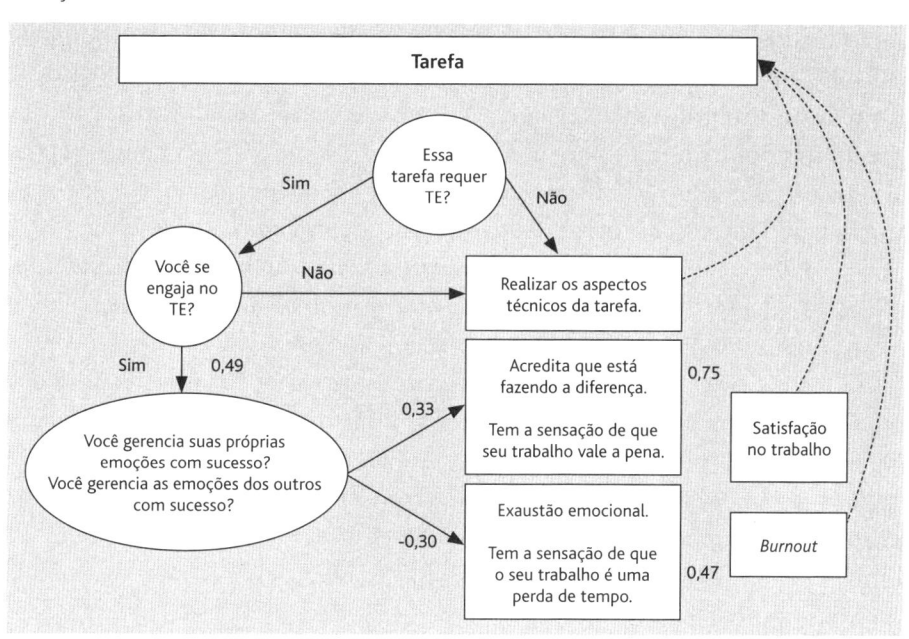

Figura 2
Relação entre o TE e os resultados afetivos

[Diagrama: Tarefa → Essa tarefa requer TE? — Sim → Você se engaja no TE? — Não → Realizar os aspectos técnicos da tarefa. Sim → Você gerencia suas próprias emoções com sucesso? Você gerencia as emoções dos outros com sucesso? (0,49) → Acredita que está fazendo a diferença. Tem a sensação de que seu trabalho vale a pena. (0,33) → Satisfação no trabalho (0,75). → Exaustão emocional. Tem a sensação de que o seu trabalho é uma perda de tempo. (-0,30) → Burnout (0,47).]

Fonte: Guy, Newman e Mastracci (2008).

As medidas utilizadas por Guy, Newman e Mastracci (2008) foram traduzidas do inglês para o português, revisadas por especialistas bilíngues e ex-integrantes de missão de paz até que fosse obtida uma versão final, considerada adequada. Também foram administradas outras medidas de conceitos não incluídos no modelo em pauta: orgulho do trabalho e TE — face falsa. Havia também um item aberto ao final do caderno de instrumentos (*Se há alguma coisa mais que você gostaria de dizer, por favor, utilize o espaço abaixo*).

Um banco de dados de militares do EB ex-integrantes de missões de paz nos últimos 10 anos serviu de base para a localização dos participantes. As medidas do estudo foram remetidas por correio eletrônico para todos eles, 3.646 ex-integrantes de missões de paz. O banco de dados foi conseguido por contato com a Diretoria de Controle de Efetivos e Movimentações (DCEM) do EB. O sigilo e a confidencialidade dos dados foram garantidos aos respondentes e foi esclarecido que esses dados só seriam usados nessa pesquisa e apresentados em termos de parâmetros estatísticos.

Desses 3.646, 3.040 militares receberam as medidas, sendo que 1.166 responderam aos instrumentos. Isso representa uma taxa de retorno satisfatória

(38,36%). A amostra final foi de 1.049 militares, depois de serem excluídos aqueles participantes *outliers* e os que responderam menos de 80% dos itens.

As medidas foram preparadas e editadas no programa *LimeSurvey*. Um *link* das medidas foi gerado pelo programa e enviado aos endereços eletrônicos dos militares constantes do banco de dados. Para evitar o risco de muitas remessas do questionário serem consideradas *spam*, a mensagem era enviada para cerca de 20 destinatários a cada vez.

Com base nos estudos prévios de Guy, Newman e Mastracci (2008), hipotetizou-se que os resultados indicariam: (i) relação positiva entre realização de TE e TE — faz a diferença e vale a pena; (ii) relação positiva entre eficácia pessoal em TE e TE — faz a diferença e vale a pena; (iii) relação negativa entre eficácia pessoal em TE e TE — perda de tempo; (iv) relação positiva entre TE — faz a diferença e vale a pena e satisfação no trabalho; (v) relação positiva entre TE — perda de tempo e *burnout*.

No que diz respeito ao conceito TE — face falsa, conjecturou-se que ele se relacionaria positivamente com o *burnout* e negativamente com a satisfação no trabalho. Também foi previsto que a realização de TE estaria positivamente relacionada ao *burnout* e à satisfação no trabalho.

Para a análise quantitativa dos dados, foram empregadas as estatísticas descritivas e a modelagem de equações estruturais. Para a análise qualitativa da questão aberta foi utilizada a análise de conteúdo.

Resultados quantitativos

Perfil dos respondentes

A amostra empregada nas análises foi de 1.049 militares. Quase a totalidade da amostra era do gênero masculino (98,9%) e a maioria havia exercido algum tipo de chefia/comando, com tempo de missão variando de seis meses até um ano, tendo atuado em missão de paz individual (como observador militar ou membro do *staff* da missão) ou coletiva (como integrante de tropa de paz). A idade da maior parte dos participantes (79,4%) variou de 25 a 44 anos. Quanto ao nível de instrução, 34% haviam concluído o segundo grau e 58,6% possuíam nível superior, sendo 78,8% casados. A maior parte (87,3%) havia integrado uma tropa de paz, 9,8% haviam atuado como observadores militares e 8% tiveram um cargo no *staff* da missão de paz. Quando à posição hierárquica no EB, 5% eram soldados/cabos; 55,7%, sargentos/subtenentes; 24,1%, tenentes/capitães; e 15,1%, oficiais superiores.

Caracterização do TE dos respondentes

Os quadros e as tabelas a seguir apresentam as porcentagens das respostas classificadas como "frequentemente", "usualmente" e "sempre" em relação aos itens das medidas de TE no trabalho dos militares do EB nas Nações Unidas.

Quadro 1
Respostas classificadas para a escala de TE (em si)

TE (em si)	Código	%	%*
Meu trabalho exige que eu guie pessoas em questões emocionais e/ou sensíveis.	EW002	60,5	55,5
Meu trabalho envolve lidar com questões de grande carga emocional, como uma dimensão fundamental do trabalho.	EW003	60,6	62,7
Meu trabalho exige que eu conforte as pessoas em crise.	EW006	52,1	49,5
Meu trabalho exige que eu gerencie a emoção de outros.	EW004	47,3	39,3

* Porcentagem da pesquisa de Newman, Guy e Mastracci (2008).

Quadro 2
Respostas classificadas para a escala TE (eficácia pessoal)

TE (eficácia pessoal)	Código	%	%*
Eu ajudo meus colegas de trabalho a se sentirem melhor.	PE002	88,0	60,5
Tento manter a paz apaziguando os confrontos entre os colegas de trabalho.	PE004	76,5	–
Eu ajudo colegas de trabalho a lidar com estresse e dificuldades no trabalho.	PE005	74,5	–

* Porcentagem da pesquisa de Newman, Guy e Mastracci (2008).
– Valor não conhecido pelo autor.

A comparação entre os índices obtidos nesta pesquisa e na pesquisa de Guy, Newman e Mastracci (2008) permite concluir que há fortes indícios de TE no trabalho dos militares do EB nas missões de paz. No trabalho prévio, as amostras de participantes desempenhavam trabalhos caracterizados por apresentarem altos níveis de componentes de TE. Assim, a superação e a proximidade dos índices da presente pesquisa em relação aos índices prévios sugerem que o TE está presente no trabalho de militares do EB nas missões de paz.

Quadro 3
Respostas classificadas para a escala TE (face falsa)

TE (face falsa)	Código	%	%*
Eu encubro ou gerencio meus próprios sentimentos/emoções de modo a parecer agradável no trabalho.	FF002	66,9	57,7
Meu trabalho me obriga a ser "artificialmente" ou "profissionalmente" amigável com cidadãos, clientes etc.	FF001	52,6	74,0
Meu trabalho me obriga a lidar com pessoas hostis.	FF005	41,1	52,3
Meu trabalho exige que eu esconda meus sentimentos sobre uma situação.	FF004	33,2	36,9
Meu trabalho exige que expresse emoções que eu realmente não sinto.	FF003	14,1	–

* Porcentagem da pesquisa de Guy, Newman e Mastracci (2008).
– Valor não conhecido pelo autor.

Alguns desses índices são superiores aos obtidos por Guy, Newman e Mastracci (2008), como nos itens "Meu trabalho exige que eu guie pessoas em questões emocionais e/ou sensíveis", "Meu trabalho exige que eu conforte pessoas em crise", "Meu trabalho exige que eu gerencie a emoção de outros", "Eu ajudo meus colegas de trabalho a se sentirem melhor" e "Eu encubro ou gerencio meus próprios sentimentos/emoções de modo a parecer agradável no trabalho". Os outros itens, mesmo com índices menores, estão ainda bem próximos.

Aplicabilidade do modelo estrutural

Inicialmente, o modelo de mensuração e o modelo estrutural foram especificados de acordo com Guy, Newman e Mastracci (2008) (figura 2). O modelo estrutural foi construído de forma similar ao modelo teórico de Guy, Newman e Mastracci (2008) (figura 2), de forma que as relações de causa e efeito fossem as mesmas.

Alguns itens foram excluídos por causa de suas cargas fatoriais abaixo de 0,5. Mas como o modelo era reflexivo, eliminado um indicador não há alteração do domínio conceitual do construto (Jarvis, Mackenzie e Podsacoffi, 2003).

O teste para a validação da qualidade das mensurações derivadas do modelo foi feita por meio da análise da validade e confiabilidade dos construtos e da significância das cargas fatoriais.

O quadro 4 mostra as cargas fatoriais padronizadas, a variância extraída por fator e a confiabilidade composta.

Quadro 4
Solução padronizada para modelo de mensuração

			Carga fatorial	Variância extraída	Confiabilidade composta
EW003	<---	TE (em si)	0,829		
EW004	<---	TE (em si)	0,817	67%	0,89
EW006	<---	TE (em si)	0,749		
EW002	<---	TE (em si)	0,874		
PE005	<---	Eficácia pessoal no TE	0,913		
PE004	<---	Eficácia pessoal no TE	0,856	64%	0,83
PE002	<---	Eficácia pessoal no TE	0,582		
JS002	<---	Satisfação no trabalho	0,681		
JS003	<---	Satisfação no trabalho	0,592	44%	0,76
JS004	<---	Satisfação no trabalho	0,686		
JS005	<---	Satisfação no trabalho	0,692		
WT003	<---	TE-Perda de tempo	0,668	50%	0,67
WT005	<---	TE-Perda de tempo	0,744		
BO003	<---	*Burnout*	0,877		
BO004	<---	*Burnout*	0,887	77%	0,91
BO005	<---	*Burnout*	0,871		

As variáveis JS002, JS004 e JS005 apresentaram cargas fatoriais próximas a 0,7 e apenas as variáveis JS003 e PE002 apresentaram carga fatorial abaixo de 0,6. Todas as cargas foram diferentes de zero, ao nível de significância de 0,1%, indicando forte correlação entre os subconstrutos e seus indicadores.

A variância extraída dos construtos foi igual ou superior a 50%, exceto do construto "satisfação no trabalho", que apresentou o índice de 44%, mas próximo à referência, indicando que o erro de mensuração foi menor do que a variância explicada pelos construtos. De acordo com Shook e colaboradores (2004), elevadas cargas fatoriais significativas e a variância extraída acima de 50% são fortes evidências de validade convergente.

Fornell e Larkin (1981) sugerem a existência de validade discriminante quando as variâncias compartilhadas não excedem as variâncias extraídas pelos construtos. Seguindo essa perspectiva, é possível afirmar que o modelo apresenta validade discriminante entre seus construtos, uma vez que — como mostra a tabela 1 — todos os *squared interconstruct correlation* (SIC) são inferiores à variância extraída pelos fatores de primeira ordem.

Por fim, o uso do Alfa de Cronbach como única medida de confiabilidade não é adequado, pois ele é influenciado pela quantidade de variáveis empregadas (Pedhazur e Schmelkin, 1991). Assim, calculou-se a confiabilidade composta de cada construto. Todos eles se mostraram confiáveis. O conceito TE — perda de tempo apresentou valor de 0,67, sendo o único a ficar próximo do valor de referência de 0,7 (Hair et al., 2006); todos os outros subconstrutos apresentaram confiabilidade acima dessa referência.

Tabela 1
Squared interconstruct correlation (SIC) do modelo de mensuração

SIC	TE	Eficácia Pessoal no TE	Fazer a diferença	Perda de tempo	Burnout	Satisfação no trabalho	Variância extraída
TE	1,000	–	–	–	–	–	67%
Eficácia pessoal no TE	0,26	1,000	–	–	–	–	–
Fazer a diferença	0,05	0,18	1,000	–	–	–	–
Perda de tempo	0,01	0,03	0,01	1,000	–	–	50%
Burnout	0,00	0,01	0,00	0,18	1,000	–	77%
Satisfação no trabalho	0,02	0,060	0,37	0,00	0,00	1,000	44%

Para checar se os resultados obtidos eram válidos, foi verificada a aproximação entre os dados obtidos da amostra e o modelo proposto (tabela 2). A análise fatorial confirmatória do modelo apresentou qui-quadrado de 776,29 para 115 graus de liberdade, indicando que o modelo se adequou aos dados. A análise dos outros índices confirmou o ajuste adequado desse modelo, pois todos atingiram ou ficaram próximos dos padrões mínimos de referência sugeridos: RMSEA, CFI e TLI foram, respectivamente, de 0,074, 0,923 e 0,898. O qui-quadrado normado foi de 6,75. Esse resultado está fora do padrão de referência, mas isso já era esperado, pois as estatísticas baseadas no qui-quadrado costumam produzir tais resultados para amostras muito grandes (Hair et al., 2006), como é o caso nesta pesquisa.

Tabela 2
Índices de ajuste do modelo

	Modelo	Padrão de referência
Qui-quadrado	776,290	*-*
Graus de liberdade	115	*-*
RMSEA	0,074	< 0,08
CFI	0,923	> 0,9
TLI	0,898	> 0,9
Qui-quadrado normado		< 2

Visando à testagem das hipóteses de estudo referentes à aplicabilidade do modelo de TE de Guy, Newman e Mastracci (2008), no TE realizado pelos militares do EB nas missões de paz das Nações Unidas, as cargas fatoriais padronizadas e seus níveis de significância foram verificados. Conforme pode ser constatado no quadro 5, aquelas hipóteses de estudo foram confirmadas para o modelo estrutural (figura 3).

Quadro 5
Status das hipóteses estruturais

	Carga fatorial padronizada	Significância p	Hipóteses	*Status*
TE — TE (eficácia pessoal).	+ 0,422		H1	Confirmada
TE (eficácia pessoal) — O trabalho vale a pena.	+ 0,438		H2	Confirmada
TE (eficácia pessoal) — O trabalho é perda de tempo.	– 0,130	< 0,01	H3	Confirmada
O trabalho vale a pena — Satisfação no trabalho.	+ 0,355		H4	Confirmada
O trabalho é perda de tempo — *Burnout*	+ 0,659		H5	Confirmada

Todas as hipóteses foram confirmadas, o que comprova a aplicabilidade do modelo teórico no TE de militares do EB em missões de paz das Nações Unidas.

Figura 3
Modelo estrutural e de mensuração estimado

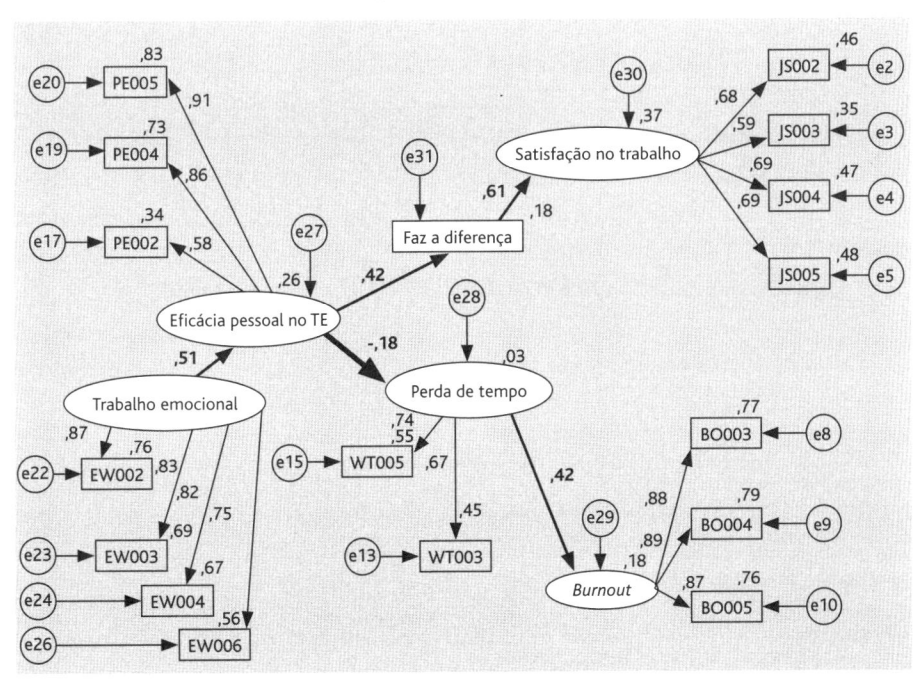

Correlações entre os construtos

As correlações entre os construtos foram geradas e analisadas em função das hipóteses levantadas. O quadro 6 mostra as correlações indicadas pelo coeficiente de Pearson e o nível de significância para os 1.049 respondentes. O nível de significância de menos de 1% para todas as correlações indica a elevada significância dos índices apresentados. Assim, as hipóteses foram verificadas de acordo com o quadro 7.

Quadro 6
Correlação entre os construtos das hipóteses e nível de significância

		TE	TE (face falsa)	Satisfação no trabalho	*Burnout*
TE	Pearson correlation	1	,535**	,308**	,209**
	Sig. (2-*tailed*)		,000	,000	,000
	N	1.049	1.049	1.049	1.049
TE (face falsa)	Pearson correlation	,535**	1	−,430**	,401**
	Sig. (2-*tailed*)	,000		,000	,000
	N	1.049	1.049	1.049	1.049
Satisfação no trabalho	Pearson correlation	,308**	−,043	1	−,129**
	Sig. (2-*tailed*)	,000	,163		,000
	N	1.049	1.049	1.049	1.049
Burnout	Pearson correlation	,209**	,401**	−,129**	1
	Sig. (2-*tailed*)	,000	,000	,000	
	N	1.049	1.049	1.049	1.049

* = inferior a 5%; ** = inferior a 1%; *** = inferior a 0,1%

Quadro 7
Verificação de outras hipóteses relacionadas ao TE e TE (face falsa)

	Coeficiente de Pearson	Significância p	Hipóteses	*Status*
TE (face falsa) — *Burnout*	+ 0,401		H6	Confirmada
TE (face falsa) — Satisfação no trabalho	− 0,430		H7	Confirmada
TE — *Burnout*	+ 0,209		H8	Confirmada
TE — Satisfação no trabalho	+ 0,308	< 0,01	H9	Confirmada

A confirmação de todas as hipóteses ratifica a base teórica e sua aplicabilidade em contextos do TE de militares do EB em missões de paz das Nações Unidas.

Resultados qualitativos

Os achados da análise de conteúdo da questão aberta "Se há alguma coisa a mais que você gostaria de dizer, por favor utilize o espaço abaixo" foram sintetizados em um mapa de relacionamento dos construtos envolvidos no TE dos militares do EB nas missões de paz das Nações Unidas (figura 4). Os construtos que emergiram da análise qualitativa foram os seguintes: TE (em si); TE (eficácia pessoal); satisfação no trabalho; estresse; e, equilíbrio emocional/amadurecimento emocional.

Figura 4
Mapa dos principais achados da análise de conteúdo

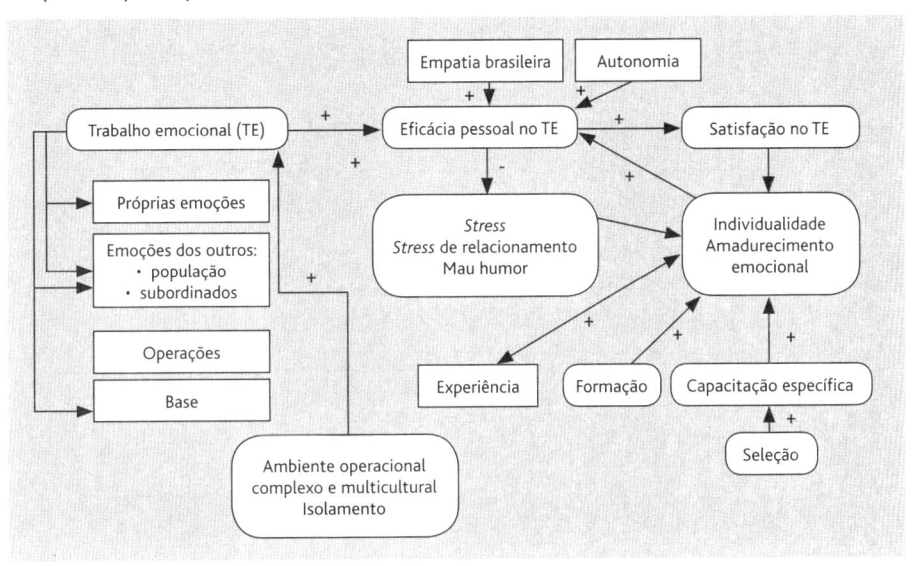

De acordo com os achados, de uma forma geral, a execução do TE gera, em cada pessoa, uma percepção do desempenho ou da eficácia pessoal. Essa percepção pessoal do TE está relacionada positivamente com a satisfação e negativamente com o estresse. Por sua vez, a satisfação e o estresse colaboram para o desenvolvimento do chamado equilíbrio emocional/amadurecimento emocional, o qual pode influenciar positivamente no desempenho do TE, fechando um ciclo. Nota-se que o estresse tanto pode ter um efeito nocivo quanto positivo em termos de crescimento.

Esse ciclo é similar ao modelo desenvolvido por Guy, Newman e Mastracci (2008), com a diferença de que no presente estudo há construtos intermediários entre a percepção da eficácia no TE e as situações de satisfação e *burnout*, que são, respectivamente, a percepção de o trabalho valer a pena e a percepção de o trabalho ser uma perda de tempo.

O TE (em si) é entendido como a execução do TE. São abaixo apresentadas as principais demandas de TE nas missões de paz encontradas na análise qualitativa. Os números que antecedem as respostas indicam a numeração das perguntas formuladas.

O trato com a população civil — Civil-military co-operatinon (CIMIC):

13 — "O desgaste emocional das atividades CIMIC é muito grande, pois tratamos diariamente com o público civil, de organizações não governamentais (ONGs) e população local. A necessidade de existir uma atividade extra para diminuir esta sensação é primordial. Não há preparação no Brasil que aproxime o militar desta atividade ao trabalho em missão de paz."

Verificou-se que algumas profissões têm um grau de expectativa de bom atendimento elevada em relação a outras, destacando-se os *call centers*, os médicos e comissárias de bordo. Esse parece ser o caso dos militares que trabalham no CIMIC, que têm contato diário com o público civil, que, por sua vez, possui a expectativa de bons serviços.

Ashforth e Humphrey (1993) definiram o atendimento a clientes em 10 dimensões, como cortesia, proximidade e compreensão. Presume-se que os militares que trabalham no CIMIC devem ter regras para o trato com a população civil, inclusive sobre como demonstrar emoções que se alinham com os objetivos da missão de paz.

De forma geral:

297 — "O trabalho das Missões de Paz é muito diferente da rotina militar fora delas. O militar brasileiro precisa ser melhor adequado a isso, principalmente do lado emocional e menos do lado operacional."
1160 — "A vida em missão de Paz exige muito do emocional do combatente. Mas a recompensa por uma jornada de trabalho bem realizada é impagável: satisfação da missão cumprida. É muito bom lutar por ideais que são maiores que nós mesmos e em prol da humanidade, isso nos engrandece."

Em desastres naturais:

289 — "Durante a missão no Haiti vivenciei o terremoto e a demanda emocional foi muito intensa e após isto passei mais 6 meses na missão, o apoio religioso foi um fator fundamental e o comprometimento com a missão."

Como observador militar:

755 — "Percebi em alguns militares brasileiros em missões de observador militar um certo desprezo pelas questões extremamente difíceis da população local, demonstrando uma falta de preparo emocional para conviver em um cenário hostil e altamente desfavorável."

Na função de intérprete:

152 — "A função de tradutor-intérprete é sempre subestimada. Todos, em geral, necessitam do profissional a tempo e a hora e, quando não precisam dele, se esquecem de que ele continua atendendo aos demais setores da unidade. Com isso, é comum ouvir comentários no sentido de que os intérpretes não fazem nada. O excesso de trabalho e o desmerecimento por parte de pares e superiores gera, na equipe, um estresse muito grande, que precisa ser administrado durante todo o tempo da missão. Situações de crise entre a unidade e a população local, outrossim, também são administradas e minimizadas pelo intérprete. A despeito dessa importância, o militar designado para a função nunca recebe o treinamento [de] que precisa, tendo que lidar com as situações que vivencia de modo artesanal e intuitivo."

Na função de chefia/comando: o gerenciamento das emoções próprias e do outro:

469 — "Acredito que cerca de 90% do tempo de minha função foi resolvendo problemas na área interpessoal. A[s] parte[s] técnica e operacional praticamente andam por si só[s]."

O TE poderia ser descrito em termos de sua frequência, intensidade, variedade e duração (Morris e Feldman, 1996) e até mesmo em termos de dificuldade e complexidade. Especula-se que as tarefas e demandas dos cargos da missão de paz que emergiram da análise das respostas à questão aberta deste estudo possam ser classificadas quanto a esses aspectos. Por exemplo: a frequência do trato do pessoal do CIMIC com os civis e suas demandas; a dificuldade de conter a raiva quando sofre agressão física, abuso e ofensa da população nativa em operações de segurança, bem como a variedade de interação social dos chefes/comandantes com os subordinados. O TE dos militares com a população durante um cataclismo tem uma intensidade elevada. O intérprete pode passar por uma variedade elevada de TE, pois interage tanto com os militares como com a população civil. A frequência foi considerada um elemento essencial por Hochshild (1983).

Além das demandas específicas, o ambiente complexo, desafiador e multicultural das missões de paz, o afastamento do militar de sua família e de seu modo de viver tendem a gerar outras exigências de TE, tanto em nível de gerência das próprias emoções como em nível da gerência da emoção dos outros.

1.073 — "Acredito que a distância dos familiares e o isolamento cultural também influenciam psicologicamente o militar que se encontra destacado em missões de desminagem humanitária [...]."

As Nações Unidas reconhecem a complexidade e os desafios do ambiente das missões de paz, classificando o trabalho nessas missões no mesmo grupo daquele desenvolvido por bombeiros, pessoal de emergência médica, policiais, pessoal de busca e resgate, pessoal de socorro e ajuda humanitária (United Nations, 1998).

O isolamento e confinamento dos militares elevam sua necessidade de controle emocional, o que pode ser agravado pelas condições e contexto da missão, para que sejam atendidas as exigências de TE das Nações Unidas. Muitos respondentes destacaram a necessidade de equilíbrio emocional do militar. Por exemplo:

105 — "Qualquer pessoa que vier pra uma missão de paz deve ter um bom emocional e saber administrar seus sentimentos e problemas pessoais. O convívio também é estressante. Por isso, é sempre importante ter a cabeça no lugar. A saudade da família também aperta, às vezes; e sempre vale lembrar que não devemos deixar nenhum problema pendente pra trás, para que não venha a nos causar um estresse durante a missão; o mais e só controle emocional."

As duas dimensões do TE apresentadas por Hochshild (1983) — a ação superficial e a ação profunda — parecem estar presentes no TE dos militares. Essas duas dimensões do TE, mais a dimensão da ação genuína de Ashforth e Humphrey (1993, 1995), devem influenciar no alcance do equilíbrio emocional necessário. Contudo, a ação superficial ou a face falsa não aparecem bem caracterizadas nos resultados qualitativos da análise da questão aberta.

Os dados revelaram indícios de que o gerenciamento das próprias emoções (ou a busca do equilíbrio emocional) está relacionado positivamente com: a satisfação pessoal, a superação do estresse, o gerenciamento da emoção dos outros e com mais experiência ou maturidade:

1.160 — "A vida em missão de Paz exige muito do emocional do combatente. Mas a recompensa por uma jornada de trabalho bem realizada é impagável: Satisfação da missão cumprida. É muito bom lutar por ideais que são maiores que nós mesmos e em prol da humanidade, isso nos engrandece."

Além da população local, o outro também é percebido como sendo o subordinado. O TE dos chefes/comandantes para com os subordinados está muito bem caracterizado nos dados qualitativos da pesquisa:

1012 — "O equilíbrio emocional e a capacidade de lidar com situações estressantes em operações de paz são fundamentais para o êxito na missão, ainda mais se você estiver em função de comando ou EM (Estado-Maior) em uma missão com tropa e tiver que gerenciar o estresse e o relacionamento dos seus subordinados."
1082 — "Gerenciar o estado emocional dos homens foi, sem dúvida, fundamental e determinante para o bom cumprimento da missão".

A questão da caracterização do trabalho é importante, como sua valorização pela sociedade e pelo o próprio militar. Ficou evidente que os chefes/comandantes gastaram grande parte do seu tempo gerenciando as emoções dos seus subordinados, a fim de resolver problemas de relacionamento na base. Vários autores (Hochshild, 1983; Guy, Newman e Mastracci, 2008) apontam que esse TE não é devidamente valorizado pelas organizações. Para desempenhar esse tipo de trabalho, o chefe/comandante também deve ser capaz de lidar com suas próprias emoções, sem o que terá dificuldades para gerenciar a emoção dos outros.

A percepção da eficácia pessoal no desempenho do TE é outro construto do modelo que emergiu dos escritos dos respondentes. Inicialmente, três fatores podem se relacionar positivamente com essa eficácia: a individualidade, a autonomia e a empatia do povo brasileiro. Segundo Guy, Newman e Mastracci (2008) uma característica do TE é a individualidade, ou seja, cada um responde diferentemente às exigências de um TE.

1.110 — "Cada tipo de missão exige um controle emocional diferente." "Outra variável é o próprio homem, pois cada indivíduo reage de maneiras diferentes em situações semelhantes." "Assim, qualquer trabalho deve levar esse fator em consideração."

Segundo Tolich (1993), a autonomia do trabalhador pode ser uma fonte de satisfação e bem-estar. Morris e Feldman (1996) sugeriram que a autonomia é negativamente relacionada com a dissonância ou desacordo emocional. Não foi possível observar a autonomia no TE de forma explícita nas respostas dos militares.

A empatia e a afetividade do povo brasileiro têm sido reconhecidas e ressaltadas. É possível verificar que esse aspecto é percebido, geralmente, como um ponto positivo que faz a diferença na missão, quando comparado com o trabalho de militares de outros países.

> 983 — "A experiência adquirida no exercício dos cargos mencionados foi fascinante." "Nós brasileiros temos uma grande capacidade de atuar muito bem do ponto de vista operacional, sem deixar de lado o aspecto afetivo." "Por isso, somos muito respeitados." "Estou absolutamente convencido de que, mesmo vivendo situações de bastante estresse, regressei ao Brasil, depois de um ano em Timor Leste, com ganhos profissionais expressivos e também melhorado como ser humano. Foi uma das coisas mais importantes que fiz durante a carreira e na vida."

Esta pesquisa também revelou um conceito que possui uma importância fundamental no trabalho dos militares do EB nas Nações Unidas, que é o amadurecimento/equilíbrio emocional. Verificou-se que alguns fatores se relacionam positivamente com o equilíbrio e o amadurecimento emocionais dos militares em missão de paz. São eles a formação, a capacitação específica, as experiências similares e a satisfação no trabalho. Inversamente, o estresse e o mau humor se relacionam negativamente com o equilíbrio emocional.

Os respondentes têm a percepção de que os cursos de formação do EB os ajudaram durante as missões de paz. Basicamente, no campo do TE, o aspecto da formação lembrado pelos militares foi o desenvolvimento na área afetiva.

> 182 — "Durante o exercício de uma Missão de Paz, enfrentei situações de crise e apoiei colegas passando por estresse crítico. Senti-me bastante preparado e avalio que consegui gerenciar bem as diversas situações. Isto se deu, sobretudo, pela primorosa formação e desenvolvimento da área afetiva que tive na Academia Militar das Agulhas Negras."

A formação dos militares do EB envolve tanto a área técnica como a área afetiva. Esse tipo de formação não existe na maioria das profissões e está intrinsecamente relacionado à singularidade e características gerais do trabalho do militar: emprego da força, trabalho em grupo, hierarquia e disciplina.

A capacitação específica do militar do EB para uma missão de paz é feita após a seleção. O Centro Conjunto de Operações de Paz do Brasil (CCOPAB) é a organização militar encarregada do preparo específico para missões individuais e na tropa. O Centro de Estudos de Pessoal (CEP) está envolvido na seleção, acompanhamento e desmobilização psicológicos e na preparação específica em idiomas estrangeiros requeridos.

Nesses aspectos, a pesquisa revelou as necessidades de treinamento em relações interpessoais e gerenciamento emocional.

> 944 — "O trabalho numa missão de paz é multidimensional. A preparação ideal deve passar por rigoroso treinamento de relações humanas, idiomas e conhecimento do sistema Nações Unidas, o que nem sempre acontece."
>
> 297 — "O trabalho das Missões de Paz é muito diferente da rotina militar. O militar brasileiro precisa ser melhor adequado a isso, principalmente do lado emocional e menos do lado operacional."
>
> 1.009 — "Na preparação para a Missão de Paz deve ser dada ênfase aos aspectos emocionais, para lidar com diversas situações que por ventura venham a enfrentar."

Em geral as organizações militares treinam seus militares para desenvolverem bem suas tarefas operacionais. Todavia, o desafio de preparar os militares para o trabalho emocional se apresenta cada vez mais claramente. Os respondentes mencionaram a preparação psicológica para a missão como sendo fundamental. Especula-se que o termo psicológico empregado possa referir-se à preparação emocional.

A necessidade de preparação para lidar com a população nativa também foi constatada.

> 530 — "Missões como a do Haiti aproximam a tropa do que ocorre num combate moderno, ou seja, mostram que qualquer exército do mundo tem de estar preparado para o trato com a população não combatente." "O soldado brasileiro se sobressai em missões de paz porque é um homem muito levado pelo emocional, e que se sente realmente muito feliz em ajudar quem precisa."

Altamente relacionada com o TE desenvolvido pelos chefes/comandantes com seus subordinados, a preparação para o TE de gerenciamento das relações interpessoais no EB ainda é percebida como sendo insuficiente, necessitando, portanto, ser incrementada.

> 1.077 — "Acho que deveria haver mais orientações/instruções durante a preparação com respeito às individualidades e ao coletivo o que nem sempre acontece durante a missão. Em consequência, podem ocorrer crises de relacionamento/interação."

Embora o treinamento para o TE não tenha sido o foco direto desta pesquisa, foi possível verificar que há necessidade de uma preparação específica para o TE, tanto de gerenciamento emocional próprio como dos outros. O como fazer esse treinamento é uma questão merecedora de estudos posteriores.

Como já foi mencionado, os respondentes percebem que as experiências em trabalhos similares contribuem para a obtenção de competências envolvidas no TE em missão de paz.

> 803 — "Quando fui para a missão, o assunto era pouco tratado e muita coisa saiu no instinto. Acho que a experiência na Seção de Instrução Especial (SIEsp), na Brigada Paraquedista (Bda Pqdt) e no Centro de Instrução de Guerra na Selva (CIGS) me amadureceram emocionalmente para a missão. [...]"

Guy, Newman e Mastracci (2008) afirmam que o TE exige habilidade e experiência, bem como está sujeito a controles externos e divisões de trabalho. Dahling e Perez (2010) constataram que os mais experientes eram mais propensos a usar a ação profunda e a ação genuína, empregando menos a ação superficial. Assim, a experiência anterior com o TE é um fator importante para a seleção de pessoal para as missões de paz.

A satisfação, como resultado da percepção da eficácia pessoal no TE, também está relacionada positivamente com a obtenção do equilíbrio emocional. Ela está de um lado da balança, enquanto o estresse e o mau humor estão do outro.

> 1012 — "O equilíbrio emocional e a capacidade de lidar com situações estressantes em operações de paz são fundamentais para o êxito na missão, ainda mais se você estiver em função de comando ou de Estado-Maior em uma missão com tropa e tiver que gerenciar o estresse e o relacionamento dos seus subordinados."

As reações ao estresse ocupacional, alterações de humor e queda de desempenho, modificação de comportamento, embriaguez, separações e dificuldades de readaptação são algumas das manifestações ligadas ao *burnout* (Brotheridge e Grandey, 2002). Esses aspectos estão presentes durante a missão e após seu término.

> 543 — "Gostaria de acrescentar que por ocasião do retorno, faz-se necessário um acompanhamento psicológico dos componentes das diversas missões de paz, tendo em vista que alguns militares acabam apresentando alterações no humor, no trato com as pessoas e na forma de trabalho, tornando mais difícil sua readaptação ao convívio comum."

Lee e Ashforth (1996) e Zapf (2002) acreditam que o estresse no trabalho devido à sobrecarga e conflitos está relacionado à exaustão emocional, que é um dos componentes do *burnout*. Guy, Newman e Mastracci (2008) apresentaram o cinismo como uma das consequências do TE associada ao *burnout*, que foi uma das consequências do TE cujos sintomas foram mencionados pelos participantes deste estudo.

Situações mais intensas, como o caso do terremoto no Haiti, são mais traumatizantes, requerendo maior suporte psicológico; porém, não apenas nessas situações a atuação de profissionais de psicologia é solicitada. A valorização do trabalho psicológico pode ser observada nas respostas dos participantes, inclusive na necessidade de integração entre a equipe de saúde e a equipe de psicólogos da missão de paz no Haiti, bem como na importância de os familiares dos militares serem atendidos por esses profissionais.

O estresse de um integrante da missão de paz pode afetar o outro; portanto, o gerenciamento do estresse é uma questão fundamental nas missões de paz, principalmente em cargo de comando, devido ao maior poder e influência social do comandante.

> 411 — "O estresse de um contamina muito a emoção dos outros membros da equipe de trabalho, e gerenciar a parte operacional e as emoções alheias é uma prova de fogo." "Conhecimento e habilidade as pessoas, durante a missão, adquirem ou desenvolvem, mas sob estresse emocional suas atitudes ficam submissas, desaparecem ou assumem postura totalmente diferente do esperado e desejado."

O gerenciamento do estresse é uma tarefa considerada essencial para o trabalho dos capacetes azuis das Nações Unidas, principalmente para os líderes de equipe (United Nations, 1995). A preocupação do controle do estresse por parte das Nações Unidas reflete-se na presença de um oficial designado para monitorar e controlar o estresse da tropa.

Alguns recursos de manejo do estresse foram identificados na pesquisa, tais como a prática de passeios, jogos e confraternizações. Além disso, as Nações Unidas reconhecem a importância e disponibiliza férias periódicas para todos os capacetes azuis como um alívio das condições estressantes do teatro de operações.

A remuneração salarial mais compatível com as exigências emocionais a que são submetidos os militares em missões de paz é um fator que ajudaria no gerenciamento do estresse. Abaixo seguem uma das percepções mais relevantes relacionadas aos salários.

670 — "O estresse de qualquer profissional, principalmente em situações intensas, tem como catalisador a situação financeira em que o próprio ou sua família possa se encontrar. Característica que verifiquei fruto do convívio com amigos durante a missão." "É claro há outros fatores que geram o estresse, mas ressalto mais uma vez que a remuneração de um profissional nesta situação é um grande amparo […]."

Guy, Newman e Mastracci (2008) chamam a atenção para o fato de que o TE normalmente não é valorizado financeiramente, diferentemente do trabalho técnico e mental.

No entanto, o TE deveria ter valor e adequada remuneração, uma vez que o profissional trabalha e se esforça emocionalmente para apresentar uma "imagem" ou face institucional.

Diante de vários desafios das operações e tarefas militares, do isolamento dos militares de suas famílias, país e cultura, das dificuldades de relacionamento interpessoal e do estresse, a seleção do pessoal para uma missão de paz tem sua importância e deve ser sempre aperfeiçoada. A seleção de um profissional, principalmente o chefe/comandante, com eficácia em TE é um grande desafio do sistema de seleção. As análises de cargo ainda não descrevem e especificam adequadamente as tarefas e ações referentes ao TE.

Durante a análise do conteúdo das respostas ao item aberto, foram procurados elementos que pudessem caracterizar a utilização da ação superficial (face falsa), ação profunda ou ação genuína por parte dos militares.

Enquanto foram encontrados diversos relatos que denotavam uma ação profunda ou genuína, só uma declaração se aproximou da descrição de uma ação superficial. O informante revela a dificuldade em mascarar emoções e sentimentos negativos mais profundos devido ao convívio forçado, próximo e contínuo dos militares confinados na base.

572 — "Não acredito em um mascaramento dos sentimentos. Mesmo que o indivíduo tente algo desse tipo, fatalmente, cedo ou tarde, em um ambiente confinado, como é o caso das nossas missões, os outros militares perceberão que ele não está bem."

Conclusão e recomendações

Os resultados quantitativos mostraram a aplicabilidade do modelo de TE de Guy, Newman e Mastracci (2008) no TE dos militares do EB nas missões de paz.

Entende-se que esta pesquisa foi inovadora, pois não foi encontrado nenhum estudo que utilizasse a metodologia da modelagem de dados pela técnica das equações estruturais para a testagem de um modelo teórico acerca das relações de causa e efeito do TE em uma amostra militar ou qualquer outra pesquisa sobre o TE em contexto militar. A investigação é pertinente porque o TE está relacionado à eficiência de desempenho dos integrantes da instituição, no caso o EB, em missão de paz a serviço das Nações Unidas, do Brasil e do próprio EB.

A metodologia permitiu integrar os resultados de análises quantitativas, qualitativas, pesquisas documentais e conhecimentos teóricos, dando consistência aos achados.

Cabe mencionar que a amostra incluiu integrantes de diversas missões e foi autorregulada, ou seja, após o convite para participar, respondeu quem quis, e isso pode ter impactado as respostas de alguma forma. Além disso, uma parte dos respondentes já havia atuado em missões de paz há algum tempo e outra estava atuando ou tinha atuado há pouco tempo, o que pode ter influenciado suas percepções. Seria interessante que as próximas pesquisas pudessem separar contextual e temporalmente as amostras para se conseguir uma visualização mais clara e separada de fatores ligados ao contexto, tempo e natureza da missão.

Dados de um estudo recente do CEP indicam uma prevalência de 97,38% de estresse clínico em militares (81,25% deles na fase de resistência) que retornavam da missão individual de paz em que atuaram como observadores militares (Silva et al., 2014). Essa prevalência é bem mais elevada do que a prevalência de estresse clínico em militares participantes de missão de paz coletiva em tropa, que nunca chegou ao nível de 40%.

Todas as hipóteses desta pesquisa foram confirmadas, e o modelo de Guy, Newman e Mastracci (2008) mostrou-se adequado ao TE de militares em missão de paz e fatores consequentes. Assim, os resultados quantitativos obtidos indicam que os militares do EB executam o TE nas missões de paz das Nações Unidas, estando sujeitos às suas consequências positivas e negativas. As positivas estão relacionadas à satisfação no trabalho e as negativas estão relacionadas ao estresse ocupacional e ao *burnout*. Assim, dada uma tarefa a ser realizada, se houver a demanda de TE e o militar se engajar nesse trabalho, a percepção de sua eficácia pessoal conduzirá a sentimentos de que esse trabalho faz a diferença ou de que esse trabalho é uma perda de tempo. Esses dois sentimentos colaborarão, respectivamente, para o aumento da satisfação no trabalho e para o *burnout*.

Esta pesquisa contribuiu para um melhor entendimento do EB acerca da natureza e consequências do TE em missão de paz, oferecendo um novo campo de estudo e atividade na área da gestão de pessoas. Cabe ressaltar a importância de estudos futuros para identificar os componentes de TE em operações de paz, seu grau de importância, frequência e dificuldade, para que os resultados alimentem as análises de cargo e profissiográficas.

Com base na identificação dos componentes, tarefas e ações de TE nos cargos de missão de paz, o EB pode empregar essas informações para desenvolver treinamentos de TE eficazes para os cargos em diferentes níveis e posições hierárquicas, especialmente para aqueles em níveis mais altos de liderança. Os indivíduos em alta posição de liderança têm especial influência no bem-estar da tropa, que é potencializada pela natureza da cultura militar. Cabe esclarecer que o sistema militar de relações é caracterizado pelo cumprimento de uma linha de comando rígida, baseada em hierarquia e disciplina. Em geral, as ordens não são questionadas e são cobradas em diversas instâncias.

O treinamento de pessoal para o TE pode envolver as seguintes estratégias: (i) as regras, normas e padrões de TE podem ser aprendidos por meio informação, modelação, *feedback* e reforçamento positivo; (ii) o EB também pode oferecer maior suporte em termos de gerenciamento de estresse ampliando os recursos de lazer e férias, pela inclusão de estratégias de *coping*, como respiração, relaxamento e dessensibilização, entre outras, para que os militares, de antemão, se preparem para lidar com os desafios de cada missão; (iii) ensinar técnicas de resolução de problemas, preparando os militares para lidar com o imprevisto; (iv) aprimorar a inteligência emocional em suas diversas dimensões (assertividade, empatia etc.); e (v) compartilhar os casos de sucesso no exercício desafiador de TE.

Convém que as investigações sobre o TE também sejam estendidas para as operações de garantia da lei e da ordem, por exemplo, na atuação do EB nos complexos do Alemão, da Penha e da Maré, como uma força de pacificação em ambiente urbano.

Além disso, a pesquisa quantitativa confirmou a correlação positiva entre o TE (em si) e o *burnout* e entre o TE (face falsa) e o *burnout*, o que indica um efeito deletério significativo do TE, principalmente do TE — face falsa ou de ação superficial. Ocorreu também a correlação negativa entre o TE — face falsa e a satisfação no trabalho. Dessa forma, ratifica-se a importância da utilização de estratégias de *coping* nas missões de paz, tanto em nível pessoal quanto em nível organizacional, de tal forma que os militares sejam treinados para executar o TE.

Outras estratégias preconizadas pelas Nações Unidas, como o *debriefing* e o *defusing* também podem ser utilizadas após um evento traumático para prevenir os efeitos nocivos do estresse extremo. O *debriefing* é um trabalho grupal estruturado, de natureza psicológica e educativa, que envolve a coordenação de profissionais de saúde especialmente treinados, cujo objetivo é mitigar o impacto de um incidente crítico e dar suporte ao pessoal que vivenciou ou presenciou o evento (Davis, 1998). O *defusing* e o *debriefing* são similares em termos dos procedimentos; no entanto, o *defusing* ocorre logo depois do acidente e é menos estruturado.

As estratégias individuais, como o *time-out* (retirada da situação), devem ser ensinadas e estimuladas em todos os níveis. Todavia, seria importante atenuar o emprego da TE — face falsa, que nada mais é que a utilização da ação superficial. A ação genuína e profunda tem efeitos positivos sobre o indivíduo e deve ser buscada. Como a análise qualitativa revelou, o amadurecimento emocional está intimamente ligado com as experiências, a capacitação específica para as missões de paz e a formação.

Os resultados qualitativos mostraram-se congruentes com o modelo testado e revelaram inúmeros aspectos, sendo que a principal dimensão do TE executado pelos militares do EB nas missões de paz das Nações Unidas foi o gerenciamento, pelos chefes/comandantes, em todos os níveis, de suas próprias emoções e das de seus subordinados no relacionamento interpessoal. Futuros estudos acerca das relações entre o TE e condições de liderança são recomendados, com base nos resultados encontrados.

Os dados qualitativos sugerem uma maior predisposição dos militares em missão de paz para reagir com estresse e emoções negativas, devido às condições multiculturais, distância da família, confinamento na base, risco de ferimento e morte, proximidade da pobreza extrema e, muitas das vezes, a visualização da impossibilidade de resolução de problemas que extrapolam a influência do componente militar da missão das Nações Unidas, entre outros desafios. As questões do TE são cruciais porque as diversas frações do Exército precisam estar coesas e de moral elevado para serem empregadas com eficácia nos diversos tipos de missões das Nações Unidas (manutenção da paz, imposição de paz, entre outras). Além disso, os dados qualitativos revelaram o construto "amadurecimento emocional", que não constava do modelo original. Novas pesquisas devem ser realizadas para confirmar ou não e discutir a pertinência desse achado.

Evidências de um "novo" tipo de trabalho (o TE) apontam a necessidade de incluí-lo nas análises de trabalho/cargo e no planejamento do treinamento psicossocial para o desempenho nas missões de paz. Recomenda-se, então, que novos estudos investiguem o TE em diferentes cargos e posições militares, em missões e contextos culturais diversos, suas consequências negativas e positivas em operações militares, assim como a testagem da eficácia de diversos componentes de treinamento de TE para os diversos cargos e missões.

Referências

ASHFORTH, B. E.; HUMPHREY, R. Emotional labor in service roles: the influence of identity. *Academy of Management Review*, v. 18, n. 1, p. 88-115, 1993.

_____; _____. Emotion in the workplace: a reappraisal. *Human Relations*, v. 48, n. 2, p. 97-125, 1995.

ASHKANASY, N. M. Emotions in organizations: a multilevel perspective. In: DANSEREAU, F.; YAMMARINO, F. J. (Ed.). *Research in multi-level issues*. Oxford: Elsevier/JAI Press, 2003. v. 2, p. 9-54.

BROTHERIDGE, C. M.; GRANDEY, A. A. Emotional labor and burnout: comparing two perspectives of people work. *Journal of Vocational Behavior*, n. 60, p. 17-39, 2002.

DAHLING, J. J.; PEREZ, L. A. Older worker, different actor? Linking age and emotional labor strategies. *Personality and Individual Differences*, v. 48, n. 5, p. 574-578, 2010.

DAVIS, J. A. *Providing critical incident stress debriefing (CISD) to individuals and communities in situational crisis*. Nova York: American Academy of Experts in Traumatic Stress, 1998. Disponível em: <www.aaets.org/article54.htm>. Acesso em: 19 mar. 2014.

DE RIVERA, J. Emotional climate: social structure and emotional dynamics. *International Review of Studies on Emotion*, n. 2, p. 197-218, 1992.

EKMAN, P. Basic emotions. In: DALGLEISH, T.; POWER, M. (Ed.). *Handbook of cognition and emotion*. Sussex: John Wiley e Sons, 1999. cap. 3.

ELFENBEIN, H. A. et al. Toward a dialect theory: Cultural differences in the expression and recognition of posed facial expressions. *Emotion*, v. 7, n. 1, p. 131-146, 2007.

ERICKSON, R. J.; RITTER, C. Emotional labor, burnout, and inauthenticity: does gender matter? *Social Psychology Quarterly*, v. 64, n. 2, p. 146-163, 2001.

FISHER, C. D. Mood and emotions while working: missing pieces of job satisfaction? *Journal of Organizational Behavior*, v. 21, n. 2, p. 185-202, 2000.

FORNELL, C.; LARCKER, D. F. Evaluating structural equation models with unobservable variables and measurement error. *Journal of Marketing Research*, v. 18, n. 1, p. 39-50, 1981.

GEORGE, G. Personality, affect, and behavior in groups. *Journal of Applied Psychology*, 75, n. 2, p. 107-116, 1990.

GRANDEY, A. A. Emotion regulation in the work place: a new way to conceptualize emotional labor. *Journal of Occupational Health Psychology*, v. 5, n. 1, p. 95-110, 2000.

GUY, M. E.; NEWMAN, M. A.; GANAPATI, N. E. Managing emotions while managing crises. *International Journal of Emergency Services*, v. 2, n. 1, p. 6-20, 2013.

_____; _____; MASTRACCI, S. H. *Emotional labor:* putting the service in public service. Armonk, NY: M. E. Sharpe, 2008.

HAIR, J. F. et al. *Multivariate data analysis.* 6. ed. Upper Saddle River, NJ: Prentice Hall, 2006.

HATFIELD, E.; CACIOPPA, J.; RAPSON, R. L. Emotional contagion. In. CLARK, M. S. (Ed.). *Review of personality and social psychology*: emotion and social behavior. Newbury Park, CA: Sage Publications, 1992. p. 151-177.

HSIEH, C. W.; JIN, M. H.; GUY, M. E. Consequences of work-related emotions: analysis of a cross section of public service workers. *American Review of Public Administration*, v. 42, n. 1, p. 39-53, 2012.

HOCHSCHILD, A. R. Emotion work, feeling rules, and social structure. *American Journal of Sociology*, v. 85, n. 3, p. 551-575, 1979.

_____. *The managed heart*: commercialization of human feeling. Berkeley, CA: University of California Press, 1983.

JARVIS, C.; Mackenzie, S.; PODSAKOFF, P. A. Critical review of construct indicators and measurement model misspecification in marketing and consumer research. *Journal of Consumer Research*, v. 30, n. 2, p. 199-218, 2003.

KELLY, J. R.; BARSADE, S. G. Mood and emotions in small groups and work teams. *Organizational Behavior and Human Decision Processes*, v. 86, n. 1, p. 99-130, 2001.

LEE, R. T.; ASHFORTH, B. E. A meta-analytic examination of the correlates of the three dimensions of job burnout. *Journal of Applied Psychology*, v. 81, n. 2, p. 123-133, 1996.

MEYER, J. P.; ALLEN, N. J. *Commitment in the workplace*: theory, research and application. Thousand Oaks, CA: Sage, 1997.

MAYER, J.; SALOVEY, P. What is emotional intelligence? In: SALOVEY, P.; SLUYTER, D. (Ed.). *Emotional development and emotional intelligence*: implications for educators. Nova York, NY: Basic Books, 1997. p. 3-31.

MORRIS, J. A.; FELDMAN, D. C. The dimensions, antecedents and consequences of emotional labor. *Academy of Management Review*, v. 21, n. 4, p. 986-1010, 1996.

PEDHAZUR, E. J.; SCHMELKIN, L. P. *Measurement, design, and analysis*: an integrated approach. Hillsdale, NJ: Lawrence Erlbaum Associates 1991.

PUGH, S. D. Service with a smile: emotional contagion in the service encounter. *Academy of Management Journal*, v. 44, n. 5, p. 1018-1027, 2001.

SHOOK, C. L. et al. Research notes and commentaries: an assessment of the use of structural equation modeling in strategic management research. *Strategic Management Journal*, v. 25, n. 4, p. 397-404, 2004.

SILVA, A. M. Monteiro da et al. *Observadores militares:* estresse e saúde mental. Trabalho aceito para apresentação no Congresso da International Stress Management Association. Porto Alegre (RS), 2014.

STEINBERG, R. J.; FIGART, D. M. Emotional labor since the managed heart. In: STEINBERG, R. J.; FIGART, D. M. (Ed.). *The annals of the American Academy of Political and Social Science*. Thousand Oaks, CA: Sage, 1999. p. 8-26.

TOLICH, M. B. Alienating and liberating emotions at work. *Journal of Contemporary Ethnography*, v. 22, n. 3, p. 361-368, 1993.

UNITED NATIONS. The UN Department of Peacekeeping Operations. Office of Planning and Support. *UN Stress Management Booklet*. Nova York: UN, 1995.

_____. *Security in the field*: information for staff members of the United Nations System. Nova York: UN, 1998.

WATSON, D.; TELLEGEN, A. Towards a consensual structure of mood. *Psychol Bull*, v. 98, n. 2, p. 219-235, set. 1985.

WEISS, H. M.; CROPANZANO, R. Affective events theory: a theoretical discussion of the structure, causes, and consequences of affective experiences at work. In: STAW, B. M.; CUMMINGS, L. L. (Ed.). *Research in organizational behavior*. Greenwich, CT: JAI Press, 1996. v. 18, p. 1-74.

WHARTON, A. S. The psychological consequences on emotional labor. *Annals of the American Academy of Political and Social Science*, n. 561, p. 158-176, 1999.

ZAMMUNER, V. L.; GALLI, C. Wellbeing: causes and consequences of emotion regulation in work settings. *International Review of Psychiatry*, v. 17, n. 5, p. 355-364, 2005.

ZAPF, D. Emotion work and psychological well-being: a review of the literature and some conceptual considerations. *Human Resource Management Review*, v. 12, n. 2, p. 237-268, 2002.

11
Multiculturalismo e organizações militares

Rejane Costa Pinto

Introdução

Este estudo, que possui versão preliminar já publicada,[1] está ancorado em pesquisa que emergiu em meio a conflitos e ondas de terrorismo, agravados por diferenças étnicas, religiosas e culturais. Nosso argumento é o de que o diálogo entre o multiculturalismo e os estudos para a paz pode enriquecer a produção do conhecimento em diferentes áreas do saber, promover a inclusão das diferenças e a construção da paz em organizações de ensino civil e militar, implementar abordagens metodológicas e teóricas que associem a educação multicultural à educação para a paz e favorecer intercâmbios e parcerias, em especial entre o Exército Brasileiro e as universidades, assim como entre diferentes áreas de conhecimento que, em suas esferas de atuação, apontam a necessidade de transformação da cultura da violência em cultura da paz (Costa, 2009).

Nesse bojo, pensar as organizações militares quando testemunhamos os deslocamentos e a fragmentação das identidades culturais de classe, gênero, etnia, raça e nacionalidade no mundo pós-moderno (Woodward, 2000; Hall, 2004) é especialmente intrigante, visto tratar-se de instituições que, embora híbridas na sua gênese, encontram-se fortemente assentadas sobre identidade cultural

---

[1] Versão preliminar publicada em *Excursos contemporâneos:* abordagens pertinentes à sociedade e sua defesa, livro organizado pelo prof. Dr. Jorge Calvário dos Santos, da Escola Superior de Guerra, da editora Prismas.

muito bem delimitada, mas que vivem, na atualidade, as tensões e os desafios dos impactos da desestabilização das culturas nacionais.

Nunca antes, refletir sobre o multiculturalismo à luz dos desafios educacionais e gerenciais na área de defesa revestiu-se de tamanho significado, e a prova disso é que instituições militares brasileiras recentemente despertaram para a necessidade de discutir os impactos das questões culturais em suas organizações (Costa, 2012a).

Foi nesse contexto que expressões como *terreno humano*, *consciência cultural*, *respeito cultural*, *diversidade cultural* e *gênero* emergiram (Costa, 2012a), no bojo das Forças Armadas, que se estruturam e se fortalecem na e pela hierarquia e disciplina, mas que lidam em seus quadros com minorias, como os indígenas, as mulheres e os homossexuais, identidades marcadas pela busca de afirmação social e pelo questionamento das identidades hegemônicas, sem mencionar as diferenças existentes no interior de seus quadros, armas e serviços.[2]

Dessa forma, pensar as tensões que surgem no cotidiano das organizações de defesa é mais do que um desafio, é uma demanda, no horizonte de busca da compreensão e da sistematização de conhecimentos relacionados às suas práticas para o incremento do desempenho de suas atividades, seja em tempo de paz ou de guerra.

Este estudo não pretende apontar a forma como a representação simbólica de significados, crenças e valores é utilizada para a construção da identidade cultural militar. Muito menos indicar as relações de poder presentes nessa produção ao longo da história. O que se pretende aqui é pensar questões culturais que dizem respeito à identidade e à diferença, desvelar que, como qualquer outra produção identitária, a formação da identidade cultural militar não se deu isenta de intenções e motivações, tampouco de preconceitos e de visões estereotipadas sobre as diferenças (Rodrigues, 2010; D'Araujo, 2010). Por fim, problematizar o desejo de aproximação e de diálogo das Forças Armadas com a sociedade brasileira para tratar dos assuntos de defesa (Brasil, 2012a, 2012b), sem, no entanto, considerar as fronteiras simbólicas que demarcam e distinguem civis de militares.

---

[2] Especializações desempenhadas elos integrantes do Exército Brasileiro, abrangendo os mais diversos campos de atividades, e que, na maioria dos casos, define toda a carreira militar desses indivíduos. As armas englobam o militar combatente por excelência, tradicionalmente a atividade-fim da profissão. Os quadros reúnem militares de origem diversa, que neles se aglutinam com uma finalidade geral específica. Por fim, os serviços têm uma atividade de apoio bem definida, normalmente de cunho logístico. Disponível em: <www.eb.mil.br/armas-quadros-e-servicos>. Acesso em: 27 maio 2016.

Multiculturalismo: afinal do que se trata?

O campo teórico do multiculturalismo, em especial seu uso recente nas Forças Armadas (Costa, 2012a) é, na maioria das vezes, mal compreendido e mal interpretado. Carregado de críticas, pela própria polissemia do termo "multicultural", todas acabam por contribuir para o amadurecimento e o (re)posicionamento das diferentes perspectivas que informam o seu significado, à luz dos estudos culturais[3] e das discussões travadas dentro das universidades.

O multiculturalismo, pela sua polissemia, passou a ser interpretado por diferentes perspectivas e abordagens que vão desde a aceitação e valorização folclórica da diversidade cultural (McLaren, 1997), traduzido em celebrações culturais, até o questionamento dos mecanismos que constroem a identidade e a diferença (McLaren, 2000). Essa última abordagem, com todas suas implicações, seus desafios e desdobramentos passou a ser conhecida, inicialmente, por multiculturalismo crítico e, mais recentemente, multiculturalismo revolucionário ou pós-colonial. Nessa direção, o multiculturalismo, ainda conhecido como pós-moderno e pós-estrutural por alguns autores, joga luzes na hibridização cultural, apontando o caráter fluido e transitório da construção das identidades no contexto dos deslocamentos de fronteira, não raro, hoje, frente às diásporas que vimos testemunhando (Canen e Peters, 2005; Hall, 2003).

A respeito da diversidade de abordagens para o multiculturalismo, Candau (2010) assinala que outras expressões, como multiculturalismo conservador, liberal, celebratório, crítico e emancipador, também podem ser encontradas na produção sobre o tema e se multiplicam continuamente, por exemplo, o multiculturalismo emancipatório, para Santos (2001), revestido por perspectivas multiculturais revolucionárias ou pós-coloniais, na direção da interpretação de McLaren (2000).

Candau (2010) assinala ainda que enquanto o multiculturalismo crítico propõe interrogar, questionar, traçar a história da cultura dominante e colocar questões que revelem a trajetória que produziu as identidades presentes, as perspectivas do multiculturalismo interativo ou pós-colonial propõem a inter-relação entre os diversos grupos socioculturais. Reconhecem que as identidades não são puras e que existe a necessidade de perceber a diferença dentro das próprias diferenças. Em consequência, compreendem que vivemos em proces-

---

[3] Os estudos culturais (EC) vão surgir em meio às movimentações de certos grupos sociais que buscam se apropriar de instrumentais, de ferramentas conceituais, de saberes que emergem de suas leituras do mundo, repudiando aqueles que se interpõem, ao longo dos séculos, aos anseios por uma cultura pautada por oportunidades democráticas, assentada na educação de livre acesso. Uma educação em que as pessoas comuns, o povo, pudessem ter seus saberes valorizados e seus interesses contemplados (Costa, Silveira e Sommer, 2003).

sos de hibridização cultural, em que culturas se relacionam e identidades se cruzam em movimento constante.

Ressalte-se que para Forquin (2000), o multiculturalismo interativo também pode ser denominado interculturalismo e, nesse sentido, Candau (2010:97) afirma que "interculturalismo supõe a deliberada inter-relação entre diferentes grupos sociais". Candau ressalta ainda que as relações sociais não são pacíficas, idealizadas ou romantizadas, mas construídas na história a partir de relações de poder assimétricas, socialmente construídas e marcadas pela discriminação.

Canen (2008) define o multiculturalismo como corpo teórico e político de conhecimentos, que privilegia o múltiplo, o plural, as identidades marginalizadas e silenciadas e que busca formas alternativas para sua incorporação no cotidiano educacional, e — nós acrescentaríamos — gerencial. Aponta que o hibridismo ou hibridização é conceito central da perspectiva multi/intercultural porque "a construção da identidade implica que as múltiplas camadas que a perfazem a tornem híbrida, isto é, formada na multiplicidade de marcas, construídas nos choques e entrechoques culturais" (Canen, 2007:95).

Na tradução do multiculturalismo em políticas e práticas educacionais ou gerenciais nas instituições educacionais e organizações, é possível encontrar caminhos alternativos para práticas mais democráticas e sustentadas no/pelo reconhecimento de alteridades (Candau, 2002a, 2005).

Para tanto, a educação multi/intercultural focaliza, além da diversidade cultural e identitária, os processos discursivos nos quais as identidades e culturas são construídas. Dessa forma, a perspectiva multi/intercultural não se limita a constatar a pluralidade de identidades e os preconceitos construídos no bojo de relações socialmente hierarquizadas, mas assinala que se trata de uma construção de significados que ganham força dentro de determinada coletividade e se hegemonizam, ainda que temporariamente. Logo, essa perspectiva analisa criticamente os discursos que produzem as identidades e diferenças, para compreendê-las no contexto de construção múltipla, plural, provisória e híbrida.

Moreira (2002:23) assinala que a educação multicultural é "[...] uma abordagem mais crítica que inclui [...] o questionamento das diferenças e das relações de poder que as produzem", desvelando, assim, a assimetria de práticas curriculares e pedagógicas excludentes, que favorecem alguns grupos culturais, em detrimentos de outros.

Ressalte-se que "as identidades não são coisas com as quais nós nascemos, porém são formadas e transformadas no interior da *representação*" (Hall, 2004:48, grifo no original). Para esse autor, a nação não é simplesmente uma identidade política, mas um mecanismo que produz sentidos, um sistema de *representação cultural*. A cultura ocupa, então, posição central nas transformações da vida local e cotidiana e isso promove que lutas pelo poder emerjam no campo discursivo e simbólico; logo, cultural.

Para as instituições militares que capacitam recursos humanos das mais diversas origens e procedências, atendem a diversas missões delegadas no Brasil e no exterior, e representam o país em missões de paz e em aditâncias, tornam-se especialmente relevantes as questões acima apontadas, para incrementar seu sistema de ensino, suas políticas e práticas educacionais e de gestão.

Na busca do equilíbrio entre modernização e preservação das cláusulas pétreas que fundamentam a identidade cultural militar — hierarquia e disciplina — as Forças Armadas podem apoiar-se em parcerias com o meio acadêmico, a partir de subsídios teóricos que fundamentem a formação de seus soldados e os mantenham em condições de atender à sociedade com todas as exigências e necessidades impostas pela pós-modernidade (Hall, 2004; Bauman, 1998). Isso significa compreender a pluralidade de "marcadores mestres" de que somos portadores, tais como gênero, sexo, raça, etnia, classe social e outros, que deve ser contemplada na capacitação dos militares, recursos humanos dessas instituições, sem desconsiderar os choques e entrechoques culturais (Candau, 2002a), que emergem na formação da identidade do sujeito — a formação militar —, assim como a pluralidade de perfis que o caracterizam.

Para contemplar essas questões e suas imbricações, é fundamental conhecer a tensão existente entre o universalismo e o relativismo no contexto das instituições sem, portanto desconsiderar as identidades de que são portadoras.

Universalismo versus relativismo: um debate acadêmico

A tensão universalismo e relativismo é uma questão intimamente relacionada às diferentes perspectivas multiculturais presentes nas discussões que vêm sendo travadas por autores como Valdés (1997), Batalla (1997) ou Forquin (2000), entre outros.

Ao apontar os dilemas do multiculturalismo e suas implicações na educação, Valdés (1997), numa perspectiva universalista, concebe que há valores válidos para toda a sociedade independentemente das culturas que constituem o tecido social. Por outro lado, Batalla (1997) aponta a impossibilidade de uma fundamentação universalista que balize atitudes em relação às diversas identidades. Assinala que essa postura relativista não crê na existência de verdades absolutas, construídas independentes dos valores culturais e das visões de mundo que constituem os sujeitos, até porque essa perspectiva universalizada implica o silenciamento e a exclusão de certas vozes e culturas.

Apoiando-se em Candau (2002b), Ribeiro (2006) assinala não ser possível afirmar que nas sociedades contemporâneas existem culturas puras, visto que todos os fenômenos são complexos, heterogêneos, históricos e dinâmicos; assim, não cabem conceitualizações cristalizadas.

Candau (2000), em diálogo com Forquin no texto "O currículo entre o relativismo e o universalismo: dialogando com Jean-Claude Forquin" assinala que embora Forquin reconheça que os estabelecimentos de ensino não podem mais desconsiderar, no contexto das sociedades multiculturais, a diversidade de seus clientes, "[...] defende que, para que a escola possa assegurar de maneira coerente seu papel de formação intelectual e de integração cívica e simbólica, deve repudiar a *tentação do relativismo*" (Candau, 2000:5, grifo no original).

Essa discussão dialética que permeia o universalismo e o relativismo é tensa, em especial no contexto de instituições essencialmente multiculturais, como é o caso das militares. Se observarmos alguns currículos de estabelecimentos de ensino militar, será possível verificar a presença da dicotomia entre universalismo e relativismo e o esforço desses currículos para lidar com a necessidade do preparo para o desempenho de cargos e funções, assim como para integração cívica do soldado, sem desconsiderar os novos cenários e as novas ameaças que requerem hoje capacitação específica para atuar em ambientes multidimensionais e marcados pela pluralidade (Costa e Canen, 2008).

Encontrar o equilíbrio entre o relativismo e o universalismo é, para as Forças Armadas, fundamental, visto que possui crenças e valores irrevogáveis, nos quais pautam sua identidade; logo, diríamos universais no âmbito dessas instituições. No entanto, não é mais possível desconsiderar a discussão acerca da pluralidade cultural no contexto de organizações multiculturais, como as militares. Dessa forma, entre as perguntas que fazemos estão: como equilibrar a identidade cultural militar e a sua inserção no seio da sociedade brasileira, essencialmente multicultural, quando se desejam estreitar laços com o segmento civil? Como preparar combatentes para o emprego em cenários marcados por conflitos intraestatais, desdobrados em ambiente urbano, em meio à população civil? E como capacitar soldados com crenças e valores fortemente forjados, sem que isso comprometa a atuação em ambientes plurais? (Costa, 2012b).

Assim, a educação e capacitação de recursos humanos crescem de importância. Ao questionar como os sistemas de ensino podem levar em conta a diversidade, quando o multiculturalismo ocupa lugar de destaque, sem deixar de considerar a oposição entre as categorias universalismo e relativismo, Forquin (2000:3) aponta que, conciliar "[...] o universalismo inerente ao pensamento científico e o relativismo ensinado pelas ciências históricas atentas à pluralidade dos modos de vida e das tradições culturais", seria uma possibilidade de harmonizar a grade curricular, porque se trata de "[…] dois pilares complementares [universalismo e relativismo], duas pedras fundamentais do edifício curricular."

A esse respeito, Silva (2000), com quem concordamos, em diálogo com Forquin no texto "Currículo, universalismo e relativismo: uma discussão com Jean-Claude Forquin", assinala que para o autor não há antagonismo entre as categorias universalismo e relativismo, mas complementaridade. Entretanto, Silva (2000:72-73) discorda porque "[…] se concebermos tanto a ciência como a cultura como relações sociais, não haverá nem antagonismo nem complementaridade, mas uma mesma atitude crítica e de questionamento diante de qualquer resultado ou processo de invenção humana". Para Silva (2000), a discussão universalismo *versus* relativismo é uma questão posicional e enunciativa. Para o autor, é universal o que aquele em situação de poder declara como universal. Assim,

> Não é que tenhamos diferenças preexistentes, de um lado, e elementos universais, de outro. Os universais são eles próprios, elementos constituintes das estratégias discursivas pelas quais as diferenças são enunciadas. Em certo sentido, os "universais" não podem ser a superação das diferenças porque, como elementos de normalização, eles estão na origem da produção da diferença. Não haveria diferença se não houvesse "universais". O universal não é o oposto, a superação da diferença; o universal faz a diferença [Silva, 2000:77-78].

Nesse ponto, as abordagens de Habermas e Perelman, segundo Canen, Franco e Oliveira (2000) podem fornecer algumas contribuições na solução das tensões presentes entre o universalismo e o relativismo. Habermas propõe o paradigma da ação comunicativa, ou seja, o diálogo eu-tu como ferramenta fundamental para promover a compreensão entre os homens, o qual pode se dar em torno da verdade, retidão e veracidade. A verdade, quando os interlocutores discutem fatos objetivos; a retidão, quando discutem as normas que regem as relações interpessoais; e a veracidade quando discutem ações e formas de condutas individuais. Se a pretensão dos sujeitos do diálogo é chegar à verdade ou à retidão, quem expõe uma tese pode assegurar o que está dizendo por meio de argumentação discursiva. Entretanto, quando se pretende chegar à veracidade, deve-se ter uma prática/um comportamento condizente com o discurso, pois o que vale aqui é o convencimento pelas atitudes concretas e não por palavras. Dessa forma, para Habermas, a ação comunicativa é sustentada pela linguagem, porque é ela que confere sentido ao existente e torna possível ao homem conhecer e agir sobre a realidade modificando-a. Logo, "a razão que fundamenta esses processos linguísticos não é de natureza cognitivo-instrumental, mas de natureza comunicativa" (Canen, Franco e Oliveira, 2000:120).

Verificamos as contribuições da lógica da natureza comunicativa da linguagem para o multiculturalismo quando há preocupação em mostrar o papel da linguagem na construção e/ou desconstrução de discursos etnocêntricos e homogeneizadores. As metáforas, por exemplo, podem, em visões monoculturais, cristalizar estereótipos e preconceitos, como ocorre, de modo especial, com aquelas que associam a cor negra a uma mancha moral, como se verifica em: "negro de alma branca", "câmbio negro", entre outros (Canen e Oliveira, 2002).

Canen, Franco e Oliveira (2000) apontam que, com base nas exigências de retidão e da veracidade, próprias das esferas normativa e subjetiva, a razão pede ao sujeito do discurso justificativas que sejam razoáveis e não deduções lógicas ou provas empíricas acerca do que é discutido.

Traduzindo para o contexto das Forças Armadas, o paradigma da ação comunicativa corroboraria para que a inserção de minorias ultrapasse uma atitude politicamente correta, presente nas políticas de ações afirmativas, para realizar um trabalho de inclusão norteado pelo respeito à alteridade nas instituições militares, independentemente dos marcadores de gênero, sexo, raça ou etnia, com base no trinômio verdade, retidão e veracidade.

Só a partir dessa compreensão acreditamos que o serviço militar obrigatório funcionará como espaço republicano e a nação irá se encontrar acima das classes sociais, conforme prevê a Estratégia Nacional de Defesa (Brasil, 2012b).

Da mesma forma, argumentamos que, sem esse entendimento, a inclusão das mulheres nas academias militares será prejudicada por ações e condutas que não sejam condizentes com o discurso acerca da igualdade de gênero, promovendo preconceitos e fomentando atitudes discriminatórias.

Canen, Franco e Oliveira (2000:121) assinalam, ainda que, para Habermas, é a razão comunicativa que baliza a construção da ética do discurso e se apoia na construção intersubjetiva *a posteriori,* do dever-ser, "[...] a qual só pode ter lugar mediante processos argumentativos levados a cabo por todos aqueles que se acham envolvidos nas situações que são objeto de exame de um dado discurso prático". Ressaltam, ainda, que na busca do consenso ético, os interlocutores devem pôr de lado suas paixões e seus valores por não serem passíveis de acordos racionais. Entretanto, "entendendo que a argumentação se dirige ao homem pleno, e não apenas às suas faculdades racionais, Perelman vê a ética como constructo que se pauta na difícil, mas necessária, articulação de elementos formais e situações concretas de vida" (Canen, Franco e Oliveira, 2000:121).

De fato, Canen, Franco e Oliveira (2000:121) salientam que quem está argumentando "[...] não é uma razão desencarnada, mas um ser de carne e osso que não só cultiva inúmeros valores, como também os hierarquiza". Nesse ponto, esses autores assinalam que a visão de Perelman sobre a ética é ontológica, uma vez que se preocupa com o que é, com o que acontece no mundo sobre as ações praticadas pelos homens e não, simplesmente, com o dever-ser. Para eles, a questão que se coloca nesse ponto é se isso significa abrir mão do universalismo ético. Esses autores assinalam que, segundo Perelman, não quer dizer abrir mão do universalismo ético, mas entender que o ideal de universalidade "[...] constitui uma tentativa de formular normas e valores que se possam propor ao assentimento de todo ser razoável" (Perelman 1996:199 apud Canen, Franco e Oliveira, 2000:121). Isso porque, segundo Perelman (1996:199 apud Canen, Franco e Oliveira, 2000:121, grifo no original), "[...] *propor* não é impor [...]" e devemos, ainda, lembrar sempre isso para evitar abusos de poder, conformidade e submissão às ordens de quaisquer autoridades.

As perspectivas de Habermas e Perelman são as da construção de um universalismo ético *a posteriori,* ressaltando que essa construção assume um contorno mais humano, pois admite os valores e os sentimentos preconizados pela ética do discurso. Canen, Franco e Oliveira (2000:121) acrescentam, ainda, que "[...] a abordagem de Perelman vislumbra o universalismo ético como proposta a ser debatida por todos quantos queiram e acreditem no diálogo, e não na coerção, como instrumento capaz de dirimir conflitos".

Os debates acerca dos desafios educacionais e gerenciais da defesa e da modernização de suas práticas não podem prescindir do diálogo com esses autores, os quais, quando traduzidos para a prática dessas instituições, jogam luzes sobre questões que carecem de maior compreensão e interpretação: multiculturalismo e organizações militares. Assim, poder-se-á compreender que é possível modernizar-se sem, contudo, subverter a identidade institucional das Forças Armadas. Tais considerações são importantes, visto que, com base nas concepções do universalismo *a posteriori,* a perspectiva multicultural promove a aceitação e a valorização da pluralidade identitária, incluindo, aí, as identidades institucionais (Canen e Canen, 2005a), assim como o respeito às suas especificidades e o entendimento do diálogo comunicativo, como a forma pela qual se forja e se modifica uma identidade, sem comprometer seus elementos fundantes.

A perspectiva multicultural que aqui advogamos, ao ser incorporada às práticas de instituições militares permite às Forças Armadas atualizarem seus recursos humanos conforme as demandas do cenário contemporâneo, sem macular as cláusulas pétreas que delineiam essas organizações, o que significa modernizar-se sem comprometer a identidade cultural militar.

Nesse contexto, as questões do universalismo *a posteriori* até aqui assinaladas são peculiarmente relevantes num momento em que o diálogo, a mediação e a negociação crescem de importância e transformam-se em condições indispensáveis para mitigar a violência, na busca de ferramentas gerenciais que promovam soluções pacíficas para conflitos. Conclui-se que na atualidade não é mais possível prescindir do respeito à pluralidade cultural para o sucesso das missões, em especial militares, como é o caso das missões de paz, pela diversidade de culturas que circulam nesses ambientes (Costa e Canen, 2008).

Multiculturalismo e identidade institucional: o caso do Exército Brasileiro

A necessidade de compreender a pluralidade cultural para além do respeito e da aceitação de diferenças e incorporar ao seu entendimento o caráter da produção das identidades por meio de sistemas simbólicos de representação, são condições impostas hoje, seja na área educacional, seja na gestão, para a compreensão e sistematização de conhecimentos relacionados às práticas que aperfeiçoam o desempenho das atividades em tempo de paz ou de guerra.

A educação/capacitação multicultural, além de oferecer caminhos viáveis e alternativos nessa direção, pode contribuir para evitar que divisões do tipo "nós" e "eles" ocorram dentro dos grupos, já que:

> Respeitar a diferença não pode significar "deixar que o outro seja como eu sou" ou "deixar que o outro seja diferente de mim tal como eu sou diferente (do outro)", mas deixar que o outro seja como eu *não sou*, deixar que ele seja esse outro que *não pode* ser eu, que eu não posso ser, que não pode ser um (outro); significa deixar que o outro seja diferente [Pardo, 1996:9154 apud Silva, 2000:101, grifos no original].

Nesse sentido, segundo Canen e Canen (2005a), o trabalho nas organizações para ser bem-sucedido deve ser coletivo, com base nas histórias de vida compartilhadas e nas interações culturais e sociais, as quais não devem mais ser ignoradas. Assim, de acordo com os autores, a organização passa a ser entendida como *organization learning* (OL),[4] o que, para as Forças Armadas holandesas já é uma realidade (Gooren, 2006).

Segundo Gooren (2006), as Forças Armadas tentam aprender com as guerras passadas e com os conflitos armados enfrentados por outras forças. Para ilustrar, Gooren assinala que as missões de paz têm apontado que um dos aprendizados mais importantes é que esse tipo de missão requer um treinamento cultural, visto que as operações durante e após os conflitos requerem novas habilidades.

---

[4] Sistematização da aprendizagem organizacional (tradução nossa).

A esse respeito, Hall (2004) alerta para o conceito de nação e os adjetivos a ele relacionados — nacional, multinacional — que não dão conta da multiplicidade de culturas envolvidas dentro do mesmo território nacional que, de forma especial na contemporaneidade, vem aflorando e tomando nova configuração, valendo-se, ainda, dos movimentos culturais, raciais, feministas e outros que brotam da multiplicidade de identidades dentro de uma nação (Canen e Canen, 2005b). Desse contexto surgem conflitos que levam as organizações e instituições a repensarem suas práticas.

> Tais organizações trabalham as tensões entre: uma cultura organizacional desejada e as culturas dos sujeitos e grupos que aí atuam; as diferenças culturais entre os contextos das organizações em processos de acordos internacionais; a diversidade cultural enfrentada por recursos humanos que atuam em contextos organizacionais situados em países ou em ambientes culturais diferentes dos seus [Canen e Canen, 2005a:12].

As Forças Armadas vivem a tensão das demandas da modernização sem que isso implique a desestabilização de sua identidade institucional, consolidada nos pilares da hierarquia e disciplina, bem como na representação simbólica de uniformes, insígnias, distintivos, condecorações, hinos e canções.

A esse respeito, Canen e Canen (2005a:5) apontam que "os símbolos nacionais seculares, como moedas, desaparecem e, [...] as tradições e identidades culturais locais tornam-se cada vez mais difusas e passam a dar lugar a novos conceitos e a modelos inovadores de organizações empresariais".

Nesse sentido, entendemos que, embora as Forças Armadas, quando capacitam seus recursos humanos, imprimam sua identidade institucional, é necessário hoje que políticas e práticas curriculares, avaliativas e pedagógicas estejam atentas aos impactos dos diferentes níveis de diversidade que permeiam as organizações militares, tais como as diferenças de classe social, gênero, etnia, raça e sexo, especialmente quando se busca a aproximação e o diálogo com a sociedade brasileira.

De fato, o Programa Excelência Gerencial do Exército Brasileiro (PEG-EB) estabelecido pela Portaria nº 348, de 1º de julho de 2003, do comandante do Exército (Brasil, 2003), previu a aproximação do Exército com o meio civil. O programa teve como base a gestão pública de excelência e, em sua versão atualizada, passou a ser conhecido por Sistema de Excelência no Exército Brasileiro (SE-EB). Estabelecido por meio da Portaria nº 220, de 20 de abril de 2007 em continuidade ao PEG-EB, o SE-EB visou integrar as informações gerenciais da Constituição, para auxiliar as decisões do comandante do Exército e do Alto-

-Comando do Exército,[5] incorporando os conceitos e práticas adotados pelo PEG-EB. O documento manteve, em sua nova versão, a necessidade e a relevância do estreitamento de laços com a sociedade.

A aplicação do PEG-EB no Exército Brasileiro ocorreu com base em pesquisa que considerou aspectos tais como a forma como seriam implantadas as mudanças na cultura organizacional, pois que passa a admitir a relevância da integração com os cidadãos e a sociedade, ou seja, o intercâmbio entre militares e civis. Alguns aspectos foram delineados para se atingir o objetivo político da instituição que era a melhoria dos padrões de excelência operacional, logística e administrativa. Entre esses aspectos, foi necessário verificar a missão constitucional da Força Terrestre no contexto da globalização. Para tal, algumas estratégias tiveram de ser adotadas. Entre elas, enfocamos o aperfeiçoamento das relações da instituição com a sociedade (aproximação entre os públicos interno e externo), bem como as implicações que tal decisão desencadearia. Para sua consecução, foram consideradas a valorização das pessoas, a interação com a sociedade e o intercâmbio de cooperação técnica com as demais organizações civis e militares.

Entre as consequências que tal decisão implica, está a demanda por atitudes multiculturalmente comprometidas com o desenvolvimento de interações mais efetivas entre diferentes grupos e atores sociais.

Para atingir seu objetivo político, a instituição apontou a necessidade de verificar a missão constitucional do Exército no contexto da globalização. Isso aumenta a importância de considerar esse contexto ao se tratar dos assuntos de defesa, o que implica perceber questões intrinsecamente relacionadas à diluição de fronteiras, à mobilidade transnacional, aos desafios à pluralidade étnica, racial, religiosa, de gênero, de sexo, entre outros fatores, assim como à diversidade de tradições e costumes, já que essas categorias são produtos da pós-modernidade e não considerá-las significa negar o caráter multicultural das sociedades e, especificamente, das instituições de defesa, híbridas por excelência.

Entendemos as organizações militares a partir de Canen e Canen (2005a), que definem organizações multiculturais como aquelas que lidam com diferenciados níveis de diversidade cultural. As Forças Armadas além de atuarem em diferentes contextos socioculturais, dentro e fora do território brasileiro, têm dentro de suas organizações recursos humanos de variadas procedências. Os referidos autores argumentam, ainda, que as práticas de gestão em organizações multiculturais devem levar em conta uma gestão também multicultural, e apontam outros autores que assinalam que a articulação dos processos ins-

---

[5] Representa os oficiais do mais alto posto do Exército Brasileiro na ativa.

titucionais à diversidade cultural nas organizações é uma condição para o sucesso em tempos de globalização. Canen e Canen (2005a:41) definem estratégias multiculturais como um conjunto de caminhos desenvolvidos para lidar com a pluralidade, minimizando choques culturais e desafiando preconceitos. "São idealizadas para a formação de sujeitos e culturas organizacionais abertas à pluralidade cultural, particularmente em tempos de globalização e intercâmbio constante entre culturas [...]".

Canen e Canen (2005a) assinalam que o trabalho em novos contextos culturais para os sujeitos que atuam sob a égide de determinada cultura institucional gera uma série de reações, em especial naqueles que não conheceram as estratégias multiculturais. Dessa forma, é natural que se adequar às demandas requeridas pelo mundo pós-moderno seja um ponto sensível para uma instituição como o Exército Brasileiro, reconhecida pela sociedade brasileira por suas crenças e seus valores perpetuados ao longo de sua existência secular.

Não se trata aqui de desestabilizar ou desconstruir a identidade militar, muito pelo contrário, trata-se de alternar, quando necessário, o olhar impregnado pelas cores de seus uniformes e artefatos com outras cores que, somadas, podem contribuir para o melhor relacionamento entre os públicos interno e externo, nacional e internacional. A formação de um "[...] *profissional multicultural* é o objetivo das estratégias multiculturais nas organizações e na formação de profissionais que atuem nas mesmas" (grifo no original).

> Por exemplo, a relevância da presença feminina nas organizações é atestada por seu número crescente nas mesmas, mas não se reduz a esta questão numérica. Em uma perspectiva multicultural, a necessidade de se entender o olhar feminino se insere em uma valorização da identidade feminina e de tentativas de incorporação de formas de perceber o mundo, sob o ponto de vista feminino, como uma vantagem para a cultura da organização [Canen e Canen, 2005a:44].

Assim, consideramos relevante mencionar que as Forças Armadas têm uma divisão interna de seus efetivos entre oficiais e praças muito bem definida e delimitada no tempo e no espaço, e que dentro de cada divisão dessas há ainda uma subdivisão em quadros, armas e serviços.

Tais divisões estão nitidamente delineadas na instituição que, dentro dos preceitos de disciplina e de hierarquia, as mantém resguardadas. Em palestra na Escola de Comando e Estado-Maior do Exército, ministrada pelo chefe da então Diretoria de Formação e Aperfeiçoamento (DFA), hoje Diretoria de Ensino Superior Militar (DESMil), em 30 de maio de 2007, foi ressaltada a importância de estarmos atentos às contribuições que subordinados, principalmente temporários (em contraposição aos militares de carreira), têm para oferecer à força, aproveitando, ao máximo, suas potencialidades em prol da instituição. Nos cursos militares, no âmbito das subdivisões acima mencionadas, existe acirrado clima de competitividade, visto que os militares são classificados hierarquicamente e de acordo com seu desempenho ao término dos referidos cursos.

Entretanto, o posicionamento do chefe da diretoria demonstra a sensibilidade para um trabalho organizacional que considere não apenas o desempenho daqueles que hierarquicamente estão em posição superior em detrimento dos outros. Essa atitude mostra que o Exército está atento aos prejuízos que uma postura hierarquizada (do ponto de vista do desempenho profissional), pode trazer à instituição, haja vista a

> hierarquização das "diferenças", em que certos marcadores identitários são percebidos de forma essencializada, congelada, em detrimento de posturas que buscam compreender as identidades como híbridas, multifacetadas e em permanente construção [Canen e Oliveira, 2002].

Esse aspecto vai ao encontro da fala acima transcrita, porque aponta a importância de articulação a diferentes formas de perceber o mundo, sob olhares diversificados e como uma vantagem para a cultura e o sucesso da instituição. Isso faz emergir a construção de identidade sustentada no/pelo reconhecimento da alteridade (Candau, 2002a, 2005), assim como reafirma o olhar do universalismo *a posteriori* discutido anteriormente.

Some-se que também ilustra o conflito existente no Exército Brasileiro, que hoje convive com a difícil tarefa de se equilibrar entre os pilares que compõem sua identidade cultural e as demandas advindas da pós-modernidade.

Reiteramos que as observações acerca da identidade organizacional do Exército Brasileiro busca apontar caminhos que essa organização pode percorrer para ajustar-se às exigências do mundo contemporâneo, sem que isso subverta sua identidade cultural, perene aos anos e respeitada no seio da sociedade.

Importante ressaltar que

> é nas próprias linhas de fronteiras, nos limiares, nos interstícios, que sua precariedade [da identidade] se torna mais visível. Aqui mais do que a partida ou a chegada é cruzar a fronteira, é estar ou permanecer na fronteira, que é o acontecimento crítico [Silva, 2000:89].

Conscientes da dificuldade de fixar as identidades e da necessidade de reconhecê-las como móveis, é que propomos um trabalho que reconheça que "a identidade que se forma por meio do hibridismo não é mais integralmente nenhuma das identidades originais, ainda que guarde traços dela" (Silva, 2000:87).

Considerações finais

Para os estudos culturais, a cultura manifesta-se ativa e não passivamente. Dessa forma, emerge no território de lutas simbólicas, em especial por meio da linguagem e da representação travadas entre o dominado e o dominador. A representação simbólica que conforma e difere uma cultura de outra precisa ser compreendida a partir de sua construção, a qual se dá à luz de escolhas, na maioria das vezes assimétricas e discriminatórias e que afirmam, assim, algumas identidades em detrimento de outras.

As minorias desfavorecidas do ponto de vista étnico, religioso, linguístico, de gênero e sexo são construídas e traduzidas num discurso discriminatório e assimetricamente desigual. Na busca por minimizar essas desigualdades e promover atores culturalmente desfavorecidos pelo olhar antropocêntrico do dominante, o multiculturalismo se apresenta como caminho revelador de discursos hierárquicos que não intencionam celebrar, nem tampouco promover a compreensão da construção das diferenças e dos processos de afirmação de determinadas identidades em detrimento de tantas outras.

O próprio conceito do multiculturalismo aparece carregado de diferentes abordagens que vão desde práticas contemplativas das diferenças até a compreensão da transitoriedade e fluidez da construção de identidades em meio ao deslocamento de fronteiras, passando pelo questionamento crítico dessa construção para buscar ações que visem desvelar práticas preconceituosas e estereotipadas que promovam a formação das identidades a partir da perspectiva do outro.

Entre os desafios presentes nas organizações militares, o multiculturalismo surge como elemento fomentador de discussões que precisam ser confrontadas em ambientes marcados pela diversidade, mas que, no caso de instituições militares, convivem com elementos simbólicos que visam homogeneizar valores e crenças que forjam a identidade cultural institucional. Assim, pensar as Forças Armadas na sociedade contemporânea requer compreender, entre outras categorias, o gênero e os desafios e preconceitos enfrentados em ambiente essencialmente masculino, o indígena e suas lutas por representação social, o homossexual que encerra polêmicas e tabus dentro dos quartéis, enfim, o papel das minorias que decidiram pela não exclusão.

Desvendar ambientes militares requer, antes de tudo compreender seus desafios e suas demandas em meio a um mundo pós-moderno e cada vez mais líquido, híbrido e sem fronteiras, mas com identidades que se forjam por meio de significados, de valores e crenças compartilhados e que não podem, e muito menos devem, ser rompidos. Entretanto, carecem de (re)interpretação e (re)negociações para um trabalho que busque a inclusão da pluralidade de identidades de que todos somos portadores — classe social, língua, gênero, sexo, etnia, raça e nacionalidade — de forma efetiva e não politicamente correta. Só assim acreditamos que as relações entre civis e militares sejam estabelecidas; os assuntos de defesa, debatidos no seio da sociedade brasileira; e as relações hierarquizadas, consolidadas com base em relações de alteridades e não de autoridades.

Referências

BATALLA, G. B. Implicaciones éticas del sistema de control cultural. In: OLIVE, L. (Ed.). *Ética y diversidad cultural*. Bogotá: Fondo de Cultura Económica, 1997. p. 195-204.

BAUMAN, Z. *O mal-estar da pós-modernidade*. Rio de Janeiro: Jorge Zahar, 1998.

BRASIL. Presidência da República. *Portaria nº 348*, de 1º de julho de 2003. Disponível em: <www.portalpeg.eb.mil.br/index.php?option=com_content&task=view&id=42&Itemid=74>. Acesso em: 6 abr. 2014.

_____. Presidência da República. *Portaria nº 220*, de 20 de abril de 2007. Disponível em: <www.portalpeg.eb.mil.br/index.php?option=com_content&task=view&id=42&Itemid=74>. Acesso em: 6 abr. 2014.

_____. Presidência da República. *Política Nacional de Defesa*, 2012a. Disponível em: <www.defesa.gov.br/arquivos/2012/mes07/pnd.pdf>. Acesso em: 23 abr. 2014.

_____. Presidência da República. *Estratégia Nacional de Defesa*, 2012b. Disponível em: <www.defesa.gov.br/arquivos/2012/mes07/end.pdf>. Acesso em: 23 abr. 2014.

CANDAU, V. M. O currículo entre o relativismo e o universalismo: dialogando com Jean-Claude Forquin. *Educação & Sociedade*, Campinas, v. 21, n. 73, p. 79-83, 2000.

_____. Sociedade, cotidiano escolar e cultura(s): uma aproximação. *Educação & Sociedade*, Campinas, v. 23, n. 79, p. 125-161, ago. 2002a.

_____. (Org.) *Sociedade, educação e cultura (s)*: questões e propostas. Petrópolis, RJ: Vozes, 2002b.

_____. Diferença(s) e educação: aproximações a partir da perspectiva intercultural. *Revista Educação On-Line*, Rio de Janeiro, n. 1, p. 1-42, 2005.

_____. *Sociedade, educação e culturas*. 3. ed. Petrópolis, RJ: Vozes, 2010.

CANEN, A. O multiculturalismo e seus dilemas: implicações na educação. *Comunicação & Política*, Rio de Janeiro, v. 25, n. 2, p. 91-107, maio/ago. 2007.

_____. A educação brasileira e o currículo a partir de um olhar multicultural: algumas tendências e perspectivas. In: BARROS, J. F.; OLIVEIRA, L. F. (Org.). *Todas as cores na educação*: contribuições para uma reeducação das relações étnico-raciais no ensino básico. Rio de Janeiro: Quartet, 2008. p. 59-79.

_____; CANEN, A. *Organizações multiculturais*: logística na corporação globalizada. Rio de Janeiro: Ciência Moderna: 2005a.

_____; _____. Rompendo fronteiras curriculares: o multiculturalismo na educação e outros campos do saber. *Currículo sem Fronteiras*, v. 5, n. 2, p. 40-49, jul./dez. 2005b. Disponível em: <www.curriculosemfronteiras.org/vol5iss2articles/canen.htm>. Acesso em: 7 abr. 2014.

_____. FRANCO, M.; OLIVEIRA, R. Ética, multiculturalismo e educação: articulação possível? *Revista Brasileira de Educação*, Rio de Janeiro, n. 13, p. 113-126, 2000.

_____; OLIVEIRA, A. M. Multiculturalismo e currículo em ação: um estudo de caso. *Revista Brasileira de Educação*, Rio de Janeiro, n. 21, p. 61-74, 2002.

_____; PETERS, M. A. Editorial: Issues and dilemmas of multicultural education: theories, policies and practices. *Policy Futures in Education*, v. 3, n. 4, p. 309-313, 2005.

COSTA M. V.; SILVEIRA, R. H.; SOMMER, L. H. Estudos culturais, educação e pedagogia. *Revista Brasileira de Educação*, Rio de Janeiro, n. 23, p. 36-61, 2003.

COSTA, R. P. *Multiculturalismo e estudos para a paz*: articulação possível no preparo e no emprego de militares para missões de paz. 2009. 242 f. Tese (doutorado em educação) — Faculdade de Educação, Universidade Federal do Rio de Janeiro, Rio de Janeiro, 2009.

_____. The potential of research to improve military education and serve the public good. In: AMERICAN EDUCATIONAL RESEARCH ASSOCIATION ANNUAL MEETING, 2012, Vancouver. *Anais eletrônicos*...Vancouver: AERA, 2012a. Mesa-redonda. Disponível em: <www.aera.net/Default.aspx?id=26>. Acesso em: 7 abr. 2014.

_____. The revolution in military affairs in the scope of military education. In: MINCHEV, D.; BAEV, J.; GROEV, K. (Org.). *Technology and warfare*. Sofia: Sofia University Press, 2012b, v. 1, p. 323-335.

_____; CANEN, A. Multiculturalism and peace studies: the case of education for peacekeeping forces in Brazil. *Journal of Stellar Peacemaking*, v. 3, p. 1-18, 2008. Disponível em: <www.jsp.st/>. Acesso em: 7 abr. 2014.

D'ARAUJO, M. C. Perspectiva brasileira para os novos aspectos da segurança regional. *Caderno Adenauer: Brasil no Contexto Político Regional*, Rio de Janeiro, ano XI, n. 4, 2010. Disponível em: <www.kas.de/wf/doc/kas_21737-1522-5-30.pdf?110126203102>. Acesso em: 23 abr. 2014.

FORQUIN, J. O currículo entre o relativismo e o universalismo. *Educação e Sociedade*, Campinas, v. 21, n. 73, dez. 2000.

GOOREN, R. H. E. Soldiering in unfamiliar places: the Dutch approach. *Military Review*, Kansas, v. LXXXVI, n. 2, p. 54-60, mar./abr., 2006.

HALL, S. *Da diáspora*: identidades e mediações culturais. Belo Horizonte: UFMG, 2003.

_____. *A identidade cultural na pós-modernidade*. 9. ed. rev. Trad. Tomaz Tadeu da Silva e Guaracira Lopes Louro. Rio de Janeiro: DP&A, 2004.

MCLAREN, P. *Multiculturalismo crítico*. São Paulo: Cortez, 1997.

_____. *Multiculturalismo revolucionário*. Porto Alegre: ArtMed, 2000.

MOREIRA, A. F. B. Currículo, diferença cultural e diálogo. *Educação & Sociedade*, Campinas, ano XXIII, n. 79, ago. 2002.

RIBEIRO, S. M. M. *A diversidade cultural no cotidiano escolar*: uma abordagem de educação multicultural. 2006. 118 f. Dissertação (mestrado em educação) — Faculdade de Educação, Universidade Estadual de Maringá, Maringá, 2006.

RODRIGUES, F. S. *Indesejáveis*: instituições, pensamento político e formação do oficial do Exército Brasileiro 1905-1946. Jundiaí: Paco Editorial, 2010.

SANTOS, B. S. Dilemas do nosso tempo: globalização, multiculturalismo e conhecimento. *Educação e Realidade*, Porto Alegre, v. 26, n. 1, p. 13-32, 2001.

SILVA, T. T. Currículo, universalismo e relativismo: uma discussão com Jean-Claude Forquin. *Educação & Sociedade*, Campinas, v. XXI, n. 73, dez. 2000.

VALDÉS, E. G. El problema ético de las minorias étnicas. In: OLIVE. L. (Ed.). *Ética y diversidad cultural*. Bogotá: Fondo de Cultura Económica, 1997. p. 31-58.

WOODWARD, K. Identidade e diferença: uma introdução teórica e conceitual. In: SILVA, T. T. (Org.). *Identidade e diferença*: a perspectiva dos estudos culturais. Trad. Tomaz Tadeu da Silva. Petrópolis, RJ: Vozes, 2000.

12
Os impactos da formação multiétnica na liderança brasileira em missões de paz

Ândrei Clauhs

Introdução

O terceiro milênio apresentou-se ao mundo sob o formato de expansão da globalização, de redução das fronteiras intangíveis e de um avanço sem precedentes das necessidades de consumo, promovendo ondas de terrorismo e acentuando as intolerâncias que, invariavelmente, conduzem às crises e às guerras, o que, agravado por preconceitos contra minorias étnicas, culturais, de classe e de gênero, tem contribuído para que a Organização das Nações Unidas (ONU) esteja mais presente no panorama mundial, com a finalidade de tentar restabelecer a paz.

Nesse contexto, o Brasil, como um dos Estados-membros fundadores desse organismo internacional, e seguindo as diretrizes de sua Estratégia Nacional de Defesa (Brasil, 2013), vem aumentando a participação de seus militares em missões de paz, com responsabilidades crescentes, o que exige preparo continuado dos recursos humanos, notadamente no Centro Conjunto de Operações de Paz do Brasil (CCOPAB), organização militar diretamente vinculada ao Ministério da Defesa e também ao Departamento de Educação e Cultura do Exército, para fins de orientação técnico-pedagógica e que se destina a apoiar a preparação de militares, policiais e civis brasileiros e de nações amigas para as missões de paz.

Ao quadro de egoísmos e de busca, muitas vezes antiética, pelo lucro financeiro, soma-se a antinomia vigente entre universalismo e relativismo (Jullien, 2009). Grupos poderosos se têm aproveitado da globalização para estabelecer uma norma absoluta aos mais humildes, procurando uniformizar valores que atendam a seus anseios e necessidades de modo unilateral, impondo-lhes padrões que sufocam suas identidades e vozes, pois não há mais "o diferente" a contradizê-los.

Esquecem, porém, que o global não substitui o local, mas articula-se com este, na medida em que valoriza e mantém a diferença, a alteridade, respeitando-a (Hall, 2006). Sob esse enfoque, as identidades nacionais, os elementos essenciais do caráter nacional de cada povo, construídas por meio do processo histórico de cada cultura, permanecem vivas, dinâmicas, a despeito do interacionismo provocado pela aproximação global entre as nações.

Nesse novo sentido, a paz não advém da imposição cultural. A solução está na compreensão, no diálogo entre universal e relativo, que deixam de ser antagônicos para serem complementares. O culturalismo ensina, por conseguinte, que existem outras e importantes maneiras de viver e de pensar, que devem ser respeitadas, compreendidas. Não há, pois, como negar que a paz social, nesse sentido, supõe a paz cultural, por meio do diálogo, do respeito (Bauman, 2003; Cuche, 2002) e da cooperação, o que abre espaço para que o campo da liderança opere de modo consistente nas missões de paz.

Atento a esse momento de perigo atual que envolve a sociedade mundial, de competição destrutiva entre as nações, Peter McLaren (2000) — com quem concordamos — assim conferenciou acerca da necessidade de atitude dos líderes:

> Em tempos perigosos, aqueles que desejam exercer liderança em prol de valores e práticas que compreendem como eticamente importantes necessitam [...] expressar-se bem e, com um efeito pedagógico máximo, persuadir, mas persuadir honestamente e com base em argumentos seguros e evidências fortes [McLaren, 2000:21-22].

Ainda sob o prisma da liderança, Danese (2009) lembra que esta representa um ato de visibilidade, haja vista que, quando em ação, atuando pelo exemplo, o líder tem a capacidade de persuadir, de influenciar seus liderados e todos os agentes presentes no cenário operacional. Muitas vezes, porém, essa visibilidade só acontece, para nós mesmos brasileiros, quando estamos mergulhados em outros ambientes, fora de nossa pátria, numa espécie de "canção do exílio". "À distância, parece mais fácil descobrir a própria terra", escreveu João Cezar de Castro Rocha.[1]

---

[1] Disponível em: <www.revistadehistoria.com.br/secao/leituras/raizes-que-dao-frutos>. Acesso em: 20. mar. 2014.

Foi exatamente sob essas condições, mais efetivamente durante o desempenho da missão de observador militar das Nações Unidas, no Sudão, entre os anos de 2008 e 2009, que este pesquisador pôde refletir e inferir que o militar brasileiro, trabalhando em ambientes voláteis, desempenha suas funções com bom nível de inserção no campo da liderança, aglutinando pessoas e evidenciando um "bom jeito" de interagir com aspectos culturais variados e de promover a paz.

Como notou Aguilar (2008:2), observador da ONU na guerra civil da antiga Iugoslávia: "alguns atributos do povo brasileiro se sobressaem quando utilizados nas missões de manutenção da paz e, por vezes, extrapolam o escopo das mesmas. São, portanto, fator importante para o sucesso".

Foi desse contexto, pois, que emergiu a problemática da pesquisa: "Em que medida a formação multiétnica do povo brasileiro favorece o exercício da liderança dos militares durante o desempenho de missões de paz?"

A esse respeito, Roberto DaMatta (2004), por exemplo, apresenta a conjectura de que, da formação multiétnica brasílica brotam a alteridade, o entendimento e a aceitação do outro, o que já representa um excelente ponto de partida para o trabalho, que adotou semelhante suposição.

Diz-se suposição, porque, segundo Melucci (2005:34), nos processos de produção do conhecimento social por meio da troca reflexiva e dialógica entre observador e observado — como ocorre no viés qualitativo desta pesquisa, que será melhor explanado mais adiante — a explicação não é entendida como verificação objetiva de hipóteses, mas como suposições em processo de construção do saber. Parte-se, portanto, do pressuposto de que, da formação multiétnica do povo brasileiro, sobressaem peculiaridades que, permeando o imaginário coletivo, facilitam o exercício da liderança em ambientes interculturais.

Assim, este trabalho, ampliado pela tese original que lhe forneceu arcabouço teórico e metodológico (Clauhs, 2012), pretende servir de instrumento inicial para a discussão de tema tão importante ao Exército Brasileiro em todos os tempos: a liderança em missões de paz, assunto de vasta abrangência e que tangencia variadas áreas do saber, até mesmo o rol das políticas públicas brasileiras, a despeito da limitação da própria pesquisa social sempre que se extrapola o mundo cientificamente palpável, conforme nos relata Darcy Ribeiro (2007:11-12):

> Entretanto, sempre que se exorbita desses limites, elegendo temas por sua relevância social, exorbita-se, também, da capacidade de tratá-los "cientificamente". Que fazer diante deste dilema? Prosseguir acumulando pesquisas detalhadas, que em algum tempo imprevisível permitirão elaborar uma síntese significativa? Ou aceitar os riscos de erro em que incorrem as tentativas pioneiras de acertar

quanto a temas amplos e complexos que não estamos armados para enfrentar de forma tão sistemática como seria desejável?

Guardadas as proporções do lapso de tempo que separa o excerto acima transcrito — década de 1970 — para os tempos atuais, essas dificuldades ainda persistem. Este pesquisador, porém, em face do caráter relevante deste trabalho, aceita correr os riscos e limitações da pesquisa social, munindo-se de metodologias mais modernas e especificamente mais afetas a essa área do conhecimento humano, como será evidenciado mais à frente.

Ainda sob esse enfoque, é mister ressaltar que, para se atingir o escopo da pesquisa, o autor se valeu dos caracteres do *ethos* brasileiro "pronto", já construído no imaginário coletivo ao longo da história, abrindo caminho para que se investigue a percepção dos liderados acerca do fenômeno da liderança em missões de paz. Desse modo, não houve a pretensão, no decorrer da pesquisa, de estudar como ocorreu a formação do *ethos* do povo, mas, sim, em que medida sua aplicação à liderança situacional (Hersey e Blanchard, 1986) permite convergir a atuação dos líderes para uma liderança multicultural (Robbins, 2005).

Por esse prisma de ideias, a pesquisa apresenta relevância, uma vez que o estado da arte revela autores renomados e dedicados ao estudo da formação do povo brasileiro. Pode-se citar: José de Alencar, Cândido Rondon, Sílvio Romero, Machado de Assis, Vianna Moog, Nina Rodrigues, Dante Moreira Leite, Affonso Celso, Euclides da Cunha, Graça Aranha, Alberto Torres, Monteiro Lobato, Mário de Andrade, Gilberto Freyre, Roquette-Pinto, Sérgio Buarque de Holanda, Lévi-Strauss, Roger Bastide, Darcy Ribeiro, Florestan Fernandes, Roberto DaMatta, Carlos de Meira Mattos, Thomas Skidmore, Roque de Barros Laraia, Roberto Cardoso de Oliveira, Arno Wehling, Bernardo Sorj, Mércio Pereira Gomes, Câmara Cascudo, Renato Ortiz e Rita Amaral, entre outros analisados na tese (Clauhs, 2102).

A análise dessas obras é fundamental para o entendimento da formação multiétnica brasileira, dado seu caráter imanente, de permanência no tempo, a despeito da época em que foram escritas:

> Nas ciências sociais, bons livros são aqueles que mantêm sua atualidade [...]. E melhores ainda são aqueles que se atualizam com o tempo. À medida que a história transcorre, a análise neles contida se confirma, quase como confirmação laboratorial do acerto de descobertas e interpretações [Fernandes, 2006:9].

No que diz respeito à liderança, merecem destaque os conteúdos presentes nas instruções provisórias do Exército sobre liderança militar, IP 20-10 (Brasil,

2011), a teoria da liderança situacional (Hersey e Blanchard, 1986), as análises sobre liderança multicultural de Stephen Robbins (2005) e os estudos de Gleuber Vieira (2007), Alberto Mendes Cardoso (2005), Paulo Cesar de Castro (2009, 2012), Mario Hecksher (2001), Mark Gerzon (2006) e Migueles e Zanini (2009), entre outros.

Para concretização dos estudos, foram efetuadas consultas ao portal de periódicos da Coordenação de Aperfeiçoamento de Pessoal de Nível Superior (Capes), ao Sistema Pergamum[2] da PUC-Rio e à Rede de Bibliotecas Integradas do Exército. Este pesquisador, porém, não encontrou, até a presente data, nenhum trabalho antecedente acerca da influência da formação multiétnica do povo brasileiro sobre a liderança militar em missões de paz.

Assim, este trabalho permite apresentar aos estudiosos do tema uma visão mais pragmática do assunto, saindo do campo puramente instintivo para a prática consciente da liderança multicultural (Robbins, 2005), ou seja, oferecer uma perspectiva de como traduzir as vantagens de uma formação multiétnica em emprego de tropa ou em eficaz atuação de civis e militares brasileiros em missões de paz, ou mesmo quando elaborando estratégias de políticas públicas no país.

Por uma ótica ainda mais abrangente, este trabalho pode oferecer subsídios aos demais países, sob o influxo do Departamento de Operações de Manutenção da Paz (DPKO) das Nações Unidas, para que promovam o mesmo tipo de estudo sobre o caráter nacional de seu povo, com vistas a incrementar o grau de sucesso dos líderes em missões de paz.

Isto posto, pode-se afirmar que o objetivo geral deste trabalho ultrapassa a reflexão de como as características multiétnicas presentes na formação do povo brasileiro podem contribuir para o incremento da liderança militar em missões de paz, para refletir sobre a possibilidade de diálogo entre os conceitos de liderança situacional (Hersey e Blanchard, 1986) e as peculiaridades idiossincráticas que compõem o ideário brasileiro, buscando convergir para uma liderança multicultural (Robbins, 2005) e sugerir sua contribuição na adoção de parcerias organizacionais entre o Exército Brasileiro — por meio do CCOPAB — e as universidades, sobretudo, no momento em que o Exército, atento às demandas da Estratégia Nacional de Defesa (Brasil, 2013) e aos desafios do mundo atual, tem estimulado o estudo e a prática das operações interagências (que também envolvem instituições com identidades variadas), das considerações dos assun-

---

[2] Sistema informatizado e integrado de bibliotecas. Disponível em: <www.pergamum.pucpr.br/redepergamum/consultas/site_tese/pesquisa.php>. Acesso em: 2 abr. 2014.

tos civis em seus planejamentos e das operações em ambientes multiculturais nas missões de paz.

Referencial teórico-metodológico

No que tange ao esquema interpretativo utilizado na pesquisa, este pesquisador concorda com Edgar Morin (apud Vieira e Boeira, 2006) que o dualismo cartesiano apresentado ao mundo por Descartes se apresenta como um dos grandes responsáveis por separarmos, nos dias atuais, a cultura da humanidade, o sujeito do objeto, a alma do corpo, o espírito da matéria, a qualidade da quantidade, o sentimento da razão, a existência da essência.

Assim, procurando um afastamentor desse conjunto de crenças denominado "o grande paradigma do Ocidente", adotou-se neste trabalho uma perspectiva multiparadigmática (Alves-Mazzotti e Gewandsznajder, 2001), que oferece vários modos de se perceber e conceber a realidade social, oferecendo ao pesquisador possibilidades múltiplas de investigar a verdade de cada um.

Por esse enfoque, este estudo encontrou, na complementaridade entre a pesquisa qualitativa e a quantitativa (Flick, 2009), o percurso metodológico para atingir seu objetivo, porque contempla a adoção de métodos múltiplos de investigação que oferecem subsídios à sua consecução.

O processo teve início, pois, com uma marcha da teoria ao texto (Flick, 2009), por meio do levantamento da produção acadêmica nacional e internacional sobre o tema da liderança — em especial em sua vertente militar em missões de paz, com destaque para a teoria da liderança situacional (Hersey e Blanchard, 1986) — bem como por meio de recortes analíticos em cima dos documentos e da bibliografia acerca da diversidade cultural resultante da formação multiétnica do povo brasileiro, notadamente aqueles mais diretamente relacionados às questões da práxis da liderança multicultural (Robbins, 2005) em ambientes multinacionais.

Estudos acerca da formação multiétnica do povo brasileiro encontram amparo no consenso de autores nacionais e estrangeiros. De suas obras, pode-se inferir que o Brasil se constituiu por meio da mestiçagem, da fusão de três etnias fundamentais: o branco, o negro e o índio (Ortiz, 2006:19). Corroborando esse pensamento, Sérgio Buarque de Holanda (1995), em sua obra *Raízes do Brasil*, remete o leitor à plasticidade social dos próprios colonizadores portugueses, que, à época do descobrimento, já eram mestiços e, portanto, não tiveram problema algum em se misturar aos gentios da nova terra (Holanda, 1995:53).

Indo mais adiante, esse mesmo autor mostra que a mesma plasticidade social pôde ser observada, já na sociedade colonial brasileira, ao afirmar que o escravo negro não era uma simples fonte de energia braçal. Frequentemente, suas relações com os senhores de engenho oscilavam do *status* de dependente para o de protegido e, algumas vezes, até mesmo de solidário e confidente. "Sua influência penetrava sinuosamente o recesso doméstico, agindo como dissolvente de qualquer ideia de separação de castas" (Holanda, 1995:55).

Essas assertivas permitem que se chegue a outra, igualmente importante, de que a miscigenação, a mistura que produziu o mestiço, ocorreu em larga escala no solo brasileiro (DaMatta, 2004:22), produzindo um povo híbrido e gregário.

Em concordância com essas ideias, no livro *Casa-grande & senzala*, Gilberto Freyre (2006) abordou a visão de uma sociedade escravocrata, na qual as três etnias fundamentais presentes, embora lapidadas por práticas culturais diversas, atenuaram suas diferenças por meio da hibridização e da miscibilidade étnica, o que significou não só a mistura de cores de peles, mas também um intercâmbio de culturas que passaram a viver em conjunto, legando para os tempos modernos a capacidade de adaptação do povo brasileiro, seja em terrenos físicos diferentes, seja em ambientes sociais distintos.

Assim, é possível inferir que, em meio a esse triângulo social inicial das etnias, o ambíguo, o híbrido, passou a ser reinterpretado como um dado positivo da mestiçagem, uma síntese do melhor que pode existir no negro, no branco e no índio.

Ainda, como resultante da fusão cultural, "as relações entre grupos sociais admitem a intermediação — a negação do indivíduo que é o centro legal e moral de um sistema" (DaMatta, 2004:26). Negando o indivíduo, abre-se espaço para um ponto de suma importância na diversidade cultural brasileira: o da alteridade.

Sobre esse tópico, a antropóloga Rita Amaral (2008:6) enfatiza que a diversidade cultural, presente na formação do povo brasileiro, faz bem, porque "é uma fonte inexaurível de críticas, de inovações, de intercâmbios, criatividade e inspiração". Em outras palavras, busca afirmar a alteridade, ou seja, apreender o outro na plenitude de sua dignidade e de suas diferenças.

Isso conduz ao que Peter McLaren (2000) define como solidariedade multiétnica ou multicultural, ou seja, a uma base comum formada por discordâncias confiantes e orientadas a potencializar os pontos de interação.

Tais pontos de convergência aparecem, também, no que diz respeito às religiões. Assim, predomina na cultura nacional "um certo pragmatismo religioso, que permite a circulação, às vezes simultaneamente, por várias religiões" (Sorj, 2000:31). Essas nuances favoreceram o nascimento do sincretismo religioso, resultante do amálgama de elementos de diferentes origens, conferindo ao povo brasileiro elevado nível de tolerância no que diz respeito às diferenças de credo.

Percorrendo, ainda, o rol de caracteres emanados da formação multicultural do povo brasileiro, Darcy Ribeiro (1995:108) assinala o valor da flexibilidade, "moldável a qualquer nova circunstância". Essa flexibilidade vai ao encontro do que DaMatta (2004:55) apresenta como sendo o "jeitinho brasileiro, um estilo profundamente original e brasileiro de viver e, às vezes, de sobreviver" a um sistema social profundamente dividido, que dá lugar a uma malandragem capaz de promover a esperança de uma convivência em harmonia. Sob esse enfoque, Barbosa (2006:2) ilustra: "O não do guarda americano era definitivo, categórico e irrecorrível. O não do guarda brasileiro [...] poderia ser também talvez e, com algum 'papo', certamente sim".

Novamente retornando a Sorj (2000), este afirma que a sociedade brasileira é lúdica, o que confere ao brasileiro um caráter idiossincrático de alegria, atravessando fronteiras simbólicas por meio de uma verdadeira catarse social, que o leva a viver sorrindo, feliz, a despeito das dificuldades, dos preconceitos e dos abismos socioeconômicos que grassam na sociedade brasílica.

Epistemologicamente, os aspectos mencionados até este ponto remetem ao que se pode chamar de *ethos* do povo brasileiro, que se refere à "subjetividade ou interioridade de sua cultura, a qual tem repercussão como valores e normas de seu comportamento e no seu modo de ver o mundo" (Gomes, 2009:50).

Percebe-se, pois, que o brasileiro apresenta características imanentes ao seu *ethos*, que emergem de sua formação multiétnica, da identidade nacional — "entidade abstrata", para Ortiz (2006) — e que podem ser aproveitadas como catalisadoras de processos transformadores, como é o caso do desenvolvimento da liderança, saindo-se do senso comum para a aplicação científica.

Nesse sentido, DaMatta (1997:68) assim se expressa sobre o aproveitamento científico dos estudos acerca da formação multiétnica de nossa gente:

> Mas será preciso incorporar definitivamente as implicações de tudo isso, que corre como anedota ou como um dado irredutível da singularidade brasileira, para o centro de nossas preocupações como cientistas sociais. Caso contrário, continuaremos a realizar estudos da sociedade brasileira e latino-americana que serão puramente normativos ou inteiramente formalizantes, incapazes de perceber os meandros e dilemas de sociedades que, sem terem liquidado o passado, já estão abraçando o futuro.

No que diz respeito à liderança, e indo ao encontro dos processos transformacionais, Robbins (2005:303) argumenta que ela se refere ao enfrentamento da mudança, na razão em que "os líderes estabelecem direções através do desenvolvimento de uma visão do futuro; depois engajam as pessoas comunicando-lhes essa visão, inspirando-as a superar os obstáculos".

Sobre esse tema, as Instruções Provisórias IP 20-10, que versam sobre liderança militar, por sua vez, assim definem liderança:

> Processo de influência interpessoal do líder militar sobre seus liderados, na medida em que implica o estabelecimento de vínculos afetivos entre os indivíduos, de modo a favorecer o logro dos objetivos da organização militar em uma dada situação [Brasil, 2011:3-3].

Mais adiante, em seu texto, as mesmas IP 20-10 delineiam a doutrina de liderança como um aspecto primordial da instituição militar, com o escopo de assegurar aos militares a aquisição de habilidades, conhecimentos, atribuições e comportamentos que os capacitem a tomar decisões rápidas, corretas e focadas com os objetivos do Exército.

Nesse sentido, este pesquisador ressalta a teoria da liderança situacional de Hersey e Blanchard (1986:373), em que os autores afirmam que:

> O ser humano é altamente versátil, capaz de aprender motivos novos, de ser motivado com base em muitos tipos diferentes de necessidades e de responder a numerosos estilos diferentes de liderança. Os indivíduos complexos põem à prova a capacidade de diagnóstico dos gerentes e, como implica a Liderança Situacional, os gerentes eficazes precisam mudar adequadamente seu estilo, de modo a atender às várias situações.

Assim, sob o ponto de vista da liderança militar em missões de paz, lidando com ambientes internacionais e com culturas diversas, essa teoria permite aproximação com o que preconizam os estudos sobre interculturalidade quando enfocam a diversidade cultural, a necessidade de compreensão e de aceitação das diferenças, entre outros aspectos, como essenciais à busca da paz e da harmonia (Canen, 2008; Costa, 2009).

Arrematam as IP 20-10 (Brasil, 2011), afirmando que a liderança tem por fundamento o conhecimento da natureza humana, o que revela um construto essencialmente dinâmico e interdisciplinar, sendo, por isso mesmo, passível de estudo continuado, por meio de abordagens de múltiplas ciências afins, como é o caso deste trabalho, que se vale de conhecimentos das áreas de antropologia, psicologia, administração, sociologia, ciências militares,[3] geopolítica, relações

---

[3] Nos termos do art. 2º da Lei nº 9.131, de 24 de novembro de 1995, o ministro de Estado da Educação homologou o Parecer nº 1.295/2001, da Câmara de Educação Superior do Conselho Nacional de Educação, que estabelece normas relativas à admissão de equivalência de estudos e

internacionais, filosofia e história, entre outras, ultrapassando-se o cartesianismo militar, muitas vezes reinante na profissão das armas, mas sem abrir mão de seus princípios e valores éticos e morais fundamentais.

Por essa ótica, Alves-Mazzotti e Gewandsznajder (2001) elucidam que uma das situações que pode dar origem a um problema de pesquisa é a existência de lacunas no conhecimento disponível acerca de um assunto. Coerentemente com essa afirmação, as próprias IP 20-10, em seu capítulo introdutório, praticamente solicitam que a doutrina de liderança militar seja estudada e constantemente desenvolvida, aplicada e atualizada (Brasil, 2011:1-2). Assim, abre-se espaço para que as características que emanam da diversidade resultante da formação do povo brasileiro e de seu *ethos* possam ser agora combinadas com o conceito e com os pressupostos da liderança situacional (Hersey e Blanchard, 1986), a fim de que se proponham reflexões estratégicas para abordagem do tema da liderança multicultural (Robbins, 2005) no CCOPAB, sob a nuance das missões de paz.

Nesse sentido, sendo a liderança também classificável no domínio afetivo dos objetivos educacionais (Brasil, 2011), é ela passível de ser desenvolvida por meio do processo ensino-aprendizado, em que o treinamento multicultural servirá como guia de ação para o desenvolvimento de líderes (Costa, 2009).

Desse modo, essa práxis da liderança multicultural (Robbins, 2005) pode oferecer aos instrutores do CCOPAB uma ferramenta que permite remodelar o treinamento, por meio de uma "cultura multivalenciada linguisticamente e na qual os indivíduos possam conceber a identidade como uma montagem polivalente de posições de sujeitos contraditórios" (McLaren, 2000:134), a partir da exploração dos principais caracteres evidenciados pela formação multiétnica do povo brasileiro, que facilitam o desenvolvimento da liderança multicultural (Robbins, 2005).

Sob esse enfoque, os instrutores terão a oportunidade de permitir aos instruendos vivenciarem um ambiente multidimensional, cruzando as linhas de fronteiras culturais, sem perder sua identidade, mas respeitando a diversidade.

Em suma, a análise dos impactos da formação multiétnica brasileira sobre a liderança pode oferecer ao sistema de ensino do Exército a oportunidade de promoção de uma educação voltada para a paz (Costa, 2009). Nessa perspectiva, pode-se citar, como órgão diretamente interessado no desenvolvimento do assunto, além do já mencionado CCOPAB, a Divisão de Missões de Paz, componente da 3ª Subchefia do Comando de Operações Terrestres (COTer) do Exército, que tem por atribuição, entre outras, orientar o planejamento, a condução e avaliação das atividades relacionadas ao preparo dos militares selecionados para participarem de missões individuais em operações de paz.

---

inclusão das ciências militares no rol das ciências estudadas no país (*DOU* nº 58 — Seção 1, terça--feira, 26 de março de 2002).

Em seguida, antes de retornar do texto à teoria, foi realizada a coleta de dados (Flick, 2009) com vistas a contemplar essa metodologia, para o que foram utilizados diferentes instrumentos: questionários com perguntas abertas (Lefevre e Lefevre, 2010), entrevistas abertas (Flick, 2009) e semiestruturadas (Alves-Mazzotti e Gewandsznajder, 2001). Durante o processo, sentindo a necessidade de aprofundar as questões e esclarecer pontos de vista apresentados, foram aplicadas entrevistas, que permitiram aos entrevistados expressar livremente suas percepções acerca da vida cotidiana quando imersos em ambiente cultural diverso do seu (Melucci, 2005).

Corroborando esses procedimentos, a sistemologia de Denzin e Lincoln (2006) permite combinar questionários com entrevistas semiestruturadas, a fim de validar os resultados obtidos, enriquecendo o conhecimento.

A análise documental utilizada — em que figuram leis, regulamentos, normas, jornais, revistas, discursos e livros, entre outros que foram utilizados neste trabalho — serviu para contextualizar o objeto de pesquisa e complementar as informações coletadas por meio de outras fontes (Alves-Mazzotti e Gewandsznajder, 2001), validando os depoimentos dos atores envolvidos nas operações de paz.

Desse modo, em complemento à análise dos documentos citados, buscou-se verificar junto ao CCOPAB se vem e como vem sendo trabalhada a questão da liderança em missões de paz naquele centro, ou seja, em que medida a preparação dos "soldados da paz" contempla estudos de liderança multicultural que proporcionem interação com civis e militares de outras nacionalidades e culturas, bem como se, de algum modo, vêm sendo utilizadas as características resultantes da formação multiétnica brasileira para o preparo de líderes culturais e mediadores.

Valendo-se da capacidade hermenêutica, interpretativa do pesquisador (Chizzotti, 2003), desenvolveu-se a teoria (Flick, 2009). Assim, pois, foi possível retornar do texto à teoria, com a utilização da técnica qualiquantitativa do discurso do sujeito coletivo (Lefevre e Lefevre, 2010), utilizada para análise crítica e reflexiva das falas dos atores envolvidos nas missões de paz.

Por fim, as percepções dos militares que já tomaram parte em missões de paz, consubstanciadas em discursos-síntese e impactadas pelas características idiossincráticas decorrentes da formação multiétnica do povo brasileiro, serviram para subsidiar a argumentação e a suposição defendidas, permitindo-se apresentar ao CCOPAB sugestões acerca da adoção de uma liderança multicultural (Robbins, 2005) no preparo dos "soldados da paz".

Apresentam-se, ao final, portanto, sugestões para o incremento da posição de liderança assumida pelo militar brasileiro em missões de paz, com base nas características emergentes da diversidade cultural resultante da formação multiétnica do povo brasílico, combinadas com o conceitual teórico da liderança situacional (Hersey e Blanchard, 1986), bem como a possibilidade de estender os estudos realizados a outros países que atuam sob a égide das Nações Unidas, com foco no caráter nacional de sua gente, que lhes confere identidade própria e peculiaridades que certamente se enquadram no contexto das missões de paz, com vistas ao melhor desempenho quando em funções de liderança.

É importante ressaltar que, precedendo o presente trabalho, este pesquisador já realizou as seguintes ações:

- realização de pesquisa com caráter de cunho etnográfico, quando atuava como observador militar das Nações Unidas no Sudão, entre os anos de 2008 e 2009, sem, no entanto, permear todas as particularidades do método da observação participante (Chizzotti, 2003), mas adotando alguns fundamentos desse tipo de pesquisa e imerso no contexto diário de uma missão de paz, como líder da equipe de observadores naquele país africano;
- realização de uma pré-pesquisa informal, por meio do envio de questionários por correio eletrônico, no ano de 2009, para os militares estrangeiros com os quais havia trabalhado no Sudão, investigando suas percepções acerca da maneira como enxergavam as características dos brasileiros com os quais tiveram contato.

No que concerne ao público-alvo da pesquisa, foram consultados os oficiais do Exército que já tenham participado de missões de paz, quer como observadores militares, quer como oficiais do Estado-Maior, ou ainda, integrando tropas no terreno.

Discurso do sujeito coletivo (DSC)

Levando-se em consideração a escolha metodológica mencionada, foram aplicados 56 questionários e implementadas 10 entrevistas.

No que diz respeito à análise dos discursos coletados, optou-se pela utilização do discurso do sujeito coletivo (DSC) como método qualiquantitativo (Lefevre e Lefevre, 2010), cuja técnica de pesquisa empírica tem como objeto o pensamento de uma coletividade acerca de determinado tema, resgatando, nessa formação sociocultural, as semelhanças e as diferenças próprias das representações sociais que cada ator envolvido na pesquisa apresenta como experiência de vida individual, valorizando o múltiplo, e apresentando-as na forma de discursos na primeira pessoa "coletiva" do singular.

> O Discurso do Sujeito Coletivo consiste num conjunto de instrumentos destinados a recuperar e dar luz às representações sociais, mormente as que aparecem

sob a forma verbal de textos escritos e falados, apresentando tais representações sob a forma de painéis de depoimentos coletivos [Lefevre e Lefevre, 2010:23].

Em termos metodológicos, o DSC é apontado como qualiquantitativo porque, num primeiro momento, qualifica uma ideia que emerge do campo estudado e, numa segunda fase, pretende também analisar o grau de compartilhamento dessa representação simbólica entre os indivíduos pesquisados, ou seja, a distribuição das ideias qualificadas entre a população estudada, o quanto se repetem e são compartilhadas (Lefevre e Lefevre, 2010).

Em síntese, pode-se dizer que a opção por essa metodologia impôs-se pela natureza do problema a ser estudado, pois permitiu a recuperação das representações sociais e simbólicas dos militares que participaram de missões de paz a partir de seu cotidiano naquele ambiente operacional de que tomaram parte.

No que tange à operacionalização da técnica, o procedimento metodológico básico exige que se identifiquem as ideias centrais (o que o entrevistado quis dizer) e as expressões-chave (como isso foi dito) semelhantes presentes nos depoimentos dos respondentes, para então compor, com as expressões-chave desses depoimentos semelhantes, um discurso-síntese para cada ideia central distinta. Outrossim, em conjunto homogêneo de expressões-chave, a ideia central recebe o nome de categoria. Por isso, o DSC, reunindo num só discurso-síntese as expressões-chave que possuem a mesma ideia central, deve ser construído para cada uma das categorias identificadas nas pesquisas.

Sob esse enfoque, o presente trabalho abrangeu as seguintes etapas de emprego do DSC: transcrição fidedigna das manifestações dos entrevistados; seleção das expressões-chave de suas falas; identificação e destaque das ideias centrais; categorização das ideias centrais semelhantes e construção do discurso-síntese, por categoria, na primeira pessoa do singular, como se houvesse apenas um indivíduo falando em nome de todos que compõem o sujeito coletivo e seu imaginário (Lefevre e Lefevre, 2010). O resultado, ao final, busca produzir no leitor a sensação de um discurso real de um falante concreto, com vistas a configurar um sujeito coletivo de um discurso que revela uma representação coletiva sobre o tema. Esse sujeito coletivo representa um recurso metodológico que visa revelar que, "quando os indivíduos pensam, é também a sociedade que está pensando por meio deles" (Lefevre e Lefevre, 2010:150).

Em síntese, no que diz respeito à análise dos dados coletados, a pesquisa de cunho qualitativo se vale de um conjunto básico de crenças que orientam a ação no sentido da ampla utilização da criatividade e na construção das interpretações por parte do pesquisador, a partir das falas e dos textos dos entrevistados (Lefevre e Lefevre, 2010).

Da pesquisa realizada junto aos oficiais estrangeiros que atuaram como observadores militares das Nações Unidas no Sudão, eis um dos seis discursos-síntese circulantes entre o universo consultado, entre outros discursos do sujeito coletivo consubstanciados na tese como um todo, acerca de suas percepções no que diz respeito às características evidenciadas pelos brasileiros destacados para funções de liderança durante suas missões, sob o enfoque da composição multicultural do militar brasileiro:

- DSC (categoria: Flexibilidade)

As a leader you can't be stubborn and I could observe attitudes of flexibility whenever Brazilian faced opposing and conflicting situations, when he was able to portray his flexibility regardless of his personal views upon the issue. When someone is flexible, he is able to listen to logical advise from the people who are working with him and the Brazilian could do this easy.[4]

Já no que concerne à pesquisa de campo, realizada por meio de questionários aplicados a 56 brasileiros, entre os anos de 2010 e 2011, quando se perguntou se eles acreditavam que a formação multiétnica/multicultural do povo brasileiro poderia facilitar o exercício da liderança em missões de paz; se eles perceberam que o militar brasileiro tinha facilidade de adaptar seu estilo de liderança às situações voláteis que se apresentam nos cenários das missões e se tal formação poderia contribuir para o melhor desempenho das tarefas de negociação, deixando-os à vontade para comentar as questões, entre os 12 discursos construídos, destacam-se os seguintes:

- DSC (categoria: Sim, porque desenvolve a tolerância)

Acredito que a formação multiétnica pode tornar o brasileiro mais tolerante e paciente no convívio com pessoas de origem diferente, respeitando seus hábitos e costumes, permitindo o intercâmbio com todas as nacionalidades, do muçulmano ao judeu, dos países mais pobres aos mais ricos. Temos a capacidade de aceitar, sem ressentimentos, sem barreiras, hábitos, costumes, religião e história de outros povos. O brasileiro é índio, branco, negro, amarelo, católico, espírita, evangélico, protestante... [...]. Essa facilidade em lidar com pessoas e criar bons

---

[4] "Como líder, você não pode ser teimoso, e eu pude observar atitudes de flexibilidade sempre que o brasileiro encarou situações conflituosas, momento em que ele teve capacidade de modelar sua flexibilidade, a despeito de seus pontos de vista pessoais sobre o assunto. Quando alguém é flexível, é apto a ouvir os conselhos das pessoas com quem trabalha, e o brasileiro podia fazer isso com facilidade" (tradução nossa).

relacionamentos evita conflitos culturais, étnicos e religiosos e torna o brasileiro mais apto a encarar a diversidade. No Brasil, indivíduos de variadas cores, religiões, culturas e idiomas convivem harmônica e sincreticamente. As diferenças religiosas que para alguns países podem ser motivos de guerras, para os brasileiros não passam de mais um direito individual a ser respeitado. [...] A tolerância permite aceitar com mais facilidade as diferenças multiculturais.

- DSC (categoria: Sim, pois facilita o consenso, a mediação e a negociação)

O brasileiro, extrovertido, alegre e amigável, tem maior facilidade para intermediar conflitos e negociar a paz por estar acostumado a lidar com populações de características diversas, agindo com mais simpatia, diplomacia e mais livre de preconceitos. Nossa formação multiétnica serve de "cartão de visitas" para qualquer negociação, pois habilita o mediador como representante natural de ambos os lados, imparcial no gerenciamento de crises. Com imparcialidade e pacifismo históricos, o brasileiro exerce função mediadora, conciliadora e integradora no grupo, ajudando-o a atingir o consenso, por meio da solução pacífica de controvérsias. A índole ordeira e pacífica do nosso povo favorece a resolução de conflitos de maneira menos desgastante. Nossos militares têm espírito diplomático e democrático. A imagem projetada do Brasil no exterior, juntamente com sua postura de respeito e não intervenção em problemas internos de outras nações, sem causar ressentimentos, facilita a atuação imparcial e neutra.

- DSC (categoria: Sim, porque nossa formação nos permitiu viver situações muito parecidas com as de outros povos)

Situações aqui vividas apresentam familiaridade com as vivenciadas por outros povos, como, por exemplo, as operações de garantia da lei e da ordem (GLO), a pobreza, a marginalização da sociedade e a improvisação. Os cenários existentes no Brasil contribuem para a flexibilização do raciocínio e tomada de decisões. Estamos acostumados a conviver, no mesmo país, com riqueza e miséria. [...] A própria violência que encontramos nas missões acontece no Brasil [...]. A formação do militar brasileiro, em regra, vivenciada por uma dificuldade que permeia a sociedade, caracterizado pela carência de meios e por restrições financeiras, facilita o entendimento do sofrimento alheio e um espírito de cooperação na busca por soluções criativas.

À medida que este pesquisador realizava a análise e interpretação dos resultados, consolidados após a aplicação dos questionários, sentiu-se a necessidade de obter maior amplitude para o pensamento crítico, o que se consubstanciou por meio das entrevistas qualitativas realizadas com 10 militares que participaram de missões internacionais, ratificando percepções ou apresentando outros pontos de vista a esta pesquisa. Assim, portanto, foi perguntado a esses militares como eles sentiram a liderança do militar brasileiro em missões de paz e a que eles atribuíram tal desempenho. As respostas, gravadas, produziram oito discursos do sujeito coletivo, entre os quais, pode-se destacar o seguinte:

- DSC (categoria: Positiva, devido ao respeito à diversidade)

O brasileiro, ele tem facilidade em aceitar diferenças culturais. Isso, acho que fruto da característica de formação do nosso povo, onde a gente lida com a diversidade no dia a dia [...]. O brasileiro ele tem bastante facilidade, porque nós não temos preconceitos, por essa quantidade de raças, esse relacionamento que a gente tem, a falta de preconceitos que o Brasil sofre, então pra gente negro é igual índio, então isso contribui diretamente pra essa nossa flexibilidade e o jeito de ser do brasileiro, que é amigo, que respeita todo mundo [...]. É... porque o militar brasileiro ele se destaca em termos de humanidade, pelas suas características humanas.

Do material coletado e analisado, depreende-se, portanto, a existência de peculiaridades resultantes da formação multiétnica do povo brasileiro, tais como flexibilidade; tolerância; diversidade cultural; sincretismo religioso; diplomacia para o consenso, mediação e negociação; criatividade (o "jeitinho"); e a vivência cotidiana de situações socioeconômicas e culturais muito parecidas com a de outros povos, entre outras que emergiram ao longo do trabalho, que corroboram aquelas evidenciadas na pesquisa bibliográfica anteriormente descrita.

Em complemento, a pesquisa realizada junto ao CCOPAB ratificou que a liderança naquele centro não vem sendo ainda trabalhada com cientificismo, mas de forma empírica. Das entrevistas realizadas, percebe-se, entretanto, a possibilidade de utilização das peculiaridades acima mencionadas, como ferramentas para facilitar o exercício da liderança multicultural (Robbins, 2005), por meio da potencialização de tais idiossincrasias, de modo a promover o diálogo entre o universalismo e o relativismo, ultrapassando tão somente as nuances do empirismo positivista.

Tal assertiva encontra amparo, ainda, na atitude evidenciada, de modo espontâneo, por um oficial brasileiro no Haiti, em 2010, quando atuava como comandante da Força de Choque da Quick Reaction Force (Força de Reação Rápida) e, diante de um momento conturbado e sensível à frente de uma turba de aproximadamente 400 haitianos, na cidade de Saint Marc, em face de um contato iminente, demonstrou sabedoria ao motivar sua tropa a cantar o hino haitiano, juntamente com os manifestantes. Seu ato de liderança — multicultural (Robbins, 2005) na ótica deste pesquisador — dissipou toda a multidão de maneira pacífica, poupando a tropa de realizar disparos com armamento não letal e evitando um provável embate entre brasileiros e haitianos. Eis sua fala:

> Acredito que todos os treinamentos conduzidos [...] sobre o hino nacional haitiano não foram em vão. Eram o local e hora exata. Eram 1100h e já nos encontrávamos há algum tempo na posição, juntamente com a Cavalaria, fazendo o bloqueio da rua e demonstrando força para a manifestação. [...] Observamos então que os manifestantes passaram a se aproximar. Como se aproximavam de forma pacífica, tínhamos que permanecer estáticos, obedecendo às Regras de Engajamento. Confesso mais uma vez que estava um pouco tenso, e que quase arremessei uma granada de luz e som para que a turba não se aproximasse mais. [...].
>
> Quando a manifestação se encontrava a aproximadamente 5 metros de nossa primeira linha de escudeiros, a situação ficou mais tensa. Eles reivindicavam a passagem por aquela rua, que estava bloqueada por nossa tropa; se jogavam no chão, gritavam. De certa forma, estávamos realmente impedindo o direito de ir e vir de uma manifestação pacífica, porém a nossa missão era garantir a segurança daquela base argentina que se encontrava com as urnas eleitorais e, por isso, eles não poderiam passar por ali.
>
> As discussões eram ríspidas, e o início da ação era só uma questão de tempo. Foi quando alguns manifestantes, como forma de protesto, começaram a cantar o hino haitiano. Naquele momento, veio um insight e comecei a cantar e mandar que a tropa acompanhasse o hino. Quando vi que estávamos cantando juntos, comecei a fazer gestos como um torcedor de futebol que canta o hino do seu clube em uma arquibancada, visando a demonstrar que estava vibrando com aquele momento. Após acabar aquela estrofe, vibrei como se fosse um gol do Brasil na final da Copa do Mundo, conseguindo naquele momento obter a confiança daqueles 400 ou 500 haitianos que estavam à minha frente. Ainda comecei a cantar a segunda estrofe, mas não fui acompanhado pelo povo que, orientado pelos líderes, já começava a retrair daquela posição. Naquele momento, a manifestação retraiu. [comandante da Força de Choque da Quick Reaction Force].

Assim, no momento em que a Estratégia Nacional de Defesa (Brasil, 2013) e o ensino por competências[5] caminham juntos no processo de transformação do Exército, cresce de importância o estabelecimento de parcerias do meio acadêmico civil e militar, contribuindo para o incremento do preparo de líderes para

---

[5] Disponível em: <www.exercito.gov.br/web/proforca/apresentacao>. Acesso em: 12 mar. 2014.

atuarem em ambientes incertos, transcendendo o caráter operacional das ações, para atingir o desenvolvimento de estratégias de tomadas de decisão, de mediação e de negociação, contextualizadas à consciência situacional e necessárias diante da diversidade cultural que enfrentam nas operações de paz.

Conclusão

Em síntese, o presente trabalho buscou, em um primeiro momento, colocar a liderança em foco e, por essa ótica, trouxe à reflexão a contribuição que a teoria situacional de Hersey e Blanchard (1986) apresenta para que se possa chegar a um construto referenciado em virtudes no que tange ao exercício de uma liderança mediadora, que se nomine multicultural (Robbins, 2005) e por meio da qual o líder possa ampliar seu sistema pessoal de referência, tornando-se mais flexível e apto a escutar e a atuar, aliando sereno rigor à compreensão das diferenças entre os seres. Assim agindo, conseguirá, também, conscientizar seus liderados acerca do uso gradual da força, reduzindo os efeitos colaterais das operações sobre a parcela civil da população local, obtendo seu apoio.

Ademais, respeito, tolerância, paciência, flexibilidade e, especialmente, entendimento cultural são fatores importantes para a adaptação e o desenvolvimento da liderança dos militares que atuam em ambientes internacionais de missões de paz, ou em comunidades culturalmente diversificadas.

Por esse prisma, a pesquisa revelou que a liderança multicultural, aplicada à conjuntura situacional, pode exponenciar a capacidade de sucesso do trinômio "ser, saber e fazer" que estrutura os atributos do líder, sobretudo na esfera militar, na medida em que, diante de uma situação conflituosa — uma turba irada, por exemplo — este possa lançar mão de sua inteligência cultural, aplicada ao ambiente que se lhe apresenta; manter-se calmo, sereno e, por conseguinte, atuando pelo exemplo e com profissionalismo, pois conhece o *ethos* daquele povo e o potencial de sua tropa; defender os valores universais em jogo naquele momento e respeitar, com flexibilidade, os valores relativos da multidão, comunicando persuasivamente o mesmo aos liderados; agir conforme os preceitos da paz, permitindo fluir a criatividade, os *insights* que acompanham a criação mental; desconstruir animosidades e evitar o uso desnecessário de força desproporcional, pelo entendimento e aceitação das diferenças, ouvindo atentamente as necessidades de todos e minimizando posturas inflexíveis; e, por fim, mediar o conflito, promover o diálogo e propor ou até mesmo adiar soluções, para um momento mais propício, angariando a simpatia e o respeito da população anfitriã.

Todas essas ações brotam do rompimento das fronteiras simbólicas entre as pessoas, oferecido pelos valores centrais que regem as relações humanas, livres de ideologias, quando tratam da valorização e do respeito às diferenças como ferramenta para a paz. Por essa ótica, o olhar interrogativo do outro leva ao olhar compreensivo do líder multicultural. Este estudo também revelou, pois, que uma importante tarefa do líder que atua multiculturalmente é criar um imaginário integrado, que fomente a segurança psicológica e a confiança, tanto em seus liderados quanto na população local.

No que concerne ao exercício de liderança por parte dos brasileiros nas missões de paz, trabalhou-se em torno da suposição inicial de que a formação multiétnica de nosso povo poderia favorecer tal desempenho.

Procurou-se, por esse enfoque, num segundo momento, realizar recortes analíticos sobre a formação do povo brasileiro, com nuances transdisciplinares, por meio de leituras antropológicas, sociológicas, psicológicas, históricas, enfim, de cunho epistemológico, que oferecessem matizes variados, como variada é a cultura humana, o que permitiu conduzir assuntos importantes na esfera das ciências sociais do empirismo ao cientificismo; do senso comum, em algumas vezes, para o mundo acadêmico, por meio de questionários e entrevistas que corroboraram os estudos apresentados por autores consagrados na comunidade literária. Em um grau maior de aprofundamento, foi possível alinhavar ideias que fundamentem um preparo mais científico e menos folclórico de civis e militares, deixando-se de lado o "jeitinho" para lidar com aspectos mais concretos dos cenários operacionais.

Retomando a análise bibliográfica, da leitura e do levantamento das características idiossincráticas resultantes da formação multiétnica do povo brasileiro, com base em sua vida cotidiana, emergiram do DSC algumas peculiaridades e categorias de caracteres que moldam o caráter nacional da gente brasílica, seu inconsciente coletivo, seu modo de pensar, de ser e de agir; em suma, seu *ethos*: alegria, miscigenação étnica e cultural, flexibilidade/adaptabilidade, criatividade, plasticidade social, diversidade cultural, o "jeitinho" para driblar as distâncias sociais, tolerância, alteridade, empatia, sincretismo (especialmente o religioso), espírito trabalhador (com senso de profissionalismo), informalidade (com busca da intimidade nas relações), calor humano, afeição à ordem e à paz, espírito conciliador e pacífico, tendência à diplomacia e à mediação, entre outros transcritos na tese como um todo.

Grande parte desses aspectos peculiares foram ratificados pela visão que alguns estrangeiros apresentam sobre o povo brasileiro, bem como pela percepção de militares do Brasil que tomaram parte de variadas missões de paz.

Da análise dos questionários e das entrevistas, emergiram indicadores que fortalecem o argumento proposto nesta pesquisa. Um desses, o entendimento do sofrimento alheio, aliado ao espírito de cooperação na busca por soluções criativas, ajuda a traduzir o "jeitinho brasileiro" em cientificismo. Jeito esse que, conforme se pôde verificar, já está presente no dia a dia do brasileiro, haja vista que a atividade que os militares desempenham nas favelas do Haiti, por exemplo, executam também nas comunidades brasileiras, como no complexo de morros do Alemão, no Rio de Janeiro, o que permite sua identificação com esse tipo de atividade.

Partindo-se, pois, de perspectivas de causas e efeitos, foi possível depreender que a miscigenação, ocorrida em larga escala no universo relacional brasileiro, aliada ao sincretismo religioso, à tolerância, à alteridade e à empatia, tem facilitado o respeito à diversidade de valores de outros povos — aspecto fundamental, segundo a ONU, para o labor em favor da paz em circunstâncias de adversidade.

Por sua vez, a flexibilidade, a criatividade, o "jeitinho", o espírito conciliador e pacífico, aliados ao senso de profissionalismo do "soldado" brasileiro, têm revelado contribuições às atividades de mediação e negociação, instrumentos de diplomacia de que se valem as Nações Unidas, em especial, para o restabelecimento das relações harmoniosas entre povos em conflitos.

Ademais, em suas representações sociais e simbólicas, os entrevistados apresentaram também, em seus discursos-síntese, aspectos positivos decorrentes de sua formação profissional, da seleção e do preparo para as missões, o que permite visualizar que um incremento na fase preparatória possibilitará aos civis e militares designados para as operações atuarem de forma mais eficaz.

Entretanto, observe-se que, conforme o paradigma pós-positivista adotado, o qual também teve "cunho" construtivista — na medida em que reconstruiu as vozes múltiplas dos entrevistados por meio de interpretações — entende-se que somente estudos futuros, que venham a aprofundar as questões relativas à formação do *ethos* do brasileiro, poderão dar conta das construções dos significados emergidos das pesquisas. Tal observação se faz necessária, para esclarecer que este trabalho não foi permeado por uma visão essencialista. Em outras palavras, nem o brasileiro nem nenhum outro povo nasce com determinadas características predefinidas. O Brasil, pois, não é melhor do que nenhuma outra nação; apenas diferente, como todas se diferenciam entre si, em função de sua identidade nacional.

Assim, a despeito do grau de incerteza que permeia as ciências sociais, o DSC apontou para a confirmação da suposição de que a formação multiétnica do povo brasileiro favorece o exercício da liderança em missões de paz, por apresentar caracteres de seu *ethos* que vão ao encontro dos aspectos mais singulares destas. Evidenciou-se, ainda, a possibilidade de convergir essa liderança para uma liderança multicultural, durante a fase de preparação dos "a-gentes" da paz.

Efetivamente, para um Exército Brasileiro em processo de transformação, o preparo de líderes com enfoque multicultural é relevante para que seu terreno humano esteja apto a lidar com diversidades que, se não atendidas, podem dificultar o processo de pacificação dos conflitos. Sob esse viés, o preparo com base em prática de competências deve suplantar o enfoque da educação baseada em gerências, posto que aquela permite transformar recursos em atitudes, talentos em sucesso, enfim, as peculiaridades do povo em ferramentas multiculturais.

Nesse sentido — e tomando-se por competência a capacidade de mobilizar conhecimento e percepções, ao mesmo tempo e de maneira inter-relacionada, para decidir e atuar de acordo com a situação vigente — conclui-se que cada caractere resultante da formação multiétnica do povo brasileiro se apresenta como uma competência prática, um atributo a ser inserido no treinamento multicultural, de modo a impactar o preparo de líderes multiculturais para as missões de paz.

No momento histórico em que as operações interagências e os assuntos de coordenação entre civis e militares ocupam lugar de destaque na agenda internacional e figuram como necessidades atuais de conhecimento por parte dos integrantes do Exército, o sucesso do Brasil em missões de paz — que contemplam todo esse espectro de realizações — pode ser incrementado, por meio de um preparo sistematizado e apoiado em subsídios acadêmicos que habilitem os soldados da paz brasileiros a atuarem em cenários volúveis, múltiplos, indefinidos e contingenciáveis.

Assim, a sistematização do preparo e do emprego de civis e militares com base nos conceitos desenvolvidos nas universidades, articulados e favorecidos pela diversidade cultural resultante da formação multiétnica do povo brasileiro, implicaria avanço para o CCOPAB, além de promover saltos de qualidade para a produção científica brasileira, ainda incipiente nessa área temática, bem como para o sistema de ensino do Exército, que formaria talentos humanos em maior conformidade com as demandas contemporâneas, ressaltando-se, nesse ponto, uma proximidade do Exército nacional com a sociedade brasileira, conforme verificado no recorte bibliográfico realizado sobre a Estratégia Nacional de Defesa (Brasil, 2013).

Destarte, um treinamento multicultural deve transcender para análises culturais, conhecendo-se, por exemplo, os grupos étnicos em presença; seus valores culturais; sua religião, hábitos e costumes; padrões de comportamento a serem evidenciados, a fim de vencer as barreiras identitárias; como utilizar um possível *modus vivendi* tribal ou comunitário em proveito das operações; como se relacionar com os civis e organismos humanitários em presença e, sobretudo, aplicar as características da formação multiétnica do povo em situações que exijam competências específicas para a prática da liderança multicultural.

Sob essa visão, o treinamento multicultural pode conduzir o Brasil a ser catalisador da visão prospectiva da liderança multicultural no mundo, em especial, junto ao DPKO. Assim, é possível que outros países promovam o mesmo estudo, extraindo do ideário de sua gente as características que mais facilitem a adoção de uma postura de liderança multiculturalmente multifacetada por seus líderes.

Observa-se, portanto, que uma pesquisa social como esta — que busca praticamente retratar uma espécie de exegese dos "a-gentes" da paz em seus textos de vida cotidiana, por meio de (re)construções de seu próprio mundo simbólico, de suas representações sociais, que dão sentido a seu agir em determinado contexto — não se esgota neste estudo. Antes, ao explicitar interpretações e (auto)análises dos sujeitos que constroem o universo da paz, em linguagem polifônica, este trabalho não produz conhecimentos absolutos, mas sugere "lentes" plausíveis, que abrem a questão ao mundo acadêmico, ao invés de fechá-la nestas linhas.

Por isso, esta tese se apresenta como válida até mesmo para que sejam aprofundadas novas pesquisas dentro do próprio país ou fora dele, por instituições que se ressintam de estudos sobre interculturalidade e *ethos*, por exemplo, como é o caso do exercício de liderança dos "a-gentes" que atuam nas Unidades de Polícia Pacificadora (UPPs) na cidade do Rio de Janeiro, e que certamente apresentarão desempenho mais satisfatório na implantação da paz ao conhecerem e perceberem o modo de ser e de agir dos seres humanos que habitam as comunidades locais.

Em suma, para o líder multicultural, o importante é percorrer os emaranhados caminhos da mente humana, seus pensamentos complexos e às vezes impensáveis, suas ações e reações inesperadas. Nesse sentido, liderar em missões de paz, sob os auspícios da diversidade cultural e de seus consequentes atributos e valores, é realizar a travessia do homem humano, seja qual for sua cultura, identidade ou nacionalidade.

Referências

AGUILAR, Sérgio Luiz Cruz. Uma cultura brasileira em operações de paz. In: BRIGAGÃO, Clóvis (Ed.). *Cadernos GAPConflitos III*: contribuição brasileira às missões da paz da ONU. Rio de Janeiro: Gramma, 2008.

ALVES-MAZZOTTI, Alda Judith; GEWANDSZNAJDER, Fernando. *O método nas ciências naturais e sociais*. São Paulo: Pioneira Thomson, 2001.

AMARAL, Rita de Cássia de M. Peixoto. Por que a diversidade faz bem. *Os Urbanitas*: revista de antropologia urbana, v. 5, n. 7, jul. 2008.

BARBOSA, Livia. *O jeitinho brasileiro*: a arte de ser mais igual do que os outros. Rio de Janeiro: Elsevier, 2006.

BAUMAN, Zygmunt. *Comunidade*: a busca por segurança no mundo atual. Trad. Plínio Dentzien. Rio de Janeiro: Jorge Zahar, 2003.

BRASIL. Exército Brasileiro. Estado-Maior. *Portaria EME nº 102/2011*. Instruções Provisórias (IP) 20-10. Aprova o Manual de Campanha C 20-10: liderança militar. 2. ed. Brasília, DF, 2011.

_____. Congresso Nacional. *Decreto nº 373*: Estratégia Nacional de Defesa, Brasília, DF, 26 set. 2013.

CANEN, Ana. O multiculturalismo e o papel da pesquisa na formação docente: uma experiência de currículo em ação. *Currículo sem Fronteiras*, v. 8, n. 1, p. 17-30, jan./jun. 2008.

CARDOSO, Alberto Mendes. *Os treze momentos da arte da guerra*: uma visão brasileira da obra de Sun Tzu. Rio de Janeiro: Record, 2005.

CASTRO, Paulo Cesar de. A preparação de líderes militares no Exército Brasileiro. *Military Review*, n. 6, p. 73-79, nov./dez. 2009.

_____. A liderança militar estratégica: experiências e reflexões. *Military Review*, n. 3, p. 2-8, maio/jun. 2012.

CHIZZOTTI, Antonio. A pesquisa qualitativa em ciências humanas e sociais: evolução e desafios. *Revista Portuguesa de Educação*, Braga, v. 16, n. 2, p. 221-236, 2003.

CLAUHS, Ândrei. *Os impactos da formação multiétnica na liderança militar brasileira em missões de paz*. 2012. 301 f. Tese (doutorado em ciências militares) — Escola de Comando e Estado-Maior do Exército, Rio de Janeiro, 2012.

COSTA, Rejane Pinto. *Multiculturalismo e estudos para a paz*: articulação possível no preparo e no emprego de militares para missões de paz. 2009. 239 f. Tese (doutorado em educação) — Universidade Federal do Rio de Janeiro, Rio de Janeiro, 2009.

CUCHE, Denys. *A noção de cultura nas ciências sociais*. 2. ed. Trad. Viviane Ribeiro. Bauru: Edusa, 2002.

DAMATTA, Roberto. *A casa & a rua*: espaço, cidadania, mulher e morte no Brasil. 5. ed. Rio de Janeiro: Rocco, 1997.

_____. *O que é o Brasil?* Rio de Janeiro: Rocco, 2004.

DANESE, Sérgio. *A escola da liderança*: ensaios sobre a política externa e a inserção internacional do Brasil. Rio de Janeiro: Record, 2009.

DENZIN, Norman K.; LINCOLN, Yvonna S. (Org.). *O planejamento da pesquisa qualitativa*: teorias e abordagens. 2. ed. Trad. Sandra Regina Netz. Porto Alegre: Artmed, 2006.

FERNANDES, Florestan. *A revolução burguesa no Brasil*: ensaio de interpretação sociológica. 5. ed. São Paulo: Globo, 2006.

FLICK, Uwe. *Introdução à pesquisa qualitativa*. 3. ed. Trad. Joice Elias Costa. Porto Alegre: Artmed, 2009.

FREYRE, Gilberto. *Casa-grande & senzala*: formação da família brasileira sob o regime da economia patriarcal. 51. ed. rev. São Paulo: Global, 2006.

GERZON, Mark. *Liderando pelo conflito*: como líderes de sucesso transformam diferenças em oportunidades. Trad. Alessandra Mussi Araujo. Rio de Janeiro: Elsevier, 2006.

GOMES, Mércio Pereira. *Antropologia*: ciência do homem, filosofia da cultura. São Paulo: Contexto, 2009.

HALL, Stuart. *A identidade cultural na pós-modernidade*. Rio de Janeiro: DP&A, 2006.

HECKSHER, Mario. *Precisamos de líderes*. Resende: Acadêmica, 2001.

HERSEY, Paul; BLANCHARD, Kenneth H. *Psicologia para administradores*: a teoria e as técnicas da liderança situacional. Trad. Edwino A. Royer. São Paulo: EPU, 1986.

HOLANDA, Sérgio Buarque de. *Raízes do Brasil*. 26. ed. São Paulo: Companhia das Letras, 1995.

JULLIEN, François. *O diálogo entre as culturas*: do universal ao multiculturalismo. Trad. André Telles. Rio de Janeiro: Jorge Zahar, 2009.

LEFEVRE, Fernando; LEFEVRE, Ana Maria. *Pesquisa de representação social*: um enfoque qualiquantitativo. A metodologia do discurso do sujeito coletivo. Brasília: Líber, 2010.

MCLAREN, Peter. *Multiculturalismo crítico*. São Paulo: Cortez, 2000.

MELUCCI, Alberto. *Por uma sociologia reflexiva*: pesquisa qualitativa e cultura. Trad. Maria do Carmo Alves do Bomfim. Petrópolis, RJ: Vozes, 2005.

MIGUELES, Carmen; ZANINI, Marco Tulio (Org.). *Liderança baseada em valores*: caminhos para a ação em cenários complexos e imprevisíveis. Rio de Janeiro: Elsevier, 2009.

ORTIZ, Renato. *Cultura brasileira e identidade nacional*. São Paulo: Brasiliense, 2006.

RIBEIRO, Darcy. *O povo brasileiro*: a formação e o sentido do Brasil. 2. ed. São Paulo: Companhia das Letras, 1995.

_____. *As Américas e a civilização*: processo de formação e causas do desenvolvimento desigual dos povos americanos. São Paulo: Companhia das Letras, 2007.

ROBBINS, Stephen P. *Comportamento organizacional*. 11. ed. Trad. Reynaldo Marcondes. São Paulo: Pearson Prentice Hall, 2005.

SORJ, Bernardo. *A nova sociedade brasileira*. Rio de Janeiro: Jorge Zahar, 2000.

VIEIRA, Gleuber. Reflexões sobre liderança. *Revista da Cultura*, ano VII, n. 13. p. 20-24, dez. 2007.

VIEIRA, Paulo Freire; BOEIRA, Sérgio Luís. Estudos organizacionais: dilemas paradigmáticos e abertura interdisciplinar. In: GODOI, C. K.; BANDEIRA-DE--MELLO, R.; SILVA, Anielson B. da. *Pesquisa qualitativa em estudos organizacionais*: paradigmas, estratégias e métodos. São Paulo: Saraiva, 2006. p. 17-51.

13
As operações psicológicas desenvolvidas nos complexos do Alemão e da Penha

Moacir Fabiano Schmitt

Introdução

Por volta das 15h do dia 25 de novembro de 2010, foram veiculadas, em rede nacional, as imagens impressionantes de *centenas* de traficantes armados com fuzis fugindo da Vila Cruzeiro e seguindo para o Complexo do Alemão, na cidade do Rio de Janeiro. O episódio tornou-se emblemático por simbolizar a retomada, pelo Estado, daquele território, até então dominado pelo poder do tráfico, uma espécie de "Estado paralelo" instaurado pela criminalidade na ausência do poder público.

De acordo com Montenegro (2011), o emprego regular das Forças Armadas em ações de garantia da lei e da ordem (GLO) está previsto na Constituição Federal (CF/1988), que lhes atribui a incumbência de garantir a lei e a ordem quando assim requerido por qualquer um dos poderes constitucionais. A primeira participação do Exército Brasileiro (EB) nessas ações de GLO ocorreu em 1824, na cidade do Recife, por ocasião da Confederação do Equador — destaca o autor. Desde a primeira Constituição brasileira, portanto, essa forma de emprego já era prevista. Com o passar dos anos, o EB foi chamado diversas vezes, e as Constituições foram aperfeiçoadas. Ainda, nos últimos 15 anos, o EB foi evidenciado nos meios de comunicação diversas vezes devido ao emprego urbano de tropas nas operações que ocorreram em vários estados e em atividades distintas, como pacificação de comunidades, greve de policiais, garantia do pleito eleitoral, entre outras (Montenegro, 2011). Essas participações da Força

Terrestre foram motivadas principalmente pela evolução do crime organizado e queda na eficiência dos órgãos de segurança pública.

O emprego do EB na pacificação das comunidades dos complexos do Alemão e da Penha teve sua origem a partir do sucesso obtido na missão das Nações Unidas para a estabilização no Haiti (Minustah), uma missão de paz criada pelo Conselho de Segurança da ONU em 30 de abril de 2004, por meio da Resolução nº 1.542, para restaurar a ordem no Haiti, após um período de insurgência e a deposição do presidente Jean-Bertrand Aristide (Sardenberg, 2005). Coube ao Brasil o comando da operação, sendo o trabalho reconhecido internacionalmente. O sucesso do EB no Haiti fez com que o então presidente Luiz Inácio Lula da Silva autorizasse o emprego das tropas federais nos complexos do Alemão e da Penha, atendendo à solicitação do governador do estado do Rio de Janeiro, Sérgio Cabral. Tal solicitação se deu por ocasião da ocupação que se iniciou a partir do dia 26 de novembro de 2010, no sentido de que o poder público retomasse as referidas regiões, até então dominadas pelo tráfico de drogas, caracterizando, dessa forma, o emprego do EB em operações de segurança pública.

Este trabalho pretende demonstrar o emprego das operações psicológicas como ferramenta de capacitação dos soldados que atuaram nas comunidades dos complexos da Penha e do Alemão, na cidade do Rio de Janeiro, durante as operações Arcanjo.

O espaço: as favelas do Rio de Janeiro

Historicamente, os espaços de baixo poder aquisitivo são denominados favelas, sendo que em momentos recentes passaram a ser referidos pelo termo de comunidade. Valladares (2005) descreve as favelas cariocas desde sua origem e traça o entendimento do poder público e da classe dominante, buscando uma visão histórica no devassamento de imagens, estereótipos e preconceitos, na tentativa de desmistificar o que realmente vem a ser uma favela.

Nesse sentido, a análise das favelas demonstra que as comunidades do Rio de Janeiro constituem grandes conglomerados de trabalhadores e suas famílias, não sendo marginais, porque não estão à margem, mas sim integrados ao sistema, mas de forma economicamente subalterna, trazendo para o aspecto cultural uma aura de "cultura da pobreza", por meio da pauperização e folclorização de suas manifestações. Ainda de acordo com a autora, os primeiros interessados em detalhar a cena urbana e seus personagens populares no Rio de Janeiro voltaram seus olhos para o cortiço. Considerado o local da pobreza durante o século XIX, abrigava tanto trabalhadores quanto malandros e vagabundos, todos chamados de "classes perigosas". Portanto, o cortiço carioca era visto como o antro da vagabundagem e do crime, além de ser um lugar propício às epidemias, constituindo ameaça às ordens social e moral. Assim, foram promulgadas leis para impedir a construção de novos cortiços.

A primeira favela a surgir teria sido o "Morro da Favella",[1] já existente com o nome de "Morro da Providência", cuja ocupação data de 1897 e que entrou para a história pela sua ligação com a Guerra de Canudos, cujos ex-combatentes ali se instalaram com a finalidade de pressionar o Ministério da Guerra (Exército Brasileiro) a pagar os soldos atrasados.[2] A partir de então, um *habitat* pobre, de ocupação irregular, sem respeito às normas e geralmente erguido sobre as encostas (Abreu, 1994). Assim, a favela passa a ocupar o primeiro lugar nos debates sobre o futuro da capital, tornando-se alvo do discurso de médicos sanitaristas e agitando as elites cariocas e nacionais.

Na década de 1920, a favela tornou-se um problema para as autoridades, uma espécie de "lepra estética", passando a ser alvo de preocupações reformistas e sanitárias por ser considerada local anti-higiênico, insalubre, área de concentração de pobres perigosos e terra sem lei (Valladares, 2005). O passado escravagista muito próximo provocou um aumento considerável no tempo necessário para que o país tentasse impor a ética do trabalho a uma população que não acreditava nele como parte da dignidade humana. A essas concepções do início do século XX, que associavam pobreza à recusa dos indivíduos em vender sua força de trabalho e às dificuldades em respeitar as regras do trabalho assalariado, acrescentava-se a convicção de que a pobreza era uma responsabilidade individual: o indivíduo era pobre em virtude de suas fraquezas morais. A imagem dos pobres como "classes perigosas" passou a dominar o imaginário social das camadas letradas e serviu de justificativa para a primeira intervenção pública

---

[1] Para Valladares (2005), o nome "favella" faz alusão a uma planta existente no município de Monte Santo, no estado da Bahia, vegetação também encontrada no morro da Providência. Também possui o simbolismo da resistência dos combatentes entrincheirados no morro baiano da Favela, da luta dos oprimidos contra um adversário poderoso e dominador. Nessa época, a obra *Os sertões*, de Euclides da Cunha, foi lida por todos os intelectuais, tornando a Guerra de Canudos muito presente na memória coletiva. Assim, na ausência de domínio do Estado, como em Canudos, a favela tinha um chefe, o que condicionava o comportamento do indivíduo, integrando-o a uma identidade coletiva. Destacava-se, ainda, o comportamento moral revoltante para o observador, marcado pelo deboche, promiscuidade, ausência de trabalho, além de uma economia baseada no roubo e nas pilhagens. Os personagens mais emblemáticos da favela eram os malandros, as lavadeiras, as feiticeiras e os seresteiros sem um trabalho assalariado formal. Nesse contexto, a favela era vista como um perigo à ordem social, uma questão de "contágio".

[2] Cabe destacar que o Palácio Duque de Caxias, sede do Ministério da Guerra, está situado com proximidade geográfica do denominado morro da Providência.

contra esse território urbano, mais especificamente os cortiços do centro da cidade. Nesse contexto, surgiu a "cultura da pobreza", segundo a qual os habitantes das favelas adotam um estilo de vida específico, caracterizado por valores e comportamentos diferentes da cultura dominante.

Nas décadas seguintes, as favelas seriam cada vez mais identificadas como território dos bailes *funk*, assim como o território principal do tráfico de drogas. Nesse sentido, a ideia de *apartheid* difundiu-se rapidamente no pensamento sociológico brasileiro, aumentando o afastamento entre ricos e pobres e reforçando o esforço dos ricos para preservar seus privilégios. Por outro lado, as categorias populares foram excluídas de qualquer projeto de transformação social, assistindo ao aumento da segregação com a ascensão do tráfico de drogas. Assim, foram cristalizados ideias e preconceitos que originaram os três principais dogmas em relação às favelas: a especificidade da favela, a favela como *locus* de pobreza e a afirmação da unidade da favela (Valladares, 2005).

O "primeiro dogma", que trata da especificidade da favela, a considera como um espaço absolutamente singular. Possui uma geografia própria, um estatuto de ilegalidade na ocupação do solo, além da obstinação de seus moradores em permanecer na favela e de um modo de vida cotidiano diferente. Ademais, os jovens são marcados pelo fracasso escolar, pela atração exercida pelo poder e pelo dinheiro fácil (Valladares, 2005:149-150).

O "segundo dogma" considera a favela como *locus* de pobreza, ou seja, território urbano dos pobres. Assim, o termo "favelado" passou a designar, de forma pejorativa, quem quer que ocupe qualquer lugar social marcado pela pobreza ou pela ilegalidade (Valladares, 2005:151).

O "terceiro dogma" afirma a unidade da favela, tanto na análise científica quanto no plano político. Portanto, a representação social dominante só reconhece ou trata a favela como um tipo no singular e não na sua diversidade, sendo a evolução sistemática de um tipo ideal ou de um arquétipo recorrente nos discursos sobre a favela carioca. Assim, a palavra favela passou a unificar situações e características muito peculiares nos planos geográfico, demográfico, urbanístico e social (Valladares, 2005:151-152).

O Complexo do Alemão

O Complexo do Alemão é um conjunto de 13 comunidades, situadas na cidade do Rio de Janeiro, e considerada, desde a década de 1980, uma das regiões mais perigosas e violentas da cidade. O complexo se localiza numa área de cerca de 3 km² e aproximadamente 80 mil moradores. A mais conhecida das comunidades é o Morro do Alemão, um bairro oficial erguido sobre a serra da Misericórdia. O nome da comunidade se refere ao imigrante polonês Leonard Kaczmarkiewicz, que na década de 1920 comprou essas terras, que antes eram uma área rural da zona da Leopoldina. A região se valoriza a partir da construção da avenida Brasil, na década de 1940, quando a área em torno da imensa avenida se transformou no principal polo industrial do então Distrito Federal. A ocupação, entretanto, começa na década de 1950, quando Leonard dividiu o terreno para vendê-lo em lotes (Esperança, 2014).

Alguns eventos ocorridos no local foram noticiados em todo o país e contribuíram para a reputação de violência do complexo. Em 1994, o assassinato de Orlando Jogador, um dos fundadores da facção criminosa Comando Vermelho, pelo seu rival Uê, líder da facção Terceiro Comando, à época preso no complexo penitenciário de Bangu. Orlando teria sido emboscado pelos homens de Uê, que se apresentaram como pertencentes ao Batalhão de Operações Especiais da Polícia Militar do Rio de Janeiro (Bope) e exigiram um resgate de US$ 60 mil. Quando os homens de Orlando chegaram com o dinheiro, foram mortos. O corpo de Orlando foi deixado no bairro próximo de Maria de Graça. O ato gerou violenta represália de outros dois importantes líderes do tráfico, Fernandinho Beira-Mar e Marcinho VP, a fim de retomar o poder de controle do tráfico na região. A guerra pela retomada deixou dezenas de mortos e culminou numa rebelião no presídio de Bangu e a morte de Uê (Esperança, 2014).

Em 2002, meses após ter recebido o prêmio Esso de Jornalismo por uma reportagem que denunciava o tráfico de drogas a céu aberto na região, o jornalista Arcanjo Antonino Lopes do Nascimento, conhecido como Tim Lopes, foi pego na tentativa de realização de uma reportagem que denunciaria a venda de drogas e a exploração sexual de menores de idade em bailes *funk* da região. Tim Lopes foi "julgado", torturado e assassinado por ordem do traficante Elias Pereira da Silva, o Elias Maluco, um dos líderes do Comando Vermelho. A fim de ocultar o cadáver, foi usado aquilo que recebeu o apelido de "micro-ondas", quando o corpo é esquartejado e queimado. Seu corpo, entretanto, foi identificado por DNA e os supostos responsáveis foram presos após forte repercussão midiática e da opinião pública (Esperança, 2014).

Em dezembro de 2008, o presidente Luiz Inácio Lula da Silva visitou a região, área de atuação do Programa de Aceleração do Crescimento (PAC), e lançou o projeto "Territórios de Paz". A região voltou a ser centro dos noticiários nacionais e internacionais em novembro de 2010, quando, no dia 25, o Bope, a Coordenadoria de Recursos Especiais da Polícia Civil do Rio de Janeiro (Core) e o Corpo de Fuzileiros Navais da Marinha do Brasil, em verdadeira operação de guerra, com cerca de 500 homens, "retomou" o controle da Vila Cruzeiro, então sob controle do Comando Vermelho. Os narcotraficantes fugiram, então, para o Complexo do Alemão, e foram pressionados à rendição por outra operação nessa localidade, a partir do dia 27 de novembro (Esperança, 2014).

Poder ideológico, consciência coletiva e a falta do Estado nas comunidades

Em termos de poder ideológico exercido pelas classes dominantes e a manutenção dos dogmas em relação às favelas, observa-se que segundo a tese do materialismo histórico, de Karl Marx, a evolução histórica, desde as sociedades mais remotas até a atualidade, se dá por meio de confrontos entre as diferentes classes sociais, decorrentes da "exploração do homem pelo homem" (Marx, 1988). A teoria serve também como forma essencial para explicar as relações entre sujeitos. Assim, como exemplos apontados por Marx, podem ser citados os servos que, durante o feudalismo, teriam sido oprimidos pelos senhores feudais, enquanto no capitalismo haveria a opressão da classe operária pela burguesia. As ideias seriam, então, o reflexo da imagem construída pela classe social dominante, sendo que o poder que ela exerce sobre as pessoas está diretamente relacionado com a edificação ideológica que essa "elite" constrói dentro das mentes de seus dominados, fornecendo sua visão de mundo. Assim, a base material ou econômica constitui a "infraestrutura" da sociedade, que exerce influência direta na "superestrutura", ou seja, nas instituições jurídicas, políticas (as leis, o Estado) e ideológicas (as artes, a religião, a moral) da época.

Émile Durkheim explicou a sociedade com base na teoria do fato social, que seria toda maneira de fazer, pensar ou sentir, fixada ou não, suscetível de exercer sobre o indivíduo uma coerção exterior. Ou, ainda, uma concepção geral no âmbito de uma dada sociedade, tendo, ao mesmo tempo, uma existência própria, independente de suas manifestações individuais (Durkhein, 1999). Segundo o autor, a definição de fato social está diretamente relacionada àquilo que ocorre na coletividade, e não somente às manifestações individuais. Assim, para Durkheim (1999), existem dois tipos distintos de consciência: a individual e a coletiva. A consciência individual seria aquela própria de cada indivíduo, referente ao modo particular de pensar e enxergar o mundo ao seu redor. Ela estaria relacionada às características psíquicas de cada indivíduo. Já a consciência coletiva é aquela que gera o fato social, estando, portanto, diretamente ligada aos interesses sociológicos. Ela não se baseia no que pensa este ou aquele indivíduo, pois não está relacionada às manifestações individuais. A consciência coletiva está espalhada por toda a sociedade e, desse modo, seria seu psíquico, determinando sua moral e suas regras, além de estabelecer o que é "certo", "imoral" ou "criminoso" e dizer aos indivíduos como eles devem pensar e agir diante da coletividade. Portanto, segundo Durkheim (1999), a consciência coletiva é capaz de coagir as consciências individuais, levando as pessoas a agirem de acordo com o que quer a sociedade. Portanto, ela é externa aos indivíduos e está acima deles, sendo coercitiva e independente de sua vontade.

No momento que o EB ocupou os complexos do Alemão e da Penha para combater o tráfico de drogas e retirar as armas do convívio diário da população, na verdade estava quebrando uma estrutura econômica estabelecida. O tráfico gerava muito emprego nos complexos. Existia a central de produção, que recebia a pasta base, empregando várias pessoas no empacotamento. O tráfico explorava outras rendas, a segurança, a distribuição de gás, os "gatos" de luz, TV a cabo, o jogo do bicho, o mototáxi, o restaurante que vende as quentinhas na boca de fumo, além dos serviços terceirizados contratados para promover os bailes *funk*, como artistas, equipes de som. O baile *funk* é o negócio do traficante, sendo o local onde ocorre a venda de drogas, a prostituição infantil. Assim, para um caminhão entregar bebidas no morro, precisava pagar ao "dono do morro". Para se realizar uma filmagem no morro, a mesma dinâmica. Pessoas procuradas pela Justiça pagavam ao "dono do morro" pelo serviço de proteção, visto que o Estado não conseguia capturar o foragido da Justiça nos complexos do Alemão e da Penha.

Na estrutura do tráfico, existe a divisão do trabalho, com os cargos e funções bem definidos. Há o sistema de vigilância, com fogueteiros, olheiros, controladores das luzes do poste etc. O vendedor da boca faz parte do sistema de vendas, não utilizando armamento. A segurança da boca de fumo é realizada pela força de reação, com funções específicas de segurança. Na maioria das vezes, o traficante se arma para defender a boca contra uma facção adversária, não contra a polícia. Com a pacificação, essa grande central transformou-se em pequenas centrais de distribuição com bocas itinerantes. O armamento foi retirado da comunidade e as vendas passaram a ser realizadas por menores. O sistema de vigilância permaneceu, uma espécie de dominação psicológica do tráfico sobre a comunidade. O tráfico lançava vários boatos, de que após a saída do Exército, ou mesmo na queima de fogos da virada do ano, haveria um grande justiçamento sobre os moradores que colaborassem com a força de pacificação.

A percepção dos moradores em relação à pacificação variava com a faixa etária, pertença religiosa e dependência econômica em relação ao tráfico de drogas. Em relação à faixa etária, de maneira geral, quanto mais velho, mais simpático à presença do Exército. Quanto à pertença religiosa, quanto mais religioso o morador, mais favorável à presença da força de pacificação. Em relação à dependência econômica do tráfico de drogas, naturalmente, quanto mais dependente economicamente do tráfico ou colaborador eventual do tráfico, menos simpático à presença do Exército. As opiniões dos moradores sofriam enorme flutuação em curto espaço de tempo. Assim, o mesmo morador que aplaudia a força de pacificação, após a tropa realizar um parto de uma moradora grávida, poderia ser o mesmo a apedrejá-la no dia seguinte, bastando para isso que ocorresse um evento traumático, como um desentendimento entre a tropa e os moradores em relação à venda de bebida alcoólica para menores. A presença do Exército permitiu aos moradores terem algo que não tinham havia quase 30 anos: a liberdade de manifestação. O protesto, muitas vezes, representava o grito de revolta contra o Estado, materializado, naquele momento, na presença do Exército.

Observa-se uma ideia errônea de que os moradores de favelas são simpáticos ao tráfico de drogas. Na verdade, são os que mais sofrem com essa situação. Passam por diversas restrições em seu cotidiano, decorrentes da presença do narcotráfico. Entre essas restrições, está a desconfiança sofrida, por parte do restante da cidade, que pode obrigá-los, por exemplo, a mentir em uma entrevista de emprego, quando perguntados sobre domicílio. Realizam um contínuo esforço para provar serem "civilizados", ou "pessoas de bem". Isso porque existe uma série de estereótipos em relação às favelas e a seus habitantes. Os moradores convivem diariamente com violência e abusos sofridos por parte de traficantes, agentes do Estado e grupos paramilitares (milícias). Possuem uma série de impedimentos de horários para realizar seus deslocamentos, bem como proibições de frequência a locais determinados. Existe uma constante preocupação com a própria integridade física, e a de parentes e amigos, por conta da possibilidade de confrontos envolvendo armas de fogo, além de preocupação constante com as amizades e relacionamentos estabelecidos por filhos, netos, sobrinhos.

A comunicação social do Exército com as comunidades

O Plano de Comunicação Social do Exército Brasileiro (Brasil, 2013) destaca que "tudo se comunica", atestando a importância que é atribuída a cada militar como agente de comunicação social. Cada militar, fardado ou não, em operações de paz, ações de GLO ou ações subsidiárias, é um elemento de comunicação, contribuindo para a construção da imagem da força no país. No Manual de Comunicação Social do Exército Brasileiro ou Manual C45-1 (Brasil, 2009), há destaque para a importância da opinião pública como fator de decisão política e militar, apresentando a comunicação social como fator multiplicador do poder de combate, contribuindo para o fortalecimento do moral, da coesão e do espírito de corpo da tropa, e, ao mesmo tempo, para a conquista e manutenção de opinião pública favorável. Assim, as atividades desenvolvidas no planejamento da comunicação social constituem peça-chave para o sucesso das operações de paz, ações subsidiárias e de GLO. Portanto, o militar deve se integrar no mais curto prazo ao modo de "vida dos habitantes", evitando críticas à cidade e comparações com outras localidades, sendo de fundamental importância o conhecimento cultural por parte de todos os militares envolvidos nas operações, de forma a estreitar o relacionamento entre a população e o EB.

Logo, o militar é um agente de comunicação social da força, tendo uma grande responsabilidade no processo de manutenção da imagem da instituição — conforme expresso no citado manual. Nesse sentido, todos os militares, homens e mulheres, fardados ou não, precisam compreender seu papel nesse contexto como elemento fundamental da comunicação social. Em síntese, o militar representa a própria instituição, tem identidade única em qualquer parte do território nacional e é o difusor, por excelência, dos valores da força e de seu profissionalismo.

O impacto social da ocupação militar nos complexos do Alemão e da Penha

O estudo antropológico desenvolvido por Esperança (2012) durante as operações Arcanjo nos complexos do Alemão e da Penha destaca o papel do Exército como uma instituição integrante das Forças Armadas e subordinada ao Ministério da Defesa, já chamado de Ministério da Guerra. Portanto, é uma instituição fundamentada no uso da força para o cumprimento de seu propósito de guerra e defesa do território de um Estado-nação. Nesse sentido, constitui uma força, ou seja, é dotado de poder e de uso legal da violência para sua existência. Conforme o autor, jovens em torno de 20 anos, com pouca formação social e educacional, que caracterizam o perfil do soldado brasileiro, não são, propriamente, versados em diplomacia diante de conflitos. Assim, a utilização do Exército em operações de pacificação, sobre sua própria população e na vigência do estado democrático de direito, requer muita preparação dos recursos humanos empregados. Além disso, a formação do soldado do Exército distancia-se da realidade do morador que vive em comunidades carentes, que está acostumado a encontrar dois tipos de autoridade, que representam duas diferentes instituições: *o policial* e *o traficante*. Segue descrição do autor.

O primeiro tipo de autoridade, *o policial*, civil ou militar, é o representante de uma instituição que possui a pior imagem possível para um morador da comunidade do Complexo do Alemão. O policial é corrupto, violento e não o respeita em sua dignidade. Quase todo jovem ou adolescente do Complexo do Alemão, ainda que não tenha nenhum envolvimento com a criminalidade, parece ter algum relato de que levou uma "dura" de policiais, tendo sido humilhado e agredido. A autoridade do policial é exercida sempre de forma arbitrária e violenta. Ele, mesmo para quem não se envolve no tráfico, é o inimigo, o outro levado ao extremo, aquele que invade o morro e mata inocentes.

O segundo tipo de autoridade, *o traficante*, constitui outra instância, sendo também o representante de uma instituição com diferentes e complexos graus de poder e subordinação. No entanto, se a visão romântica do traficante como bandido bom que ajuda a comunidade, uma espécie de "*Robin Hood* da favela", não se sustenta mais, a diferença fundamental dele para o policial é que ele é "cria" da comunidade, ou seja, foi criado naquele lugar. Assim, esse traficante conhece a comunidade e seus moradores, só se utilizando do poder da violência contra a polícia ou contra aqueles que transgridem as normas que o tráfico impõe. Ademais, mesmo que o uso da violência seja verdadeiramente temido, o morador ainda espera da parte do traficante respeito e consideração.

Uma possível terceira instância de autoridade é a dos pastores evangélicos. De uma forma geral, gozam de considerável autonomia em sua atuação religiosa e mantêm relações quase sempre amistosas com os traficantes. Por vezes, são capazes de intervir e impedir a execução de pessoas condenadas à morte pelo tráfico, assim como são chamados para fazer orações em situações de guerra, como invasões, e abençoar bailes e outras festividades. Em contrapartida, havia uma rede de doações de cestas básicas que eram distribuídas a muitas igrejas evangélicas da comunidade. Assim, em suma, numa favela há basicamente três coisas que trazem "respeito" ao morador: ser morador antigo da comunidade (ou ter sido "criado" com algum traficante), jogar bem futebol ou saber se calar e se recolher na hora certa.

Esperança (2012) destaca, ainda, que o soldado é "o outro", aquele que ainda não tem um lugar bem definido, ou seja, é o "estrangeiro", o viajante potencial de Simmel, aquele que, embora não tenha partido, ainda não conquistou completamente a liberdade de ir e vir (Simmel, 1983 apud Esperança, 2012). Assim, o soldado não é "cria" de ninguém, mas o elemento externo que, se não traz consigo o peso de negatividade da imagem do policial, representa uma imposição de ordem heterônoma por um Estado que se alienou da realidade do morador e das condições sociais mínimas para a comunidade. Ele está na comunidade uniformizado e fortemente armado, e representa, de forma mais próxima, o mesmo Estado que se ausentou e se apresentou diversas vezes como o policial violento. Para o autor, a questão traz, ainda, outra consideração, que é o tipo de ordem estabelecida por estes três tipos.

Nesse sentido, a ordem estabelecida pela polícia é intermitente, porque é imposta brutalmente por meio de incursões, geralmente sorrateiras, a fim de conseguir propina por parte dos traficantes, por vezes violentas e terrivelmente eficientes em termos bélicos quando coordenadas pelo temido Batalhão de Operações Especiais da Polícia Militar do Estado do Rio de Janeiro (Bope). Este, ao contrário da popularização como destacamento eficiente e honesto e da produção do ícone da ficção, o capitão Nascimento, interpretado no cinema pelo ator Wagner Moura no filme *Tropa de elite*, de 2007, é acusado pelos moradores de assassinatos, espancamentos e torturas de traficantes e inocentes. Portanto, é uma ordem violenta imposta por um Estado ausente que só se faz presente através da demonstração da força contra o tráfico de drogas. Além disso, é uma ordem que não usa da diplomacia no trato com os moradores, apelando para a intimidação, humilhação e agressão (Esperança, 2012).

A ordem estabelecida pelo tráfico é curiosamente legalista em alguns aspectos. Não admite, por exemplo, que haja furtos, extorsões ou violência sexual sob seu domínio. Leva em consideração o *status* do morador na comunidade, sua habilidade no futebol, sua respeitabilidade. Portanto, funciona como um tribunal de mão única para tratar de disputas e demandas entre os moradores. Porém, não se impõe como uma ordem comportamental, sendo que sua autoridade se fundamenta no uso da força e, principalmente, pela imposição do medo gerado pelos ritos de morte impostos aos transgressores da ordem, os chamados "suplícios", que envolvem a morte antecedida por uma interminável sessão de torturas e crueldades a fim de dramatizar o castigo. Assim, quanto mais terríveis forem os "suplícios", mais temidos eles serão e mais respeitada será a ordem imposta (Esperança, 2012).

Finalmente, a ordem estabelecida pelo Exército durante o período de ocupação é uma ordem nova, distante de ser um meio-termo entre as duas ordens que já haviam se estabelecido como cultura da comunidade. Se por um lado é legalista, como a ordem do tráfico, também é comportamental. De acordo com o autor, houve tentativas de se implantar toque de recolher à noite, que não duraram muito tempo, mas havia repressão à venda de cigarros e bebidas alcoólicas a menores de idade, assim como ao desrespeito às leis sobre poluição sonora e utilização de serviços ilegais no uso da luz elétrica, água e serviços de internet e TV a cabo (Esperança, 2012).

Porém, ainda que a ordem seja imposta pelo uso da força, certamente é mais branda do que aquela imposta pelo traficante e pelo policial, mesmo que haja denúncias de abuso e violência por parte de moradores contra soldados. A ordem estabelecida pelo Exército é uma clara demonstração de poder por parte do Estado numa região que, por muitos anos, foi dominada pelo crime organizado.

No entanto, este Estado é o outro que estava ausente e que era identificado como a polícia. Assim, é inevitável que esta nova ordem produza incontáveis tensões e incompreensões de ambos os lados quanto à abrangência do uso da força e à sua extensão.

É importante considerar que o militar tem uma formação tradicionalmente belicista, direcionada para a guerra, onde a identificação predominante separa os atores em "amigo" e "inimigo" (Montenegro, 2011). Entretanto, a realidade da segurança no Complexo do Alemão possui características bem peculiares. O uso de armamento letal nas condições atuais só deve acontecer em situações extremas. Em diversas ocorrências, portanto, era comum a presença de idosos, grávidas e crianças (seja por iniciativa própria, seja por imposição do crime organizado). Ademais, a tensão não existe somente na relação entre esses atores sociais, mas neles mesmos. Um exemplo disso seria uma área do complexo chamada de "Canitá", onde há um campo de futebol, e que foi palco de muitas tensões. Tiros foram disparados contra os soldados, sem que se soubesse de onde vinham. A tensão foi tanta que um dos soldados foi afastado com sintomas de estresse. Em relação aos moradores, um deles confidenciou ao antropólogo em entrevista: "Tenho muita violência dentro de mim [...] se não fosse a igreja, eu não estaria aqui hoje. Eu preciso da igreja todo dia [...]".

Assim, para Esperança (2012), a pacificação não foi tão pacífica quanto aparentava. As demonstrações públicas de poder bélico do tráfico e suas "bocas" fixas se foram. No entanto, o tráfico continuou ocorrendo na região, muito enfraquecido, mas de uma forma diferenciada, já que as "bocas" não eram mais fixas, mas itinerantes. O Exército teve o mérito de conseguir desarmar o tráfico, retirar o armamento do convívio do morador e, por consequência, promover o término dos tiroteios na região.

O emprego das operações psicológicas na capacitação do soldado

Na tomada dos complexos do Alemão e da Penha, o Exército Brasileiro empregou, inicialmente, a Brigada de Infantaria Paraquedista (Bda Inf Pqd). A área de operações ainda estava dominada pela força adversa (tráfico de drogas) e, naquele momento da campanha, o principal objetivo seria conquistar terreno e impor o poder militar. Nesse contexto, o emprego dos paraquedistas foi adequado às circunstâncias, pois a natureza da tropa possui a característica de imposição do poder pela força.

No entanto, após a saída desses militares, uma nova concepção de combate se fez necessária: a conquista do terreno humano, ou "corações e mentes" da população. O centro de gravidade, ou seja, a diferença entre o sucesso ou fracasso desse tipo de operação é a conquista da população da área de pacificação. O traficante, as armas e as drogas encontram-se junto à comunidade. Caracteriza-se, assim, um combate assimétrico, ou seja, o inimigo não é facilmente identificado, pois se encontra no meio da população. A conquista da credibilidade junto ao morador dos complexos do Alemão e da Penha iria definir o sucesso ou o fracasso da operação.

Naturalmente, os soldados ingressaram nas fileiras do Exército com todos os dogmas impostos pela ideologia dominante em relação às favelas. Nesse sentido, na mente dos militares, do coronel ao recruta, os moradores dos complexos ocupavam suas casas de maneira ilegal, não tinham intenção de sair da favela por conta da série de vantagens ilegais como as ligações clandestinas de luz, água, TV a cabo e, além disso, possuíam um modo de vida cotidiano diferente, caracterizado pela vadiagem.

Ademais, os jovens da favela seriam marcados pelo fracasso escolar e pela atração exercida pelo poder e dinheiro fácil. Assim, o soldado considerava os complexos como *locus* de pobreza, ou seja, o território urbano dos pobres. Consequentemente, costumavam utilizar termos pejorativos para se referir aos moradores, sendo repetidores da ideologia elitista e preconceituosa que domina a sociedade brasileira e, portanto, remetendo ao conceito de superestrutura de Marx (1988).

O referido preconceito dos militares em relação às comunidades carentes fez com que o capitão de cavalaria Albuquerque, comandante do 4º Destacamento de Operações de Forças Especiais, recomendasse, em seu relatório do 2º Ciclo de Instrução da Operação Arcanjo V, o conhecimento de aspectos psicossociais da população, a fim de evitar o "efeito Pino" (iniciais referentes a pena, indiferença, nojo, ódio). Isso porque tal capitão temia que a tropa inicialmente sentisse pena da população, depois indiferença, seguida de nojo e completando o ciclo com o ódio em relação aos moradores dos complexos.

O Exército percebeu, então, que precisava adaptar a cultura organizacional da tropa. O instrumento utilizado foi o emprego das operações psicológicas. Na campanha de operações psicológicas foram eleitos três públicos-alvo: a tropa empregada, a população dos complexos do Alemão e da Penha e a força adversa, esta última constituída pelos traficantes de drogas.

Em relação à população, observou-se que a principal forma de comunicação era o comportamento do soldado nas ruas, ou seja, uma comunicação não verbal. O soldado precisava ser prestativo e educado. Teria de respeitar o morador e, em hipótese nenhuma, tratá-lo de forma agressiva.

Em relação ao tráfico, a tática era o princípio da massa, ou seja, uma grande quantidade de tropa patrulhando todos os becos dos complexos. Nas antigas fortalezas dos traficantes foram colocados pontos fortes, ou seja, presença constante de tropas, passando a mensagem da imposição do poder do Estado aos antigos dominadores. O Exército criou seu próprio "disque denúncia". Toda denúncia era imediatamente atendida, desenvolvendo a confiança da população. Na denúncia de abertura de boca de fumo, ocorria a posterior ocupação do beco por uma patrulha militar, passando a mensagem psicológica do princípio da massa.

O carro de som divulgava o número do disque denúncia, ao mesmo tempo que solicitava a colaboração anônima dos moradores. A ideia era o traficante sentir-se caçado o tempo inteiro, e dessa forma não "desfilar" perante os moradores para impor o medo do justiçamento. O efeito psicológico foi impressionante, sendo o carro de som o principal alvo dos tiros do tráfico. A população realizava as denúncias. Os principais traficantes saíram da área de pacificação. Vários jovens abandonaram o tráfico porque sua estrutura econômica fora destruída.

Para adaptar a cultura organizacional do Exército à necessidade da operação, os comandantes buscaram retirar os preconceitos em relação à favela utilizando a ação de comando e a liderança dos capitães, tenentes e sargentos, por uma campanha psicológica interna que transformou o soldado em um herói protetor do morador da comunidade carente. Houve esclarecimento da tropa, por meio da cadeia de comando, de que os complexos do Alemão e da Penha eram habitados por pessoas que sofreram ao longo da história um processo de segregação espacial e social. Enfatizava-se que a Operação Arcanjo tinha por objetivo trazer a paz social e defender os habitantes daquela região. Dessa forma, os soldados eram esclarecidos a respeito dos preconceitos existentes sobre os moradores da área de operações, combatendo, dessa forma, a superestrutura (Marx, 1988) de segregação social existente na mente dos soldados. Nesse contexto, em uma das campanhas sobre as tropas e denominada "Valores", o Batalhão de Operações Psicológicas, explorou 18 atributos da área afetiva do soldado, reforçando comportamentos considerados fundamentais para o sucesso da operação. O objetivo foi trabalhar a consciência coletiva dos soldados, remetendo à obra de Durkheim (1999).

No produto honra (figura 1), por exemplo, é possível verificar que o cartaz reforçou o comportamento de dois militares que encontraram R$ 420,00 quando realizavam o patrulhamento e que, após a divulgação do fato pela Seção de Comunicação Social, conseguiram localizar uma moradora que havia perdido seu salário mensal. Como consequência, os dois militares foram destacados no cartaz, juntamente com outros que tiveram comportamento semelhante. A campanha também era reforçada pela ação de comando, em que os comandantes de companhia e pelotão exploraram o tema honra com seus subordinados. Além disso, foi criado um *spot* para carro de som que lançava a mensagem aos militares.

Figura 1
Propaganda psicológica empregada durante a campanha "Valores" (produto honra)

Já na campanha "Dever" (figura 2), o cartaz exibia a figura de uma sentinela com o atributo dever. Uma frase passava a seguinte mensagem: "Oramos vários anos para que Deus intercedesse por nós, Deus enviou você". Assim, o objetivo era criar no soldado a valorização do seu dever militar, conscientizá-lo de que os moradores da região dependiam do seu trabalho e de que ele era um enviado de Deus, quebrando o preconceito social vigente contra os moradores, o que novamente remete ao conceito de superestrutura introduzido por Marx (1988).

Figura 2
Propaganda psicológica empregada durante a campanha "Valores" (produto dever)

Na campanha intitulada "Liderança" (figura 3), exaltou-se a atitude de um comandante de grupo de combate (GC) que, ao ser alvejado por traficantes em um beco, abrigou seus homens e não revidou os tiros, pois havia moradores da região na linha de tiro. O militar destacado era um exemplo para os demais e agiu no estrito cumprimento das regras de engajamento preconizadas. Esse produto adaptava a cultura organizacional do soldado, visto que na mente do soldado, receber tiros de um traficante e não poder revidar causa um estresse muito grande. O soldado queria matar o traficante, mas era preciso conscientizá-lo que em certas situações poderiam ser atingidos inocentes no confronto.

Figura 3
Propaganda psicológica empregada durante a campanha "Valores" (produto liderança)

A coragem e a coesão também foram exaltadas pela campanha, sendo que os cartazes eram produzidos e afixados nos refeitórios das duas bases da operação, de forma que os soldados tinham contato diário com as mensagens transmitidas.

Em relação à população, a propaganda psicológica buscava mostrar que os militares estavam ali para servir à comunidade, quebrando as desconfianças em relação ao impacto social causado pela presença do soldado (Esperança, 2012). Assim, eram transmitidas diariamente mensagens positivas em datas marcantes, como a comemoração de um ano da operação, o Natal, o Ano Novo, o Dia das Crianças. Além disso, foi utilizada propaganda cinza (propaganda realizada pela força de pacificação e psicologicamente atribuída à própria comunidade) nos pontos de grande circulação de pessoas, exaltando o trabalho da força de pacificação e do soldado, através de faixas. O objetivo era influenciar o jovem. O tráfico dominava a comunidade desde 1985. Na percepção do jovem, a presença do Estado, materializada no Exército Brasileiro, era algo novo. Ser traficante era a referência para os adolescentes que cresciam na comunidade carente.

O Exército realizou várias "ações cívico sociais" (Aciso), eventos voltados para a comunidade no Dia das Crianças, no Natal. Eram prestados atendimento médico, odontológico, serviços públicos, distribuição de presentes às crianças, atividades de recreação e lazer. Foi recolhido o lixo, foram retiradas as carcaças de carros e realizada a desobstrução das ruas. Além de influenciar positivamente a comunidade, essas ações acabaram influenciando os próprios traficantes. O tráfico percebeu o tratamento dado à comunidade pelo soldado. Esse fato explica o comportamento do traficante, às vezes, de não atirar nos soldados quando tinha as patrulhas como alvo. O traficante é cria da comunidade; quando o soldado demonstrava solidariedade ao morador, estava demonstrando solidariedade aos parentes do traficante.

Quando o Exército empregava tropas do Rio de Janeiro, podia-se observar que o soldado carioca era mais adaptado, sabia falar a gíria da favela, sabia progredir com mais facilidade nos becos. Um comportamento do soldado chamou a atenção. O soldado oriundo de uma região controlada pelo Terceiro Comando Puro ou Amigo dos Amigos (ADA), ao operar no Complexo do Alemão, controlado pelo Comando Vermelho, era muito mais eficaz na operação, sabia onde estava a droga, sabia fazer as perguntas certas para descobrir algo. No entanto, quando era soldado oriundo de uma comunidade controlada pelo Comando Vermelho, esse soldado era reservado, não interferia para esclarecer os fatos. É importante enfatizar que não eram maus soldados; o Exército utiliza o serviço militar obrigatório para selecionar rigidamente seus integrantes. O fato demonstrou como a ideologia é disseminada na mente das comunidades carentes, ao mesmo tempo que alertou os comandantes sobre a desvantagem de empregar tropas da mesma área nos complexos do Alemão e da Penha.

Poder militar e poder divino no Complexo do Alemão

As lideranças comunitárias nos complexos do Alemão e da Penha, com raras exceções, são impostas pelo tráfico de drogas, ou caso não o sejam, um dia teriam de se curvar aos interesses do tráfico. Conforme as operações Arcanjo eram desenvolvidas, o tráfico era enfraquecido, assim como o financiamento das associações de moradores. Nesse contexto o Exército buscou fortalecer os verdadeiros líderes da comunidade, os religiosos. A principal finalidade era torná-los interlocutores da comunidade nas demandas sociais, preparando-os para conduzir a pacificação após a saída das tropas. Apenas no Complexo do Alemão, com uma população em torno de 80 mil habitantes, existiam 1.130 igrejas, com predomínio dos católicos e evangélicos. As igrejas substituíam o Estado no trabalho de controle social.

O projeto se desenvolveu no seguinte tripé: encontros semanais com a liderança religiosa cristã, grandes eventos religiosos com ações sociais e músicos religiosos conhecidos, e, finalmente, desenvolvimento de um curso de preparação para a liderança local com o intuito de preparar "líderes da paz". Na operação Arcanjo V, o general comandante percebeu que o objetivo de retirada do tráfico e armamento do cotidiano dos moradores havia sido consolidado. Nessa fase da operação, o Exército voltou-se para a conscientização de lideranças civis a fim de trazer o Estado de volta aos complexos e, dessa forma, impedir o retorno do tráfico. Caberia aos líderes religiosos a missão de conduzir a população. Os religiosos acompanharam, no seu cotidiano, cenários extremos de violência, como ver e ouvir os últimos gritos e apelos de indivíduos vitimados pelo "micro-ondas", bem como sentir o cheiro de carne humana queimada invadindo a igreja. Armamento, drogas, prostituição infantil e tiroteios no cotidiano das famílias, assim como a falta de oportunidade para os jovens no sistema educacional, tornando o tráfico a única referência. Os religiosos sentiram-se na obrigação de conduzir o fortalecimento da população a fim de evitar o retorno da barbárie.

Conclusão

Enquanto para a polícia trabalhar em uma favela é cotidiano, para o Exército é uma situação atípica. São instituições de culturas bastante distintas. Assim, uma das maiores dificuldades encontradas pelo Exército na pacificação dos complexos do Alemão e da Penha foi adaptar sua cultura organizacional, originalmente voltada para a defesa externa. Para o soldado, palavra abrangendo todos os postos militares da instituição, o contexto é novo, não faz parte do seu universo, que é o quartel. Além disso, ainda que o soldado tenha sua origem em uma favela (comunidade), na prática trará todos os preconceitos contra aquelas pessoas que ali residem. O soldado é educado para manter a ordem. A favela, na sua mente, é uma grande desordem, já que representa a falta de civilização e o potencial perigo.

A maioria dos soldados não consegue entender que os moradores vivem naquele contexto porque o Estado nunca investiu em lazer, ou abriu escolas, tratou o esgoto ou forneceu infraestrutura básica. Tais fatos, na prática da ocupação, representaram fatores de estresse no soldado porque ele foi preparado para impor a lei. Se, na imagem popular, o problema principal da polícia é a corrupção, a violência gratuita, o problema principal do Exército é entender essa diversidade cultural da favela. O soldado não compreende que o abandono estatal, por quase 30 anos, dos complexos do Alemão e da Penha e o domínio pelo poder do tráfico de drogas geraram costumes e cultura próprios e que nem sempre estavam de acordo com a legislação vigente no país.[3]

A solução encontrada pelo Exército foi adaptar sua cultura organizacional para a segurança pública, transformando o soldado no herói protetor da população, através de campanhas psicológicas sobre a tropa. Através da liderança dos comandantes, os soldados compreenderam os dogmas preconceituosos que envolvem as comunidades carentes e foram conscientizados em relação à prestação de um serviço humanitário às pessoas pobres que não tinham culpa por viverem naquela condição social. Para evitar conflitos, a organização identificou a necessidade de uma campanha de conscientização da população local em relação aos direitos e deveres dos moradores, assim como o esclarecimento de que o soldado estaria investido de uma autoridade delegada pelo Estado e seu objetivo era servir à comunidade.

Analisa-se o cerne da questão ao observar que é muito complexo para um soldado de 20 anos, com pouca experiência de vida e treinado para a guerra, chegar a uma favela e conseguir gerenciar conflitos, ou mesmo tomar decisões, como responder aos tiros de um traficante, sobre extrema pressão, sem ferir inocentes (Esperança, 2012). Por ser uma instituição aquartelada, o Exército Brasileiro consegue impor seus valores organizacionais nas escolas de formação. O forte sistema hierárquico e disciplinar, além da liderança exigida nos diversos postos de comando, impede que o jovem soldado de 20 anos enquadrado em uma patrulha tome qualquer tipo de reação ao ser alvejado em um beco por traficantes. Qualquer decisão do emprego do armamento será tomada pelo comandante da patrulha, normalmente um tenente ou sargento, com maior experiência e preparo.

As três características principais — hierarquia, disciplina e liderança — foram as principais qualidades observadas pelos moradores em relação à tropa. O morador percebeu que muitas vezes a tropa recebia tiros e não reagia imediatamente por haver moradores na linha de tiro, sendo enquadrada por um comandante. Em relação à liderança, muitos moradores eram surpreendidos ao encontrar um coronel ou até mesmo um general patrulhando a rua de sua residência, além da presença diuturna do oficial ao lado do soldado. Por ser fortemente hierarquizado, o Exército não atirava a esmo quando era alvejado pelos

---

[3] Por exemplo, a cultura do som alto após as 22h, a venda de bebidas alcoólicas e de cigarros para menores de idade e a não utilização de equipamentos de segurança pelos motociclistas.

tiros dos traficantes. O comportamento dos militares nos complexos gerou um enorme fluxo de comunicação entre os moradores, possibilitando a aproximação psicológica da população. O rodízio de tropas a cada dois ou três meses, associado à cultura organizacional da instituição, sedimentada sobre valores, impediu a corrupção do Exército dentro dos complexos.

Quando o Exército aproximou-se e conquistou confiança da população, conseguiu o apoio anônimo dos moradores pelo disque denúncia e, dessa forma, retirou o armamento, as drogas e as bocas de fumo da comunidade. A partir de então, começou a fortalecer as lideranças religiosas. No entanto, desde a entrada do Exército em 2010 e sua saída em 2012, a força de pacificação nunca conseguiu retirar o domínio psicológico do tráfico sobre os moradores. O tráfico sempre lançou boato que um dia iria voltar a ser forte, e que realizaria um grande justiçamento sobre a comunidade.

Com o projeto da pacificação no Rio de Janeiro, os traficantes intensificaram treinamentos de guerrilha nas favelas cariocas, a fim de empregá-la contra as UPPs. Observando que a polícia não é preparada para o combate em localidade (combate em uma região urbana, com a presença dos moradores — civis — na região de conflito militar), a tendência é que o emprego do Exército torne-se cada vez mais comum, tornando-o a referência mundial em operações de pacificação. Dessa forma, o emprego do Exército nas favelas gera uma série de ganhos. Primeiramente, ganha o Exército, que pode utilizar a operação para desenvolver doutrina, capacitar operacionalmente os militares, desenvolver credibilidade social e receber investimentos públicos. Em segundo lugar, ganha a sociedade, que clama por segurança pública. Finalmente, os mais beneficiados são os moradores das áreas pacificadas, retirados do jugo dos traficantes.

Referências

ABREU, M. A. Reconstruindo uma história esquecida: origem e expansão inicial das favelas do Rio. *Espaço e Debates*, São Paulo, v. 14, n. 37, p. 34-46, 1994.

BRASIL. Exército Brasileiro. *Manual de Comunicação Social do Exército Brasileiro*. Brasília, DF: EB, 2009.

_____. Exército Brasileiro. *Plano de Comunicação Social do Exército Brasileiro*. Brasília, DF: EB, 2013.

DURKHEIM, E. *Da divisão do trabalho social*. São Paulo: Martins Fontes, 1999 [1893].

ESPERANÇA, Vinicius. Favela, Exército e religião. In: CONGRESSO INTERNACIONAL DO NÚCLEO DE ESTUDO DAS AMÉRICAS. AMÉRICA LATINA, 3.,

2012. Rio de Janeiro. *Anais...* Rio de Janeiro: UERJ/Nucleas/FCE/Faculdade de Direito, 2012. Processos civilizatórios e crises do capitamismo contemporâneo.

_____ *"O foco de todo mal"*: Estado, mídia e religião no Complexo do Alemão. 2014. 171 p. Dissertação (mestrado em ciências sociais) — Programa de Pós--Graduação em Ciências Sociais, Universidade Federal Rural do Rio de Janeiro, Seropédica, RJ, 2014.

MARX, K. *O capital*. São Paulo: Nova Cultural, 1988 [1895]. Coleção Os economistas.

MONTENEGRO, F. Proteção à lei e à ordem: os aspectos jurídicos das operações Arcanjo. *Revista Diálogo:* Fórum das Américas. United States Southern Command, v. 21, n. 4, p. 14-19, out. 2011. Disponível em: <www.dialogo-americas.com/pt/articles/rmisa/features/viewpoint/2011/10/01/feature-pr-03>. Acesso em: 24 set. 2012.

SARDENBERG, R. M. Brasil, política multilateral e Nações Unidas. *Estudos Avançados*, São Paulo, v. 19, n. 53, jan./abr. 2005.

SIMMEL, Georg. O problema da sociologia e o campo da sociologia. In: MORAES FILHO, Evaristo (Org.). *Simmel:* sociologia. São Paulo: Ática, 1983. p. 59-86. Coleção: Grandes cientistas sociais.

VALLADARES, Licia do Prado. *A invenção da favela*. Rio de Janeiro: FGV, 2005.

14
O luto na emergência:
quando o suporte psicológico não pode esperar

Neyde Lúcia de Freitas Souza

Introdução

Deparamo-nos com a veloz propagação da morte: grande número de vítimas fatais em acidentes de avião; mortos em assaltos e tiroteios; doenças terminais ceifando vidas de parentes, amigos e conhecidos; personalidades em diversas áreas do saber falecendo por motivos variados. Não raro, a notícia das mortes vem distorcida, acompanhada de inverdades ou expondo em exagero os detalhes de crueldade — pedaços de corpos carbonizados nos acidentes, tiros que desfiguram as vítimas, pessoas soterradas sobre os escombros são expostos em cenas chocantes na internet, na televisão, no jornal e no rádio, exaustivamente.

Ainda que convivendo com a morte, pouco se fala nela com a seriedade necessária, supostamente por considerarmos ser ela um evento que não acontecerá conosco. A morte entra em nossas casas sem ter sido convidada, embora a queiramos distante. As imagens fortes passam na televisão rápido demais para que permitam a reflexão e a elaboração de nossos sentimentos, e sempre seguidas por notícias mais amenas, para reduzir o estresse causado pela tensa notícia anterior.

Sem que percebamos, vivemos constantes processos de luto, intermediando a relação entre as perdas e as mortes. A exposição a desastres e catástrofes nos dá acesso também ao luto dos outros.

Para apoiar o processo de luto, cada vez mais temos notícias de que as pessoas recorrem a algum tipo de suporte psicológico, preocupadas com a retomada da saúde emocional e por constatarem que, sozinhas, não conseguiram dar conta. Os cuidados psicológicos especializados estão, assim, cada vez mais presentes nas situações críticas.

Como críticas são algumas situações as quais os militares das Forças Armadas (FFAA) estão expostos, tais como colaboração em catástrofes e emergências, em missões de paz, na pacificação de comunidades, na comunicação e nos cuidados com os pacientes terminais, na investigação e no resgate em desastres aéreos. Tais eventos requerem equilíbrio e recursos de enfrentamento por parte dos militares que deles participam.

Analisando diversos cenários de desastres e emergências, e considerando o luto como um processo natural e esperado ante as perdas e as mortes, o presente artigo busca trazer ao leitor o entendimento dos complexos saberes acerca do luto, dimensões, fases e formas de enfrentamento. Discute também as diferentes reações diante das perdas, aponta alternativas de apoio psicológico e detalha os cuidados paliativos, identificando-os como espaços de expressão e acolhimento necessários nas situações de crise.

Renomados estudiosos do assunto, como os brasileiros Franco, Kovács, Santos e Torres são referenciados neste estudo bibliográfico, bem como os autores internacionais Bowlby, Parkes, Schut, Stroebe e Worden.

As reflexões seguem, por fim, na direção da defesa nacional, no contexto das Forças Armadas, de modo a identificar situações de crise onde o suporte psicológico, após reconhecida sua relevância, se apresenta como opção necessária e adequada para permitir o enfrentamento, por parte dos efetivos militares, das situações de luto e perda.

O luto cotidiano: as perdas nossas de cada dia

Julho de 2014. Um avião comercial da Malaysia Airlines, com 298 pessoas a bordo, caiu na Ucrânia, perto da fronteira com a Rússia, suspeito de ter sido derrubado por um míssil, em um ato terrorista. De acordo com funcionários do serviço de emergência, partes do avião eram vistas ao longo de uma grande área, bem como pedaços de corpos espalhados ao redor dos destroços.

No avião estavam mais de 100 especialistas em Aids, que viajavam para participar da XX Conferência Internacional sobre Aids. Entre os passageiros, estava o holandês Joep Lange, referência mundial na luta contra o vírus e que viajava com a esposa.

Foram encontrados 282 corpos das 298 pessoas que viajavam no avião, bem como restos mortais das outras 16 vítimas. Os parentes dos passageiros foram informados pela companhia aérea por intermédio das embaixadas de seus países, bem como 80 profissionais foram enviados a Amsterdã para acompanhar e apoiar os familiares das vítimas. A Malaysia Airlines solicitou que a mídia colaborasse, respeitando a privacidade dos familiares (Malásia..., 2014).

A mesma companhia aérea havia passado por problemas com outro avião de sua frota um pouco antes, em março de 2014, quando uma aeronave desapareceu misteriosamente, com 239 pessoas a bordo. Nenhum destroço da aeronave foi encontrado até o momento. Ocorreram muitas perdas humanas em decorrência desses dois acidentes aéreos (Malásia..., 2014).

No Brasil, no dia 13 de agosto de 2014 a Aeronáutica confirmou a morte de Eduardo Campos, 49 anos, candidato à presidência da República pelo Partido Social Brasileiro. O avião em que ele e mais seis pessoas estavam decolou do Rio de Janeiro com destino a Guarujá e caiu em Santos. Os dois tripulantes e os cinco passageiros morreram no acidente. Eduardo Campos morreu no mesmo dia que seu avô, Miguel Arraes, e deixou uma família de cinco filhos, entre eles um bebê com menos de um ano. O assessor de imprensa da campanha, Carlos Percol, também foi uma das vítimas fatais do acidente. Com 36 anos de idade, o jornalista deixou esposa, com quem havia se casado há pouco mais de quatro meses. O piloto da aeronave, Geraldo Cunha, deixou esposa, grávida de sete meses e um filho de quatro anos (Presidenciável..., 2014).

Em outro contexto, mas também em 2014, uma funcionária foi demitida de um supermercado em Santa Catarina após ter comparecido para depor em ação trabalhista ajuizada por um colega de trabalho contra o supermercado, sob a alegação de queda de produtividade. A perda do emprego foi seguida de um profundo estado depressivo.

Em Belo Horizonte, Joana tenta dormir, mas não consegue, depois de ter passado várias noites em claro no hospital, onde sua mãe esteve internada e veio a falecer no final da semana. Há anos dona Esmeralda fora acometida por um câncer, e a filha, incansável, foi sua companheira em casa e nas inúmeras hospitalizações. Joana providencia os papéis necessários para comunicar o óbito da mãe, em um misto de alívio pelo descanso — dela e da mãe — e saudade.

Maria aguardava o metrô em uma estação em São Paulo quando foi empurrada por um homem e caiu nos trilhos. Ela fraturou a coluna cervical e teve o braço direito amputado. Era dia do seu aniversário, que ela se recusou a comemorar.

A gerente comercial Ana Lúcia, residente no Rio de Janeiro, perdeu o filho mais velho aos 26 anos, vítima de um acidente de carro. Segundo relatos da mãe, estava se sentindo anestesiada, sem vontade de viver, mas tentava esconder a dor para não transparecer ao filho mais novo, de 15 anos, no seu entendimento ainda uma criança, totalmente dependente dela.

Duas atrizes brasileiras de renome, ambas com 50 anos, declararam estar passando por uma fase muito feliz de suas vidas, embora uma delas admita que "envelhecer, para quem trabalha com a imagem, é um horror". A outra, que possui três décadas de carreira, consegue ver o ônus e o bônus da idade: para ela, envelhecer é mais cruel com as mulheres, mas a outra opção, que é morrer, seria bem pior. As duas reconhecem que o fato de estarem expostas na televisão faz com que todos acompanhem de perto o envelhecimento delas, gerando uma forte pressão emocional.

Após 18 anos de casados, Carlos e Patrícia, residentes em Porto Alegre, se separaram. Ele, jornalista; ela, empresária. A separação foi confirmada pela assessora de imprensa do casal, que acrescentou ter havido um desgaste natural da relação. Patrícia viajou com os dois filhos e ele tenta recompor-se. Ambos estão muito tristes e se recusam a falar.

Todos os relatos aqui apresentados, embora fictícios — com exceção dos acidentes aéreos, reais — foram baseados em fatos noticiados em 2014 nos meios de comunicação disponíveis no nosso cotidiano, entre eles *sites* de notícias. Tais relatos possuem em comum o fato de envolver perdas — de emprego, de segurança, de estabilidade, de um relacionamento amoroso, de dinheiro, de saúde e, a pior delas, de vidas de entes queridos, por morte — esta última definitiva, sem nenhuma chance de reversão.

Ainda que possamos julgar pela nossa ótica, escolhendo o que, para cada um de nós, seria mais impactante perder, não há como estabelecer, entre as diversas perdas citadas nos relatos — com exceção, claro, das perdas humanas — uma gradação: não se pode afirmar que perder um amor seja pior do que perder o emprego, que por sua vez seja melhor do que perder a juventude. Não podemos hierarquizar, no outro, a dor pelo sofrimento.

As reações a uma perda devem ser interpretadas no contexto e nas circunstâncias em que ela ocorreu, considerando cada pessoa em particular, sua história e as experiências vivenciadas. Muitas vezes, as manifestações são classificadas — erroneamente — como sintomas, tais como: apatia, medo, raiva, ansiedade, insônia, ausência de memória, falta de apetite, tristeza profunda, entre outros. Na verdade, são reações normais diante de uma situação anormal.

Toda perda pressupõe que seja realizado um trabalho de reaprendizado, que haja um tempo — absolutamente individual — de adaptação à nova realidade, de elaboração e reorganização psíquica. Para essa tarefa, por vezes alguma forma de ajuda externa se faz desejável e necessária.

Kovács (2004) considera a perda algo inerente à condição humana. Por intermédio dela, os indivíduos são instados a enfrentar seus limites, o que significa, no fundo, reconhecer sua própria morte. As perdas tanto podem ser concretas — perdas por morte — como simbólicas — mudança de cidade, perdas financeiras, separações, perda de emprego, aposentadoria, perda da juventude, entre outras, e resultam em privações e em mudanças, trazendo a sensação de insegurança e ausência de controle. Em geral as perdas e lutos simbólicos não são reconhecidos socialmente, e por tal motivo os afetados têm dificuldade em encontrar espaço para expressar seu pesar (Casellato, 2013).

O luto, portanto, não ocorre apenas com a morte de alguém, mas pode decorrer de qualquer rompimento de vínculos significativo para a pessoa, conforme nos relembra Pallottino (2014). Os vínculos têm a função de fornecer segurança e oportunizar a exploração e o aprendizado do mundo, permitindo o desenvolvimento de estratégias de enfrentamento para lidar com os novos desafios e com as perdas (Parkes, 2009).

Parkes (2009:159) considera que "todos os lutos são traumáticos, mas alguns são mais traumáticos do que os outros". Segundo ele, os padrões de apego desenvolvidos na infância podem influenciar a segurança, a autoconfiança e a visão de mundo do adulto. Bowlby, citado por Parkes (2009:49), acrescenta que "a função do apego é garantir a segurança imanente da experiência de ter uma figura parental que sabidamente é disponível e responsiva, quando necessário". Os que têm apego seguro na infância aprenderam a confiar em si e no outro.

De acordo com Moreno (2001), as pessoas precisam passar por um processo de luto quando sofrem uma perda significativa. O luto, para Bowlby (2004a), é uma resposta ao rompimento de um vínculo significativo para o indivíduo, resposta esta que é natural e esperada após uma perda, seja ela simbólica ou concreta. Por proporcionar reconstrução e adaptação às mudanças, sua ocorrência é importante para a saúde mental.

Segundo Kovács (2005), particularmente a velhice envolve um grande número de perdas: depara-se com a finitude; o corpo não é mais o mesmo; amigos falecem; a aposentadoria chega, e com ela a interrupção da atividade produtiva; os filhos saem de casa. Ocorre, então, o que Kovács (2005:115) chamou de "o luto de si próprio". Particularmente, ao referir-se ao fato de pessoas idosas perderem seus filhos, considerou ser uma sobrecarga de perdas e a intitulou de "perda invertida" (Kovács, 2005:116). Na velhice, então, a morte em geral é vivenciada cotidianamente, concreta e simbolicamente.

Thomé, Benyakar e Taralli (2009), por sua vez, consideram que as perdas decorrentes de catástrofes podem trazer consequências psíquicas imensas. Segundo eles, ao imaginarmos uma pessoa comum diante do impacto de perder familiares, casa e pertences, podemos vislumbrar que seu universo físico, material e emocional sofreu um golpe de grandes proporções. De uma hora para outra, seu ambiente, sua história e seus vínculos, construídos ao longo de sua vida, desaparecem. Sua experiência é de tal intensidade e violência que há o rompimento das formas previsíveis de funcionamento mental.

Para Thomé, Benyakar e Taralli (2009), as pessoas submetidas a situações desorganizadoras tendem a se tornar frágeis e desestabilizadas. Para eles, parte da população pode responder com adoecimento psíquico como resultado de sua percepção subjetiva e sua interação com a realidade modificada.

No entanto, Taralli, Thomé e Gribel (2009), ao fazerem referência às situações-limite desorganizadoras, destacam que há pessoas capazes de manter comportamentos ditos saudáveis ainda que diante de desafios desestruturantes. Tal característica humana é conhecida como resiliência — capacidade de enfrentar experiências de adversidade, situações traumáticas, e transformar-se com elas, reorganizando-se (Grotberg citado por Thomé, Benyakar e Taralli, 2009). A resiliência, para Cyrulnik (citado por Thomé, Benyakar e Taralli, 2009), depende tanto de aspectos pessoais quanto sociais e culturais: trata-se de algo construído.

Peres (2009) acrescenta que a resiliência envolve autoestima e autoconfiança, entre outros aspectos, e concorda que é possível desenvolver habilidades adaptativas. De acordo com ele, a resiliência é o que diferencia algumas pessoas, que parecem permanecer bem mesmo tendo vivenciado situações de crise, geradoras de profundo estresse.

Segundo Bowlby (2004a), observações relativas à maneira como as pessoas reagem diante da perda de um parente próximo evidenciam que, no decorrer de semanas e meses, suas reações em geral atravessam fases sucessivas. Embora exista uma sequência mais ou menos geral, pela qual todos passam, as pessoas podem oscilar, durante algum tempo, entre elas, e o modelo proposto não deve ser entendido como uma prescrição ou algo que precise ser seguido.

A primeira das fases descritas por Bowlby (2004b) é o entorpecimento: a pessoa sente-se imobilizada, ausente de si mesma. A fase seguinte, de anseio, protesto e busca pelo perdido, caracteriza-se pela busca da pessoa que morreu, com crises de choro e, mesmo havendo a consciência da irreversibilidade da perda, há o anseio de encontrar a pessoa morta. A terceira fase, de desorganização e desespero, caracteriza-se pela imposição do teste da realidade: a pessoa perdida agora falta, e o comportamento de busca, para tentar recuperá-la, termina. A quarta e última fase refere-se à reorganização. Ao abrir mão de recuperar a pessoa que morreu e não ter mais esperanças, ocorre a busca de retorno à organização: é a fase de olhar para o futuro, criar planos de médio e longo prazos.

É preciso deixar claro que as pessoas não passam por essas fases de maneira linear, nem mesmo todos passam por todas as fases. Os indivíduos podem superar uma fase e depois retornar a ela, ou ainda estacionar em uma delas. Enfim, o processo de luto é único e não se repete, ainda que possa existir um padrão de referência.

Wolfelt (2013), psicólogo especialista em sofrimento humano e diretor do Centro para a Perda e Transição de Vida (Center for Loss and Life Transition), nos Estados Unidos, instituição que é referência no treinamento de profissionais especialistas na terapia do luto, afirma que a existência de mitos ligados ao luto, em geral reforçados pela sociedade, pode interferir no processo de superação e de reconciliação do enlutado com a vida. Destaca que o enlutado é encorajado a levar sua vida em frente, a ocupar-se, ao invés de lhe ser permitido expressar sua dor. Não raro ele é incentivado a sair prematuramente de seu sofrimento, em vez de vivenciá-lo em sua totalidade, pois mostrar-se forte é o padrão aceitável.

Para o entendimento acerca das reações frente às perdas, Parkes (2009) apresentou relevante contribuição. Segundo ele, existe em todos nós um modelo interno em que estão: as concepções sobre nós mesmos e sobre os nossos pais, a nossa capacidade de lidar com o perigo, a proteção que esperamos dos outros e o nosso senso de propósito e de significado diante da existência. Parkes denominou esse modelo interno "mundo presumido", considerando-o a parte mais valiosa de nosso equipamento mental, que nos permite ter confiança e segurança em construir o mundo à nossa volta. De acordo com ele, tudo o que consideramos garantido faz parte do nosso mundo presumido.

Então, quando ocorre a morte de alguém que nos é caro, tal acontecimento provoca mudanças que podem alterar nosso padrão de apego e desafiar o nosso mundo presumido, destruindo nosso sentimento de segurança e ameaçando nossa visão interna de mundo. Havendo a quebra do mundo presumido, cai por terra o mito da inabalável segurança, vindo à tona conflitos relativos à imprevisibilidade da vida (Parkes, 2009).

Desse modo, aquilo que é chamado de elaboração do luto constitui-se em um processo necessário de transição psicossocial, em que o mundo presumido precisa ser modificado, por encontrar-se obsoleto (Parkes, 2009). O apoio psicológico irá, essencialmente, identificar em que aspectos o mundo presumido mudou, e com o que a pessoa pode contar para efetivar essa mudança e construir para si um novo significado.

Stroebe e Schut (2011) apontam para um modelo de processo dual de luto, em que existem duas estratégias: orientação para a perda e orientação para a restauração, indicando que ao mesmo tempo em que o enlutado está envolvido com tarefas do cotidiano, ele está concentrado em trabalhar a própria experiência da perda.

No modelo dual de enfrentamento do luto ocorre, portanto, uma oscilação, nem simétrica nem linear, de ora voltar-se para a perda (o foco é o trabalho de luto e o esquivar-se das tarefas cotidianas), ora para a restauração (foco nas tarefas do cotidiano, na reorganização da vida, no desenvolvimento de novos papéis) (Parkes, 2009). Assim, o enlutado vai aos poucos reduzindo o foco na perda e recuperando sua vida, sem, contudo, deixar de sofrer pela perda.

Wilma Torres, psicóloga criadora do Programa Pioneiro de Estudos e Pesquisas em Tanatologia, no Rio de Janeiro, destacou que as reações do luto dependerão de vários fatores, entre eles a idade, a estabilidade psicológica e emocional, e a intensidade e diversidade dos laços afetivos (Torres, 2012). Ainda que existam reações esperadas, cada pessoa, portanto, irá reagir à perda em função do seu repertório pessoal e dos vínculos que possuía com a pessoa que morreu.

Borders e Kennedy (2009), ao discorrer sobre as intervenções psicológicas pós-desastres e traumas, relacionam, entre as desordens de saúde mental possíveis de ocorrer depois de um evento traumático, a depressão, a ansiedade e o abuso de substâncias como álcool e drogas. Por outro lado, os referidos autores identificam como atitudes positivas — o que caracteriza a presença de resiliência — a busca por apoio social, falar sobre as dificuldades, utilizar como mecanismo de defesa a racionalização e engajar-se na solução dos problemas do cotidiano.

O apoio psicológico ao luto é, portanto, importante para: aceitar a realidade da perda; elaborar a dor da perda; ajustar-se ao ambiente (redefinir papéis e tarefas); reposicionar no psiquismo a pessoa falecida; compartilhar a experiência da perda e sua contextualização; e reorganizar o sistema familiar. A presença do suporte psicológico poderá, ao mesmo tempo, trazer acolhimento ao enlutado em sua dor e propiciar a retomada de suas tarefas cotidianas.

A instituição pioneira, no Brasil, em fornecer suporte psicológico em situações de crise, luto e perdas é o Instituto de Psicologia 4 Estações. Fundado em 1998 em São Paulo, possui em seus quadros o grupo Intervenções Psicológicas em Emergências (IPE), criado em 2001 com a finalidade de oferecer cuidados psicológicos especializados a pessoas e comunidades vítimas de desastres, acidentes e incidentes críticos geradores de estresse, trauma e luto (Instituto 4 Estações, 2013).

O instituto realiza intervenções especializadas em situações de luto, desenvolvendo atividades educativas e apoiando uma resposta multiprofissional a acidentes e seus sobreviventes. Fornece cursos e treinamentos, além de efetuar intervenções.

A partir da experiência do Instituto 4 Estações, outras instituições surgiram, em diferentes municípios do Brasil, com a intenção de proporcionar apoio a pessoas que sofreram perdas e que não conseguem dar conta, sozinhas, do processo de luto. A tradução brasileira do livro de Parkes (2009) contém um anexo onde estão relacionadas organizações que trabalham com apego, perda e cuidados paliativos disponíveis em vários estados do Brasil. Como a tradução é de 2009, instituições recentes, como o Instituto Entrelaços (2013), que atua no Rio de Janeiro, não foram contempladas.

O Instituto Entrelaços (2013), pioneiro no Rio de Janeiro, é supervisionado pela psicóloga Maria Helena Franco, sócia e criadora do Instituto 4 Estações. Tem por objetivo promover assistência, cuidado e educação continuada nos assuntos relacionados aos diversos tipos de perdas e crises. Possui, vinculado a ele, o Grupo de Atendimento a Emergências (GAE) que, nos moldes do Grupo IPE, possui uma linha telefônica para incidentes críticos e atendimentos de urgência, acessível 24 horas. Conta com um grupo de psicólogos treinados para lidar com assuntos relacionados a perdas e luto. A coordenação do grupo está a cargo das psicólogas Cecília Rezende e Erika Pallotino, fundadoras do instituto.

Ainda que o atendimento ao enlutado, em algumas organizações, seja realizado por voluntários, é consensual a necessidade de haver supervisão por profissionais de saúde mental, bem como rigoroso processo seletivo para ingresso dos voluntários.

Quando a perda é proveniente de acidente aéreo, o que pode ser classificado como perda inesperada, o Brasil já conta com uma *expertise* que possibilita suporte psicológico efetivo. Foi o que ocorreu, por exemplo, com os familiares das vítimas por ocasião dos acidentes com os aviões da GOL, em 2006, e da TAM, em 2007.

O luto na emergência: as perdas em acidente aéreo

Todos nós, brasileiros, ainda recordamos do trágico acidente aéreo ocorrido na região amazônica com o avião da Gol Transportes Aéreos no dia 29 de setembro de 2006. O avião saiu de Manaus com destino ao Rio de Janeiro, com 154 pessoas a bordo, entre passageiros e tripulantes, e todos morreram após a colisão com outro avião, um Legacy fabricado pela Embraer.

A demora na localização do avião, a dificuldade de acesso ao local por parte das equipes de resgate e a angústia pela falta de informações por parte dos familiares das vítimas estão ainda vivos em nossas memórias. A imprensa, na ocasião, divulgou cada nova descoberta e informou em detalhes a história das pessoas que estavam a bordo.

Muitas foram as ações de assistência aos familiares das vítimas nesse acidente, atendendo ao que prevê a legislação brasileira, que desde 2000 contempla a assistência psicológica (Brasil, 2000, 2005). Psicólogos contratados pela Gol foram deslocados para Brasília e trabalharam no hotel onde estavam hospedados os parentes à espera de notícias.

Os dois aviões colidiram no ar e o Gol caiu em uma selva de difícil acesso, ao norte do Mato Grosso. Os 148 passageiros e os seis tripulantes morreram no, até então, maior acidente da história da aviação brasileira. O Gol despencou em parafuso, depois se desintegrou no ar, caindo em pedaços na floresta amazônica.

Em Brasília e em Manaus, o Gol sumiu das telas do radar. Quando o voo 1907 não aterrissou em Brasília, o Plano de Gerenciamento de Crise da Gol foi acionado. Nesse momento, começava a difícil missão de avisar aos parentes das pessoas a bordo do Gol 1907 — passageiros e tripulantes — que o avião desaparecera. Familiares das vítimas foram reunidos em um hotel em Brasília, onde médicos e psicólogos contratados pela companhia aérea atendiam as pessoas. Mas ainda não havia nenhuma notícia concreta.

No sábado, dia 30 de setembro, um dia após o sumiço do avião, equipes de busca e salvamento da Força Aérea Brasileira (FAB) encontraram o *boeing* na floresta. Um avião Hércules da FAB localizou, às nove horas da manhã do dia 30, sinais da aeronave, na região dos índios caiapós. Localizado o avião, helicópteros da FAB se dirigiram ao local do desastre.

O relato apresentado neste artigo tomou por base essencialmente as informações obtidas na obra de Sant'Anna (2011), que trata o acidente de forma responsável, fundamentado em laudos do Centro de Investigação e Prevenção de Acidentes Aeronáuticos (Cenipa), inquéritos policiais, processos judiciais, sentenças, contatos com parentes das vítimas e consultas a peritos em desastres e a pilotos comerciais.

Vinte e três índios caiapós também foram ajudar no resgate dos corpos. A fazenda Jarinã transformou-se em local de apoio para a equipe de resgate e pilotos dos helicópteros. Os corpos eram enviados à base aérea de Cachimbo, e de lá ao Instituto Médico Legal (IML) de Brasília. A identificação dos cadáveres era feita por impressões digitais, exames de arcadas dentárias e testes de DNA.

A localização da última das vítimas da queda do Gol ocorreu somente várias semanas após o acidente. Oitenta e cinco dias depois da colisão, no dia 22 de novembro de 2006, o último corpo foi reconhecido pelo IML de Brasília. A família da vítima conviveu, nesse período, com a perda e com a angústia da incerteza até que pôde fazer o enterro de seu familiar.

O acidente foi considerado a pior tragédia da aviação comercial, superando em 17 o número de vítimas fatais do choque de um *boeing* 727 da Varig contra a Serra da Aratanha, nas proximidades de Fortaleza, Ceará, ocorrido no dia 8 de junho de 1982. Posteriormente, o acidente da Gol seria superado pela tragédia com o avião da TAM, ocorrido no dia 17 de julho de 2007, com 187 vítimas fatais.

A apuração do acidente pelo Cenipa confirmou que o Gol 1907 se chocou contra o Legacy da Embraer, e apontou como causas imperícia e negligência dos pilotos do Legacy, imperícia e negligência dos controladores de voo e afobação do fabricante e do operador da Embraer na hora de entregar o avião. Tais fatores combinados foram responsáveis pela morte das 154 pessoas que viajavam no *boeing*.

Na época do acidente, a Gol Linhas Aéreas tinha acabado de realizar, com a assessoria do Instituto 4 Estações (2013), treinamento da equipe envolvida com gerenciamento de crise, bem como tinha revisado os documentos relativos ao Plano de Assistência aos Familiares das Vítimas de Desastre Aéreo. O treinamento envolveu, inclusive, as equipes de atendimento do serviço de *call center*. A consultoria do Instituto 4 Estações vinha ocorrendo desde 2003, quando da elaboração do citado plano.

Psicólogos desse instituto foram acionados e se revezaram em plantões de emergência no hotel, em Brasília, onde estava concentrado grande número de familiares dos passageiros e tripulantes, com a finalidade de prestar assistência psicológica. Psicólogos também acompanharam os oito familiares que estiveram na fazenda Jarinã, por terem desejado ver, *in loco*, o andamento do resgate dos corpos.

O atendimento psicológico pós-desastre ocorreu desde o momento da informação aos familiares até o enterro da última vítima. Posteriormente, aqueles enlutados que, em função de avaliação psicológica efetuada, necessitaram dar continuidade por meio de terapia, foram encaminhados, e o tratamento foi pago pela empresa aérea.

O Grupo IPE estende o conceito de vítimas aos colaboradores e à população em geral e não só aos familiares das vítimas fatais, entendendo que merecem cuidados psicológicos especializados aqueles que, em consequência de seu trabalho ou não, são expostos a tragédias e situações traumáticas e são afetados grandemente por elas.

Franco (2006) identificou que 75% das pessoas expostas a situações traumáticas precisam ser adequadamente avaliadas quanto à possibilidade de apresentarem distúrbios psíquicos e complicações associadas à ansiedade, depressão, fobia, abuso de drogas e álcool, entre outros. Acrescenta Franco: "a pessoa enlutada em condições traumáticas está fragilizada e precisa de acolhimento".

Mazorra (2009) destaca a importância dos aspectos da assistência ligados às necessidades globais, tais como as necessidades físicas, práticas e legais, em complemento ao suporte psicológico. Para ela, o oferecimento do suporte psicológico caracteriza um trabalho de intervenção em emergência. A ausência de suporte imediato pode ser considerada fator complicador do luto, assim como estar sem perspectiva de voltar a uma situação com alguma previsibilidade, como o lar, lugar que garante identidade e acolhimento (Franco, 2012).

Hodgkinson e Stuart, citados por Torlai (2010), ressaltam que as perdas repentinas, inesperadas ou fora de hora, acrescidas de muito sofrimento ou que ocorreram de forma aterrorizante, são as que representam maiores riscos para uma má resolução. Distinguem, entre elas: as perdas prematuras — de crianças e de jovens — por provocarem uma inversão no ciclo vital, contrárias à natureza do que é esperado; as mortes inesperadas, que ocorrem de forma repentina e imprevista; e as mortes calamitosas, que acontecem de forma imprevisível, violenta, destrutiva e sem sentido.

Na situação de desastre aéreo, portanto, o enlutado pode reunir todos os três elementos. Experimentar perdas múltiplas ou testemunhar a morte tem sido correlacionado a níveis altos de intensidade do luto.

Uma forma de ajuda aos familiares das vítimas é colaborar para que efetivem a perda — nesse aspecto, ver o corpo pode facilitar o luto e a concretização da morte. Thomé (2013) complementa que "quando não se pode enterrar o ente querido, de alguma forma ele não morre", destacando a importância dos rituais de passagem.

Worden (2013) acrescenta que a intervenção psicológica nos casos de morte inesperada é recomendada, pois de fato o cenário é de crise. Franco (2005) enfatiza a necessidade de haver flexibilidade na assistência psicológica em emergência, ainda que exista um protocolo de atuação, e que é preciso treinamento específico para atuar nessa área.

O luto na terminalidade: os cuidados paliativos

Com foco no controle da dor e alívio dos sintomas, os cuidados paliativos são os cuidados integrais e contínuos oferecidos aos pacientes e familiares, desde o momento do diagnóstico de uma doença fatal ou potencialmente fatal (Franco, 2014). Quando o adoecer e o morrer ocorrem de forma lenta e gradativa, como no câncer e outras doenças crônicas, portanto, se aplicam os princípios e a prática de cuidados paliativos.

Utiliza-se uma abordagem multidisciplinar que compreende o paciente, a família e a comunidade, sendo a família a unidade primária dos cuidados. A equipe multidisciplinar geralmente é composta por médico, enfermeiro, psicólogo, nutricionista e fisioterapeuta, podendo haver variações.

A adoção dos cuidados paliativos requer uma mudança de paradigma, sair do foco na cura. Sua adoção requer mudança na relação entre médico e paciente. Pesquisas mostram que apenas 58% dos países oferecem cuidados paliativos, e o Brasil é mal avaliado no que se refere à assistência nos momentos derradeiros da vida: está em 38º lugar entre 40 países (Milhorance, 2014). De um modo geral, os profissionais da área da saúde estão, ainda, despreparados para abordar as necessidades existenciais, espirituais e psicológicas dos pacientes e seus familiares.

Os cuidados paliativos têm como princípios afirmar a vida e encarar a morte como um processo normal, e os programas incluem os componentes hospital-dia,[1] assistência domiciliar, internação, serviço de consultoria e suporte para o luto. Um tipo de luto antecipatório está relacionado ao recebimento, pelo doente e seus familiares, da notícia de uma doença grave, e o luto ocasiona mudanças no mundo presumido do doente e de sua família no decorrer da doença.

Para sua implantação é preciso adotar uma política nacional de cuidados paliativos; normas devem ser desenvolvidas considerando pacientes com diferentes tipos de doenças e níveis de gravidade; e um modelo de abordagem que seja o mais adequado à realidade do país deve ser desenvolvido.

São princípios dos cuidados paliativos: suporte à família durante todo o processo do adoecimento e também suporte no luto; boa comunicação; adequado controle dos sintomas; abordagem interdisciplinar; e utilização de recursos variados para o alívio do sofrimento (Santos, 2009).

Na Força Aérea Brasileira, em que pese inexistir uma política de saúde que inclui os cuidados paliativos, iniciativas particulares, realizadas por decisão dos diretores de hospitais militares, apontam para a possibilidade de inserção desses cuidados em nível nacional.

No Hospital de Belém, por exemplo, dirigido pelo então coronel médico Camerini no período de 2012 e 2013, foi introduzido o atendimento domiciliar, bem como houve a humanização da medicina por intermédio de uma escuta mais ativa da equipe às necessidades dos pacientes. A internação era, quando possível, substituída pela assistência aos doentes em casa, a partir de visitas domiciliares efetuadas por equipe multidisciplinar com a presença de um psicólogo.

Houve alguma resistência inicial à proposta, tendo em vista a tendência à manutenção de um modelo médico curativo, cada vez mais especializado e segmentado. No entanto, se pensarmos em custos, é muito mais lucrativo manter as doenças controladas e os pacientes recebendo orientações em casa do que

---

[1] Serviço de internação parcial, em que o paciente passa o dia, ou parte dele, no hospital — é um recurso intermediário entre a internação hospitalar plena e o atendimento ambulatorial e, em geral, inclui uma programação terapêutica para o paciente, que desse modo não é excluído de seu meio familiar.

manter a engrenagem hospitalar funcionando, com todas as despesas envolvidas — aparelhagem, hotelaria, alimentação, equipe médica e de enfermagem, entre outras.

Pode-se vislumbrar um longo caminho até que a adoção dos cuidados paliativos seja uma prática corriqueira, mas o investimento na capacitação da equipe, com a inclusão nela de um psicólogo, precisa ser planejado com urgência.

Segundo Coêlho (s.d.), a contribuição do psicólogo nas situações de crise, como é o caso na constatação de estar com uma doença incurável, é colaborar para que a pessoa afetada compreenda o que está se passando, consiga entender suas emoções, planeje racionalmente as decisões a tomar e consiga manter alguma qualidade de vida.

De acordo com Franco, citada por Santos (2009), além de treinamento adequado e criterioso e de submeter-se à supervisão, características pessoais como empatia, generosidade e boa vontade devem integrar a formação e a experiência do profissional psicólogo que compõe equipe multidisciplinar em cuidados paliativos, e também do psicólogo que trabalha fornecendo suporte psicológico em situações de desastres e emergências.

Suporte psicológico pós-desastre e emergência nas Forças Armadas dos Estados Unidos

Borders e Kennedy (2009), ao discorrer sobre a atuação de psicólogos no ambiente militar, em pós-traumas e desastres, apontam um vasto campo de trabalho: responder a suicídios, acidentes de treinamento e perdas de pessoal em operações diferentes de guerra, em acionamento imediato, e ajudar sobreviventes e equipes de resgate e apoio em desastres de grande escala. Para os referidos autores, a própria natureza do trabalho dos militares pode colocá-los diante de situações de risco, passíveis de se submeterem a experiências traumáticas. Há, portanto, variáveis situacionais que podem aumentar as chances de surgirem traumas psicológicos. Se, somadas a tais variáveis, existirem variáveis individuais, podem ocorrer desordens mentais sérias.

Nesse contexto, Borders e Kennedy (2009) sugerem a promoção de estratégias de resiliência que ajudem os militares a lidarem com os eventos traumáticos, por considerarem que, independentemente do tipo de situação traumática vivenciado, é a intervenção psicológica a mais adequada para prevenir problemas em longo prazo. As intervenções teriam lugar em fases diferentes: imediatamente, pouco tempo após a ocorrência do evento traumático, ou no decorrer de semanas ou meses, dependendo da situação envolvida.

Os autores identificam o primeiro socorro psicológico como uma resposta imediata a um desastre cuja ocorrência tenha sido inesperada. Em tais casos, o foco é a segurança e a orientação para as necessidades básicas, fomentando práticas positivas de saúde mental, bem como realização de triagem de saúde mental, de modo a intervir nos sobreviventes que apresentam reações de estresse graves. A finalidade é a proteção dos sobreviventes e a busca de um sistema de apoio forte — advindo de familiares, colegas de profissão ou amigos.

Borders e Kennedy (2009) apresentam um modelo como o dominante no meio militar americano para intervenções imediatas, que consiste em relatórios elaborados depois da ação de combate, cuja origem foram as duas guerras mundiais. A proposta do referido modelo, denominado *critical incidente stress management* (CISM), consiste na realização de reuniões estruturadas para compartilhar experiências e estimular o diálogo entre as pessoas. Para os mais profundamente afetados, é possível dar continuidade ao tratamento quando a fase das reuniões termina. O modelo considera que as intervenções grupais são mais eficazes do que as intervenções individuais, inclusive por proporcionarem a coesão do grupo.

Ao exemplificarem as intervenções psicológicas no pós-trauma, Borders e Kennedy (2009) trazem a experiência de resposta em saúde mental ocorrida no evento de 11 de setembro de 2001, quando um avião comercial sequestrado chocou-se contra o Pentágono. Naquela ocasião, 184 pessoas morreram, incluindo 75 militares do Exército, 43 da Marinha, sete civis da Agência de Inteligência de Defesa e 59 passageiros e tripulantes da American Airlines.

De acordo com os dois autores, foram várias as respostas de saúde mental ao referido evento traumático. Uma equipe concentrou-se nos trabalhadores de resgate, expostos diretamente aos estímulos traumáticos e necessitando de práticas de saúde mental positivas, tais como intervalos para descanso, hidratação e alimentação. O setor de assistência familiar do Pentágono, no mês seguinte ao ataque terrorista, realizou milhares de atendimentos de saúde mental, inclusive por capelães e voluntários. Havia também um local disponibilizado para a transmissão de informações precisas, para fornecer aconselhamento e serviço de apoio.

Posteriormente, Exército, Marinha e Aeronáutica forneceram assistências específicas. A Força Aérea, por exemplo, promoveu intervenção psicológica junto aos trabalhadores da casa funerária que recolheu os corpos do local do evento: reuniões sobre gerenciamento do estresse, higiene do sono e estratégias de resistência. Ocorreu, portanto, uma variedade de intervenções psicológicas em situação de desastre, abrangendo diversos grupos — feridos, testemunhas, familiares, atendentes, equipes de resgate — a partir da adoção de diferentes formatos, considerados os mais apropriados para cada evento e grupo humano.

Concluem os autores pela necessidade, cada vez mais, de prover intervenções psicológicas para responder aos diferentes tipos de desastres. Para eles, o modelo de intervenção escolhido deve considerar tanto as características individuais e do grupo de sobreviventes, quanto o tipo de desastre e o possível nível de trauma causado. Não há, portanto, um modelo que funcionará para todas as situações de desastres.

No entender de Borders e Kennedy (2009), as intervenções devem ser, sempre que possível, preventivas e terapêuticas, fomentando resiliência psicológica. Para tal, conhecimento, treinamento, experiência supervisionada, pesquisa e capacidade de trabalhar em eventos dessa natureza são exigências para profissionais trabalharem nessa área. As pesquisas são importantes porque irão possibilitar que se desenvolvam, cada vez mais, modelos de intervenção mais eficientes.

A atuação dos psicólogos em situações de crise e emergências militares é um campo aberto, e esse profissional deve estar bem equipado não só para atuar como também para propor o melhor atendimento e políticas de desenvolvimento, de modo a apoiar militares, familiares e a comunidade de um modo geral.

Suporte psicológico no pós-acidente aeronáutico na Força Aérea Brasileira

Apesar de a documentação normativa instituindo o suporte psicológico no pós-acidente aéreo ser recente, em 2009 o Instituto de Psicologia da Aeronáutica (IPA) inaugurou sua participação nessa área. Psicólogos do IPA participaram de uma intervenção após um acidente ocorrido com um helicóptero no Ceará, junto com psicólogos do Departamento de Controle do Espaço Aéreo (Decea) e do Serviço Regional de Proteção ao Voo (SRPV).

Historicamente, a participação de psicólogos em acidentes aéreos teve início com o treinamento e a capacitação desses profissionais em investigação de acidente aéreo. O Centro de Investigação e Prevenção de Acidentes (Cenipa) é responsável pela realização da investigação de todos os acidentes aéreos ocorridos no país, inclusive aqueles que envolvem aeronaves civis, e da equipe de investigação participam médicos e psicólogos.

Atualmente, foi efetuada uma divisão de tarefas de modo que cabe ao Cenipa cuidar da investigação e da prevenção de acidentes aéreos e cabe ao IPA cuidar do suporte psicológico ao pós-acidente. O psicólogo que atua na investigação do acidente não pode ser o mesmo que irá atuar no programa de suporte psicológico ao pós-acidente aeronáutico.

De 2010 até 2014, o instituto efetuou quatro intervenções pós-acidente aéreo, tendo também sido chamado a participar por ocasião do incêndio na boate em Santa Maria, quando militares da Força Aérea e familiares morreram no acidente. As referidas intervenções levaram em conta os necessários levantamentos prévios, que são a avaliação da extensão do desastre, o planejamento da intervenção e a verificação da fase do desastre na qual o psicólogo vai atuar.

A intervenção psicológica no pós-acidente tem por foco a saúde e a manutenção da operacionalidade dos militares envolvidos, proporcionando um momento estruturado para a expressão do luto. A intenção é possibilitar ao indivíduo retornar ao trabalho de forma saudável, conciliando as necessidades da pessoa e as da instituição.

A capacitação dos psicólogos do IPA vem ocorrendo com a realização de cursos, no Brasil e no exterior, e a preocupação no momento está voltada para o treinamento dos psicólogos que são elos do Sistema de Psicologia (Sispa) e que trabalham em diversas localidades no Brasil. Psicólogos militares realizaram em São Paulo, em 2013, curso no Instituto 4 Estações.

Além da capacitação, houve a divulgação do programa pós-acidente por meio de folheto informativo e de sensibilização dos envolvidos e interessados. O folheto, elaborado pelo Setor de Segurança do Trabalho do IPA, dá ênfase ao gerenciamento de situação traumática. Disponibiliza os psicólogos do instituto para apoio psicológico especializado, fornecendo os contatos (telefones e endereço eletrônico), informa o que é possível fazer para ajudar, relaciona sinais ou sintomas de uma reação ao estresse provocado por evento traumático (físicos, cognitivos, emocionais, comportamentais, espirituais e interpessoais), bem como dá dicas sobre como responder ao estresse, voltadas tanto para o próprio indivíduo quanto para familiares e amigos.

O programa está direcionado para as vítimas primárias (sobreviventes), secundárias (efetivo da unidade aérea, familiares e pessoas com laços emocionais próximos aos que sofreram o acidente) e terciárias (profissionais que atuaram no cenário — equipe de emergência, médicos, militares, investigadores). Assim, por intermédio de intervenções individuais e grupais e de palestras de conscientização, o suporte psicológico busca possibilitar o enfrentamento do evento traumático e sua superação.

Vislumbra-se que a sistematização e a continuidade do programa pelo instituto poderá sofrer solução de continuidade, tendo em vista que 90% dos psicólogos do Sispa são oficiais de quadros temporários, com tempo de serviço de, no máximo, nove anos. Muitos dos que hoje são especialistas no assunto, com cursos e experiência, em breve irão embora. É preciso, portanto, pensar em alternativas de médio e longo prazos para solucionar tal problema.

Considerações finais

Conviver com as perdas e os lutos delas decorrentes — sejam elas perdas simbólicas ou concretas, perdas cotidianas ou mais impactantes, como a morte de pessoas queridas, próximas ou distantes, nos fragilizam e requerem elaboração e reorganização psíquica, reconstrução e adaptação às mudanças. Nem sempre conseguimos, sozinhos, dar conta da carga emocional envolvida em tais eventos.

Vínculos estabelecidos são rompidos quando há perdas, afetando nossa segurança e nosso mundo presumido, algumas vezes com sequelas que vão exigir algum tipo de apoio psicológico para que retornemos ao equilíbrio mental.

Mesmo o surgimento da velhice, que traz com ela um grande número de perdas, chamadas por Kovács de "o luto de si próprio", pode gerar estresse e desencadear uma crise. Podemos considerar também uma situação de crise a confirmação de que se é portador de uma doença incurável. Nessas ocasiões, a adoção de cuidados paliativos é cada vez mais recomendável, ainda que no Brasil tal prática seja incipiente.

Situações repentinas e inesperadas, como sequestros, roubos, desastres e catástrofes ou a morte imprevista e violenta de um filho ou de alguém próximo são consideradas desorganizadoras e desestruturantes por si sós, traumáticas e possíveis causadoras de adoecimento psíquico. Os desastres aéreos estão nessa categoria de eventos traumáticos, e o cenário é quase sempre de crise.

Intervenções psicológicas em emergências e desastres, bem como em eventos traumáticos e situações de risco e de crise, devem buscar potencializar a capacidade dos sobreviventes, pacientes terminais ou enlutados, de modo a que os mesmos busquem, em seus próprios recursos pessoais, possibilidades de reconstruir suas vidas. Ajudar a fortalecer a capacidade de resiliência é o objetivo do suporte psicológico, acolhendo o indivíduo na elaboração do luto e possibilitando a superação e a reconciliação do enlutado com a vida.

O apoio psicológico diante de situações de crise possibilitará ao enlutado aceitar a realidade da perda e buscar a necessária redefinição de papéis e tarefas no âmbito pessoal e familiar. A intervenção psicológica, portanto, ao mesmo tempo que acolhe o sofrimento e a fragilidade do ser humano, incentiva a qualidade das experiências que tornam sua vida mais saudável.

O suporte psicológico já é realidade em vários estados brasileiros para atender a demandas de luto e perdas. Institutos em São Paulo e no Rio de Janeiro acumulam experiências, de tal modo que se constrói um corpo teórico nacional.

Em contextos como as Forças Armadas, há demandas singulares para o psicólogo que se propuser a atuar em emergências e desastres. As Forças Armadas americanas despontam com uma vasta experiência de intervenções psicológicas em situações críticas, pós-traumáticas, com destaque para a atuação no Pentágono, em 2001, por ocasião do advento 11 de setembro.

A Força Aérea Brasileira dispõe de um programa de gerenciamento do estresse pós-traumático particularmente voltado para o pós-acidente aéreo. Com foco tanto na saúde quanto na manutenção da operacionalidade dos militares, visa propiciar a expressão do luto, conciliando as necessidades da pessoa e da instituição.

A proposta de suporte psicológico para o pós-acidente aéreo que atualmente é realizada pela Força Aérea Brasileira pode ser estendida, respeitadas as peculiaridades, para as aviações do Exército e naval. Além dessa iniciativa, e considerando-se que as Forças Armadas possuem estrutura médica própria, os militares e seus dependentes podem se beneficiar com a elaboração de um programa institucional de cuidados paliativos.

Ao psicólogo que irá atuar em tais contextos é requerido conhecimento, treinamento e experiência supervisionada, além de características pessoais que lhe possibilitem atuar em situações críticas. Às instituições, cabe considerar a relevância da capacitação e do treinamento para o suporte psicológico em desastres e emergências, e a sensibilidade para respeitar tanto a cultura organizacional quanto às regras de confidencialidade e sigilo nas propostas de intervenção.

Por ocasião da participação da autora do presente estudo no VIII Encontro Nacional da Associação Brasileira de Estudos de Defesa (VIII Enabed), algumas propostas foram lançadas, como a de investigar, nas Forças Armadas, o significado das perdas para os militares, que tanto se deslocam em função das transferências ao longo da carreira — perda de raízes, de vínculos de amizade, das referências da cidade de origem, do convívio com os familiares. O papel das perdas nos filhos e esposas dos militares também merece ser investigado, além de ser importante efetuar um levantamento acerca das consequências da ausência do militar em ocasiões em que a família passa por situações de luto e perda.

Fica lançado o desafio em um campo fértil de indagações e de possibilidades de atuação para os psicólogos e para áreas de conhecimento afins. Às três Forças Armadas cabe, portanto, a reflexão sobre suas demandas específicas de lutos e perdas, desastres e emergências, de modo a desenvolverem estratégias particulares de intervenção psicológica. Participações em missões de paz, atuação em situações de catástrofes e emergências, possibilidades de ocorrência de acidentes aéreos e navais são algumas das demandas que conseguimos vislumbrar.

Por fim, cabe relembrar que para toda e qualquer intervenção psicológica, recursos humanos capacitados e treinados, em quantidade e com a qualidade desejada, se fazem necessários. Reafirmar a relevância do suporte psicológico e introduzi-lo no seio das Forças Armadas é contribuir para a evolução da gestão no âmbito da defesa nacional.

Referências

A INFÂNCIA calada pelas bombas. Pesadelo real. *O Globo*. 7 ago, p. 34, 2014. Mundo.

BORDERS, Michael A.; KENNEDY, Carrie H. Intervenções psicológicas depois de desastres ou traumas. In: KENNEDY, Carrie H.; ZILLMER, Eric A. (Org.). *Psicologia militar*. Rio de Janeiro: Biblioteca do Exército, 2009. p. 405-430.

BOWLBY, John. *Apego e perda*. São Paulo: Martins Fontes, 2004a.

_____. *Perda*: tristeza e depressão. 3. ed. São Paulo: Martins Fontes, 2004b.

BRASIL. Comando da Aeronáutica. Departamento de Aviação Civil. Portaria nº 19/DGAC, de 12 de janeiro de 2000. Aprova os procedimentos para a elaboração do Plano de Assistência aos Familiares das Vítimas de Desastre Aéreo. *Diário Oficial [da] República Federativa do Brasil*, Brasília, DF, n. 52, p. 7, 16 mar. 2000. Seção 1, pt. 1.

_____. Comando da Aeronáutica. Departamento de Aviação Civil. Portaria nº 706/DGAC, de 22 de julho de 2005. Aprova a Instrução de Aviação Civil — IAC 200-1001 que trata de assistência às vítimas de acidente aeronáutico e apoio a seus familiares. *Diário Oficial [da] República Federativa do Brasil*, Brasília, DF, 5 ago. 2005.

CASELLATO, Gabriela (Org.). *Dor silenciosa ou dor silenciada?* Perdas e lutos não reconhecidos por enlutados e sociedade. Niterói: PoloBooks, 2013.

COÊLHO, Angela E. L. *A psicologia em situações de emergências e desastres*. Entrevista. [s.d.] Disponível em: <www.crprj.org.br/publicacoes/jornal/jornal29--angela-coelho.pdf>. Acesso em: 6 jun. 2013.

FRANCO, Maria Helena Pereira. Atendimento psicológico para emergências em aviação: a teoria revista na prática. *Estudos de Psicologia*, v. 10, n. 2, p. 177-180, 2005.

_____. *Famílias das vítimas do acidente aéreo da Gol recebem apoio psicológico especializado*. 9 out. 2006 Disponível em: <www.bemparana.com.br/noticia/4206/familias-das-vitimas-do-acidente-aereo-da-gol-recebem-apoio-psicologico--especializado>. Acesso em: 24 jul. 2013.

_____. Crises e desastres: a resposta psicológica diante do luto. *O Mundo da Saúde*, v. 36, n. 1, p. 54-58, 2012.

_____. Luto antecipatório em cuidados paliativos. In: _____; POLIDO, Karina K. *Atendimento psicoterapêutico no luto*. São Paulo: Zagodoni, 2014.

_____; POLIDO, Karina K. *Atendimento psicoterapêutico no luto*. São Paulo: Zagodoni, 2014.

INSTITUTO 4 ESTAÇÕES. *Portal institucional*. Disponível em: <www.4estacoes.com>. Acesso em: 25 jul. 2013.

INSTITUTO ENTRELAÇOS. *Portal institucional*. Disponível em: <www.institutoentrelacos.com>. Acesso em: 25 jul. 2013.

KOVÁCS, Maria Julia. *Educação para a morte*: temas e reflexões. São Paulo: Casa do Psicólogo, 2004.

_____. As tramas do tempo: perdas e luto no ciclo vital. *Kairós*, São Paulo, v. 8, n. 1, p. 113-122, jan. 2005.

LEGISTAS identificam 278 vítimas do voo que caiu na Ucrânia. *Exame.com*, 17 out. 2014. Disponível em: <http://exame.abril.com.br/mundo/noticias/legistas-identificam-278-vitimas-do-voo-que-caiu-na-ucrania>. Acesso em: 20 dez. 2014.

MALÁSIA confirma: avião desaparecido caiu no Oceano Índico. *Veja.com*, 24 mar. 2014. Disponível em: <http://veja.abril.com.br/noticia/mundo/premie-da-malasia-confirma-queda-do-voo-mh-370-no-indico>. Acesso em: 20 dez. 2014.

MAZORRA, Luciana. Voo 447: a dor de quem fica. *Veja*, 3 jun. 2009. Entrevista páginas amarelas.

MILHORANCE, Flávia. Assistência final: médicos discutem formas de aliviar dor emocional e física de pacientes terminais. *O Globo*, p. 21, 29 set. 2014. Sociedade.

MORENO, Z. T. *A realidade suplementar e a arte de curar*. São Paulo: Ágora, 2001.

PALLOTTINO, Erika. Conte algo que não sei. Felipão chora seu erro fatal, mas não pode dizer. *O Globo*, p. 2, 11 jul. 2014. Entrevista a Thais Lobo.

PARKES, Colin Murray. *Amor e perda*: as raízes do luto e suas complicações. Trad. Maria Helena Pereira Franco. São Paulo: Summus, 2009.

PERES, Julio Fernando P. Respostas pós-trauma de sobreviventes da morte. In: SANTOS, Franklin Santana (Org.). *Cuidados paliativos*: discutindo a vida, a morte e o morrer. São Paulo: Atheneu, 2009.

PRESIDENCIÁVEL Eduardo Campos morre em acidente aéreo em Santos. *Folha de S.Paulo*, 13 ago. 2014. Disponível em: <www1.folha.uol.com.br/poder/2014/08/1499718-presidenciavel-eduardo-campos-morre-em-acidente-aereo-em-santos-sp.shtml>. Acesso em: 25 set. 2014

RAKE, Nina. O trabalho do psicólogo em regiões de conflito. *Sem Fronteiras*: Médico Repórter, p. 58-62, set. 2009. Disponível em: <www.crpsp.org.br/portal/comunicacao/diversos/mini_cd_oficinas/pdfs/Sem-Fronteiras-Conflitos-Revista.pdf. Acesso em: 25 set. 2014.

SANT'ANNA, Ivan. *Perda total*. Rio de Janeiro: Objetiva, 2011.

SANTOS, Franklin Santana (Org.). *Cuidados paliativos*: discutindo a vida, a morte e o morrer. São Paulo: Atheneu, 2009.

STROEBE, M.; SCHUT, H. The dual process model of bereavement: rationale and description. *Death studies*, v. 23, p. 197-224, 2011.

THOMÉ, José Toufic. Ter o corpo ajuda a encarar a perda. *Folha de S.Paulo*, 7 jun. 2009. Disponível em: <http://abp.org.br/portal/clippingsis/exibClipping/?clipping=9638>. Acesso em: 24 de julho de 2013.

_____; BENYAKAR, Moty; TARALLI, Ively (Org.). *Intervenções em situações limite desestabilizadoras*: crises e traumas. Rio de Janeiro: ABP, 2009.

TORLAI, Viviane Cristina. *A vivência do luto em situações de desastres naturais*. Dissertação (mestrado em psicologia clínica) — Pontifícia Universidade Católica de São Paulo, São Paulo, 2010.

TORRES, Wilma C. *A criança diante da morte*: desafios. 4. ed. São Paulo: Casa do Psicólogo, 2012.

TARALLI, Ively H.; THOMÉ, José T.; GRIBEL, Regina. A intervenção psicodinâmica à luz do pensamento complexo. In: THOMÉ, José T.; BENYAKAR, Moty; TARALLI, Ively (Org.). *Intervenção em situações limite desestabilizadoras*: crises e traumas. Rio de Janeiro: ABP, 2009.

WOLFELT, Alan. Concepções modernas e alguns mitos do processo do luto. Trad. livre Rodrigo Luz. *ASDL-RJ*, 16 jul. 2013. Disponível em: <www.amigossolidariosnadordolutorj.com/2013/07/concepcoes-modernas-e-alguns-mitos-do.html. Acesso em: 1 jul. 2014.

WORDEN, J. William. *Aconselhamento do luto e terapia do luto*: um manual para profissionais da saúde mental. 4. ed. São Paulo: Roca, 2013.

15
O processo de transformação da logística militar terrestre como objetivo estratégico do Exército Brasileiro

Thales Mota de Alencar

Introdução

O Brasil entrou neste século como um importante ator global, despontando atualmente como forte liderança na agenda multilateral. Além disso, tem exercido expressiva influência regional perante os países da América do Sul, bem como atuado proeminentemente nos mais diversos fóruns econômicos multilaterais (Almeida, 2007). Somado ao exposto, o anseio brasileiro de ocupar um assento permanente no Conselho de Segurança das Nações Unidas tem norteado a diplomacia nacional no esforço para o incremento das relações internacionais, ampliando seu *soft power* (Luiz e Heleno, 2011). Esse protagonismo se reflete em maiores responsabilidades a serem assumidas pelo país, o qual muitas vezes será obrigado a se posicionar sobre assuntos que possam contrapô-lo aos interesses de outras nações. Para respaldar esse novo *status* nacional, o Brasil precisa de um Exército que esteja em condições de enfrentar os novos desafios que a atualidade apresenta.

Nesse contexto, a revolução tecnológica ao mesmo tempo que proporciona avanços, como nas áreas de informática, biotecnologia e robótica, traz maior incerteza, proporcionando um ambiente de ameaça à estabilidade e à paz (Brasil, 2010). Tal cenário implica a existência de um Exército altamente capaz de projetar poder, tendo de realizar uma rápida transição da situação de paz para a de guerra, com uma logística voltada para o apoio às operações no amplo espectro. Para tanto, seu sistema logístico deve ser capaz de sustentar o emprego das tropas em situações de guerra e não guerra, pautando-se pela flexibilidade, adaptabilidade, modularidade, elasticidade e sustentabilidade (Brasil, 2014a).

Ciente de que a passagem da situação de paz para a de guerra ocorre de forma muito veloz, a Estratégia Nacional de Defesa (END) prescreve que as Forças Armadas (Marinha, Exército e Aeronáutica) devam futuramente atender a suas hipóteses de emprego somente de forma conjunta, dispondo de procedimentos estabelecidos desde o tempo de paz (Brasil, 2012). Além disso, a END prevê que haja "permanência na ação, sustentada por um adequado apoio logístico, buscando ao máximo a integração da logística das três Forças", como sendo uma das capacidades desejadas para as Forças Armadas.

Em concordância com o exposto, o Exército Brasileiro (EB) tem alinhado seu Sistema de Planejamento Estratégico tanto com a Constituição Federal, quanto com a END. Nesse bojo, tem-se posto em prática um planejamento que visa transformar a Força Terrestre,[1] tornando-a apta a responder aos desafios que a incerteza do futuro trará, colocando a logística (Log) como um dos vetores dessa transformação (Brasil, 2010). Desse modo, o processo de transformação do Exército (Brasil, 2010) visa preparar a Força Terrestre para o futuro, tendo como prazo norteador o ano de 2030. A logística, nesse caso, deve ser transformada de modo a satisfazer as exigências dessa mudança. Tal objetivo tem sido perseguido pelos exércitos chileno e espanhol em seus processos de transformação, e já está sendo posto em prática pelo Exército norte-americano, de modo que a logística dessas forças seja praticada de forma integrada e conjunta.

Assim, em consonância com o triângulo estratégico (Costa, 2007), o processo de transformação do Exército tem por propósito que o EB tenha condições de respaldar as ações do Brasil como um forte ator global, conforme o ambiente externo tem se apresentado. Para isso, a Força Terrestre elencou as estratégias necessárias, a fim de indicar o que tem de ser feito para a construção do futuro. Nesse ínterim, algumas capacidades tornaram-se vitais para a consecução de um Exército transformado, sendo a logística uma das mais importantes. Ressalta-se, contudo, que a experiência tem mostrado que a função de combate logística não tem sido capaz de atender às necessidades do Exército atual. Tal assertiva costuma ser explicada, de forma simplista, pela carência de recursos financeiros, o que não deixa de ser verdade por alguns aspectos. Porém, o modo como a gestão das áreas funcionais logísticas é conduzida, particularmente no que tange ao material, certamente tem estado aquém do que a realidade exige,

---

[1] Durante todo o texto, os termos Força Terrestre, Exército Brasileiro e Exército foram empregados com o mesmo significado.

principalmente quando se comparam algumas atividades logísticas similares com aquelas existentes no meio civil.

Acompanhando a evolução dinâmica dos acontecimentos, o EB tem se mostrado proativo na busca por uma resposta ao tipo de problema acima exposto ao implantar seu Sistema de Material do Exército (Simatex) (Brasil, 2000). Dessa forma, o incremento da gestão de materiais seria uma realidade no âmbito da força, tendo sido aperfeiçoado no decorrer do tempo, mas ainda sem se tornar uma solução para os problemas de gerenciamento de materiais.

Embora o aperfeiçoamento do Sistema de Material do Exército esteja como uma das Diretrizes do Comandante do Exército para a Logística da Força Terrestre (Peri, 2011), os esforços do Exército Brasileiro para manter um sistema corporativo de gerenciamento de materiais ainda está longe de promover a integração da logística dentro do EB, o que dificultaria mais ainda a realização de atividades logísticas conjuntas com as outras Forças Armadas.

A evolução da logística

A origem do termo logística é bastante controversa, provindo de diversas regiões e complementando-se em variadas épocas. Na Grécia antiga, o vocábulo *logistikos* significava a capacidade de realizar cálculos matemáticos. Ainda na Grécia, na época da dominação romana, a mesma palavra designava o grupo de 10 cidadãos encarregados de auditar as contas dos magistrados. Já nos impérios bizantino e romano, o "logista" era aquele que administrava os negócios, e de *logisticus* eram chamados os encarregados de proceder ao pagamento das tropas (Campos, 1952).

De acordo com Del Re (1955), foi o estrategista militar Antoine-Henri Jomini quem empregou pela primeira vez a palavra "logística" integrada no contexto científico da guerra. Para esse autor, Jomini buscou inspiração no título *major général des logis*, do Exército francês, empregado a partir do século XVII no reinado de Luis XIV, ao qual cabia prover alojamento, suprimento, bem como coordenar as marchas e colunas francesas no terreno. Segundo o pensamento de Jomini (1836), caberia à logística prover os meios necessários para a efetivação da estratégia e da tática.

O estrategista militar prussiano general Carl Von Clausewitz fez significativa referência ao emprego da logística, porém sem empregar esse vocábulo propriamente dito (Lanning, 1999). Em *Da guerra*, sua obra póstuma de 1832, Clausewitz tratou da administração dos exércitos em tempos de guerra, abordando temas como: atividades de subsistência, tratamento de doenças, manutenção de armamentos e equipamentos, além da construção de fortificações. Seus ensinamentos serviram de inspiração para muitos teóricos da administração, os quais adaptaram o modo de administrar na guerra ao meio empresarial.

Durante décadas, após a publicação das teorias de Jomini e Clausewitz, a logística ainda continuou a ser abordada em um plano secundário. Porém, em 1917, o tenente-coronel Cyrus G. Thorpe, do Corpo de Fuzileiros Navais dos Estados Unidos da América, lançou a seguinte obra: *Logística pura: a ciência da preparação para a guerra*. Nesta, havia uma compilação de teorias desenvolvidas por esse autor, as quais foram responsáveis por elevar a logística ao mesmo nível de discussão e importância da estratégia e da tática, no que diz respeito à condução das operações militares (Taguchi, 1999).

De acordo com Christopher (2011), a logística desempenhou relevante papel durante a II Guerra Mundial. Assim, o estudo da logística permaneceu restrito ao ambiente militar até a década de 1950, conforme afirma Ballou (2006a). Para esse autor, a logística no contexto das Forças Armadas relacionava-se com as atividades de contratos públicos, manutenção e transporte de pessoal e material. Até essa época, apenas um grupo ínfimo de estudiosos discutia sobre a correlação entre os custos de negociação, como aqueles que relacionavam os valores de transporte com os de inventário. Da mesma forma, já se discutia algo sobre as vantagens de se prover o material adequado, no local correto e no tempo exato. Porém, naquele período, a forma como atualmente se sistematizam as atividades associadas à logística ainda era vista de modo estanque, fragmentado.

Carillo (2011) complementa ao afirmar que, a partir da década de 1980, houve um processo de transformação na logística, a qual foi abordada segundo uma visão sistêmica, integrando suas diversas funções. O autor observa que essa visão chegou ao Brasil apenas nos anos 1990, devido ao período de estagnação econômica com elevados níveis de inflação, que tirava o foco do empresariado do lado operacional. No decorrer dos anos, o conceito de logística veio evoluindo, agregando uma aplicação mais abrangente. Segundo Ballou (2006b:26), a logística empresarial "é um campo relativamente novo do estudo da gestão integrada, das áreas tradicionais das finanças, *marketing* e produção".

No contexto da logística militar, a realidade dos conflitos modernos, cujas ameaças apresentam-se difusas, fluidas e imprevisíveis, exige cada vez mais que as atividades logísticas sejam integradas e praticadas de forma conjunta com as outras Forças Armadas (Brasil, 2010). Os desafios impostos pela realidade atual da logística no EB, entretanto, impõem que haja reformulações em sua estrutura, visando a uma eficiência operacional maior. Ocorre que a simples implementação de técnicas de gestão, apesar de proporcionar melhorias contínuas, não se sustenta no longo prazo, correndo-se o risco de tais técnicas tornarem-se obsoletas (Porter, 1996).

Por outro lado, a inclusão de uma visão estratégica competitiva na logística, exercendo atividades diferentes de seus rivais, pode trazer vantagens perenes para a Força Terrestre (Porter, 1996). Obviamente, o EB é diferente de uma empresa no que se refere a competir pela disputa por mercados consumidores. Mas a própria instituição, como se apresenta no momento atual, deve servir como um modelo de rival, a fim de que a logística de amanhã possa vir a ser melhor e, portanto, mais competitiva do que a de hoje.

O posicionamento estratégico a ser adotado pela logística da Força Terrestre deve, pois, ser oriundo de suas necessidades. Dessa forma, a integração das atividades logísticas visará ao atendimento das necessidades do Exército referentes a essa função de combate. Porém, quando se fala em logística integrada e conjunta, os desafios deixam de ser complicados para tornarem-se complexos, conforme será visto a seguir.

Desafios para a efetivação da logística conjunta

Organizações são reflexos de encadeamentos de relações entre componentes ou indivíduos que produzem unidades complexas ou sistemas, dotados de qualidades desconhecidas quanto aos componentes ou indivíduos (Morin, 2003). Demo (2002) complementa o exposto ao definir a complexidade, destacando algumas de suas características, como dinâmica, não linear, reconstrutiva, intensa e irreversível, além de ser um processo dialético evolutivo. O dinamismo e a não linearidade estão presentes na execução das atividades logísticas no Exército a partir do momento em que variáveis incontroláveis tornam a estabilidade apenas aparente. A ocorrência de panes nos sistemas gerenciais informatizados e mesmo o surgimento de condições meteorológicas adversas podem comprometer toda uma operação militar na medida em que as tropas podem deixar de ser apoiadas no momento certo e nas quantidades adequadas. A imprevisibilidade ainda é maior em situações de combate, por meio da ação inesperada do inimigo.

Ao mesmo tempo, pode-se caracterizar a logística militar como reconstrutiva e intensa. Mesmo que todas as atividades e tarefas logísticas sejam concebidas para ser praticadas de forma idêntica, na realidade não o serão, resultando em efeitos diversos. Duas unidades de apoio logístico de mesma natureza nunca realizarão uma atividade, como uma triagem médica, de forma semelhante. Da mesma forma, dependendo de como essa triagem for realizada, resultará em vida ou morte de determinadas pessoas, trazendo reflexos futuros.

Adicionalmente, a prática das atividades logísticas no âmbito militar é um processo dialético evolutivo e irreversível, na medida em que o sistema logístico é formado por recursos humanos diferentes, ocupando cada um sua posição na cadeia hierárquica. Essas características implicam maior atuação por parte dos líderes, os quais devem gerenciar as diversas e contrárias interpretações subjetivas da realidade, por parte de cada um dos integrantes das organizações. Esse processo resulta em um produto, materializado pela própria prestação do apoio logístico, mutável no decorrer do tempo, diferente do que era no passado, sendo, portanto, evolutivo e irreversível. Porém, a situação torna-se bem mais complexa, quando a logística praticada no Exército tem de mesclar suas atividades com aquelas praticadas pela Marinha do Brasil e pela Força Aérea Brasileira, caracterizando-se como conjunta.

Christianson (2006) descreve que a logística conjunta é a forma deliberada ou improvisada de compartilhar os recursos das Forças Armadas, a fim de acentuar a sinergia, reduzindo os custos e as redundâncias. O autor afirma que é no nível operacional que a logística conjunta deve exercer máxima integração entre as Forças Armadas, a fim de permitir maior liberdade de ação para os elementos que atuam no nível tático, de modo que estes possam cumprir suas missões no tempo previsto.

Muitas das áreas funcionais e atividades logísticas praticadas pelas Forças Armadas guardam semelhanças entre si, a exemplo da forma de controle do ciclo de vida de explosivos, munições e artifícios. Esta é praticamente idêntica nas Forças Armadas Brasileiras, as quais empregam os mesmos tipos de exames de estabilidade química e de valor balístico para determinar a vida útil desses tipos de material. Em uma análise superficial, pode-se acreditar que as logísticas das Forças Singulares (FS) configuram um caso de isomorfismo organizacional — em consonância com os estudos de Dimaggio e Powell (1983). Porém, deve-se ressaltar que as três Forças Armadas possuem diferentes estruturas organizacionais, cada uma adaptada a seu emprego específico.

Mesmo diante do exposto, as Forças Armadas são concebidas como estruturas organizacionais do tipo funcional (Pearce II e Robinson Jr. apud Costa, 2007). Todas são subdivididas de forma hierarquizada, abaixo de seus comandantes, em diversas estruturas, de acordo com o tipo de emprego e especialização. Ao mesmo tempo, há um controle centralizado das decisões estratégicas, favorecendo a delegação de decisões e ordens.

Por outro lado, as dificuldades de coordenação entre as diferentes estruturas de cada força singular, faz com que estas atuem na prática como estruturas organizacionais do tipo matricial, segundo os mesmos autores acima referenciados. Assim, ao mesmo tempo que a execução dos projetos inerentes a cada força armada é facilitada pela forma matricial, ocorre o risco de conflito, devido às dificuldades de coordenação interna e às responsabilidades duplicadas. Portanto, pode-se inferir que, se dentro de cada força armada já existem as dificuldades inerentes à concepção funcional e à prática matricial, os óbices podem ser bem mais evidentes caso as atividades logísticas sejam realizadas de forma conjunta. Neste caso, as necessidades de coordenação e controle crescem de importância.

Ressalta-se ainda que, para a prática de uma logística conjunta entre as Forças Armadas, poderá ser necessária a implementação de uma estratégia mais próxima daquela considerada como mudança radical, conforme abordam Certo e colaboradores (2005). Esses autores afirmam que tal estratégia, muito comum nas fusões e aquisições entre empresas do mesmo setor, podem acarretar complexos problemas de desenvolvimento de novas estruturas organizacionais e reconciliação de valores e crenças conflitantes.

Acrescenta-se ainda que as diferentes culturas organizacionais entre as Forças Armadas podem gerar obstáculos para a prática de uma logística conjunta. A cultura organizacional refere-se aos pressupostos estabelecidos e consolidados em uma organização para o trato de seus problemas, por meio de seu amadurecimento através dos tempos, de modo que possam ser difundidos para todos os seus membros, como a forma válida de encarar esses problemas (Schein, 2009). Assim, cada força armada possui uma maneira que lhe é peculiar para abordar suas contingências e encarar seus desafios, dificultando o trabalho conjunto. Em consequência, pode-se afirmar que as culturas organizacionais inerentes a cada força armada, aliadas ao fato de que cada uma delas possui uma estrutura diferente, podem resultar em verdadeiros entraves organizacionais.

Christianson (2006) ainda afirma que, para que a logística conjunta possa ser efetiva, deve satisfazer os seguintes fatores críticos de sucesso: unidade de esforço, visibilidade em amplo espectro e resposta rápida e precisa. A unidade de esforço requer a máxima integração entre todos os elementos, no caso em questão, entre as três Forças Armadas. Esta pode ser alicerçada em três aspectos: provisão dos meios pelas autoridades competentes para exercer um eficiente e eficaz apoio logístico; consciência compartilhada, no tempo e no espaço, das necessidades e prioridades das tropas apoiadas, dentro do raio de ação da logística; e procedimentos comuns na execução do apoio logístico conjunto.

A visibilidade em amplo espectro diz respeito à identificação das necessidades, recursos e possibilidades na área em que o apoio logístico conjunto é prestado. Da mesma forma que a unidade de esforço, a visibilidade em amplo espectro pode ser amparada em três aspectos: conectividade integral e em todas as direções de forma a sincronizar e coordenar todo o apoio; arquitetura de dados organizacionais de forma padronizada, a fim de proporcionar uma rápida e eficiente transferência de informações, propiciando um real esclarecimento da situação logística; e visão global dos processos.

A resposta rápida e precisa corresponde à capacidade da cadeia de suprimentos em identificar as necessidades da tropa apoiada, sem pôr em risco o cumprimento das missões. Esse fator de sucesso pode ser evidenciado e mesmo medido por sua visibilidade, rapidez, eficiência e confiabilidade.

Adicionalmente ao exposto, ressalta-se a importância da interoperabilidade, como sendo a capacidade de as Forças Armadas poderem operar conjuntamente, traduzindo uma real necessidade para que a logística conjunta possa ser efetivada. Essa necessidade implica a padronização de diversos segmentos, com destaque para os itens de suprimento, sendo a catalogação o caminho inicial para sua obtenção. As necessidades para a efetivação da logística conjunta dirigem-se a um lugar-comum, que exige uma mesma linguagem para todos os componentes envolvidos. Os avanços tecnológicos ocorridos com a globalização têm desenvolvido significativamente o modo como se faz a logística no meio civil. E as respostas para a logística conjunta parecem repousar no modo como as empresas têm encontrado as soluções para seus problemas logísticos, conforme será visto a seguir.

Tendências atuais para uma transformação logística

Desde os tempos remotos, conforme pode ser comprovado por meio da leitura de pensadores militares, como Sun Tzu, a busca incessante pelas melhores práticas de gestão e do emprego eficiente das forças militares para a prática da guerra tem sido um esforço constante. Em tempos menos remotos, pensadores alemães, como Carl Von Clausewitz e Max Weber, influenciaram profundamente as teorias gerenciais sobre a estratégia e estrutura organizacional, baseando suas ideias sobre práticas militares bem-estabelecidas (Waard e Soeters, 2007).

O planejamento, a organização, o comando, a coordenação e o controle são elementos centrais da administração, segundo uma abordagem tradicionalista (Fayol, 1990). A logística, por sua vez, como um conceito intrinsecamente ligado à administração, consiste no processo da cadeia de suprimentos que planeja, implementa e controla o fluxo de estoque de bens e serviços e suas informações, desde a origem até ao consumo final, de modo efetivo, a fim de atender às necessidades ao cliente (Council of Supply Chain Management Professionals, s.d.). Tanto a administração como a logística têm muito a contribuir para o incremento da previsão, provisão e manutenção das forças militares, particularmente o EB, foco deste estudo.

Assim, entre os diversos conceitos de gestão, três merecem especial atenção, pois podem ser perfeitamente adequados à administração militar e, por conseguinte, à logística: flexibilidade, modularidade e ambidestria (Waard e Soeters, 2007).

A flexibilidade é o conceito de gestão que diz respeito à capacidade de uma organização se relacionar e colaborar com outras, a fim de cumprir seus objetivos. Aplicada à administração militar, a flexibilidade parte do princípio de que tem se tornado cada vez mais difícil para um componente militar cumprir suas missões de forma isolada, sem o apoio de outra força armada ou mesmo de tropas de outros países. Segundo os autores, mesmo as Forças Armadas norte-americanas têm sido incapazes de executar, em larga escala, missões por conta própria, conforme visto nas experiências dos conflitos no Iraque e Afeganistão. Assim, no contexto brasileiro, a flexibilidade pressupõe o emprego conjunto das forças, incluindo aí o emprego da logística.

A modularidade vem como uma resposta aos quadros de incerteza, próprios dos tempos atuais. Ela consiste na capacidade de os sistemas deterem o poder de ser separados e recombinados em novas configurações, a fim de atender a situações específicas. Em consequência, a composição dos diferentes módulos deve atender a um critério de padronização (Baldwin e Clark, 1997). E esse critério está diretamente relacionado ao apoio logístico dos diferentes módulos. Assim, devem ser focados os diversos níveis de compatibilidade, como aqueles referentes aos sistemas de armas e tipos de munição. E para que a padronização seja atingida, faz-se necessário que haja interoperabilidade entre os diversos sistemas, principalmente quando se aborda o tema da logística conjunta.

De todo modo, atualmente as empresas têm sido obrigadas a se reinventar continuamente, a fim de poderem sobreviver às dinâmicas do mundo moderno, não podendo mais basear-se em apenas uma competência (Birkinshaw e Gibson, 2004). O mesmo tem ocorrido com as Forças Armadas, não lhes cabendo mais seus empregos de forma isolada e autônoma. Assim, segundo o conceito da ambidestria, as missões militares deixaram de ser destinadas exclusivamente ao preparo e atuação no combate. Ao contrário, elas atualmente abrangem um amplo espectro de atividades que misturam situações de paz e de uso da violência, aparentemente contraditórias, conforme pode ser observado nas atividades correntes desempenhadas pelas Forças Armadas brasileiras. Assim, as teorias e práticas de gestão atuais têm muito a contribuir para o incremento da logística no âmbito das Forças Armadas, particularmente no seu emprego de forma conjunta.

As Forças Armadas de diversos países sul-americanos, seguindo o exemplo dos Estados Unidos da América, iniciaram modificações estruturais, buscando suas transformações — e reforçando traços de isomorfismo organizacional — aponta Covarrubias (2007). O autor afirma que para se alcançar uma real transformação das Forças Armadas de determinado país, alguns aspectos devem ser enfatizados: transição da paz para a guerra, solucionando o óbice de haver duas estruturas distintas previstas, sendo uma para a paz e outra para as operações; racionalização da comunicação interna, chamada pelo autor de compressão operativa, em que as ordens devam fluir com maior rapidez do escalão superior ao subordinado; maior interoperabilidade e capacidade de realizar operações combinadas com países amigos; incremento dos sistemas de armas; compartilhamento do conhecimento e da informação de forma precisa, por meio da tecnologia.

O recente processo de transformação das Forças Armadas dos EUA inspirou-se nas incertezas das ameaças mundiais, decorrentes do processo de globalização. Ao mesmo tempo, os atentados terroristas ocorridos em 11 de setembro de 2001 ratificaram a necessidade de mudanças no modo de combater e de se preparar para combate no início do século XXI (Lundgren, 2005). Desse modo, uma das mais urgentes necessidades de transformação do Exército dos EUA foi identificada como sendo a capacidade de obter interoperabilidade com as outras Forças Armadas. Estas deveriam se comunicar de forma clara, a fim de cumprirem missões conjuntas (Murdock, 2004).

Nesse sentido, o Exército norte-americano considera que sua logística de suprimento deva ser integrada, entre vários aspectos, consistindo na determinação das necessidades, catalogação, recebimento, armazenagem e distribuição no tempo oportuno e na quantidade adequada, sendo tudo gerenciado por ferramenta de tecnologia da informação. Esta deve permitir a interoperabilidade com outras forças armadas, a fim de se atuar de forma conjunta (Estados Unidos da América, 2009).

> Para o gerenciamento de forma integrada, a logística deve ser tratada como um sistema, ou seja, um conjunto de componentes interligados, que trabalha de forma coordenada, buscando atingir um objetivo comum. Um movimento em qualquer dos componentes do sistema tem, em princípio, efeito sobre outros componentes do mesmo sistema [Lima, 2000:35].

Do mesmo modo, a capacidade de e manter pequenas e móveis forças com possibilidade de sofrerem apenas pequenas alterações, no intuito de cumprirem uma ampla diversidade de missões, também foi outro objetivo a ser buscado, segundo Lundgren (2005). O autor conclui que, para se obter as capacidades de interoperabilidade e de modularidade, faz-se necessário que a logística seja aplicada de forma conjunta entre as Forças Armadas. Porém, as lideranças militares ainda resistem em compartilhar as operações logísticas devido ao puro e simples preconceito e à opinião formada de que cada força armada deva ter sua própria autonomia.

Entre os óbices do emprego singular da logística, observados sobretudo na última campanha no Iraque, destacou-se a duplicação dos processos de suprimentos, quando os mesmos tipos de itens foram adquiridos pelas diferentes forças, por meio de fornecedores diferentes. Em determinada situação, enquanto certo tipo de material sobrava para uma força, faltava para outra que operava no mesmo espaço geográfico (Lundgren, 2005).

No que se refere aos suprimentos de munições e explosivos, há a necessidade de um sistema informatizado interoperável e controlado via satélite, além da padronização da munição utilizada tanto para treinamento quanto para as operações (Smith, 1999). Além disso, toda a munição deve ser acondicionada em pacotes por tipo de unidade ou sistema de armas, proporcionando agilidade e precisão no apoio logístico. Ressalta-se que a padronização remonta a um criterioso processo de catalogação, permeado entre o fornecedor (indústria e comércio) e o cliente final (Forças Armadas), o que já se encontra bem delineado por meio do consagrado sistema de catalogação da Organização do Tratado do Atlântico Norte (Otan).

Em suma, um processo de transformação visa a mudanças radicais nas Forças Armadas, implicando novas missões e novas capacidades. Um exemplo emblemático é o Chile, cujo modelo serviu de inspiração para o processo de transformação do Exército Brasileiro (Brasil, 2010). Em seu processo de transformação, o Exército do Chile elegeu a logística como um de seus vetores de mudança. Assim, a partir do ano de 2001, seu sistema operacional logístico foi modificado com o intuito de atender às novas necessidades da força. Um dos cernes dessa mudança foi a aquisição da capacidade de obter interoperabilidade, podendo atuar de forma conjunta com as outras Forças Armadas (Guzmán, 2013).

Em operações no contexto de um teatro de operações conjunto, o Exército do Chile preconiza o apoio logístico, no nível operacional, a partir de uma base de operações conjunta (Chile, 1997). Esta tem a capacidade de abranger todas as funções logísticas, enfocando o conceito de módulo logístico, o que corresponde à configuração necessária de suprimentos para cada dia de combate de intensidade normal, cada combatente considerando o sistema de armas e o material empregado (Chile, 2011).

Por fim, para que sejam estabelecidas novas missões e novas capacidades para a consecução de uma logística conjunta, é imperativo que haja um firme suporte jurídico — conforme prevê Covarrubias (2007). Este deve se amparar na legislação nacional em vigor, com a finalidade de que todos os processos pertinentes a uma estrutura logística conjunta sejam viáveis, por exemplo, os processos de aquisição e contratação de bens e serviços. Da mesma forma, os líderes, principalmente aqueles que ocupam o nível estratégico, devem estar motivados para superar os desafios que a padronização de procedimentos e a instituição de sistemas em comum entre as Forças Singulares devam impor, segundo os estudos de Nelson (2008).

Em busca de uma logística militar integrada e conjunta no Exército Brasileiro

Em meados do século XX, a logística militar terrestre no Brasil era exemplo a ser seguido pelas empresas civis. Mas, no decorrer dos anos, a carência de recursos financeiros provocou significativo hiato tecnológico entre a logística civil e militar (Brasil, 2010). A insuficiência de recursos materiais para as Forças Armadas tem sido uma constante no Brasil (Silva, 2011). Waard e Soeters (2007) reforçam o exposto ao afirmar que a administração militar praticada na atualidade não teria muito a ensinar ao modo como se administra no mundo corporativo. Os conceitos básicos aplicados na administração civil atual, constantes das teorias organizacionais, podem ser úteis na melhoria do desempenho militar. A estabilidade da economia brasileira, a partir dos anos 1990, provocou a otimização dos processos logísticos no meio empresarial, implicando maior comunicação entre as partes na cadeia de suprimento, incrementando os lucros e minimizando os desperdícios (Coronado, 2011).

O incessante avanço da tecnologia da informação (TI) tem mudado radicalmente o modo de concepção da logística. Em um passado recente, a cadeia logística se limitava apenas a obter, movimentar e distribuir fisicamente os produtos (Bertaglia, 2009). Atualmente, com os meios de TI, a logística passou a integrar toda a cadeia de abastecimento, consolidando-se então como logística integrada. Nesta, os elementos envolvidos devem funcionar coordenadamente, sempre conforme o planejamento e sem surpresas (Coronado, 2011).

Conforme exposto, o Sistema de Material do Exército, embora tenha tido avanços, ainda necessita de aperfeiçoamentos para que realmente atenda às necessidades de integração das cadeias de suprimento do EB. A ideia predominante na atualidade é de que a logística do futuro tenha a capacidade de que os sistemas logísticos das Forças Singulares possam atuar de forma conjunta, com maior integração das estruturas de comando e controle, de inteligência e de logística. Nesse contexto, o Ministério da Defesa (MD) editou, no final do ano de 2011, seu manual versando sobre a doutrina de operações conjuntas (Brasil, 2011a). Vislumbrando o cenário futuro, o MD deu os passos iniciais, considerando que a logística das Forças Armadas seja realizada de forma conjunta — embora ainda seja uma realidade prática distante. Dessa forma, no presente momento, o MD já assume que a logística deva ser conjunta nos níveis estratégico e operacional, para o caso da ativação da estrutura militar de guerra.

Alinhado ao Ministério da Defesa, o Exército Brasileiro, em seu Manual de Logística, EB20-MC-10.204 (Brasil, 2014a), prevê que a logística deve ser planejada e executada desde o tempo de paz, estando ligada às logísticas conjunta e nacional.

A Logística Conjunta baseia-se no princípio de que uma combinação adequada de meios logísticos postos à disposição do Comando Logístico ativado contribui para o êxito das Operações no Amplo Espectro. Para sua consecução, faz-se necessária a integração, padronização e doutrina de emprego compreendida e praticada, de modo a permitir o conhecimento mútuo e identificar as tarefas logísticas singulares e conjuntas [BRASIL, 2014a:2-7].

O referido manual (Brasil, 2014a:2-8) acrescenta ao afirmar que é essencial que haja sinergia entre as capacidades das Forças Singulares no que se refere à logística e que "somente por meio dessa integração será possível gerar, desdobrar, sustentar e reverter os recursos logísticos necessários ao sucesso das operações conjuntas".

No nível estratégico, cabe ao Estado-Maior Conjunto das Forças Armadas (EMCFA), por meio do seu Centro de Coordenação Logística (CCL),[2] otimizar o fluxo logístico entre a zona de interior (ZI)[3] e o teatro de operações (TO),[4]

---

[2] "Centro de Coordenação Logística: é uma estrutura que integra o Centro de Comando e Controle do Ministério da Defesa (CC^2MD), com o propósito de realizar a coordenação logística no âmbito das Forças Armadas, estabelecendo prioridades logísticas e otimizando o transporte para atender ao apoio logístico a: Comandos Operacionais ativados; Contingentes Brasileiros no exterior; e Forças Singulares, Auxiliares ou entidades civis (governamentais, não governamentais ou empresariais), destacadas para prestar apoio às situações de calamidade ou desastres naturais, no interior do país ou no exterior" (Brasil, 2011b:153).

[3] Zona do interior: é a parte do território nacional não incluída no teatro de operações (Brasil, 2014b).

[4] Teatro de operações: é o espaço geográfico necessário à condução das operações militares, para o cumprimento de determinada missão, englobando o necessário apoio logístico. Seus limites serão inicialmente estabelecidos por ocasião do planejamento estratégico para fazer frente a determinadas ameaças, podendo ser alterados mediante solicitação do comandante do TO e autorização do comandante supremo (CS), caso necessário (Brasil, 2014b).

realizando as coordenações necessárias entre as Forças Singulares e o comando logístico do teatro de operações (CLTO) (Brasil, 2011b).

No nível operacional — equivalente ao tático na área da administração e vice-versa —, de acordo com o Ministério da Defesa (Brasil, 2011b), o CLTO será organizado com base em estruturas existentes por uma das Forças Singulares em tempo de paz. A fim de estabelecer as estimativas logísticas para todas as Forças Singulares, o CLTO realizará seu planejamento logístico em coordenação com os comandos regionais existentes no teatro de operações (distritos navais, regiões militares e comandos aéreos regionais).

Para executar suas missões no nível operacional, o CLTO contará com uma base logística conjunta (Ba Log Cj), composta por organizações militares logísticas singulares (OMLS) existentes desde o tempo de paz. Com o intuito de poder escalonar o fluxo logístico oriundo da ZI, prestando um apoio logístico mais cerrado às forças componentes, poderão ser desdobradas bases logísticas conjuntas recuadas (Ba Log R) e bases logísticas conjuntas avançadas (Ba Log Cj A). As primeiras devem ser preferencialmente compostas por unidades fixas, como as policlínicas, depósitos militares ou as unidades de manutenção e suprimento. Já as bases logísticas conjuntas avançadas devem estar em condições de serem desdobradas em locais onde não há infraestrutura disponível. Para tanto, unidades móveis como os batalhões logísticos e hospitais de campanha são as mais adequadas para compô-las (Brasil, 2011b).

A execução da logística militar clássica pode ser subdividida em três fases. Porém a logística militar conjunta acresce outras duas etapas, necessárias ao cumprimento das missões entre as Forças Armadas (Brasil, 2011b), resultando em cinco fases: determinação das necessidades; obtenção; distribuição; determinação das capacidades logísticas; e reversão.

A determinação das capacidades logísticas consiste no levantamento de todos os meios disponíveis para o apoio logístico. Os níveis estratégico e operacional englobam os meios civis contratáveis, além das OMLS. Já o nível tático engloba o levantamento, desde o tempo de paz, de todos os meios adjudicados a um determinado comando operacional a ser ativado.

A reversão trata diretamente da evacuação do material, de combate ou não, em sentido inverso ao fluxo de suprimento, por motivo de inservibilidade, substituição ou rodízio. Esta fase reveste-se de grande importância ao término das operações militares, quando todos os meios materiais deverão retornar às Forças Singulares ou para outro destino determinado pelo EMCFA.

Ressalta-se que o apoio logístico conjunto deve ser estruturado em tarefas logísticas conjuntas (TLC). Estas devem ser gerenciadas pelo CLTO dentro do contexto da ativação de um teatro de operações. Assim, essas tarefas podem ser cumpridas por meio dos grupos-tarefa logísticos (GT Log) (Brasil, 2011b), que englobam unidades de mesma natureza para o cumprimento de determinado tipo de tarefa logística conjunta, a exemplo de um GT Log de suprimento, composto de unidades logísticas de suprimento, como os depósitos e batalhões de suprimento.

No nível tático, a Força Terrestre componente de um TO, composta por meios do Exército Brasileiro, pode prestar apoio logístico para as outras Forças Singulares que estejam desdobradas na zona de combate (Brasil, 1995).

Atualmente encontra-se em fase de estudos, a implementação do Sistema de Logística e Mobilização de Defesa (SISLOGD), o qual buscará a interoperabilidade entre as Forças Armadas, visando à integração dos sistemas logísticos interforças. Para cumprir esse objetivo, contará com um centro de informações de logística de defesa, apoiado pelos recursos de TI do Sistema de Gestão Logística de Defesa. A meta é que este possibilite a integração dos sistemas de materiais das três Forças Singulares, subsidiando a tomada de decisões no nível estratégico e tornando a logística conjunta mais próxima da realidade (Amado, 2011). Porém, para alimentar o banco de dados do SISLOGD de forma padronizada, faz-se necessário que todos os itens de suprimento estejam catalogados no âmbito do Ministério da Defesa.

O Brasil adota o sistema preconizado pela Otan para a catalogação de seus itens de suprimento. Assim, o Centro de Catalogação das Forças Armadas (Cecafa), inserido no MD, é o órgão responsável pela catalogação no âmbito das Forças Armadas, regendo o Sistema Militar de Catalogação (Sismicat) (Consenza et al., 2005). Em decorrência de sua evolução, o Sismicat tem desenvolvido suas atividades com base nos sistemas de catalogação de material existentes nas Forças Singulares. Dessa forma, interage com o Sistema de Informações Gerenciais de Abastecimento da Marinha do Brasil (Singra), com o Simatex e o Sistema Integrado de Logística de Materiais e Serviços da Força Aérea Brasileira (Siloms). Além disso, o Sismicat tem atualizado um extenso banco de dados representado pelo Catálogo de Itens e Empresas (CAT-BR). Porém a integração interforças ainda não está consolidada (Amado, 2011).

Mesmo diante do fato de o Ministério da Defesa já prever uma doutrina que rege a logística conjunta, esta ainda se encontra embrionária no Brasil. De acordo com Nelson (2008), um dos maiores entraves para a adoção de uma logística comum às Forças Singulares é a falsa sensação de autossuficiência que cada força armada tem de si própria. Neste caso, as Forças Singulares procuram suprir suas próprias necessidades logísticas, administrando seus recursos individualmente.

Dessa forma, a resistência a esse tipo de mudança pode partir das próprias lideranças brasileiras. Estas, assim como ocorre nos EUA, talvez que tenham receio de perder o controle dos recursos orçamentários destinados a cada força singular, no caso de a fase logística de obtenção vir a ser centralizada no âmbito do Ministério da Defesa em sua totalidade. Por outro lado, a própria necessidade de transformação do Exército Brasileiro (Brasil, 2010) implica um desejo de mudança. Nesse sentido, Schein (2009) afirma que a liderança organizacional tem de ter a capacidade de sentir as mudanças externas, captando-as e implementando-as, quando for oportuno, de modo a mudar a cultura organizacional em direção ao novo.

Fernandes (2008) complementa ao indicar que os principais óbices para a efetivação da integração dos sistemas logísticos das Forças Armadas são os seguintes: (i) estrutura altamente verticalizada e hierarquizada, atrasando os processos devido ao demasiado número de pessoas envolvidas nas tomadas de decisão; (ii) falta de visão empresarial na logística militar, criando uma defasagem na utilização das ferramentas de gestão atuais, que poderiam otimizar a aplicação dos recursos, facilitando a consecução da integração dos sistemas logísticos; (iii) inexistência de padronização do material de emprego militar, a fim de facilitar sua obtenção e o acompanhamento de seu ciclo de vida; (iv) significativa particularização dos sistemas logísticos; (v) deficiência nas ações integradoras, que facilitariam a integração dos quadros logísticos, despertando para a criação de uma mentalidade logística conjunta; (vi) pouca utilização dos sistemas de tecnologia da informação, acarretando baixa interoperabilidade entre as Forças Armadas; (vii) capacitação técnica insuficiente, deixando de atualizar os quadros de logística das Forças Singulares; e (viii) carência de recursos financeiros.

Mesmo com as dificuldades e óbices expostos, um perene esforço tem sido direcionado para a efetivação de uma logística conjunta, por meio da realização anual de exercícios de adestramento conjuntos pelo Ministério da Defesa, desde o ano de 2002 (Fernandes, 2008). Entre estes, os seguintes destacaram-se pela ativação de um comando logístico conjunto: Operação Tapuru, realizada na Amazônia no ano de 2002, com foco nas funções logísticas suprimento e transporte; Operação Timbó II, no ano de 2004, também na região amazônica; Operação Anhanduí, no ano de 2011, na região Centro-Oeste; Operações Conjuntas Amazônia 2010, 2011 e 2012, com ênfase nos processos logísticos; e Operações Ágata e Atlântico, em suas várias edições.

Entre várias observações, desde o início essas operações têm permitido identificar diversos aspectos (Fernandes, 2008): maior integração logística entre as forças, com avanços nos planejamentos logísticos; incremento na simulação de eventos logísticos; avanço na integração de meios nas estruturas de manutenção e reparo de meios navais, embarcações e na estrutura de manutenção de meios aéreos (asas rotativas); e melhora no desempenho das funções de estado-maior logísticas, mesmo ainda estando subdimensionadas. Mesmo assim, a logística conjunta em suas três áreas funcionais (apoio de material, apoio ao pessoal e apoio de saúde) tem sido pouco praticada.

Considerações finais

A Estratégia Nacional de Defesa é um produto da aproximação do campo político com os assuntos militares. Nesse sentido, indica o caminho a ser seguido pelas Forças Armadas, de modo a respaldar o protagonismo, cada vez mais evidente, do Brasil como um ator global.

No contexto do Sistema de Planejamento Estratégico do Exército Brasileiro, o processo de transformação do EB tem a logística como um de seus vetores de mudanças. Ao mesmo tempo, no decorrer dos tempos, as Forças Armadas têm demonstrado cada vez mais a necessidade de atuar de forma interdependente nos conflitos modernos. Essa interdependência fez surgir o conceito de interoperabilidade, no qual as Forças Singulares devam ter a capacidade de atuar de forma a intercambiar informações e procedimentos, atuando de forma conjunta, a fim de atingir seus objetivos, tanto na paz quanto na guerra. Porém, para que isso seja possível, a logística aplicada a essas forças, além de integrada, também deve ser conjunta.

Após muitos anos atuando de forma isolada, é natural que cada força singular enfrente dificuldades em mudar sua cultural organizacional, a fim de atender aos preceitos da logística conjunta. Paralelamente, o meio empresarial oferece uma série de modelos de soluções para que o apoio logístico conjunto possa ser efetivo. Contudo, é essencial que cada força armada esteja aberta a se transformar, adquirindo novas capacidades e definindo novas missões. Esse processo já se encontra bem adiantado em alguns países, como os EUA e Chile.

O Ministério da Defesa vem conduzindo esse processo com serenidade, atualizando a legislação que trata da logística conjunta e realizando exercícios de adestramento, com ênfase nas atividades logísticas. Nesse ínterim, o MD vem desenvolvendo seus sistemas de tecnologia da informação de modo a incrementar a interoperabilidade entre as Forças Singulares. Do mesmo modo, o Sistema Militar de Catalogação tem sido um elemento de destaque para o estabelecimento de uma linguagem comum entre Marinha, Exército e Força Aérea, proporcionando a padronização de itens de suprimento. Assim, o binômio sistema de tecnologia da informação/catalogação apresenta-se como a interface que norteará a logística conjunta para uma perfeita integração.

Referências

ALMEIDA, Paulo Roberto de. O Brasil como ator regional e emergente global: estratégias de política externa e impacto na nova ordem mundial. *Revista Cena Internacional*, Brasília, v. 9, n. 1, p. 7-36, 2007.

AMADO, J. C. *Sistema de logística de defesa*: estado atual e perspectivas, um foco na interoperabilidade. Brasília: MD, 2011.

BALDWIN, C. Y. CLARK, K. B. Managing in an age of modularity. *Harvard Business Review*, Boston, v. 75, n. 5, p. 84-93, set./out. 1997.

BALLOU, R. H. *Gerenciamento da cadeia de suprimentos*: logística empresarial. São Paulo: Artmed, 2004.

_____. The evolution of logistics and supply chain management. *Produção*, v. 16, n. 3, p. 375-386. set./dez. 2006a.

_____. *Gerenciamento da cadeia de suprimentos*: logística empresarial. 5. ed. Porto Alegre: Bookman, 2006b.

BERTAGLIA, Paulo Roberto. *Logística e gerenciamento da cadeia de abastecimento*. 2. ed. São Paulo: Saraiva, 2009.

BIRKINSHAW, J.; GIBSON, C. Building ambidexterity into an organization. *Harvard Business Review*, Boston, v. 45, n. 4, p. 46-56, 2004.

BRASIL. Exército Brasileiro. Escola de Comando e Estado-Maior do Exército. *Apoio logístico aos grandes comandos operacionais da força terrestre (anteprojeto)*. Rio de Janeiro: EB, 1995.

_____. Exército Brasileiro. Estado-Maior. *Portaria nº 083-EME*: aprova a diretriz para a implantação do SIMATEx. Brasília: EB, 2000.

_____. Exército Brasileiro. Estado-Maior. *O processo de transformação do Exército*. Brasília: EB 2010.

_____. Exército Brasileiro. Estado-Maior. *EB20-MC-10.204*: Logística. 3. ed. Brasília: EB, 2014a.

_____. Exército Brasileiro. Estado-Maior. *EB20-MF-10.103*: Operações. 4. ed. Brasília: EB, 2014b.

_____. Ministério da Defesa. Estado-Maior Conjunto das Forças Armadas. *Doutrina de operações conjuntas*. Brasília: MD, 2011a. v. 1.

_____. Ministério da Defesa. Estado-Maior Conjunto das Forças Armadas. *Doutrina de operações conjuntas*. Brasília: MD, 2011b. v. 3.

_____. Ministério da Defesa. *Estratégia Nacional de Defesa*. 3. ed. Brasília: MD, 2012.

CAMPOS, Aguinaldo José Senna. *Logística na paz e na guerra*. Rio de Janeiro: Bibliex, 1952.

CANTARELLI, Renato. Prefácio. In: BERTAGLIA, Paulo Roberto. *Logística e gerenciamento da cadeia de abastecimento*. 2. ed. São Paulo: Saraiva, 2009.

CARILLO, Edson. Da logística ao supply chain management. 2011. *Logística Descomplicada.com*. Disponível em: <www.logisticadescomplicada.com/da-logistica-ao-supply-chain-management/>. Acesso em: 23 jul. 2012.

CERTO, Samuel C. et al. *Administração estratégica*: planejamento e implantação da estratégia. 2. ed. São Paulo: Pearson, 2005.

CHILE. Ejército de Chile. Comando de Institutos y Doctrina. Divisón Doctrina. *RL-20001*: Reglamento logística. Santiago, 2011.

_____. Ministerio de Defensa Nacional. Estado Mayor de la Defensa Nacional. *DNI-530*: Manual de Logística Nivel Teatro de Operaciones Conjunto. Santiago, 1997.

CHRISTIANSON, C.V. Joint logistics: shaping our future. *Defense AT&L*, Fort Belvoir, v. XXXV, n. 4, 2006.

CHRISTOPHER, Martin. *Logística e gerenciamento da cadeia de suprimentos*. São Paulo: Cengage Learning, 2011.

CONSENZA, A. J. S. R. et al. A relevância de um sistema unificado de catalogação para a eficiência da gestão pública de material. In: SIMPÓSIO DE EXCELÊNCIA EM GESTÃO E TECNOLOGIA, 2005, Rio de Janeiro. *Anais...* Rio de Janeiro: Universidade Estácio de Sá, 2005.

CORONADO, Osmar. *Logística integrada*: modelo de gestão. São Paulo: Atlas, 2011.

COSTA, Eliezer Arantes da. *Gestão estratégica*: da empresa que temos a empresa que queremos. 2. ed. São Paulo: Saraiva, 2007.

COUNCIL OF SUPPLY CHAIN MANAGEMENT PROFESSIONALS. Portal institucional. [S.d.]. Disponível em: <www.clm1.org>. Acesso em: 23 fev. 2013.

COVARRUBIAS, Jaime García. Os três pilares de uma transformação militar. *Military Review*, Fort Leavenworth, p. 16-24, nov./dez. 2007.

DEL RE, Januário João. *A intendência militar através dos tempos*. Rio de Janeiro: Americana, 1955.

DEMO, Pedro. *Complexidade e aprendizagem*: a dinâmica não linear do conhecimento. São Paulo: Atlas, 2002.

DIMAGGIO, Paul J.; POWELL, Walter W. The iron cage revisited: institutional isomor-phism and collective rationality in organizational fields. *American Sociological Review*, v. 48, p. 147-160, abr. 1983.

ESTADOS UNIDOS DA AMÉRICA. Exército. Headquarters Department of the Army. *Army Regulation 700-127*: Integrated Logistics Support. Washington, DC, 29 abr. 2009.

FAYOL, Henri. *Administração industrial e geral*. 10.ed. São Paulo: Atlas, 1990.

FERNANDES, F. A. R. *A logística combinada*: situação atual, principais óbices para sua operacionalização e propostas de aprimoramento. Dissertação (mestrado em ciências militares) — Escola de Comando e Estado-Maior do Exército, Rio de Janeiro, 2008.

FLINT, D. J. KENT, J. L. Perspectives on evolution of the logistics thought. *Journal of Business Logistics*, Malden, v. 18, n. 2, 1997.

GUZMÁN, J. J. Clavería. *Transformação de um Exército*: a cultura na modernização em desenvolvimento do Exército Chileno. Dissertação (mestrado) — Escola de Comando e Estado-Maior do Exército, Rio de Janeiro, 2013.

JOMINI, Le Baron de. *Précis de l'art de la guerre*: des principales combinaisons de la stratégie, de la grande tactique et de la politique militaire. Bruxelas: Meline, Cans et Opagnie, 1838.

LANNING, Michael Lee. *Chefes, líderes e pensadores militares*. Rio de Janeiro: Bibliex, 1999.

LIMA, Mauricio Pimenta. Custos logísticos. In: FLEURY, P. F.; FIGUEIREDO, K. WANKE, P. (Org.). *Logística empresarial*: a perspectiva brasileira. São Paulo: Atlas, 2000.

LUIZ, Edson Medeiros Branco; HELENO, Eduardo. O soft power brasileiro em busca de uma identidade sul-americana. *Revista Poder, Estratégia e Sociedade*, Niterói, v. 1, n. 0, p. 47-52, fev. 2011.

LUNDGREN, K. S. *Army transformation*: the unhinging of title 10 logistics support. Carlisle: United States Army War College, 2005.

MORIN, E. *O método 1*: a natureza da natureza. 2. ed. Porto Alegre: Sulina, 2003.

MURDOCK, C. A. et al. *Beyond Goldwater Nichols*: defense reform for a new strategic era phase 1 report. Washington, DC: Center for Strategic and International Studies, 2004.

NELSON, D. J. *Interoperable logistics*: a focused military solution. Carlisle: United States Army War College, 2008.

PERI, Enzo Martins. *Diretriz geral do comandante do Exército para o período de 2011 a 2014*. Brasília: EGGCF, 2011.

PORTER, M. E. Whats is strategy? *Harvard Business Review*, v. 74, n. 6, p. 61-78, 1996.

SCHEIN, Edgar H. *Cultura organizacional e liderança*. São Paulo: Atlas, 2009.

SILVA, Carlos Alberto Pinto. Estratégia Nacional de Defesa sem recursos militares? 2011. *Defesanet On Line*. Disponível em: <www.defesanet.com.br/defesa/noticia/2582/Estrategia-Nacional-de-Defesa-sem-Recursos-Militares-> Acesso em: 22 fev. 2013.

SMITH, K. M. *Arming the future*: ammunition support for the army after next. Carlisle: United States Army War College, 1999.

TAGUCHI, Américo Kunio. *A integração da logística entre as Forças Singulares*: uma concepção. Rio de Janeiro: Escola de Comando e Estado-Maior do Exército, 1999.

WAARD, Erik de; SOETERS, Joseph. How the military can profit from management and organization science. In: CAFORIO, Giuseppe (Ed.). *Social sciences and the military*: an interdisciplinary overview. Londres: Routeledge, 2007.

Sobre os autores

Ândrei Clauhs
Oficial do Exército Brasileiro, com doutorado em ciências militares pela Escola de Comando e Estado-Maior do Exército (Eceme). Atualmente, é o comandante da Escola de Comunicações (EsCom) em Brasília (DF).

Angela Maria Monteiro Silva
Tem formação e licenciatura em psicologia (1976) pela Faculdade Salesiana de Filosofia Ciências e Letras de Lorena (SP). Especializou-se em metodologia científica, terapias humanistas e medicina tradicional chinesa — acupuntura. Cursou o mestrado em psicologia (Isop) pela Fundação Getulio Vargas (RJ) em 1982 e o doutorado em psicologia na University College London (1996). Foi professora adjunta do mestrado em psicologia da Universidade Gama Filho e da Universidade Federal Rural do Rio de Janeiro e professora associada do Centro de Estudos de Pessoal e Forte Duque de Caxias (CEP-FDC) — Exército Brasileiro (EB). Tem experiência na área de psicologia, com ênfase em psicologia da saúde e organizacional, atuando principalmente nos seguintes temas: estresse, estresse ocupacional e organizacional, *burnout*, autoeficácia e promoção de saúde.

Armando Santos Moreira da Cunha
Graduado em administração pela Escola Brasileira de Administração Pública e de Empresas da Fundação Getulio Vargas (Ebape/FGV), possui mestrado em administração pública pela University of Southern California (USA) e douto-

rado em gestão pelo Instituto Superior de Ciências do Trabalho e da Empresa (Portugal). É docente do quadro permanente da Escola Brasileira de Administração Pública e de Empresas desde 1972 e professor colaborador da Escola de Direito da FGV (RJ) desde 2005. É professor emérito da Escola de Comando e Estado-Maior do Exército Brasileiro.

Carlos Antonio de Vasconcellos

É graduado na Escola Naval como oficial da Marinha do Brasil e bacharel em ciências do mar (1976) e engenheiro operacional mecânico. Mestre em ciências militares e em ciências navais. Especialista em política, estratégia e administração militares pela Escola de Comando e Estado-Maior do Exército (2004). Pós-graduado nível MBA executivo *lato sensu* pela Fundação Getulio Vargas (FGV-RJ) em 2004. Mestre em administração pública pela Escola Brasileira de Administração Pública e de Empresas (Ebape) da FGV, pelo Programa Pró-Defesa, 2010-2011. Doutor em ciências militares por notório saber pelo Departamento de Ensino e Cultura do Exército Brasileiro em 2011. Participou da revisão da Política Nacional de Defesa (PND 2005), da Estratégia Nacional de Defesa (END 2008) e da elaboração do Livro Branco de Defesa Nacional (LBDN 2012). Representou a Escola Superior de Guerra junto ao Ministério da Defesa na atualização da PND, END e do LBDN (2016). Atualmente, está na Divisão de Assuntos Políticos da Escola Superior de Guerra.

Diego de Faveri Pereira Lima

Bacharel em ciências econômicas pela Universidade de Sorocaba (2006), mestre em economia aplicada pela Universidade de São Paulo (2011) e doutor em administração pela FGV. Atualmente é professor extra-carreira da Ebape/FGV. Tem experiência atuando principalmente nos seguintes temas: avaliação de políticas públicas, crédito fundiário, reforma agrária e métodos quantitativos aplicados à administração.

Edson Gonçalves Lopes

É oficial da reserva do Exército Brasileiro. Foi assessor especial do comandante do Exército. Doutor em administração pela Escola Brasileira de Administração Pública e de Empresas da Fundação Getulio Vargas (Ebape/FGV) (2013). Doutor em ciências militares pela Escola de Comando e Estado-Maior do Exército (Eceme) em 1999. Possui MBA em gestão empresarial (2010) e MBA executivo (2004), ambos pela Fundação Getulio Vargas, especialização em política, estratégia e alta administração (2004) na Eceme e especialização em operações cívico-militares (2007) no Western Hemisphere for Security Cooperation (WHIN-

SEC/EUA). Possui, ainda, especialização em docência do ensino superior (2001) e em supervisão escolar (1999), ambas pela Universidade Federal do Rio de Janeiro (UFRJ), especialização em gestão estratégica de recursos humanos (2007) pela Universidade Castelo Branco, em gestão estratégica da informação (2006) e em gestão corporativa (2010), ambas pela Universidade Católica de Brasília.

Elias Ely Gomes Vitório
É oficial do Exército Brasileiro, doutor em administração pela Escola Brasileira de Administração Pública e de Empresas da Fundação Getulio Vargas (Ebape/FGV) e diplomado nos cursos de: Aperfeiçoamento de Oficiais, pela Escola de Aperfeiçoamento de Oficiais; Comando e Estado-Maior, pela Escola de Comando e Estado-Maior do Exército; Pós-Graduação em Psicopedagogia, pela Universidade Federal do Rio de Janeiro (UFRJ). Orientou diversos trabalhos de conclusão de curso e mestrado durante os quatro anos em que trabalhou como professor na Escola de Comando e Estado-Maior do Exército (Eceme), no Rio de Janeiro, onde participou de dezenas de bancas de mestrado e TCC.

Fátima Bayma de Oliveira
Doutora em educação, mestre e bacharel em administração pública, com especialização na França e na Bélgica. É professora titular da Escola Brasileira de Administração Pública e de Empresas da Fundação Getulio Vargas (Ebape/FGV). Autora de vários livros e artigos publicados.

Flávio Sergio Rezende Nunes de Souza
Oficial da Marinha do Brasil. Mestre em administração pela Escola Brasileira de Administração Pública e de Empresas da Fundação Getulio Vargas (Ebape/FGV). Possui pós-graduação *lato sensu* (menção honrosa) para oficiais intendentes no Centro de Instrução Almirante Wandenkolk (CIAW-MB) e graduação em ciencias navais, com habilitação em administração de sistemas pela Escola Naval. Atualmente é encarregado das seções de Planejamento Estratégico e de Consultoria do Programa Netuno, na Diretoria de Administração da Marinha (DAdM). É instrutor convidado do Centro de Instrução e Adestramento Almirante Newton Braga (Cianb) e voluntário no Programa Qualidade Rio (PQRio) como avaliador líder e instrutor.

Jacintho Maia Neto
Oficial do Exército Brasileiro. Graduado no Curso de Formação de Oficiais de Carreira pela Academia Militar das Agulhas Negras. Possui os cursos: Instrutor de Educação Física, Aperfeiçoamento de Oficiais, Comando e Estado-Maior,

Operações na Selva categoria "A" e o estágio de comunicação social. É mestre e doutor em ciências militares pela Escola de Comando e Estado-Maior do Exército (Eceme). Possui MBA em gerenciamento de projeto e doutorado em administração pela Fundação Getulio Vargas.

Joaquim Rubens Fontes Filho
Professor adjunto e coordenador do Mestrado Executivo em Gestão Empresarial da Escola Brasileira de Administração Pública e de Empresas da Fundação Getulio Vargas (Ebape/FGV) e membro do Conselho Deliberativo do FGV-Previ (suplente). Doutor em administração e mestre em administração pública pela FGV, mestre em engenharia de produção pela Coppe/UFRJ e graduado em engenharia de produção pela Universidade Federal do Rio de Janeiro (UFRJ). Atua como consultor da FGV/Projetos, pesquisador e coordenador de projetos do Conselho Nacional de Desenvolvimento Científico e Tecnológico (CNPq) e da Fundação de Amparo à Pesquisa do Estado do Rio de Janeiro (Faperj). É professor visitante do programa de doutorado da Universidade Andina (Equador). É certificado em cursos pela Harvard Business School, Wharton Business School, National Defense University, Ansoff Associates e Institute of Canadian Bankers.

Jorge Calvario dos Santos
Possui graduação em matemática pela Universidade Federal do Rio de Janeiro (UFRJ), em 1989; graduação como oficial aviador pela Academia da Força Aérea (1969); pós-graduação nível extensão em análise de sistemas pela Pontifícia Universidade Católica do Rio de Janeiro (PUC-Rio), mestrado (1998) e doutorado (2001) em engenharia de produção pela Coppe/UFRJ e pós-doutorado em estudos estratégicos pelo Instituto de Estudos Estratégicos (Inest) da Universidade Federal Fluminense (UFF). Atualmente é professor credenciado da pós-graduação da Universidade Federal Fluminense e tem contrato por tempo da Escola Superior de Guerra.

José Francisco de Carvalho Rezende
Doutor em ciências da administração pela Universidade Federal do Rio de Janeiro (UFRJ-2006), mestre em veille technologiqué pela Université de Toulon et Du Var (2002), especialista em planejamento e controle financeiro pelo Coppead (1987-1988). Professor adjunto do Programa de Pós-Graduação em Administração da Unigranrio. Experiência na área de administração empresarial, com ênfase em administração de recursos humanos e estratégia empresarial. Autor do livro *Balanced Scorecard e a gestão do capital intelectual* (Campus,

2003). Organizador do livro: *Gestão do conhecimento, capital intelectual e ativos intangíveis* (Elsevier, 2014).

José Joaquín Clavería Gusmán

Oficial do Exército Chileno. Mestre em ciências militares pela Escola de Comando e Estado-Maior do Exército (Brasil). Diplomado em: segurança internacional e operações de paz, doutrina operacional e gestão e administração de recursos e projetos de defesa.

Luís Moretto Neto

Doutor em engenharia de produção e sistemas, aposentado como professor titular do Departamento de Ciências da Administração da Universidade Federal de Santa Catarina (UFSC). Atua como colaborador do Programa de Pós-Graduação em Administração da UFSC, através da orientação de teses, dissertações e da participação em bancas de defesa de trabalhos conclusivos, em Florianópolis (SC). No período de 2013 a 2014 atuou como professor colaborador (voluntário) do Programa de Mestrado em Ciências Militares, na Escola de Comado e Estado-Maior do Exército Brasileiro, ministrando a disciplina de gestão estratégica, na cidade do Rio de Janeiro. Exerceu as funções de pró-reitor de pós-graduação, pesquisa e extensão do Centro universitário Internacional (Uninter), em Curitiba (PR) e de presidente, diretor de planejamento e de operações do órgão oficial de turismo do estado de Santa Catarina.

Moacir Fabiano Schmitt

Oficial do Exército Brasileiro. Mestre em ciências militares pela Escola de Comando e Estado-Maior do Exército. Bacharel em direito pela Pontifícia Universidade Católica do Paraná (2002), em ciências militares pela Academia Militar das Agulhas Negras (1996) e em educação física pela Escola de Educação Física do Exército (2002). Tem experiência em operações psicológicas aplicadas em operações de pacificação e na área de defesa.

Neyde Lúcia de Freitas Souza

Possui graduação em psicologia pela Universidade Santa Úrsula (1980) e mestrado em educação pela Universidade Federal do Rio de Janeiro (1991). É especialista em gestão de desastres e emergências, em psicologia junguiana e em psicologia pedagógica. Atualmente sua experiência, na área de psicologia, está voltada para luto e perdas, desastres e emergências, além de avaliação de desempenho e relações interpessoais. É psicóloga clínica e gestora de educação continuada no Instituto Entrelaços. É psicóloga com atuação em clínica do luto, pertence ao Grupo de Atendimento a Emergências (GAE) do Instituto Entrelaços e é voluntária da Força Especial de Suporte Psicológico (FESPsi) na Cruz Vermelha do Rio de Janeiro.

Paulo Roberto Motta

Possui graduação em administração pela Fundação Getulio Vargas/RJ (1964), mestrado em ciência política pela University of North Carolina (1967) e doutorado em administração pública pela mesma universidade (1972). Atualmente é professor titular da Fundação Getulio Vargas/RJ, professor convidado da Otto--von-Guericke University Magdeburg (Alemanha). Tem experiência na área de administração, com ênfase em direção e liderança, inovação e gestão estratégica. É presidente da Academia Brasileira de Ciência da Administração (Abca) e membro da Assembleia-Geral do Instituto Brasileiro de Administração Municipal (Ibam).

Reinaldo Costa de Almeida Rêgo

Possui graduação em ciências militares pela Academia Militar das Agulhas Negras (1990), mestrado em operações militares pela Escola de Aperfeiçoamento do Exército (1998), doutorado em ciências militares pela Escola de Comando e Estado-Maior do Exército (2007) e doutorado pela Escola Brasileira de Administração Pública e de Empresas da Fundação Getulio Vargas (Ebape/FGV) em 2012. Atualmente, é aluno de pós-doutorado no Instituto Meira Mattos da Escola de Comando e Estado-Maior do Exército.

Rejane Pinto Costa

Doutora em Educação pela Universidade Federal do Rio de Janeiro (UFRJ), realizou pós-doutorado na mesma instituição para aprofundar a articulação do multiculturalismo com os estudos para a paz no contexto do Peace Education Special Interest Group (SIG) do American Educational Research Association Annual Meetings (AERA). Adjunta da Divisão de Assuntos Psicossociais da Escola Superior de Guerra, desenvolve pesquisa na área de educação e defesa com ênfase no multiculturalismo e nos estudos para a paz em ambientes civil e militar. É coordenadora adjunta do Laboratório de Estudos de Sociedade e Defesa (LABSDEF) da Escola Superior de Guerra (ESG).

Thales Mota de Alencar

Oficial do Exército Brasileiro. Bacharel em ciências militares pela Academia Militar das Agulhas Negras (Aman), tem pós-graduação em docência do ensino superior pela Universidade Federal do Rio de Janeiro, mestre em operações militares pela Escola de Aperfeiçoamento de Oficiais (EsAO) e doutor em ciências militares pelo Instituto Meira Mattos da Escola de Comando e Estado-Maior do Exército (Eceme). É diplomado no Curso de Comando e Estado-Maior no Brasil (Eceme) e na Alemanha. Tem especialização em segurança europeia (Alemanha). Suas funções mais expressivas desempenhadas na carreira militar foram: comandante de companhia e de pelotão em várias organizações militares logísticas; comandante da 13ª Companhia Depósito de Armamento e Munição; instrutor do Curso de Material Bélico da Academia Militar das Agulhas Negras (Aman); observador militar das Nações Unidas no Sudão; oficial de gabinete do comandante do Exército.

Valentina Gomes Haensel Schmitt

Doutora em administração pela Escola Brasileira de Administração Pública e de Empresas da Fundação Getulio Vargas (Ebape/FGV). Mestre e bacharel em administração pela Universidade Federal de Santa Catarina (UFSC). Especializada em economia e políticas públicas pelo "Programa Minerva", da George Washington University (GWU), e "Programa Internacional de Governabilidade, Gerência Política e Gestão Pública" (FGV, GWU e CAF). Tem experiência em administração pública, setor privado e terceiro setor, além de atuação como docente em programas de graduação e pós-graduação *stricto* e *lato sensu* nas modalidades presencial e EAD. Atuou durante o período 2011-2014 no projeto de reestruturação do programa de pós-graduação da Escola de Comando e Estado-Maior do Exército, no Instituto Meira Mattos. Foi criadora dos projetos de pesquisa e da disciplina "administração em ambientes militares".

William Trajano de Andrade Costa

Oficial do Exército Brasileiro. Atuou no gerenciamento de pessoas, exercendo chefia e liderança em diversos níveis, desempenhando atividades de planejamento, coordenação e supervisão. Entre os principais cursos estão: Artilharia (Aman/graduação), Aperfeiçoamento de Oficiais (EsAO/mestrado), Comando e Estado-Maior do Exército (Eceme/mestrado), Curso Avançado de Inteligência (EsIMEx/especialização), Comandante de Organizações Militares Blindadas e Mecanizadas (CIBlind), Curso de Estudos Africanos (Instituto de Estudos Superiores Militares/Portugal), Administração de Empresas (Mackenzie/graduação), Análise de Sistemas (FASP/especialização), Psicopedagogia (UFRJ/especialização), Administração (Ebape/FGV/mestrado). Como oficial de Estado-Maior, a partir de 2007, atuou nas áreas de operações e inteligência. Em 2010, exerceu a função de vice-chefe do Estado-Maior da United Mission in Nepal (UNMIN), além de compor permanentemente o Joint Monitoring Coordinating Committee (JMCC). Desde 2014, exerce atividades no gabinete do comandante do Exército.

Este livro foi impresso nas oficinas gráficas da Editora Vozes Ltda.,
Rua Frei Luís, 100 – Petrópolis, RJ.